장자의 사유세계와
한비자의 행동강령

# 장자의 사유세계와 한비자의 행동강령

2022년 3월 5일 초판 인쇄
2022년 3월 9일 초판 발행

지은이 | 변원종
교정교열 | 정난진
펴낸이 | 이찬규
펴낸곳 | 북코리아
등록번호 | 제03-01240호
전화 | 02-704-7840
팩스 | 02-704-7848
이메일 | ibookorea@naver.com
홈페이지 | www.북코리아.kr
주소 | 13209 경기도 성남시 중원구 사기막골로 45번길 14
　　　우림2차 A동 1007호
ISBN | 978-89-6324-846-2(93150)

값 17,500원

# 장자의 사유세계와
# 한비자의 행동강령

변원종 지음

# 머리말

마음이 인생을 주재한다. 마음은 몸의 주인이기 때문에 몸은 마음에 의해 피동적으로 움직인다. 따라서 인생은 어떻게 마음먹느냐에 그 성패가 달려 있다. 마음에 따라 미웠던 사람도 사랑하는 사람이 될 수 있고, 사랑하는 사람도 미운 사람이 될 수 있다. 세상은 예나 지금이나 그대로인데 마음으로 인해 사랑하는 사람과 미운 사람이 결정되는 것이다. 내가 원하지 않는 인생은 마음으로부터 자유롭지 못한 헛된 욕심에서 연유한 것이다. 늘 나를 주재하는 마음을 내가 알아서 통제할 수만 있다면 삶은 후회하지 않을 수 있다. 그런데도 착각이나 자신도 납득할 수 없는 행동, 시행착오 등은 이기심이나 마음이 안정되지 못해 일어나는 일이다.

옛날에 자기 그림자를 두려워하고 제 발자국을 싫어해서 그것을 피해 달아나는 사람이 있었다. 발을 들어 걸으면 발자국은 그에 따라 남겨지고, 뛰어가면 그림자는 같은 속도로 처지지 않고 따라왔다. 이 사람은 아직도 제 걸음이 느려서 그런 줄 알고 빨리 뛰며 쉬지 않다가 결국 기운이 다하여 죽고 말았다. 그는 잠시 그늘 속으로 들어가면 그림자가 없어지고, 쉬고 있으면 그림자도 멈춘다는 사실을 알지 못한 것이다.

이 이야기는 현재 살아가는 사람의 모습과 별반 다르지 않다. 인류가 추구하고 있는 발전이 삶에 어떤 의미가 있는지, 또 발전이 미래 인류에게 어떤 영향을 줄 것인지는 관심이 없는 듯하다. 오직 남보다 '더 빨리, 더 많이, 더 높이, 더 큰 차, 더 많은 명품' 등 외형적인 것을 보여주기 위한 몸집 키우기, 이윤과 효율성을 강조하여 물량주의에 빠져 잠시 뒤돌아볼 겨를도 없이 앞으로만 달려가고 있다.

스스로 만족함을 아는 사람은 가난하고 천해도 즐겁지만, 만족함을 알지 못하는 사람은 부귀도 근심스럽다. 재물은 쓰면 다함이 있지만 본래 마음인 사랑이나 겸손, 사양은 누려도 다함이 없다. 사람들도 외형적인 것보다는 마음에 눈을 돌려야 할 때다. 새삼스럽게 '왜 사는가?', '어떻게 살아야 하는가?', '우리는 누구인가?' 하는 근본적이고 본질적인 질문 앞에 과연 행복하고 건강한 삶이 어디에 있는지 잠시 하던 일을 멈추고 자신의 본래 마음을 찾아보아야 한다.

마음이 순수하고 맑으면 자연히 몸이 건강하고 행복해질 수 있다는 것을 알아야 한다. 몸과 마음이 자유롭고 건강하고 행복해지기 위해서는 반드시 심혈을 기울여 마음을 수양해야 한다. 마음을 수양하는 지침서가 바로 고전이고, 삶이 주는 고뇌의 실마리를 풀어준다.

사람들은 자기 눈으로 남의 얼굴은 볼 수 있었지만 자신의 얼굴은 볼 수 없었기 때문에 거울이라는 것을 만들어 그것으로 자기 얼굴을 보았다. 또 사람은 지혜가 있어 그것으로 남을 평가할 수 있지만 자기 자신을 잘 평가할 수는 없었기 때문에 고전을 통해 자기를 바르게 인도한다. 그래서 거울에 얼굴을 비춰보고 얼굴에 흉터가 있다는 것을 알았다 하더라도 거울에 죄가 있는 것이 아니며, 옛 성현의 도에 비춰 자기의 과실을 알았다 하더라도 도를 원망할 수 없는 것이다. 만약 눈이 있어도

장자의 사유세계와 한비자의 행동강령

거울이라는 것이 없다면 수염이나 눈썹을 바로 다듬을 수 없는 것처럼, 고전이 없다면 자기의 언행이 정도를 잃게 되어 가야 할 미래를 그려낼 수 없다. 고전 읽기를 통해 우리가 살아가는 역사의 눈과 미래지향적인 삶을 명확히 규명해내야 한다.

그래서 시대가 지나도 고전이라는 평가를 유지하고 있는 것은 그 시대의 문제 상황을 명확히 분석하고, 그것으로 인해 우리가 가야 할 미래를 정확히 제시하기 때문이다. 예나 지금이나 사람이 사는 방식은 유사하고, 거기에 따른 고민도 크게 다르지 않으므로 세상의 이치를 알려면 고전을 읽어야 한다. 고전에는 시대를 뛰어넘는 삶에 관한 지혜가 담겨있다.

미국 애플컴퓨터의 창업자이자 CEO인 스티브 잡스는 오리건주 포틀랜드에 있는 리드대학에 입학했으나 비싼 학비 때문에 1년 6개월 만에 중퇴했다. 그럼에도 다른 유명 대학을 졸업한 사람들도 이루지 못한 신화를 이루었다. 대학을 다닐 때 그는 동양철학에 심취했고, 서체書體 강의를 듣기도 했다. 그가 스탠퍼드대학교 졸업식 연사로 초청되어 축사할 때, "리드대학에서 들은 서체 강의가 매킨토시를 미려한 글씨체를 가진 최초의 개인용 컴퓨터로 개발하는 데 큰 역할을 했다"고 했다.

리드대학은 다양성과 폭넓은 지식을 중요하게 여기는 학풍으로 유명한 대학이다. 리드대학 1학년 학생들은 의무적으로 교양과목을 이수해야 하고, 이를 위해 40여 권에 달하는 고전과 씨름해야 한다. 대충 줄거리만 파악했다가는 좋은 성적을 기대하기 어렵다. 1학년뿐만 아니라 모든 학생이 일주일에 500페이지에 달하는 책을 읽어야 졸업이 가능하다고 한다.

이 책을 통해 어렵고 힘든 현대의 문제를 읽어내는 안목을 기를 수 있었으면 한다. 또 스티브 잡스처럼 새로운 세계에 입문할 수 있는 마음의 양식이 되어 자신의 인생관을 찾는 계기가 되었으면 한다. 끝으로 이 책이 나오기까지 물심양면으로 도움을 주신 이찬규 사장님, 정성껏 심혈을 기울여 교정과 교열을 보아주신 정난진 선생님과 오유경 선생님께 진심으로 감사를 드린다.

2022년 2월

변원종

# 차례

# II 한비자의 행동강령

# I
# 장자의 사유세계

# 장자의 생애

　　장자莊子는 전국시대 중기인 기원전 369년경 송나라 몽현이라는 마을에서 태어나 기원전 286년경에 죽었다고 전해진다. 그의 가계와 생애는 잘 알려져 있지 않다. 장자의 이름은 주周이고, 자는 자휴子休다. 장자는 젊어서 지금의 하남성 상구현 부근 지역인 몽현에서 칠원리漆園吏를 지냈다고 전해진다. 칠원리는 옻나무 동산을 관리하는 하급관리다. 송나라는 본래 주나라에 정복된 그 이전 왕조인 상나라 자손들의 나라다. 이 피지배민족은 춘추시대 이후 초나라의 침입을 받아 점차 초나라의 속국으로 변하여 망국의 무력감으로 인해 민족의 자긍심이 한층 저하된 상태였다.

　　한비자는 이러한 송나라 사람들을 비유하여 '수주대토守株待兎'라 하여 조금은 세상일에 어둡고 융통성과 적응성이 부족하여 현실과는 거리가 먼 모자라고 어리석은[우원迂遠] 사람의 전형으로 보았다. 맹자는 송나라 농부를 '우원한 사람'으로 표현했다.[1] 이런 우원함이 오히려 지극히 순수하고 자연스러운 생활이 되어 후에 장자가 주장하는 사상이 되었는지도 모른다. 아니면 전국시대에 다른 제자백가들은 제후에게 발탁되어 현실정치를 통해 자신의 이상을 실현해보려고 애쓰고 있을 때,

장자는 오히려 초연하게 자연과 더불어 인성의 순수성과 자연의 객관성에 대한 참된 질문을 통해 삶의 정도를 찾으려고 애썼는지도 모른다. 그의 자연주의적 철학관은 제자백가 간의 주장과 대립을 해소하고 철학적 이론의 한계를 극복하는 데 기여했고, 세속의 숨 막히고 답답한 속박에서 벗어나 마음껏 속 시원한 세계를 호흡하며 삶을 향유하는 지혜를 갖게 했다. 그의 자연관은 고통과 우울한 삶에 처한 사람들의 고뇌를 씻고 편안함을 즐기는 기능도 했으며, 또 각박하고 반복적인 일상생활을 심미적 경지로 한 단계 승화시켜 정신적 소요를 즐기는 청량제 역할을 하기도 했다.

장자의 생애는 양梁의 혜왕(B.C. 370~319 재위)이나 제齊의 선왕(B.C. 319~301 재위)과 같은 시대였고, 그의 학문은 박학했으며, 그 근본은 노자의 학설에 귀착하고 있다. 따라서 그가 지은 10만여 자의 저술은 대체로 우언寓言으로 이루어져 있다. 또 「어부」나 「도척」 등의 편을 지어 공자와 그 문하를 비판함으로써 노자의 사상을 밝히려 했다.

그러나 장자의 생애에 대해서는 더 이상 확실한 기록이 없다. 노자의 생애보다는 그 근거가 확실한 듯 보이지만, 그것도 대략 맹자(B.C. 372~289)와 비슷한 연배였으리라는 추측 이상은 불가능하다. 그 시대의 제자백가 중에서도 이들 두 사람은 가장 특출하고 서로 대립을 이루었던 사상가임에도 그들의 저서에는 상대방의 이름이 전혀 보이지 않는다는 점이 이상할 정도다.

장자는 글을 아주 잘 지었는데 세상 사람들이 이해하고 따르기에는 거리가 있었으며, 세상의 현실적인 문제를 삼차원적인 문제로 심화시켰기 때문에 현실에 관심이 많은 유가와 묵가를 공격하는 사상이 되었다. 당시의 지식인들은 권세, 부귀, 명예에 관심을 두어 자연의 생명에 대한 소박한 본성을 잊고 단지 도덕의 시비 논쟁에만 열심이었다. 반면에 장자의 사상은 큰 바다와 같이 측량할 수 없을 만큼 심원했고, 또 자유분방하게 스스로 원하는 대로 하여 자신의 생활에 만족했기 때문에 제후나 대부들도 그를 마음대로 할 수 없었다.

사마천은 장자의 생몰연대와 사상에 대해 다음과 같이 기술했다.

> 장자는 몽 지역 사람인데, 이름은 주다. 그는 몽 칠원의 관원이었고, 양혜왕(재위 기간 B.C. 370~319)과 제선왕(재위 기간 B.C. 319~301)과 동시대 사람이다. 그의 학문은 엿보지 않은 것이 없을 정도로 포괄적이었지만, 그 학문의 요체와 근본은 노자의 말에 귀착된다. 그가 지은 책은 십여만 언의 글자로 이루어져 있었는데, 대부분 우언寓言의 형태를 따랐다. 「어부」, 「도척」, 「거협」을 지어서 유가를 비판하고 노자의 학술을 밝혔다. 「외루허」나 「항상자」에 실려 있는 내용들은 모두 사실에 근거하지 않은 말들이다. 그러나 그는 글을 잘 짓고 문장을 잘 엮었고, 사실을 가리켜 실정을 유추해냄으로써 유가와 묵가를 공격했다. 그래서 비록 당시의 원숙한 학자들이라고 할지라도 그의 비판으로부터 벗어날 수 없었다. 장자의 말은 광대하고 심원하지만. 그는 스스로 자유분방하게 말하는 것으로 만족했기 때문에 왕공과 대인들은 그를 등용해서 쓸 수 없었다.[2]

장자가 태어난 몽이라는 곳은 당시 송나라에 속해 있었고, 지금은 하남성 상구시 동북 지역이다. 출신 지역과 달리 장자의 생몰연대는 분명하지 않다. 당시 관직에 있지 않은 사람의 경우 그 사람의 생몰연대를 추정할 근거가 없기 때문이다. 다만 그의 생몰연대를 간접적으로 추론해볼 것 같으면, 장자는 양혜왕, 제선왕과 동시대 인물이다. 또 그의 논적인 혜시(B.C. 약 370~약 310)는 양혜왕 밑에서 관직을 수행했던 인물이다. 이와 같은 사실로부터 장자가 대략 기원전 365~290년경에 살았던 인물이라고 추정할 수 있다. 또 사마천이 장자는 한때 칠원을 담당하는 관리였다고 했는데, 칠원은 옻나무가 많았던 곳으로 왕이나 귀족의 사냥터가 아니었나 추측된다. 이 칠원에서 관리로 있으면서 그는 『장자』 전편에 나오는 조수나 초목에 대한 방대한 지식을 얻었던 것 같다.

　　장자는 권력과 부를 따라 철새처럼 움직이는 동시대 지식인들과 달리 자연과 더불어 살아간다는 것이 얼마나 고통스러운지 몸소 체험했다. 이런 고난의 삶은 그가 우화 속에 등장하는 인물들의 소재로 면면히 반영되고 있다. 이들을 통해 위선과 기만으로 무장한 통치자들과 자신의 출세 지향을 위해 노력했던 지식인들을 비난했고, 다른 한편으로 '저절로 그러한' 자연의 경지에서 인간의 삶을 깨닫고 세속적인 삶이나 지위 그리고 명예, 영리를 초월한 자유로움을 풍자적인 우화로 표현하고자 했는지도 모른다. 그의 생활은 자연에서의 유희였다. 이런 자연 속의 유희는 자유분방하고 거침 없는 사유의 곳간 역할을 하기도 했을 것이다.

　　그리고 실제로 이러한 구속받지 않은 삶을 살았던 인물이 바로 장자다. 장자는 전국시대에 입신출세하기 위해 여러 나라의 조정을 돌아다녔던 다른 제자백가와 달리 인생의 대부분을 향리에서 자연 속에 묻혀 자연과 함께 가장 여유로운 삶을 즐겼던 인물이다. 장자가 비록 다 떨어진 베옷을 입고 향리에서 세속을 피해 가난하게 살았지만, 당시 처해진 세상을 직시하고 이를 해결할 수 있는 혜안을 가지고 있어 당시의 학설을 비판할 수 있었다.

　　장자에 의하면 세계는 사물들의 공능功能이 모여 전체를 화합하고 상생하는 장소이며, 또 자연 외에 그 무엇이 있어 조물주가 자연을 주재하는 것이 아니라 도가 자연계의 변화를 주재할 뿐이라고 주장한다. 그러므로 사물은 독립적일 수 없고 서로 상생하고 조화하는 순리에 따라야 한다. 장자가 "나는 천지와 공생하고 만물과 공존한다"라고 한 것은 바로 천인합일의 순리에 순응할 것을 말한다. 자연과 내가 둘이 아니라는 것을 깨달았을 때 비로소 생사, 요수, 화복 등의 관념이 풀릴 뿐만 아니라 남과 내가 서로 의존관계에 있다고 자각했을 때 존비의 차등이 있을 수 없다.

그런데 세상의 혼란은 피차의 시비와 분별에서 비롯된다. "나는 천지와 공생하고 만물과 공존한다"라는 자연관에서는 남과 나는 모두 저절로 존재하는 평등한 관계다. 긴 안목에서 보면 본래 잘나고 못난 것이 없다. 그런데 자기만 옳고 남의 것은 용납하지 않는 배타성이 결국 시비를 불러온다. 따라서 "하루살이는 밤낮을 알 리 없고, 여름벌레가 겨울을 경험했을 리 없다"라고 한 것이다. 즉, 편견과 선입견으로는 전체를 알 수 없다. 그런데 자기 기준으로 모든 것을 규정하고 판단하니 시비가 생길 수밖에 없다.

모든 시비는 피차의 입장을 고집하는 데서 생기므로 그 입장을 바꿔놓고 생각하지 않으면 무한히 계속된다. 그러므로 피차 편견과 선입견을 초월해서 절충과 조화를 도모해야 한다는 것이 장자의 논리다.

# 자연에서 진정한 즐거움을 추구한 장자

초나라 위왕이 장자가 현명하다는 소문을 듣고 후한 예물과 함께 사신을 보내어 재상으로 모시고자 했다. 그런데 장자는 막강한 힘을 가지고 약한 나라를 강탈하는 전쟁의 참화를 뼈저리게 체험했기 때문에 명분이 없는 무력전쟁을 극력 반대했다. 한번은 초나라의 위왕이 월나라를 무력으로 침공하려 하자 왕을 찾아가 전쟁이 얼마나 비이성적이고 소모적인 싸움인지를 설명하여 침략을 단념하도록 설복시켰다. 이에 장자의 재능을 인정한 초나라 왕이 그 후 장자를 재상으로 등용하기 위해 두 사람의 사신에게 장자를 찾아가 천금의 선물을 주고 초빙해오도록 했다. 두 사신은 석 달 동안 찾아 헤맨 끝에 장자를 만날 수 있었다. 그때 장자는 복수라는 곳에서 낚시하고 있었는데, 돌아보지도 않고 웃음을 머금으면서 초나라의 사신들에게 이렇게 말했다.

천금이라고 하면 실로 대단히 큰 재물입니다. 대부와 재상이라고 하면 정말 높은 관직입니다. 그런데 당신은 교외에서 하늘에 제사 지낼 때 쓰는 희생 제물로 쓰이는 소를 본 적 있습니까? 그 소는 여러 해 동안 맛있고 좋은 사료를 잘 먹고 잘 길러지다가 어느 날 아름답게 수를 놓은 비단옷을 입고 태묘에 들여보내지는데, 그때서야 비로소 평범한 돼지로 태어났으면 이런 희생으로 죽임을 당하지 않을 텐데 하고 후회해보아도 아무 소용이 없는 일이지요. 이런 사실을 아신다면 더 이상 나를 더럽히지 말고 빨리 돌아가주시오. 나는 마음 편히 더러운 오물 속에서 뒹굴지언정 군주에게 얽매일 일은 하지 않겠습니다. 한평생 죽을 때까지 이렇게 시골에서 벼슬하지 않으면서 내 뜻대로 마음대로 사는 것이 나의 간절한 소망입니다.[3]

이 말을 들은 사신들은 장자가 더 이상 세상의 권세나 명예에 관심이 없다는 것을 깨닫고 초나라로 돌아갔다. 장자는 예나 다름없이 사회적 구속에서 벗어나 오로지 무위자연을 추구하면서 강에서 낚시와 짚신을 엮어 호구를 해결하면서 유유자적하게 살았다. 그는 당시 자신의 능력과 이상을 알아주는 군주를 찾아 발바닥이 닳도록 중국 천하를 헤매고 다녔던 다른 제자백가 사상가들과는 분명히 다른 삶을 살았다.

진정한 삶의 행복은 속세를 초월하여 어떤 구속도 받지 않는 자유로운 삶을 의미하고, 이러한 삶이 인생의 참된 길이고 자연적인 삶이다. 본래 자연을 섭리하는 도는 인간의 자의적인 편견에 의해 진위의 대립이 생긴 것이 아니다. 원래 모든 것이 자연스러웠으나 인간의 욕망에 의한 인위와 조작에 의해 시비가 생긴 것이다. 따라서 삶에 이것과 저것, 삶과 죽음, 옳고 그름 등은 모두 편견과 선입견으로 인해 생긴 것으로 자연의 입장에서 보면 이는 동일한 것이며, 이를 초월해야 참다운 삶의 도리를 얻을 수 있다.

간디가 막 출발하려는 기차에 올라탔다. 그 순간 신발 한 짝이 벗겨져 플랫폼 바닥에 떨어졌다. 기차가 이미 움직이고 있었기 때문에 간디는 그 신발을 주울 수 없었다. 그러자 간디는 얼른 나머지 신발 한 짝을 벗어 그 옆에 떨어뜨렸다. 동행하던 사람들은 간디의 그런 행동에 놀라지 않을 수 없었다. 이유를 묻는 한 승객의 질문에 간디는 미소를 지으며 말했다.

"어떤 가난한 사람이 바닥에 떨어진 신발 한 짝을 주웠다고 상상해 보십시오. 그에게는 그것이 아무런 쓸모가 없을 것입니다. 하지만 이제는 나머지 한 짝마저 갖게 되지 않았습니까?"

간디는 인도 독립의 최고 영웅이다. 그러나 그는 일반적인 영웅과 다르다. 그는 남들보다 뛰어난 사람도 아니었으며, 획기적인 이론이나 발명품을 개발한 것도 아니었고, 특별한 지위를 누린 것도 아니었다. 그럼에도 20세기 가장 위대한 영혼이라고 할 수 있는 이유는 무엇일까? 그것은 바로 '보통 사람'이지만 끊임없는 노력을 통해 최고의 진리를 찾고자 했고, 종교인이 아닌데도 종교인보다 철저하게 계율을 지켰으며, 가장 실천하기 힘든 비폭력·반문명의 방식으로 진실을 추구했기 때문일 것이다. 그리고 간디의 실천행위야말로 가장 어려운 일이기 때문일 것이다. 한때는 시대에 맞지 않는 것으로 보이기도 했지만, 간디가 실천해 보인 무욕의 사상과 무소유의 공동체는 오늘날 자본주의의 무한경쟁으로 인한 부작용이 심해지면서 새로이 조명받고 있다.

또 「추수」편에는 장자가 복수가에서 낚시질하고 있을 때 초나라 임금이 대부 두 사람을 앞세워 장자를 재상으로 모시겠다는 뜻을 전했다.

"부디 나라 안의 정치를 맡아 고생해주십시오."

이에 장자는 낚싯대를 놓지 않은 채 돌아보지도 않고 말했다.

"내가 들은 바에 의하면 초나라 조정에는 죽은 지 3천 년이 지난 성스러운 거북 등껍질이 있다고 하던데요. 당신들의 임금께서는 그것을 아름다운 비단보로 아주 정성스럽게 포장하여 종묘에 모셔두고 치성을 드려 제사를 지낸다는 소리를 들었습니다. 그런데 그 거북이 죽어서 사람들에게 높이 받들어지기를 바라겠습니까? 그렇지 않으면 살아서 진흙 속에서 마음대로 꼬리를 질질 끌면서 다니기를 바라겠습니까?"

"그야 물론 살아서 마음대로 진흙 속에서 꼬리를 끌고 다니기를 바라지 않겠습니까?"

그러자 장자가 기다리고 있었다는 듯이 말했다.

"자, 그러니 이만 돌아가 주십시오. 나도 흙탕물 속에서 마음대로 꼬리를 끌며 살고 싶소"[4]라고 하면서 초나라의 재상 자리를 거절했다고 한다.

이 말을 들은 사신들은 장자가 더 이상 세상 일에 관심이 없다는 것을 깨닫고 초나라로 돌아갔다. 자연의 현상은 모두 주어진 분수가 있어 그 범주를 벗어나면 반드시 피해를 보게 된다. 아무리 권력이 높은 재상 자리라도 죽어서 귀히 여김을 받기보다는 곤궁하게 살더라도 마음 내키는 대로 즐겁고 건강하게 사는 것이 얼마나 행복한 일인가? 지나친 욕심은 본성을 해치게 되어 심신을 다치게 하거나 망치게 되는 것이 자연의 순리다. 권력도 명예도 자유와 행복과 즐거움, 건강이 전제되지 않으면 생명이 추구하는 불편함을 감수해야 한다.

옛 속담에 "개똥밭에 굴러도 이승이 낫다"라는 말이 있다. 아무리 천하고 고생스럽게 살더라도 사후 세계보다는 현재의 삶에 사는 것이 낫다는 말이다. 세상에 존재하는 모든 것은 각기 자기의 한계 안에서 삶을 즐길 줄 알아야 한다. 공연히 지나친 욕심과 집착 때문에 자연적 본성을 해쳐 패가망신하는 경우가 많다. 자연의 도에 순응하여 자연스럽게 사는 것이 진정한 삶의 방법임을 제시한 것이다. 세속적인 입장에서는 너무 현실도피적이고 은둔적이라고 비판할 수도 있지만, 인위적인 조작이나 편견에서 벗어나 오로지 생명의 자유를 희구하는 장자의 삶의 태도는 '무엇인가에 매달려 있는' 사람들에게는 이해할 수 없는 경지일 것이다. 사람의 불행은 지나친 욕심과 집착하지 말아야 할 것에 필요 이상으로 집착하는 데서 생겨난다. 집착하지 말아야 할 것에 매달리기 때문에 욕망이 충족되지 않고, 욕망에 충족되지 않기 때문에 풀리지 않는 고통이 뒤따르는 것이다.

49재는 사람이 죽은 지 49일이 되는 날 지내는 재로, 원래 천도재의 일종이다. 죽은 사람은 구천을 떠돌다가 마지막으로 시왕十王을 거쳐 새로운 업을 받게 되는데, 이날 후손들이 죽은 이를 위해 재를 지내면 죽은 영혼이 극락왕생하게 된다는 믿음에서 유래했다.

어느 해, 홍성 읍내의 한 부자가 천장암에서 49재를 지내겠다고 하자, 고을 사람들이 모여들었다. 가뭄이 계속되어 식량 사정이 좋지 못한 데다가, 5월은 보릿고개 시기여서 잿밥이라도 얻어먹으려고 모여든 것이다.

부처님 앞의 상탁床卓에 온갖 음식이 푸짐하게 차려져 있었는데, 경허선사는 부처 앞 성탁의 음식을 모두 담아 절 마당에 있는 사람들에게 나누어주었다. 제주를 비롯해 제사를 지내러 온 사람들은 분노를 참지 못하고 경허선사에게 달려들었다.

경허선사가 이들에게 물었다.

"이 재를 왜 지내는 거요?"

"아버님이 극락왕생하시라고 지내는 것이오. 스님이 되어서 그것도 모르시오?"

"그렇다면 한 가지만 더 묻겠소. 49재는 죽은 사람이 시왕 앞에 불려가 이승에서 베푼 공덕을 확인하는 날인데, 시왕 앞에 불려가 재판을 받기 전에 망자의 공덕을 더하기 위해 재를 지내는 것이오. 그런데 그런

날, 굶주린 사람이 보는 곳에 음식을 펼쳐놓고 재를 지내 원망을 사는 것이 좋겠소, 아니면 망자의 이름으로 보시를 하고서 공덕을 더하여 확인을 받는 것이 좋겠소?"

경허의 말을 들은 상주는 화를 가라앉힐 수밖에 없었다. 음식은 재를 지내고 모여든 사람들에게 나누어주려고 마련한 것이다. 제사를 지내고 음식을 나누어주느냐 제사 전에 나누어주느냐의 차이일 뿐이지만, 시왕 앞에서 재판을 받는 사람에게는 큰 차이가 없다. 이날, 천장암에서는 상탁의 음식을 나누어준 뒤 빈 상탁 앞에서 49재를 지내는 희한한 일이 벌어졌다.

# 먼 곳에 있는 물은
# 결코 가까운 불을 끄지 못한다


장자는 누구한테도 구속받지 않고 자유로운 생활을 하다 보니 자연히 가난하여 종종 때거리가 없었다. 송나라에 조상이라는 사람이 있었다. 그는 송나라 임금을 위해 진秦나라 사신으로 가는데, 떠날 때 수레 몇 대를 얻었다. 진나라 임금은 매우 기뻐하며 그에게 수레 백 대를 추가해주었다. 그는 송나라로 돌아와 장자를 만나 이렇게 말했다.

"비좁고 지저분한 뒷골목에 살면서 가난을 면치 못한 채 겨우 짚신이나 만들어 입에 풀칠이나 하며 야윌 대로 야위어 목뼈가 불거져 나오고 얼굴이 누렇게 뜬 것은 자네가 부족한 탓이었지만, 내가 한 번 만승의 임금인 진나라 왕을 깨우쳐 백 대의 수레를 얻은 것은 나의 장기였네."

이 말을 들은 장자는 이렇게 말했다.

"진나라 임금이 병이 나서 의사를 불렀을 때, 종기를 째고 입으로 고름을 빤 자는 수레 한 대를 얻었고, 치질을 입으로 빤 자는 수레 다섯 대를 얻었다고 하네. 그렇다면 치료하는 곳이 더러울수록 수레를 얻는 수는 많아질 수밖에 없지 않나. 그런데 자네는 어떻게 진나라 임금의 치질을 빨았기에 그렇게 많은 수레를 얻게 되었나? 참으로 자네 입이 더럽기 그지없으니 빨리 돌아가게나."[5]

한비자는 인간의 본성이 이기적이라는 것을 설명하기 위해 왕량과 구천, 의원과 수레 만드는 사람, 관 만드는 사람을 예로 든다. 왕량은 말을 사랑했고, 월왕 구천은 사람을 사랑했다. 사람을 사랑한 것은 전쟁에 쓰기 위함이고, 말을 사랑한 것은 타고 달리기 위한 것이다. 의원이 환자의 상처를 빨아주기도 하고 고름을 입에 담기도 하는데, 그것은 환자와의 사이에 부모형제 같은 골육의 정이 있어서가 아니라 자신의 이익을 생각하기 때문이다. 다시 말하면 그렇게 하여 병을 고쳐주면 많은 사례를 받고 많은 환자를 단골로 삼을 수 있기 때문에 이익이 생겨 싫지만 어쩔 수 없이 하는 것이다.

수레 만드는 기술자는 사람들이 모두 부귀해지기를 바라고, 관을 만드는 기술자는 사람들이 많이 죽기를 바란다. 이것은 수레 만드는 사람의 타고난 성품이 본래 더 인자하고 관을 만드는 사람이 더 잔인하기 때문이 아니라 사람들이 부자가 되지 않으면 수레가 팔리지 않을 것이고, 사람들이 죽지 않으면 관이 팔리지 않을 것이라고 생각했기 때문이다. 관을 만드는 사람이 결코 사람을 미워하는 것은 아니지만, 사람이 죽어야만 관을 팔아 이익을 챙길 수 있기 때문에 어쩔 수 없이 사람들이 죽기를 바란다.

또 하루는 장자가 부유한 감하후에게 쌀을 얻으러 갔다.

"돈이 생기는 대로 갚을 테니 얼마간의 양식거리를 융통해주십시오."

장자가 이렇게 부탁하자, 감하후는 장자에게 돈을 빌려주었다가는 돌려받기 어렵다고 생각하여 이렇게 핑계를 댔다.

"지금은 없네. 하지만 사나흘 후면 식읍食邑에서 세금이 올라오니 그땐 300금 정도를 빌려줄 수 있을 테니 기다려주시게나."

감하후가 돈을 빌려주기 싫어한다는 것을 알아차린 장자는 심기가 불편하여 다음과 같이 응수했다.

"말만 들어도 고맙습니다. 하지만 그땐 소용이 없습니다."

그리고는 굶주림을 해결하려면 진수성찬이 필요한 것이 아니라 당장 허기를 채워줄 식사가 필요하다는 예를 들어 감하후를 우회적으로 비난했다.

"아까 제가 이리로 오고 있는데, 누군가가 소리쳐 부르지 뭡니까? 그래서 돌아다보니, 수레 자국에 고여 있는 물에 붕어 한 마리가 허우적거리며 나에게 애걸하고 있었습니다. 그 붕어는 곧 말라 죽게 되었으니 물을 좀 퍼다 달라는 겁니다. 저는 귀찮은 생각이 들어 이렇게 말했지요. '내가 사나흘 후면 오나라로 유세를 떠나는데, 그대에게 서강의 물을 철철 넘치게 길어다줄 테니 기다리게.' 그러자 붕어는 화를 버럭 내며 '나는 당장 조금의 물만 있으면 살 수 있는데 기다리라고 하니 이젠 틀렸군요. 나중에 건어물 가게에 와서 죽은 나를 찾으시구려' 하고는 눈을 감았습니다."[6]

물에 빠진 사람을 구조하려면 느릿느릿 팔자걸음으로 가서는 안 된다. 일에는 반드시 현실과 상황에 맞게 처신해야 한다. 쌀겨도 제대로 먹지 못하는 사람은 흰쌀로 지은 밥과 고기반찬을 기다리지 않을 것이며, 면으로 지은 적삼도 입지 못하는 사람은 수놓은 비단옷을 바라지 않을 것이다. 지금 당장 물 한 바가지로 생명을 구할 수 있는 것을 '서강의 물을 떠다주기'를 기다린다면 결국 붕어는 목숨을 유지할 수 없을 것이다.

옛날 초나라 공수반은 천민 출신인데도 기술이 뛰어나 대부 자리까지 오르게 되었다. 공수반은 자기의 기술을 이용하여 아무리 높은 성에도 쉽게 올라갈 수 있는 '운제'라는 높은 사다리를 만들어놓고 송나라를 공격하려고 했다. 또 송나라의 묵적은 3년 동안 나무로 솔개연을 만들었는데, 하늘을 난 지 하루 만에 망가지고 말았다. 한나라의 장형은 수레의 세 바퀴가 외부의 힘 없이도 스스로 굴러가도록 했고, 위나라의 마균은 퉁소를 불 줄 아는 꼭두각시를 만들었다. 그들이 만들어낸 것이 과학적 정신의 산물로 보이겠지만, 당시에는 먹고사는 문제가 급선무였기 때문에 실생활에 도움이 되지 않고 실용적인 가치가 없는 것이라면 단지 백성을 고생시키고 재물만 허비하는 수고를 한 것으로 볼 수 있다.

이에 대해 장자는 이렇게 말했다.

"주평만은 지리익에게 용을 잡는 방법을 배웠다. 천금의 가산을 탕진하여 3년 만에 기술을 습득했으나 그 교묘한 기술을 쓸 데가 없었다. 성인은 꼭 필요한 때가 아니면 꼭 필요하다고 여기지 않으므로 마음속에 갈등이 없다. 그러나 범인은 꼭 필요하지 않을 때라도 꼭 필요하다고 여기므로 갈등이 많다. 갈등이 일어나므로 행동하여 구하는 것이 있고, 이러한 갈등에 의지하면 결국 망하지 않을 수 없다. 따라서 소인의 지혜는 선물이나 편지 같은 하찮은 일에 떠나지 못하여 정신을 보잘것없는 일에 괴로움을 당하게 한다."[7]

『문자』에는 이런 내용의 글이 있다.

"나라를 다스리는 근본에는 인의, 예악, 명분과 법, 형벌과 상 등의 방법이 있다. 만약 이 범주를 벗어나 다른 것에 치중한다면, 설사 천지를 통괄하고 만물을 장악한다 할지라도 그것은 나라를 다스리는 것 이외의 이치밖에 되지 않으니 수많은 백성에게 절실하지도 않고 시급하지도 않아 아무런 필요도 없게 된다. 따라서 옛날 성인들은 이러한 것을 한쪽에 제쳐두고 신경도 쓰지 않았다."

장자는 감하후와의 대화를 통해 수레바퀴 자국에 고인 물속에서 고투하는 붕어의 말로 자기에게 처해진 현실이 과연 어떤 상황인가를 직시해볼 필요가 있음을 비유한 것이다. 이른바 철부지급轍鮒之急 또는 학철지어涸轍之魚라는 고사성어의 출처 대목이다. "먼 곳에 있는 물은 결코 가까운 불을 끄지 못한다"라는 뜻과 같이 몹시 곤궁하거나 다급한 처지에 놓인 옹색한 형편을 비유하는 말이다.

# 바라는 것 없이 노닐다

북쪽 깊은 바다에 물고기가 살고 있는데, 그 이름은 '곤'이라고 한다. 곤의 크기는 몇천 리나 되는지 알 수 없다. 이것이 변화해서 새가 되는데, 그 이름을 '붕'이라고 한다. 이 붕새의 등 넓이 또한 몇천 리나 되는지 알 수 없다. 날개를 펼쳐서 힘차게 날면, 그 날개는 마치 하늘에 드리운 구름과 같았다. 이 붕새가 바다에 큰바람이 불어 움직이면 장차 남쪽 바다로 옮겨 가려 하는데, 남쪽 바다는 곧 하늘 연못을 말한다. 괴상한 이야기를 적은 『제해』라는 책에 이러한 기록이 있다.

"대붕이 남쪽 바다로 옮겨가려 할 때는 날개가 일으키는 파도가 3천 리에 달하고, 그에 따라 일어나는 바람은 9만 리 상공까지 올라가서 6월의 바람을 타고 날아간다."

허공을 가르는 기운과 미세한 정기가 있는데, 살아있는 모든 것은 이 생명의 호흡으로 내뿜는 것이다. 하늘이 저토록 푸른 것은 저 하늘의 원래 색깔이 그래서인가, 아니면 멀리 떨어져서 끝이 없기 때문인가? 붕새가 나는 9만 리 높은 하늘 저 위에서 지상을 내려다보면 역시 파랗게 보일 것이다.

대개 물이 괸 것이 깊지 못하면 큰 배를 띄울 힘이 없다. 한 잔의 물을 뜰의 파인 곳에 부어 지푸라기 하나를 띄우면 배처럼 뜨지만, 그곳에 술잔을 띄우면 가라앉고 말 것이니 물은 깊지 않고 배는 크기 때문이다.

이와 마찬가지로 바람이 세게 불지 않으면 큰 붕새의 날개를 떠받칠 힘이 없다. 그러므로 9만 리쯤 올라가야 바람이 그 밑에 있게 되고, 그런 뒤에야 바람을 타고 푸른 하늘을 등에 지고 나는데, 가로막는 것이 아무것도 없어야 비로소 남쪽 바다로 갈 수 있다.

매미와 메까치가 붕새를 이렇게 비웃었다.

"우리는 단숨에 날아서 느릅나무 가지에 올라갔다가 내려올 수 있는데, 그곳까지 날지 못한다면 땅에 내려오면 그만이다. 무엇 때문에 9만 리 하늘까지 올라가고 또다시 남쪽으로 날아간다고 하는가?"

그도 그럴 것이 교외의 들판에 나가는 사람들은 세 끼의 식사만으로도 배가 고프지 않겠지만, 백 리쯤 여행을 떠나는 사람은 전날 밤부터 양식을 준비해야 하고, 천 리의 여행을 떠나는 사람은 3개월 동안 먹을 양식을 준비해야 한다. 매미와 메까치 같은 조무래기가 어찌 대붕의 뜻을 안다고 할 것인가?

대체로 작은 지혜는 큰 지혜에 미치지 못하고, 짧은 세월은 긴 세월에 미치지 못한다. 어째서일까? 아침나절에만 사는 버섯은 초승과 그믐을 알지 못하고, 쓰르라미는 봄과 가을을 알지 못하니 이는 수명이 짧기 때문이다. 초나라 남쪽 바다에 사는 '명령'이라는 거북은 500년을 봄으로 삼고 500년을 가을로 삼으며, 또 아주 옛날에 '대춘'이라는 나무는 8천 년을 봄으로 삼고 8천 년을 가을로 삼았다고 한다. 그런데 지금에 와서는 팽조彭祖*가 특히 오래 살았다고 소문이 나서 모두 그를 부

---

*  요임금 때의 재상으로 800년을 살았다고 전해진다.

러워하니 또한 슬프지 않은가?

탕임금이 극에게 물은 것도 이와 같은 이야기다. 궁발窮髮* 북쪽에 깊은 바다가 있는데 하늘 연못이다. 거기에 있는 물고기는 그 길이가 몇천 리나 되는지 아는 이가 없는데, 그 이름을 '곤'이라 한다. 또 그곳에 한 마리 새가 있어 그 이름을 '붕'이라고 하는데, 그 등덜미는 태산과 같고 날개는 하늘에 드리운 구름 같아서 회오리바람을 타고 9만 리를 돌아 올라 구름을 벗어나고 푸른 하늘을 등에 진 뒤에야 비로소 남쪽으로 날아간다. 그가 가려는 곳은 남쪽 바다다.

그때 뱁새가 이 말을 듣고 비웃었다.

"저들은 어떻게 간다고 그러는 것일까? 우리는 뛰어 날아돌아도 두어 길을 못 가서 도로 내려와 쑥밭 속에서 파닥거리는 게 고작이고, 이것도 나로서는 최고로 난 것인데, 저들은 어떻게 그렇게 갈 수 있단 말인가?"

이것은 크고 작음의 차이다. 그러므로 지혜는 겨우 한 관직을 담당할만하고, 행실은 한 고을 사람에게만 칭찬받을 정도이며, 덕은 그 나라 한 임금의 비위에나 맞는 정도라서 한 나라의 신하로 임명된 자가 스스로 뽐내는 것은 모두 이런 뱁새 같은 부류다.

그러나 송영자宋榮子**는 오히려 이들을 비웃었다.

"그는 온 세상이 칭찬해도 뽐내는 법이 없고, 온 세상이 비난해도 해코지하지 않으니 안팎의 분수가 정해져 있고 영예와 굴욕의 경계가 분명히 구분되면 그만일 뿐이다."

---

*　초목이 나지 않는 불모의 땅을 말한다.

**　제나라 직하학궁의 초기 인물로 반전 사상가다. '송견(宋鈃)'이라고도 한다.

이런 사람도 세상에 그리 흔하지 않지만, 그렇다고 해서 이것만으로는 덕이 완전하다고 할 수 없다.

열자는 바람을 타고 돌아다니며 시원하게 잘 지내다가 보름 만에야 돌아오는 사람이다. 세상에서 복을 구하는 사람으로 그만 한 이도 그리 흔치 않을 것이다. 열자는 비록 걸어 다니는 어려움을 면할 것일 뿐 아직은 의지하는 데가 있는 사람이다. 그렇지만 저 천지의 바른 기운을 타고 여섯 기운(음과 양, 바람, 비, 어둠, 밝음)의 변화를 몰아서 무궁에 노니는 사람이라면 굳이 무엇에 의지할 필요가 있겠는가?

그러므로 지인至人은 사물과 나의 구분이 없고, 신인神人은 공을 의식하지 않으며, 성인은 명예를 무시한다.[8]

장자는 자연 세계의 만물 · 시비 · 생사를 하나의 관념으로 보고자 했는데, 자세히 살펴보지 않으면 매우 심오해서 이해하기 어려운 것 같지만 실제로 그리 신비한 것만은 아니다. 장자는 세속적인 사유세계의 2차원 사물을 그보다 훨씬 큰 3차원의 세계 속에서 관조한다. 그 사유세계는 끊임없이 그리고 무한대로 확대되는 것이기 때문에 그 안에 있는 2차원의 사유세계는 점차 작아지는 한계를 지니지만, 3차원 세계는 상상 이상의 사유까지 이르게 된다. 이때는 생사와 시비에 아무런 차이가 없는 제물齊物의 경계에 이르게 되는데, 이것이 바로 장자의 철학을 이해하는 핵심이다.

장자의 철학은 순기능 측면에서는 사유세계를 자유롭게 해방하고 상상의 세계를 넓혀주긴 하지만, 역기능 측면에서는 다시 한번 살펴볼 필요가 있다. 즉 불량한 사람에게는 인생을 땀 흘려 노력하고 개척하여 성취하는 보람을 얻지 않고 오히려 작란으로 여기고, 심지어 방탕한 생활을 일삼는 핑계로 이용되는 경우도 있으므로 그의 세계관을 가볍게 이해해서는 안 된다.

장자는 우리에게 기존의 한계와 제약을 뛰어넘어 부단히 변화할 것을 권한다. 이 변화는 단순히 기존의 모습과 다른 모습으로 바뀌는 것을 말하는 것이 아니라 동굴 안의 갇힌 사유세계에서 동굴 밖의 열린 세계로 나아가듯, 황하의 신 하백이 자기 삶의 터전인 황하에서 상상할 수 없는 광활한 넓은 바다로 나아가듯, 또는 곤이 붕이 되어 바다에서 더 넓은 하늘로 도약하듯 갇힌 동굴 세계에서 더 넓고 열린 세계로 나아가고, 더 큰 지혜와 더 큰 자유를 획득해가는 과정이다.

장자는 소요하며 노니는 경지를 이해시키기 위해 상상 속의 동물인 곤과 붕새를 도입하고, 이에 대비되는 매미와 메까치, 뱁새 등 현실세계의 동물과 비유한다. 즉, 작은 지혜를 가진 자가 큰 지혜를 가진 자의 사유세계에 비해 얼마나 한계를 지녔는지를 설명한다. 그리고 소요유逍遙遊의 경지를 확충하기 위해 또 다른 생물의 세계인 수명이 짧은 버섯이나 쓰르라미, 5천 년을 봄으로 삼고 5천 년을 가을로 삼은 명령, 8천 년을 봄으로 삼고 8천 년을 가을로 삼은 대춘 등에 비유하여 그 차이를 설명하고 있다. 그리고 사회적 가치 규범과 세속에 안주하는 인간세계를 초월하여 거의 절대자의 경지를 소요하는 송영자, 변화를 몰아서 무궁에 노니는 열자를 인용하여 속인의 지식과 한계를 지적하고 있다.

그 지식이 겨우 하나의 관직에만 능력을 발휘하는 자, 품행이 한 고장 사람들의 인정을 받는 데 불과한 자, 그 덕이 한 임금의 신임을 얻을만한 자, 그 재능이 한 나라의 신임을 얻을만한 자는 그 시야가 마치 뱁새가 보는 세상처럼 비좁다. 하지만 송영자와 열자는 그런 자에 대해 그저 웃을 뿐이다. 세상 사람들이 모두 그를 칭찬해도 더 애쓰는 일이 없고, 세상 사람들이 모두 헐뜯는다 해도 기가 죽지 않는다. 그들은 다만 내면의 마음과 외부 사물의 분별을 명확히 하고, 명예와 치욕의 경계를 구분할 뿐이다. 송영자와 열자는 세상일을 좇으면서 허둥지둥하지도 않는다. 하지만 그들도 아직 최고의 경지에는 이르지 못했다.

장자는 세속적인 사람은 항상 '기대하고 바라는 바가 있기' 때문에 소요유의 경지에 이르지 못한다고 했다. 오직 '천지의 바른 기운을 타고, 육기의 변화를 다루고, 무궁함에 노니는 자'만이 비로소 소요유에 이른 지인이고 신인이고 성인이다. 이들의 경지를 설명하여 초월자 혹은 절대자를 크게 부각시켜 절대자유의 세계에 소요하는 3차원의 사상을 이어가고 있다.

# 세속적인 번거로움이 없는
# 자연 그대로의 이상향(無何有之鄉)




　　명가를 대표하는 혜자惠子*가 양나라의 재상으로 있을 때, 장자가 그를 찾아가 만나고자 했다. 그때 어떤 사람이 혜자에게 말했다.

　　"장자가 와서 당신 대신 양나라 재상이 되려 하오."

　　그래서 혜자가 두려워하여 장자를 찾아 사흘 낮 사흘 밤을 뒤졌다. 이 소식을 들은 장자가 혜자를 찾아가 말했다.

　　"남방에 새가 있는데 이름이 '원추'라고 하네. 자네는 그 새를 아는 가? 그 원추는 남쪽 바다에서 북쪽 바다로 날아가는데, 오동나무가 아니면 쉬지 않고 대나무의 열매가 아니면 먹지 않으며 단물이 나오는 샘

---

\*　성이 혜(惠)이고, 이름이 시(施)다. 전국시대 중기의 송나라 사람으로 저명한 정치가이자, 공손룡과 함께 '명가(名家)'의 대표적인 인물이다. 혜시는 지식이 해박하고 저술 또한 풍부하여 대단한 명성을 얻고 있었다. 또한 모든 구별과 대립이 상대적이라는 인식 아래 '합동이(合同異)'라는 구호를 내세우며 사물의 동일성을 강조했다. 그리고 장자와는 좋은 친구이자 변론의 주요 상대였다. 명가는 명실(名實) 문제, 다시 말하면 개념과 실체의 관계에 대해 논구한 일단의 학파를 의미한다. 대표적 인물로는 혜시, 등석, 윤문, 공손룡 등이 있다. 이들은 일종의 논리학자로서 전반적으로 사물의 정의를 결정하고, 명칭과 실체의 동이(同異)를 바르게 하며, 명칭 속에 포함된 개념을 분석해내려는 학문적 경향을 가지고 있다.

이 아니면 마시지 않는다네. 그런데 마침 소리개 한 마리가 썩은 쥐새끼를 물고 있다가 원추가 지나가는 것을 우러러보고 썩은 쥐새끼를 빼앗길까 봐 성을 내며 '꽥' 하고 소리를 질렀다고 하네. 그와 마찬가지로 자네는 이제 양나라 재상 자리를 가지고 나를 겁나게 '꽥' 하고 소리를 지르는 건가?"[9]

혜자는 공손룡과 함께 춘추전국시대 제자백가 가운데 명목과 실제가 일치해야 함을 주장한 명가학파를 대표하는 인물이다. 장자와 두터운 친분이 있었지만, 학술적으로는 적수였다. 그는 장자의 사상이 너무 이상적이어서 쓸모가 없다고 평가했다. 그러나 장자의 눈에는 세상에 존재하는 모든 만물은 쓸모가 있었다.

혜자는 세속의 명예나 권세, 부귀를 필요 이상으로 추구하다가 그만 자연의 생명에 대한 인간의 소박한 본성을 어기고 있었다. 그러다 보니 행여 그 명예나 지위가 장자로 인해 실추될까 노심초사하는 처세관을 보여주고 있다. 마치 고기를 물고 다리 위를 지나가다가 다리 밑 물속에 비친 자기 그림자를 보고 고기를 빼앗으려는 다른 개로 착각하여 망연히 짖다가 그만 입에 문 고기를 물속에 빠뜨리는 경우와 유사하다.

혜자가 장자에게 말했다.

"위나라 임금이 나에게 큰 박씨를 하나 보내주었기에 심었더니 다섯 섬이나 되는 큰 박이 열렸네. 그래서 그 속을 파내고 장을 담갔더니 무거워서 들 수 없었고, 다시 두 쪽으로 쪼개어 바가지를 만들었으나 너무 넓어서 쓸 수 없게 되었네. 텅 비어 크기는 했지만, 쓸모가 없어서 마침내 부숴버리고 말았네."

장자가 그 말을 듣고 이렇게 대답했다.

"자네는 참으로 큰 것을 쓰는 일에 서툴군. 송나라 사람 중에 손 트는 데 바르는 약을 잘 만드는 자가 있었네. 그러나 그 사람은 그런 기술을 가지고 있으면서도 대대로 빨래하는 것으로 일을 삼고 있었지. 어떤 사람이 그 소문을 듣고 와서는 백금을 줄 테니 그 약방문을 팔라고 흥정했다네. 그래서 그 사람은 가족을 모아놓고 '우리가 대대로 빨래 빠는 일로 직업을 삼아왔지만, 겨우 몇 푼 벌이에 지나지 않았다. 이제 이 약방문을 팔면 하루아침에 백금을 얻게 될 것이니 얼마나 좋은 일인가?' 하고는 그 약방문을 팔게 되었다네. 그 손님은 곧 오나라 임금을 찾아가 그 약방문의 효능에 대해 자세히 설명하지 않았겠나. 그 후 오나라는 월나라와 전쟁을 하게 되었는데, 오나라 임금은 그 사람을 장수로 삼아 그해 겨울에 월나라와 수중전을 벌여 크게 이겼네. 그래서 오나라 임금은 그 사람에게 땅을 하사하고 제후로 봉해주었다네. 이것을 보면 똑같이 손 트는 데 쓰는 약을 가지고도 한 사람은 영토를 하사받아 제후가 되었고, 한 사람은 겨우 빨래하는 일을 벗어나는 데 그쳤으니 이는 그 쓰는 법이 달랐기 때문이네. 지금 자네는 다섯 섬짜리 박을 가지고 있으면서 어째서 그것으로 커다란 술통을 만들어 강과 호수에 띄울 생각을 하지 못하고, 그것이 넓어서 쓸데가 없다고 걱정만 하는가? 자네는 아직도 몹시 옹졸한 생각밖에 가지지 못한 사람일세그려."

혜자가 또 장자에게 말했다.

"우리 집에 큰 나무가 있는데, 사람들은 모두 그것을 '가죽나무'라고 부르네. 줄기는 울퉁불퉁해서 먹줄에 맞지 않고, 작은 가지들은 꼬불꼬불해서 척도에 맞지를 않네. 그래서 그것이 땅 위에 서 있어도 목수들은 그 나무에 관심조차 가지지 않았네. 이제 자네의 말은 이와 같이 크기는 하나 쓸데가 없어서 여러 사람이 관심을 가지지 않게 될 걸세."

그러자 장자는 이렇게 대답했다.

"자네는 살쾡이를 보지 못했는가? 그놈은 땅에 납작 엎드려 먹잇감이 되는 짐승을 겨누고 이리저리 대중없이 날뛰며 높은 곳 낮은 데를 가리지 않다가 혹 덫에 치이기도 하고, 혹 그물에 걸려 죽지 않던가? 저 들소는 그 크기가 하늘에 드리운 구름 같지만, 쥐 한 마리를 잡지 못한다네. 자네는 큰 나무를 가지고도 그것이 쓸모가 없다고 걱정하지만, 왜 그것을 무하유지향無何有之鄕(어떠한 인위도 없는 자연 그대로의 낙토)의 광막한 들판에 심어놓고 유유히 그 옆을 거닐며 편안히 그 그늘 밑에 누워 있지 않는가? 그러면 그 나무는 도끼날에 찍힐 걱정도 없을 터이고, 누구도 그 나무를 해치지 못하니 염려할 일이 없지 않겠나. 아무 데도 쓰일 바가 없다 한들 무슨 괴로움이 있겠는가?"[10]

혜자와 장자는 사물들이 의지하는 것은 유용성 여부에 그 가치의 기준이 있다고 보았다. 혜자는 큰 박이나 큰 가죽나무가 유용성이 없어 사람들의 관심조차 끌 수 없다고 하면서, 장자의 철학을 박이나 가죽나무에 빗대어 그 박은 무거워서 들 수 없고 나무는 목재로 사용하기에는 부적합해서 삶을 편리하게 도모하는 데 쓸모가 없는 허황된 것으로 비판하고 있다.

그러나 장자는 혜자 같은 옹졸한 인간의 이기적 발상이라면, 유용성의 기준에 따라 쓸모가 없다고 판단되는 것이라고 해서 무시되거나 배제되어도 좋은 것이 아니라는 논리다. 마치 저 잘났다고 뽐내며 높고 낮은 곳을 가리지 않다가 덫에 치이거나 그물에 걸려 결국 파멸을 면치 못하는 살쾡이 신세가 될 것이라고 보았다. 즉, 상식과 통념에 따라 어떤 존재가 쓸모없다고 판단하는 것이 얼마나 편협한 사고인지를 비판한다. 큰 박은 큰 술통을 만들어 강이나 호수에 띄우면 될 것이고, 사람들이 관심조차 끌지 못하는 큰 가죽나무는 무하유의 땅이나 넓은 들판에 심어두고 사람들을 위해 그늘을 만들어주면 될 것이며, 더구나 도끼에 잘려나가 요절할 염려도 없고 누구에게도 쓸 만한 데가 없기 때문이니 괴로움조차 없게 된다.

또 손이 트지 않게 하는 약을 똑같이 가졌지만, 어떤 이는 대대로 다른 사람의 옷을 빨아주며 살고 어떤 이는 영지까지 받고 제후가 됐다. 이것은 무엇을 의미할까? 바로 사물은 저마다의 쓰임새가 있는데, 사람들이 이를 어떻게 이용하느냐에 따라 그 가치가 달라진다는 것을 뜻한다. 장자는 이 이야기를 통해 어떤 사물이든 그 물건만의 특별한 가치가 가장 잘 발휘될 수 있는 곳에 사용해야 한다고 일러준다.

한비자는 삶의 유용성에 대해 다음과 같이 말한다. 노나라 서울에 한 부부가 살고 있었는데, 남편은 짚신을 아주 잘 만들었고 아내는 길쌈을 잘했다. 게다가 둘 다 부지런했으므로 살아가는 데 별 어려움이 없었다. 그들은 월나라가 사람 살기 좋은 곳이라는 말을 자주 들었다. 어느 날 두 사람이 살림을 챙겨 월나라로 이사 갈 준비를 하고 있었다. 이웃에 사는 사람이 그들에게 말했다.

"월나라로 이사 가면 당신네는 반드시 솥뚜껑에 거미줄을 치게 될 것이오."

부부는 이 얘기를 듣고 기분이 나빠서 따지듯 물었다.

"말하는 것 좀 보게. 우리 두 사람은 짚신도 잘 만들고 길쌈도 잘하는 데다가 검소하오. 재산을 모으면 모았지 모으지 못한다면 그게 더 이상하지?"

그러자 이웃에 사는 사람이 이렇게 말했다.

"짚신은 어디에 쓰는 것인가? 발에 신는 것인데, 월나라는 물이 많은 곳이라 어릴 때부터 사람들이 신을 신지 않고 맨발로 다닌다네. 삼베

는 무엇에 쓰는 것인가? 모자를 만들어 머리에 쓰는 것인데, 월나라에
는 폭우가 자주 쏟아지기 때문에 사람들은 머리카락을 짧게 자르고 생
활한다오."

그러자 부부가 다그쳐 물었다.

"그게 참말인가요?"

이웃에 사는 사람이 웃으며 말했다.

"그럼 거짓말일까? 당신들의 손재주는 정말 대단하지만, 손재주가
필요 없는 나라에 간다면 배 두드리며 산다는 게 참 이상할 것이오."

장사하려고 준비하는 사람은 반드시 고객의 수요를 먼저 알아야
한다. 사람들이 가진 모든 재능이나 기술은 실제 수요에 부합해야 실질
적인 효과를 기대할 수 있다. 배우고 연구한 것이 실제로 쓸모가 있게
하려면 지식과 실용이 결합해야 한다. 그렇지 않으면 아무리 지식이 쌓
이고 기술이 발전해도 헛수고일 뿐이다.

# 얽매인 세속에서 벗어나려면

옛날에 자기 그림자를 두려워하고 제 발자국을 싫어해서 그것을 피해 달아나는 사람이 있었다. 그러나 발을 자주 들면 들수록 발자국은 더욱 많아지고, 뛰기를 빨리 해도 그림자는 같은 속도로 처지지 않고 따라오는 것이었다. 이 사람은 아직도 제 걸음이 느려서 그런 줄 알고 빨리 뛰며 쉬지 않다가 결국 기운이 다하여 죽고 말았다. 그는 그늘 속으로 들어가 있으면 그림자가 없어지고, 조용히 쉬고 있으면 그림자도 멈춘다는 사실을 알지 못한 것이니 매우 어리석은 사람이다.[11]

이 이야기는 장자가 당시 중국 사람들의 살아가는 모습을 빗대어 말한 것이지만, 지금 인류의 모습과 별반 다르지 않다. 현재 인류도 추구하고 있는 발전이 삶에 어떤 의미가 있는지, 또 발전이 미래 인류에게 어떤 영향을 줄 것인지는 관심이 없는 듯하다. 오직 '더 빨리, 더 많이, 더 높이' 등 외형적인 것을 보여주기 위해 이윤과 효율성을 강조하여 물량주의에 빠져 뒤돌아볼 겨를도 없이 앞으로만 달려가고 있다. 자기 그림자가 두려워 달아나는 사람이 잠시 나무 그늘에 가서 쉬면 모든 문제가 풀리듯이, 인류도 외형적인 것보다는 내적인 것에 눈을 돌려야 할 시기다. 새삼스럽게 '왜 사는가?', '어떻게 살아야 하는가?', '우리는 누구인가?' 하는 근본적이고 본질적인 질문 앞에 과연 행복하고 건강한 삶이 어디에 있는지 잠시 하던 일을 멈추고 찾아보아야 할 것이다.

바랄 것 없이 노니는 소요유의 세계에서 얽매임은 무엇을 의미하는 것일까? 또 이런 얽매인 세상에서 벗어날 방법은 있는 것일까? 현대는 과학기술이 발전함에 따라 편리하고 유용한 물질적 풍요를 누리고 있다. 한편으로 이윤과 효율성을 강조한 자본주의는 경제대국으로 성장하기 위해 온 힘을 다해 경주하고 있다. 자본주의적 · 물질주의적 경제 성장만을 추구해온 결과, 현대사회는 극심한 갈등과 혼란을 겪고 있는 것이 사실이다. 세계 곳곳에서 이해관계의 충돌로 인해 벌어지는 갈등과 대립은 이미 치유할 수 없을 수준에 이르렀다. 지나치게 편리하고 유용한 삶과 이윤, 효율성만을 추구하다 보니 지구환경 파괴, 인간성 상실로 인한 윤리의식 부재, 공동체 의식 결여 등 수많은 난제를 안고 있다. 왜 인류는 오직 앞만 향하여 질주하고 있는 것일까? 힘들어하고 고통 받는 이웃에 대한 배려와 관심은 구호에 그칠 뿐 뒤처지면 큰일이라도 날 것처럼 오직 앞만 보고 힘껏 달리고 있다. 마치 뒤처지면 불이익을 당하는 것처럼 말이다. 또 실제로 뒤처지면 치유할 수 없는 낙오자가 되는 것이 요즈음 추세다.

장자는 이윤과 효율성의 추구로 빚어진 갈등과 혼란, 이해관계에 얽매인 세상에서 벗어나는 경지를 '현해懸解'라고 했다. 즉 그 사람이 이 세상에 태어난 것은 태어날 때가 되었기 때문이며, 그 사람이 죽은 것도 죽을 운명에 따른 것이다. 그러므로 그때를 따라 편안하게 운명을 맡기면 슬픔도 즐거움도 끼어들 수 없다. 이것이 이른바 하늘의 얽매임으로부터 해방인 현해.[12]

인생의 여러 가지 얽매임은 필요 이상으로 집착하는 '무엇인가에 매달려 있음'에 비유할 수 있다. 각종 집착과 얽매임에서 풀려났을 때 비로소 인생이 추구하는 진정한 삶의 자유를 얻게 된다. 자연의 순리에 따르는 삶의 지혜를 밝혀가야 한다. 이처럼 사람이 자연의 순리에 따라 자연과 함께 더불어 살아가는 데 가장 장애가 되는 것은 인간의 이해관계로 세상을 판단하는 일이다. 오직 이기심과 효율성의 틀에 각인된 집착, 욕망 체계에서 벗어날 때 비로소 인생의 진면목을 직시할 수 있다. 편협한 세계에서 욕망 체계를 파괴할 때 비로소 인간이 본래 지니고 있는 의지에 따라 자유롭게 욕구할 수 있으며, 자유로운 욕망을 통해 추구하고자 하는 세계관을 구축할 수 있다.

장자는 사람이 '무엇인가에 매달려 있는' 삶을 인간의 그림자, 그리고 그 그림자의 조금 옆에 나 있는 그늘 그림자와의 문답을 통해 다음과 같이 설명하고 있다. 그늘 그림자를 '망량罔兩'이라고 하는데, 그 망량이 그림자에게 질문했다.

"조금 전에 넌 걷고 있었던 것 같은데 지금은 걸음을 멈췄고, 또 조금 전에 너는 앉아 있었던 것 같은데 지금은 서 있고, 잠시도 가만히 있지 못하고 앉았다 일어났다 하니 그야말로 지조가 없는 것 같다."

그러자 그림자가 이렇게 대답했다.

"그래, 실은 나도 그렇게 하고 싶지 않은데 어떤 누군가가 나를 그렇게 하도록 하는 것 같아."

그 어떤 누군가는 사람인데, 사람이 앉았다 섰다 하니까 그림자도 할 수 없이 따라서 앉았다 섰다 한다는 말이다. 그림자도 그렇게 하니까 그늘 그림자 역시 그에 따라 앉았다 섰다 하는 것인데, 그늘 그림자는 그걸 모르고 있다.

그림자는 그늘 그림자에게 또 이렇게 말했다.

"그런데 말이지, 나도 실은 별수 없어. 뭔가에 의해 그렇게 하도록 하고 있을 뿐이야. 내가 기다리고 있는 것(인간) 역시 어떤 누군가에 의해 그렇게 하도록 명령받고 있는 것 같단 말이야. 그러니까 다른 어떤 누군가가 '너 거기 앉아'라고 하니까 앉고, '거기 서라'고 하면 서게 되는 것이 아닌가 해. 그리고 또 그렇게 시키는 자도 또 어떤 누군가에 의해 명령받고 있는지도 모르지. 결국 대자연이라는 게 있어서 모든 것을 뒤에서 조종하고 있는지 몰라! 우리는 아마 사부조익(蛇蚹蜩翼: 뱀은 비늘에 의해 움직이고, 매미는 날개가 있어 날 수 있음)을 기다리고 있지 않을까?"

"어찌 그렇게 되는 까닭을 알겠는가? 어찌 또 그렇지 않다고 하는 까닭을 알 수 있겠는가?"[13]

뱀은 비늘이 있어 앞으로 기어갈 수 있으므로 비늘에 의해 움직이고 있다고도 할 수 있다. 그러나 뱀이 없으면 비늘이 움직일 리 없으므로 비늘은 뱀에 의해 피동적으로 움직이는 것이다. 뱀이 비늘로 하여금 움직이는지, 비늘이 뱀으로 하여금 움직이는지 알 수 없다. 매미 역시 날개에 의해 날 수 있다. 그러나 매미에게 날개가 없으면 날아오를 수 없다. 이것도 어느 것이 옳은지 알 수 없다. 결국 세상사는 논쟁하면서 옳고 그름을 따져보았자 어느 것이 진짜 옳은 것인지, 어느 것이 진짜 그른 것인지 선뜻 판단되지 않는다.

마치 닭이 먼저인지 달걀이 먼저인지 하는 물음과도 같다. 닭이 먼저라고 한다면 그 닭은 결국 달걀에서 시작된 것이니 곤란해지고, 달걀이 먼저라고 주장하면 달걀이 나온 곳은 닭인 까닭에 어느 것이 진짜 먼저인지 판단하기 쉽지 않다.

장자는 '조릉의 숲 이야기'를 통해 사람들은 과연 진정한 세계관을 지향하고 있는지 반문한다. 장주가 어느 날 '조릉'이라는 밤나무 숲의 울타리에서 놀다가 한 마리 이상한 까치가 남쪽에서 날아오는 것을 보았다. 그 까치의 날개넓이가 칠 척이나 되고 눈동자의 직경이 한 치나 되었는데, 장주의 이마를 스치고 날아가 밤나무 숲에 가 앉았다. 장주는 마음속으로 '이것은 어떤 새인가? 저렇게 큰 날개를 가지고도 높이 날지 못하고, 저렇게 큰 눈을 가지고도 (나를) 보지 못하는구나!'라고 하면서 바지를 걷어 올리고 재빨리 걸어가 까치를 잡기 위해 활에 화살을 끼워 겨냥했다. 그때 살펴보니 매미 한 마리가 나무 그늘에 앉아 자신도 잊고 멍하니 있었다. 그리고 그 곁에는 사마귀 한 마리가 나뭇잎에 숨어 (자신이 얻을) 이익 때문에 자신이 먹이로 노출되었다는 사실을 잊고 있었다. 그런 그 곁에는 그(장주가 잡기 위해 겨냥하고 있던) 이상한 까치가 기회를 틈타 이 사마귀를 잡으려고 눈독을 들이느라 자신도 잊은 채 장주에게 잡히는 것을 모르고 있었다. 장주는 이런 사실을 보고 소스라치게 놀라면서 말했다.

"아, 사물은 본질적으로 서로에게 연루되어 있고, 서로 이해관계가 얽혀있구나."

아니나 다를까 그가 자신의 활을 버리고 숲에서 달려 나왔을 때, 밤나무 숲을 지키고 있던 주인이 장주가 밤을 따가려는 도둑인 줄 알고 욕하면서 쫓아왔다. 장주는 집으로 돌아와서 석 달 동안 집 밖으로 나오지 않았다. 그러자 제자인 인차가 물었다.

"선생님께서는 무엇 때문에 요사이 밖으로 나오지 않으십니까?"

"나는 지금까지 외물에 마음을 빼앗겨 나 자신을 잊고 있었다. 나는 탁한 물을 보다가 맑고 깨끗한 연못을 잊고 있는 격이었다. 게다가 나는 선생님으로부터 이미 '다른 풍속으로 들어가서는 그곳에서 통용되는 풍속을 따르라'고 했는데, 얼마 전 나는 조릉에서 놀다가 나 자신을 잊었고, 그 이상한 까치는 내 이마를 스치고 지나가 밤나무 숲에서 자신의 생명을 잊었고, 밤나무 숲을 지키는 사람은 나를 밤 따가는 도둑으로 여겨 내가 치욕을 당했다. 이것이 내가 밖으로 나가지 못하고 있는 이유다."[14]

장자는 조릉의 숲을 통해 자신이 깨달은 세상의 이치를 제자인 인차에게 설명해주었다. 자신의 이익에 정신이 팔린 사마귀는 자신이 이상한 까치에게 잡아먹힌다는 사실을 잊었고, 그 까치는 장자가 활로 자신을 겨눈 사실을 알지 못한 채 오직 먹이에만 몰두하고 있다는 사실을 깨달은 것이다. 이들은 모두 자신의 이익을 얻는 데 정신이 팔려서 눈앞에 닥친 재난을 모르고 있었다. 생물들은 자신의 생명을 유지하기 위한 욕구를 충족하려는 충동으로 항상 외물에 빠지게 된다. 이런 외물에 대한 목전의 이익 때문에 자신을 잊게 되어 삶과 죽음이 결정되는 것도 잊는 경우가 허다하다. 각자 이해가 얽히고설킨 위험한 현실 세계의 모습을 종합적으로 묘사하고 있다.

현대적인 용어로 먹이사슬은 한 생태계 내 생물들 간의 먹고 먹히는 관계를 나타내는 개념으로 1차 생산자로부터 최상위 육식자까지의 선형적인 연결을 말한다. 구체적인 종 간의 먹이 관계를 나타내기도 하고 1차 생산자, 1차 소비자, 2차 소비자, 최상위 육식자 등 기능집단의 먹이연쇄를 나타내기도 한다.

장자는 조릉에서의 깨우침을 통해 다음과 같은 사실을 규명할 수 있었다. 첫째로 세상에 존재하는 모든 것은 독립적으로 존재하는 것처럼 보이나 사실은 보이지 않게 서로 밀접하게 연관되어 있다는 것이다. 둘째로 이런 보이지 않는 관계성은 '청연' 같은 맑고 깨끗한 마음이 회복되었을 때 비로소 진정한 자신의 모습을 볼 수 있다.

장자는 권력과 명예, 부귀를 따라 철새처럼 움직이는 동시대 지식인들과 달리 자연스러운 삶을 살아간다는 것이 얼마나 어렵고 힘든 일인지 몸소 체험했다. 이런 고난의 삶은 우화 속에 등장하는 인물들의 소재로 면면히 반영되고 있다. 이들을 통해 위선과 기만으로 무장한 통치자들과 지식인들을 비난했고, 다른 한편으로 '저절로 그러한' 자연의 경지에서 인간의 진정한 삶을 깨닫고 세속적인 삶이나 지위 그리고 명예, 영리를 초월한 자유로움을 풍자적인 우화로 표현하고자 했는지도 모른다. 그의 생활은 자연에서의 유희였다. 이런 자연 속의 유희는 진정한 삶에서 발견한 해탈이기도 했다.

300여 년간 지속된 당나라(618~906)가 멸망하고 '오대십국五代十國'이라 불리는 정치 · 사회적 혼란기 속에서 오대의 마지막 왕조 후주後周의 조광윤이 정변을 일으켜 송(宋, 960~1279)나라를 건국했다. 송나라에는 성리학을 전개한 대표적인 인물들이 있었으니 바로 '북송오자北宋五子'라 불리는 주돈이, 소옹, 장재, 정호, 정이다. 이들은 사람과 사물의 본성[性]과 우주 만물의 이치[理]에 대한 문제를 깊이 탐구했으므로 그들의 학문을 '성리학'이라 부르게 된다. 그리고 그것은 남송의 주희(朱熹, 1130~1200)에 의해 집대성되는 주자학의 선구가 되었다. 이들 중 정호와 정이는 친형제이고, 나이가 한 살 차이였다. 정호의 학문은 명대의 왕양명에게, 정이의 학문은 주자에게 전수되었을 만큼 걸출한 학자들이다. 정호의 성격은 호방하고 거칠 것이 없었지만, 정이는 매사에 치밀하고 한 치의 어긋남이 없을 정도로 품행이 방정했다. 하루는 형제가 함께 어느 집에서 술을 마셨다. 좌중에는 두 명의 기생이 동석하여 술잔을 돌렸다. 정이는 기생을 보자 즉시 옷을 털고 일어나 집으로 가버렸지만, 정호는 다른 손님과 끝까지 술을 마시며 즐겁게 보냈다. 다음날 아침이 되자 정이는 노한 기색이 역력했다. 그 모습을 본 정호가 웃으면서, "그때 좌중에는 기생이 있었지만, 내 마음속에는 원래 기생이 없었다. 오늘 여기에는 본디 기생이 없는데, 네 마음속에는 아직도 기생이 있구나"라고 말했다.

중국의 진시황이 만리장성을 쌓기 위해 기술자와 인부들을 모아 대역사를 시작했을 때의 일이다. 어느 깊은 산골 외딴집에 갓 결혼한 신혼부부가 살고 있었다. 그러나 결혼한 지 사흘 만에 남편이 만리장성을 쌓는 부역에 끌려가고 말았다. 한 번 끌려가면 공사가 끝나기 전에는 나올 수 없기 때문에 신혼부부는 뜻하지 않은 생이별을 하게 되었다. 젊고 아름다운 부인은 부역에 끌려간 남편과 다시 만날 수 있다는 기약도 없이 혹시나 하는 마음으로 산속에서 혼자 외롭게 살아가고 있었다. 요즈음 같으면 재혼을 하든지 다른 방법을 찾아볼 수도 있었겠지만, 그 당시에는 조금도 딴마음을 먹을 수 없었다. 남편을 만리장성 쌓는 일에 부역을 보낸 여인이 혼자서 외롭게 살아가고 있는 산골 외딴집에 어느 날 저녁 무렵 지나가던 나그네가 찾아 들었다. 부역을 나간 남편 나이쯤 되는 사내가 싸리문 밖에서 "갈 길은 먼데 날은 저물고 이 근처에 인가라고는 이 집밖에 없습니다. 헛간이라도 좋으니 하룻밤 묵어가게 해주십시오"라고 간곡하게 부탁했다. 부인은 "여인네 혼자 살기 때문에 과객을 재울 수 없습니다"라고 차마 박정하게 거절할 수 없었다. 너무 깊은 산속이라 인가도 없고 달리 묵을 곳도 없었기 때문이다. 저녁 식사를 대접 받은 후, 바느질을 하는 여인에게 나그네가 물었다. "보아하니 이 외딴집에 혼자 살고 있는 것 같은데, 무슨 사연이 있습니까?" 여인은 숨길 것도 없어서 그간의 사정을 말해주었다. 그런데 밤이 깊어가자 사내는 딴마음이 생겼다. 여인이 덮고 있는 이불 속으로 기어들면서 노골적인 수작을 걸기 시작했고, 쉽게 허락할 것 같지 않은 여인과 실랑이가 거듭되자 사내는 더욱 안달이 났다. "부인, 이렇게 젊고 아름다운 당신이 청상과부처럼 혼자서 이 산속에서 살다가 늙는다면 인생이 너무 허무하지 않겠습니까? 돌아올 수도 없는 남편을 생각해서 정조를 지킨들 무슨 소용이 있습니까? 언제 돌아올지 모르는 남편을 기다리며 살기에는 당신은 너무 젊고 아름답습니다. 내가 당신을 위해 평생을 행복하게 해드릴 터이니 아무도 모르는 곳에 가서 우리 함께 삽시다." 그러면서 사내는 더욱 안달이 나서 달려들었고, 깊은 밤 인적 없는 깊은 산골 외딴집에서 여인 혼자서 절개를 지키겠다고 아등바등 있는 힘을 다해 저항했지만 소용없는 일이었다. 여인은 일단 사내의 뜻을 받아들여 몸을 허락하겠다고 말한 뒤, 한 가지 청을 들어달라고 부탁했다. 여인의 말에 귀가 솔깃해진 사내는 어떤 부탁이라도 다 들어줄 테니 어서 말하라며 재촉했다. 여인은 "남편과는 결혼해 잠시라도 함께 산 부부의 정리가 있는데, 부역장에 끌려간 남편이 언제 돌아올지 모른다고 해서 사람이 도리도 없이 그냥 당신을 따라나설 수는 없는 일 아닙니까? 제가 새로 지은 남편의 옷 한 벌을 싸 드릴 테니 날이 밝는 대로 제 남편을 찾아가서 갈아입을 수 있도록 전해주시고, 그 증표로 글 한 장을 받아다 주십시오. 어차피 살아서 다시 만나기 어려운 남편에게 수의를 마련해주는 마음으로 옷이라도 한 벌 지어 입히고 나면, 당신을 따라나선다고 해도 마음이 가벼울 것 같습니다. 당신이 제 심부름을 마치고 돌아오시면 저는 평생 당신을 의지하고 살겠습니다. 그 약속을 먼저 해주신다면 기꺼이 몸을 허락하겠습니다." 사내가 듣고 보니 그리 어려운 일도 아니었다. '그렇게 하겠다'라고 약속하고 '한밤중에 이게 웬 떡이냐' 하는 생각으로 여인과 마음껏 운우지락을 나눈 후, 깊은 잠에 곯아떨어졌다.

사내는 아침이 되어 누군가 흔들어 깨우는 바람에 단잠에서 깨었는데, 아침 햇살을 받아 얼굴이 빛나도록 예쁜 젊은 여인이 살포시 미소를 머금고 자기를 내려다보고 있었다. 그 모습이 너무 아름다워 이런 미인과 평생 해로하며 같이 살 수 있게 되었다는 벅찬 기쁨에 사내는 피로도 잊고 벌떡 일어나 간밤의 약속을 지키기 위해 길 떠날 채비를 했다. 여인은 사내가 보는 앞에서 장롱 속에서 새 옷 한 벌을 꺼내 보자기에 싸더니 남자의 봇짐 속에 챙겨 넣었다. 사내는 잠시도 젊고 아름다운 여인과 떨어지기 싫었지만, 하루라도 빨리 심부름을 마치고 돌아와 평생을 이 여인과 함께 살아야겠다는 마음으로 쉬지 않고 달리듯 부역장으로 향했다.

길을 떠난 지 며칠 후 드디어 여인의 남편이 일하는 부역장에 도착한 사내는 감독하는 관리를 찾아서 여인의 남편 면회를 신청했다. 면회를 담당하는 관리에게 부역하는 여인의 남편에게 옷을 갈아입히고 한 장의 글을 받아가야 한다는 전후 사정 이야기를 했다. 그런데 부역자에게 옷을 갈아입히려면 부역자가 공사장 밖으로 나와야 하며, 부역자가 공사장 밖으로 나오려면 그를 대신해서 다른 사람이 들어가 부역자 대신 일해야 한다는 규정 때문에 옷을 갈아입을 동안 누군가 다른 사람이 교대해주어야 했다.

이윽고 여인의 남편을 만난 사내는 옷 보따리를 건네주고는 옷을 갈아입을 동안 대신 공사장에 들어가 일을 해야 했으므로 "빨리 이 옷을 갈아입고 편지를 한 장 써서 돌아오시오" 하고는 별생각 없이 여인의 남편을 대신해 작업장으로 들어갔다. 남편이 옷을 갈아입으려고 보자기를 펼치자 옷 속에서 한 장의 편지가 떨어졌다. "당신의 사랑하는 아내입니다. 언제 돌아올지 모르는 당신을 공사장에서 빼내기 위해 이

옷을 전한 남자와 어쩔 수 없이 하룻밤을 보내게 되었습니다. 이런 연유로 외간 남자와 하룻밤을 같이 보내게 된 것을 두고 평생 허물하지 않겠다는 생각이 들면 이 옷을 갈아입는 즉시 뒤도 돌아보지 말고 빨리 그 자리를 떠나 제가 있는 집으로 돌아오시고, 혹시라도 그럴 마음이 없거나 허물을 탓하려거든 그 남자와 다시 교대해서 공사장 안으로 들어가십시오"라는 내용이었다. 결혼 후 단 사흘을 보내고 만리장성을 쌓는 일에 끌려온 남편에게 그동안 꿈에도 잊지 못하던 그리운 아내의 편지였다. 자신을 기약 없는 부역에서 빼내주기 위해 다른 남자와 하룻밤을 지냈다니 그런 일은 강물에 배 지나간 자리와 같아서 흔적도 남지 않는다는데, 그 일을 잊고 평생을 아름다운 아내와 아들딸 낳고 오손도손 사는 것이 낫지 어떤 어리석은 사람이 평생 못 나올지도 모르는 만리장성 공사장에 다시 들어가 아내의 편지를 가져온 사내와 다시 교대해 그 어려운 중노동을 하겠는가? 여인의 남편은 옷을 갈아입기가 바쁘게 그 길로 아내에게 달려가 아무 일 없었다는 듯이 아들딸 낳고 오손도손 행복하게 잘살았다고 한다.

# 소통에는 밤낮의 때가 없다

말에는 말하는 사람의 뜻이 담겨 있어야 한다. 만약 말하는데 그 사람의 뜻이 전해지지 않는다면, 말하는 사람은 실제로 무엇을 말하는 것일까? 아니면 아무런 뜻도 없이 두서없이 말하는 것일까? 사람들은 말이 갓 태어난 새끼 새의 지껄이는 소리와는 다르다고 생각한다. 그러나 과연 차이가 있을까, 아니면 없을까? 지극한 도는 무엇에 가려져 있기에 참과 거짓이 생기게 되었나? 말에는 무엇에 가려져 있기에 옳고 그름이 생겼나? 어떻게 참된 도가 사라져서 존재하지 않을 수 있는가? 어떻게 말이 존재하면서 받아들여지지 않을 수 있는가? 도는 충분하지 않은 이해 때문에 희미해지고, 말은 화려한 수식으로 가려진다. 그래서 유가와 묵가의 시비가 생겨나 옳은 것을 그르다 하고, 그른 것을 옳다고 여긴다. 만약 그른 것을 옳다 하고 옳은 것을 그르다고 하면 밝은 지혜로써 구분하는 것만 같지 못하다.

모든 사물은 저것 아닌 것이 없으며, 또 이것 아닌 것도 없다. 저편에서 보면 이것이 보이지 않지만, 이편에서 보면 이것을 알 수 있다. 그러므로 "저것은 이것에서 나오고 이것 또한 저것에서 나온다"라는 말이 있으니, 이는 곧 저것과 이것은 서로 말미암은 것이라는 뜻이다. 그러나 생기는가 하면 죽어 없어지고, 죽었나 싶으면 살아나고, 옳은 것인가 싶으면 옳지 않은 것이 되고, 옳지 않은 것인가 싶으면 곧 옳음이 있다. 옳음은 그래서 옳다가 그르고, 그래서 그르다가 옳게 되는 것이다. 그러므로 성인은 이런 상대적인 대립의 고리를 떠나 대자연의 입장에서 바라본다. 이것이야말로 옳음에 기인한 것이다.

이것이 곧 저것이요, 저것이 곧 이것이다. 저것은 저것대로 하나의 시비가 되며, 이것은 이것대로 또 하나의 시비가 된다. 그러면 저것과 이것은 과연 있는 것인가? 저것과 이것은 과연 없는 것인가? 저것과 이것을 갈라 세울 수 없는 그곳을 '도의 지도리[樞]'라 일컫고, 한번 그 축이 '원의 중앙[環中]'에 서게 되면, 그것은 무한한 소통을 하게 된다. 그렇게 되면 '옳다'도 하나의 무한한 소통으로 정립되고, '아니다'도 하나의 무한한 소통으로 정립된다. 그러므로 가장 좋은 방법은 밝음으로 사용한다는 것이다.

옳은 것은 옳은 것이요, 옳지 않은 것은 옳지 않은 것이니, 길은 사람이 다님으로써 만들어지고 사물은 일컬음으로써 이름이 생긴다. 어째서 그렇다고 하는가? 그렇다고 하니까 그런 것이다. 어째서 그렇지 않다고 하는가? 그렇지 않다고 하니까 그렇지 않은 것이다. 사물은 원래 그렇게 될 까닭과 조건이 있는 것이다. 그러므로 큰 기둥이나 작은 나뭇가지나, 추하고 못난 사람이나 아름다운 서시西施*나, 저 해괴한 것이나 기이한 것이나, 변덕스러운 것이나 괴상한 것 등 진정한 도는 모든 것을 하나로 통하게 한다.[15]

---

\* 춘추전국시대의 미인으로, 오나라와의 전쟁에 패한 월왕 구천이 서시를 오왕 부차에게 바쳐 정사를 소홀히 하게 만들었다고 한다.

묵가의 겸애兼愛는 남과 나를 구분하지 않는다. 그러므로 남의 나라나 집, 몸도 마치 자기 나라요 집이요 몸인 것처럼 대해야 한다. 묵자는 '똑같이 함[兼]'을 주장하고, '구별함[別]'에 반대한다. 그러나 공자는 "친족을 대하는 데도 차등이 있고, 어진 이를 높이는 데도 등급이 있다"라고 하여 사람을 사랑하는 데도 친함과 소원함, 두터움과 엷음의 구별이 있다고 주장했다. 묵자는 사람을 사랑하는 데는 마땅히 차별 없이 두루 사랑해야지 친함과 소원함의 차별이 있어서는 안 된다고 강조했다. 그래서 묵자는 '겸애'를 주장한 것이고, 유가의 차별적인 사랑인 '별애別愛'를 반대한 것이다.

영국 경험론의 선구자인 베이컨은 엄밀한 경험적 관찰과 검증을 통한 지식의 획득을 중시한 철학자다. 그에 따르면 인간의 정신은 표면이 고르지 못한 거울과 같아서 있는 그대로 사물을 반영하지 못하고 왜곡한다고 보았다. 즉, 인간은 선입견과 편견을 가진 존재라는 것이다. 그는 인간이 지닌 선입견과 편견을 '우상偶像'이라고 부르고, 이를 네 가지로 구분하여 우상을 제거할 때 사물을 있는 그대로 관찰하여 올바른 지식이 형성된다고 했다. 특히 시장의 우상은 사람들 간의 접촉에서 일어난다. 특히 사람들 간의 교류는 언어를 이용해서 나타나기 때문에 이 우상은 언어에 의한 오류라고 할 수 있다. 특히 우리가 언어를 사용하는 과정에서 나타나는 문제점들 때문에 발생하므로 언어가 가지는 불완전성에 기인한다고 볼 수 있다. 시장의 우상은 다른 우상과 달리 약간씩 성격을 달리하는 많은 종류를 들 수 있다.

인간은 언어로써 직접적인 의사소통을 하는데, 그 언어는 일반인의 이해 수준에 맞추어 정해진다. 여기에서 어떤 말이 잘못 만들어졌을 때 지성은 실로 엄청난 방해를 받는다. 어떤 경우에는 학자들이 자신을 방어하고 보호할 목적으로 새로운 정의나 설명을 만들기도 하지만, 사태를 개선하지는 못한다. 언어는 여전히 지성에 폭력을 가하고, 모든 것을 혼란 속으로 몰아넣고, 인간을 공허한 논쟁이나 일삼게 하고, 수많은 오류를 범하게 한다.

공자는 진심이 없으면서 말만 번지르르하게 잘하고 약삭빠른 사람을 매우 싫어했다. 그런 사람은 어질지 않다고 보았기 때문이다. 그래서 "말을 교묘하게 둘러대고 얼굴빛을 좋게 꾸미는 사람 중에 어진 사람이 드물다." 여기에서 나온 말이 '교언영색巧言令色'이다. 그렇다면 어떤 사람이 어진 사람인가? 공자는 "성격이 굳세고 의연하며 소박하고 어눌한 사람은 어진 사람에 가깝다"라고 했다. 그는 말이 좀 어눌하더라도 진실한 사람을 좋아했다. 다소 무뚝뚝하지만 꾸밈없는 사람이 오히려 더 어질다고 본 것이다.

전국시대 제나라 재상 추기의 일화는 한 번쯤 되새겨볼 만하다. 그는 키가 훤칠하고 얼굴이 잘생겨 늘 외모에 자신이 있었다. 요즘으로 치면 아주 꽃미남이었던 모양이다. 그 당시 나라 안에 '서공'이라는 사람 또한 외모가 좋기로 이름나 있었다. 추기는 자신의 외모가 서공과 견주어 과연 누가 꽃미남인지 확인하기 위해 자기 부인한테 물어보았고, 급기야 자기 친구들한테도 누가 꽃미남인지 물었다. 모두 서공보다는 추기 본인이 꽃미남이라고 추켜세웠다.

추기는 주위 사람들 칭찬에 자신이 꽃미남이라고 믿었다. 그 후로 외모라면 자신이 나라에서 제일이라는 생각을 가졌다. 그런데 얼마 지나 우연히 서공과 마주친 추기는 반기는 척하면서 새삼스럽게 그를 유심히 뜯어보았다. 그 결과 그가 보기에도 객관적으로 서공의 생김새가 훨씬 뛰어났다. 비로소 자신의 외모가 서공보다 뒤처진다고 확신한 그는 쥐구멍이라도 있으면 들어가고 싶은 심정이었다. 서공이 돌아간 후 추기는 자기 자신이 서공보다 확실히 못하다고 생각했는데, 다른 사람들은 왜 자기가 낫다고 하는지 곰곰이 생각해보았다.

"그렇지. 아내는 나를 진정으로 사랑하기 때문에 그렇게 말했고, 첩은 내가 두려워 그렇게 말했으며, 친구는 나한테 얻을 것이 있었기 때문에 그렇게 말하지 않을 수 없었을 거야. 나 같은 사람도 그런데, 우리 임금은 더 많은 찬사의 소리에 둘러싸여 계실 것이 아닌가."

당시 나라에는 간신들이 들끓어 왕의 눈과 귀를 가렸다. 이렇게 깨달은 추기는 다음날 왕 앞에 나아가 자기 경험을 아뢰었다.

"저는 한때 서공보다 더 외모가 뛰어나다고 여겼는데, 직접 그를 보니 달랐습니다. 그래서 곰곰이 생각하니 제 아내는 남편인 제가 낫다고 했고, 평소 제 신세를 많이 진 친구들도 듣기 좋은 말만 했습니다. 또 부탁이 있어 찾아온 손님들도 저를 추켜세웠지요."

왕은 추기 이야기를 한참 듣다가 의아하다는 듯 물었다.

"무슨 뜻으로 내게 그런 이야기를 하는가?"

"전하, 지금 조정에서는 간신들이 듣기 좋은 말만 하고 있사옵니다. 무엇이 거짓이고 진실인지 살피시옵소서."

왕은 추기의 말에 크게 깨달은 바 있었다. 그러고는 다음과 같이 포고문을 내렸다.

"누구든지 정당한 일로 과인에게 직간直諫하면 상등상, 상소문을 올려 간하면 중등상, 거리에서 과인을 비판하면 하등상을 주겠노라."

이 포고가 나가자마자 왕에게 직간하려고 찾아오는 사람들로 대궐은 문전성시를 이루었고, 쏟아져 들어오는 상소문 처리에 담당 관원들이 밤낮없이 매달려야 했으며, 저잣거리는 왕의 잘못을 지적하는 소리로 몹시 시끄러웠다. 따라서 자연히 간신들을 물리치고 잘못을 지적하는 충신의 말을 받아들여 나라를 더욱 잘 다스렸다.

"좋은 약은 입에 쓰다"라는 말이 있다. 당장 먹기 불편해도 입에 쓴 약이 몸에는 좋은 법이다. 하지만 우리는 쓴 약보다 입에 단맛이 도는 것을 먼저 찾는다. 말도 마찬가지다. 자신에게 좋은 약인 뼈아픈 충고는 듣기 싫어하고 듣기 좋은 말에 귀를 기울이는 경우가 많다. 그래서 "나의 착한 점만 말해주는 자는 나의 적이고, 나의 잘못된 점을 말해주는 자는 나의 스승이다"라는 말이 있다.

한자는 회의문자會意文字와 반대로 파자破字라는 것이 있다. 글자 그대로 한자를 깨뜨려[破] 분해한 것, 즉 한자의 자획을 풀어 나눈 글자를 말한다. 회의문자란 '日'과 '月'을 합쳐 明 자를 만드는 식이다. 학자들은 별로 의미를 두지 않지만, 파자는 수수께끼로 풀어보는 제법 머리를 써야 하는 글자 놀이의 하나다. 또 해학과 풍자가 있고, 한자를 오래 기억하는 하나의 방법이다.

역사적으로 유명한 파자의 예를 보면 고려 말의 예언 노래 '목자득국木子得國'은 이씨李氏, 즉 이성계가 나라를 얻게 된다는 뜻으로 유행시켰다. 조선 중종 때는 반대파들이 '주초위왕走肖爲王'이라고 꿀로 쓴 뽕잎을 누에가 글자대로 파먹게 해 달릴 주[走]와 닮을 초[肖], 불초不肖는 불효를 합친 조씨趙氏, 즉 조광조가 왕이 된다고 모함했다. 이것이 피비린내 나는 기묘사화의 원인이 된 것은 익히 알려진 바다.

그러나 무엇보다 유명한 방랑시인으로 김삿갓 김병연의 해학을 따를 수는 없다. 이런 이야기가 있다. 평양에 천하미색의 기생이 있다는 소문을 접한 김 선달은 그 기생을 만나보고자 가산을 모두 정리하여 기세 좋게 평양으로 출발했다. 평양으로 가는 길에 날이 저물어 마을에서 형편이 넉넉한 집에 들러 저녁밥을 청했다. 마침 집주인의 친구가 와 있었는데, 그 집 하인이 문자를 써 주인에게 여쭈기를, "人良卜一(食上: 밥을 올림)하오리까?" 했다. 주인이 하인의 말을 듣고 "月月山山(朋出: 친구가 가거든)커든 주라"라고 했다. 김 선달이 이 말을 듣고 기가 막혀 "丁口竹天(可笑: 가히 우습다)이구나"라 하니 주인이 곧 그가 범상치 않은 인물임을 알고 진수성찬으로 대접했다.

김 선달이 후히 대접 받은 후 다시 길을 나서 평양에 도착했는데, 날이면 날마다 천하미색의 기생과 신선놀이를 하다 보니 준비해온 돈이 얼마 남지 않게 되었다. 이에 김 선달은 꾀를 내어 평양 사람들에게 돈을 나누어주었는데, 대동강 물을 길어온 사람들에게 돈을 받는 것처럼 했다. 그리고 한양에 이 소문을 퍼뜨렸는데, 이 소문을 들은 한양 기생이 김 선달에게 대동강을 팔라고 했다. 이에 김 선달이 큰돈을 받고 대동강을 팔아 가산을 정리한 돈보다 더 큰돈을 벌어 고향으로 돌아갔다.

김 선달이 다시 꾀를 내어 평양 기생을 골탕 먹이고자 종들을 시켜 겨울에 얼어붙은 한강물에 짚을 썰어 뿌려놓고 수십만 평의 논을 판다는 소문을 평양에 퍼뜨리게 했다. 그 소문을 들은 평양 기생이 땅을 보고자 한양에 찾아와보니 얼어붙은 강에 짚이 뿌려진 모양이 영락없는 논 같은지라 큰돈을 내고 그 땅을 샀다. 이리하여 김 선달은 한양 기생과 평양 기생을 크게 골탕 먹일 수 있었다.

당나라 때 성은 노가이고 이름은 혜능이라는 나무꾼이 있었다. 혜능은 세 살 때 아버지를 여의었으며, 집안이 가난하여 오로지 땔나무를 팔아 어머니를 봉양했다. 그러므로 경전이라고는 읽어본 적 없는 일자무식꾼이었다. 하루는 나무를 팔고 돌아오는 길에 어떤 사람이 경을 읽는 소리를 들었다. 혜능이 그 소리를 듣자마자 마음이 요동치기 시작했다. 급히 그 사람에게 무슨 경이며, 어느 곳에서 왔는지 물어보았다. 사람들이 그 경은 『금강경』이며, 동산의 홍인대사에게 가르침을 받았다고 말해주었다. 혜능은 모친을 안심시키고 그 길로 동산사로 향했다.

그러나 홍인을 만나는 것은 녹록지 않았다. 왜냐하면 홍인의 가르침을 구하고자 하는 사람들이 너무 많았기 때문에 나무꾼인 혜능의 차례가 쉽게 오지 않았다. 그리고 그의 행색이 초라해서 홍인의 시중을 들고 있는 제자들이 막았기 때문이다. 그러다 보니 막는 사람과 만나고자 하는 사람 사이에 자연스럽게 소란이 일어날 수밖에 없었다.

"밖이 왜 이렇게 소란스러우냐?"

"웬 나무꾼이 찾아와 한사코 스님 뵙기를 청하고 있습니다."

"그래, 가서 데려오도록 해라."

홍인은 필시 무슨 곡절이 있을 것이라 생각하고 그 나무꾼을 데려오라고 했다. 시중드는 제자가 나무꾼을 데려오자 홍인이 물었다.

"어디 사는 누구인가?"

"영남에서 온 나무꾼인데, 노가라고 합니다."

"무엇 때문에 나를 보자고 했는가?"

"부처가 되는 법을 알고 싶어서 찾아왔습니다."

"너 같은 남쪽 오랑캐 녀석이 어떻게 부처가 될 수 있겠느냐?"

"사람에게는 남북의 구분이 있겠지만, 불성에 어찌 남북이 있겠습니까?"

오랜만에 쓸 만한 재목감이 하나 굴러들어온 것이다. 그렇지만 그것으로는 재목을 평가하기에 너무 일렀다.

"이놈아, 누가 널더러 말장난하라고 했더냐? 말장난하지 말고 어서 가서 나무나 베어라."

"지금 나무를 베고 있는데, 또 무슨 나무를 베라고 하십니까?"

홍인은 재목 됨을 알아보았다. 하지만 기라성같은 제자들 앞에서 내색해서는 안 되기에 오히려 역정을 냈다.

"이놈을 후원 방앗간에 데려가 죽도록 방아나 찧게 하여라."

홍인은 아직 제대로 닦지도 못한 보물이 섣불리 빛을 발할까 염려했다. 하지만 나무꾼은 넙죽 절하고 시중 되는 제자를 따라 순순히 방앗간을 향해 갔다. 값이 나가는 보물은 누구나 아끼는 법이다. 보물을 지나치게 자랑하면 반드시 도둑을 맞는 것이 인간사의 이치다. 그래서 홍인은 그 나무꾼을 후원의 방앗간에 숨겨놓기로 했다. 그리고 그를 지켜보는 눈들이 완전히 사라졌을 때 그곳으로 가서 보물을 닦을 작정이었다.

몇 달이 지나자, 홍인은 법을 전할 시기가 되었음을 알고 각 문도에게 각기 자기 마음을 표현해낼 수 있는 게송을 짓도록 했다. 만일 얻은 바가 불법과 깊이 부합되면 의법을 모두 그에게 전수하겠노라고 했다. 당시에 신수라는 승려가 있었다. 그는 박학다문하여 제자들 사이에서는 수제자인 신수가 홍인에 이어 6대 조사가 되어야 한다는 견해가 지배적이었다. 신수가 게송을 지어 밤에 몰래 조사당 담벼락에 써놓았다.

몸은 보리수요, 마음은 맑은 거울과 같도다.

(身是菩提樹 心如明鏡臺)

때때로 부지런히 털고 닦아 티끌과 먼지가 끼지 않도록 해야 한다.

(時時勤拂拭 莫使惹塵埃)

홍인은 이 시를 읽고 나서 고개를 가로저었다. 그리고 신수를 불렀다.

"뼈대는 있으나 살이 없다."

홍인은 그렇게 말하면서 신수를 다독거렸다. 그리고 그에게 다시 게송을 제출할 것을 당부했다.

이때 혜능은 여전히 방앗간에서 열심히 일하고 있었다. 그때 승려들이 염송하는 소리를 듣고는 곁에 있는 승려한테 물었다.

"자네는 아직도 조사께서 의발을 전할 사람을 뽑기 위해 각자 마음을 드러낼 수 있는 게송을 짓도록 한 일도 모른단 말인가? 신수 스님이 남쪽 회랑 벽면에 이 무상게를 써놓은 것을 다른 승려들이 외우고 있는 것이라네."

"그 게송을 다시 한번 들려주시겠습니까?"

혜능이 신수가 써놓았다던 곳으로 가보자, 그곳에 고개를 끄덕이며 찬찬히 게송을 음미하는 사람이 있었다. 이 사람은 동산사에 자주 들르는 장일용이었다. 혜능은 이 사람에게 신수의 게송 옆에 부르는 대로 한 마디 써 달라고 부탁했다.

> 보리는 본래 나무가 아니요, 명경 또한 대가 아니더라.
>
> (菩提本無樹 明鏡亦非臺)
>
> 본래는 일물도 없거늘 어느 곳에 티끌과 먼지가 끼리오.
>
> (本來無一物 何處惹塵挨)

홍인이 이 시를 읽고 제자에게 누구의 게송인지 물었다. 게송의 주인이 혜능임을 안 홍인은 혜능이 불법의 대의를 철저히 깨쳤음을 알았다. 그러나 혜능이 아무런 세력도 없고 지위가 비천했으므로 다른 제자들이 시기하면 해를 입기 쉽다는 생각에 곧 소리쳐 내색하지 않고 엉뚱한 말을 했다.

"아니, 그 아이는 글을 모른다고 하지 않았느냐?"

"누가 대필해주었다고 합니다."

"이 게송 또한 아직 멀었다."

그리고 며칠 후 홍인은 아무도 몰래 방앗간에 들렀다.

"벼는 잘 익었느냐?"

혜능은 마치 홍인이 오기를 기다렸다는 듯 전혀 놀라는 기색이 없었다. 그리고 깍듯하게 인사를 올리고는 물음에 정중히 답했다.

"벼는 벌써 익었지만, 아직 타작을 하지 못했습니다."

'깨우치기는 했으나 아직 인정을 받지 못했다는 뜻이렷다?' 홍인은 웃음 띤 얼굴로 혜능을 바라보며 조용히 말했다.

"타작마당에 가지 않고 어떻게 타작을 하겠느냐?"

홍인은 그렇게 말하면서 지팡이로 방아를 세 번 쳤다. 그리고 돌아서면서 혼잣말로 중얼거렸다.

"타작에는 밤낮이 없는 법이지."

홍인의 마지막 시험이었다. 그 말을 알아듣지 못하면 아직 때가 되지 않았다는 뜻이기도 했다.

홍인은 그날 밤늦게까지 잠을 청하지 않았다. 이윽고 삼경을 알리는 종소리가 들렸다. 그와 동시에 밖에서 인기척이 났다. 홍인의 얼굴에 잔잔히 웃음이 감돌았다.

"들어오너라."

혜능이 조사당 안으로 들어왔다. 홍인은 이미 그를 맞이할 준비를 하고 있었다.

"글을 모른다니 말로 하마."

홍인의 『금강경』 강론이 끝났을 때는 어느덧 새벽이었다.

"네가 지혜에 능하니 지금부터 혜능이라 하여라."

홍인이 나무꾼에게 법명을 내렸다. 그리고 옷과 법을 전하면서 한 시라도 빨리 이곳을 떠나라고 했다. 홍인은 그 나무꾼을 6대 조사로 인정한 것이다. 그러나 이 사실을 제자들이 알면 그를 그냥 내버려두지 않을 것을 잘 알고 있었다. 그래서 그에게 야반도주를 하게 한 것이다.

이로부터 홍인조사는 더 이상 법당에 오르지 않았다. 제자들이 의혹이 생겨 홍인에게 묻자, "내 일은 이미 다 끝났다"라고 대답했다.

"의법은 누가 얻었습니까?"

"능한 사람이 얻었다."

제자들은 비로소 노씨 성을 가진 나무꾼의 이름이 '능인'이라는 것을 생각해내고는 혜능을 찾았으나 어디에서도 그를 찾을 수 없었다. 그러자 제자들은 혜능의 뒤를 추격하게 되었다.

홍인은 호북현 황매현 사람으로 속성은 주(周) 씨다. 601년에 태어나 일곱 살 때 도신을 따라 출가했으며, 674년 74세로 입적했다. 그는 도신이 입적한 후 황매산 쌍봉 동쪽의 동산사(東山寺)에서 제자들을 가르쳤는데, 이 때문에 '동산법문'이라고 한다. 그의 법문이 훌륭하다는 소문을 듣고 불교에 귀의하고자 하는 사람들이 모여들어 제자가 무려 700여 명이 넘었다고 한다. 당나라 고종이 홍인의 명성을 듣고 그를 누차 장안으로 초청했으나 그는 동산사를 떠나지 않았다. 권력이라는 힘에 의해 일생 흔들리지 않은 그의 모습을 엿볼 수 있는 대목이다.

홍인의 제자들을 대표하는 승려로는 신수와 혜능이 있는데, 신수는 달마와 혜가가 지은 『능가경』으로 북방에 선법을 전파했고, 혜능은 『반야경』으로 남방에 선법을 전파했다. 중국에 신수의 북종선과 혜능의 남종선이 형성된 것이다.

# 옳고 그름이 함께 통하는 경지

　　제물齊物이란 사물 간의 차별과 분별을 초월하여 사물과 내가 일체가 됨을 의미한다. 자연의 만물은 모두 같은 본체에서 출발했으나 어떤 경우에는 사람이 되고 어떤 경우에는 만물이 된다. 사람이 만물을 인식할 때 느끼는 선입견이나 편견처럼 만물이 사람을 인식할 때 느끼는 선입견이나 편견이 있기 마련이다.

　　장자는 자연에 비교할 때 인간이라는 존재는 강가에서 풀을 뜯는 소꼬리의 털에 붙은 벌레의 알보다 미미한 존재로 파악한다. 자연에 비교하면 인간의 전쟁이란 마치 달팽이 뿔에 둥지를 틀고 있는 두 나라의 싸움에 불과하다(와각지쟁蝸角之爭).[16] 그에 비해 자연은 참으로 광대하고, 그 안에 있는 수많은 존재는 서로 다른 방식으로 살아가고 있다. 인간은 자신만이 다른 존재에 비해 우월하다고 인식하고 있지만, 자연의 유유한 품속에서는 인간이나 동물이나 사물이나 모두 똑같은 존재자다. 어느 것 하나 잘난 것 없다는, 즉 만물이 하나라는 제물로 설명된다.

　　차별적인 입장에서 볼 때, 작은 것에 견주어 그것보다 크다고 한다면 만물은 크지 않음이 없고, 큰 것에 견주어 작다고 하면 만물은 작지 않은 것이 없다. 그래서 천지가 싸라기처럼 작다는 것을 알고, 털끝이

태산처럼 크다는 것을 안다면 크고 작은 차별이 상대적인 것을 알 수 있다.[17]

'크다'와 '작다', '있다'와 '없다'라는 개념은 모두 상대적이다. 큰 것은 작은 것보다 크지만 그것보다 더 큰 것의 입장에서 보면 작을 수밖에 없다. 그래서 태산은 털끝보다 크지만, 그보다 더 큰 것의 입장에서 보면 작은 것이 된다. 마찬가지로 털끝은 태산보다 작은 것이지만, 그것보다 더욱 작은 것의 입장에서 보면 큰 것이 된다. 따라서 태산은 크고 털끝은 작다고 볼 수 없다.

설결齧缺*이 왕예王倪**에게 물었다.

"선생님께서는 만물이 다 같다는 것을 아십니까?"

"내가 그것을 어떻게 알 수 있겠는가?"

"선생님께서는 선생님께서 그것을 모르신다는 사실을 아십니까?"

"내가 그것을 어떻게 아는가?"

"그렇다면 사물이란 원래 알 수 없는 것입니까?"

"내가 어떻게 그것을 알겠는가? 그러나 시험 삼아 말해보겠네. 내가 안다고 함이 진정 모르는 것이 아닌 줄을 어떻게 알 수 있으며, 내가 모른다는 것이 진정 아닌 것이 아닌 줄을 어떻게 알 수 있겠는가? 내가 시험 삼아 자네에게 또 물어보겠네. 사람은 습기가 많은 곳에서 자면 허리를 앓아 반신불수가 되어 끝내는 목숨을 잃게 되는데, 그러면 미꾸라지도 그러한가? 그리고 사람은 높은 나무 위에 오르면 몸이 떨리고 가슴이 두근거리는데, 원숭이도 그러한가? 이 세(사람, 물고기, 원숭이) 가지

---

\*      요임금 때의 현인으로, 허유의 스승이며 왕예의 제자다.

\*\*     설결의 스승으로, 요임금 때의 현인이다.

거처 중 어느 곳이 바른 거처인 줄 누가 알겠는가? 또 사람은 채소나 고기를 먹고, 고라니나 사슴은 풀을 뜯어 먹고, 지네는 뱀을 달게 먹고, 올빼미는 쥐를 즐겨 먹는데, 그러면 이 네 가지 맛 가운데 어느 것이 가장 좋은 맛인지 누가 알겠는가? 또 원숭이는 편저와 짝을 이루고, 노루는 사슴과 짝이 되어 노닌다. 미꾸라지는 물고기와 어울려 놀고, 모장과 여희는 사람들이 아름답다고 여긴다. 그런데 모장과 여희를 보고 물고기는 물속 깊이 들어가 숨어버리고, 새는 높이 날아가고, 노루와 사슴은 죽자고 도망가 버린다. 이 네 가지 가운데 어떤 것이 천하의 올바른 아름다움인 줄 누가 알겠는가?[18)

　　세상 사람들이 여자가 아름답다는 기준을 모장과 여희로 보는데, 새와 물고기 그리고 사슴은 모장과 여희를 보고 모두 도망가 버리거나 숨어버린다. 그렇다면 어떤 기준으로 모장과 여희를 아름답다고 하는가? 또 사람과 미꾸라지 그리고 원숭이의 거처가 각기 다른데, 가장 좋은 거처가 어디인지 어찌 알 수 있겠는가?" 반문한다.

　　옳다는 것과 옳지 않다는 것, 그렇다는 것과 그렇지 않다는 것의 대립에서 그 옳음이 과연 진실로 옳은 것이라면 그 옳음은 옳지 않다는 것과는 다르므로 변명할 여지가 없다. 또 그렇다는 것이 과연 정말로 그렇다면 그렇다는 것은 그렇지 않다는 것과 달라 이것 역시 변명할 필요가 없다. 그 끝이 없는 순환, 곧 변화를 되풀이하는 것은 상대적이라 해결되기를 기다릴 필요가 없다. 이것을 천예天倪*에다 조화시키고 만연蔓衍**에다 붙여버려야 천년을 마치는 까닭이 된다. 그래야 비로소 세월도

---

*　천진한 자연의 실상, 조화, 혼돈의 처음, 무심, 무아의 경지를 말한다.
**　아무 구속 없이 한순간도 쉬지 않고 끝없이 활동하는 자유의 경지다.

잊고 의론도 잊어버리게 되고 무한한 경지에 노닐 수 있다. 그러므로 무한한 경지에 몸을 붙여두는 것이다.[19)]

꿈은 살아있을 때 잠자면서 순간적으로 생시처럼 느끼는 활동이다. 그러나 광대하고 무구한 우주에서 보면 생시도 한순간에 불과할 수 있고, 사람의 일생도 하루살이처럼 순간에 불과하다. 그렇다면 현실도 꿈 같은 한순간에 불과한 것인지 모를 일이다. 큰 깨달음이 있은 뒤에야 비로소 사람들은 꿈인지 알 수 있다. 이처럼 사람의 인식은 사람과 지역, 시대와 상황 그리고 관점에 따라 달라질 수 있을 뿐 아니라 인간의 관점에서 보아 옳은 것도 인간 이외의 다른 사물의 관점에서 보면 옳은 것이 같은지 다른지 알 수 없다.

장자는 자연이라는 공간에서 열린 마음으로 세상을 바라볼 때 세상의 진면목을 볼 수 있고, 자연스럽게 시비, 선악, 미추의 기준이 허물어질 것이라고 말한다. 만일 굳이 마음을 괴롭혀서 하나로 만들려고 하여 본래 동일한 것임을 알지 못하면, 이를 조삼모사朝三暮四라고 한다. 정신과 마음을 통일하려 하면서도 모든 것이 같음을 알지 못하는 것을 '조삼'이라고 한다. 무엇을 '아침에 세 개'라고 하는가? 옛날에 원숭이를 기르는 어떤 사람이 있었는데, 원숭이들에게 도토리를 나누어주려고 하면서 "아침에는 세 개, 저녁에는 네 개를 주겠다"라고 하자, 많은 원숭이가 모두 성을 내며 투덜거렸다. 그러자 이번에는 "그러면 아침에 네 개, 저녁에 세 개를 주겠다"라고 했더니 많은 원숭이가 모두 기뻐했다는 말이 그것이다. 이름과 실상에 다름이 없는데도 기쁨과 성냄의 작용은 달랐다. 달라진 것이 없는데도 기뻐하거나 화내는 반응을 보인 것은 사실 그 둘이 같음을 알지 못한 것이다. 그러므로 성인은 시비를 조화시켜 자연에 맡겨 가지런히 만든다. 이를 양행兩行, 즉 옳고 그름이 함

께 통하는 경지라고 일컫는다.[20]

　원숭이들은 아침에 세 개를 받든지 네 개를 받든지 결과적으로 똑같이 하루에 일곱 개의 도토리를 받게 되지만, 그 차이를 모르고 화를 내거나 기뻐한다. 장자는 이처럼 만물이 본질적으로 같음을 알지 못하는 사람은 아침에 도토리 네 개, 저녁에 세 개를 받고 기뻐하는 원숭이와 같다고 보았다. 자신의 관점을 옳다고 여기거나 작은 일에 얽매이지 말고 선악, 미추, 귀천, 시비를 넘어서 대자연과 조화를 이루어 상생해야 함을 강조한다. 인간에게는 이것과 저것, 삶과 죽음, 옳음과 그름이 있지만 이는 모두 상대적으로 생각하여 생기는 것이기 때문에 무위자연인 도의 입장에서 보면 이는 동일한 것이다. 다르다고 생각하는 사람은 조삼모사와 조사모삼을 분별하지 못하고 화내거나 기뻐하는 원숭이들과 다를 바 없다는 것이 장자의 생각이다.

　그러나 옛날 사람들은 그 지혜가 지극한 바 있었다. 얼마나 지극했던가? 애당초에는 사물이 없었다고 하는 이가 있었는데, 이는 지극하고 지극하여 다시 더할 수 없는 경지다. 다음으로는 처음에 사물이 있기는 해도 이것과 저것의 한계가 없었다는 것이요, 그다음으로는 이것과 저것의 한계는 있어도 옳고 그름이 없었다는 것이다. 그러므로 옳고 그름이 나타나게 된 것은 도가 허물어진 까닭이며, 도가 허물어졌다는 것은 곧 사랑하고 미워함이 생겨났다는 것을 의미한다.[21]

　중국에 처음으로 불교를 전파한 달마가 제자들과 수행한 지 오래지 않아 자기 죽음을 감지하자, 제자들을 모두 불러놓고 그동안 수행한 가르침을 시험했다.

　"너희들과 인연을 맺어 수행한 지도 제법 오래되었으니 이제 새로운 인연에 따라 이별할 때가 된 것 같다. 그러니 그동안 얻은 것을 한번 내놓도록 해라.”

제자들은 스승인 달마의 마지막 시험을 통과해야 그의 후계자로 결정되어 불교계를 이끌 수 있다는 것을 알고 있었다. 먼저 도부라는 제자가 기다렸다는 듯이 대답했다.

“문자에 집착하지 않아야 합니다.”

그러자 달마는 고개를 가볍게 끄덕이면서 “껍데기는 되겠구나” 하면서 다른 제자들을 재촉했다.

“아촉불(동방에 있는 부처)을 한 번만 보고 다시는 보지 않아야 합니다.”

이번에는 총지라는 여제자가 대답했다.

그러자 달마는 그 대답에도 고개를 끄덕이며 “그래, 살갗은 건드린 셈이야” 하고 말했다.

“몸을 이루는 4대 요소(흔히 물, 불, 흙, 바람을 일컬음)는 본래 텅 비어 있는 것이므로 감각기관도 의식도 아무것도 아닙니다. 그래서 제가 얻었다는 것조차 아무것도 아닌 것입니다.”

세 번째는 도육이라는 제자가 대답했다. 도육의 말을 듣고 달마는 “뼈대만 있고 살이 없어” 하면서 혜가를 바라보았다.

이미 대답한 세 제자는 혜가의 대답을 가슴 졸이며 기다렸다. 어떤 말이 나오는가에 따라 달마의 수제자가 결정된다는 사실을 알았기 때문이다. 하지만 혜가는 아무런 대답도 하지 않고 묵묵히 일어나더니 조심스럽게 달마 앞으로 다가가 큰절을 올렸다. 그리고 제 자리에 서서 달마의 대답을 기다렸다.

그때서야 달마는 호탕하게 웃으면서 자신의 골수를 얻을 자격이 있다고 말하면서 혜가에게 자기가 입고 있던 가사를 벗어주었다. 정법을 맡긴다는 징표였다.

깨달음은 말이 아니요, 다른 사람의 깨달음을 말로 반복하는 것 역시 깨달음이 아니다. 진정한 깨달음은 말과 글이 아니라 마음으로 깨달은 것이어야 비로소 내 것이 될 수 있다. 그것은 또한 자신만의 표현과 행동으로 승화될 때 자기 것이 된다.

경허선사와 월면, 침운 두 제자는 어느 여름날 부산까지 먼 길을 떠나게 되었다. 하루, 이틀, 사흘이 지나자 땀이 비 오듯 쏟아지고 다리는 아프고 날도 저물고 하여 한 발짝도 옮겨 걷기가 어려울 정도로 지쳐버렸다. 그러자 느닷없이 경허가 말했다.

"내가 빨리 걷는 축지법을 가르쳐주겠네."

축지법이라 함은 도술에 의해 지맥을 마음대로 줄여 먼 거리를 가깝게 걷는 비술을 말함인데, 지친 제자들은 경허가 난데없이 먼 길을 빨리 걷는 축지법을 가르쳐준다고 하자 반겨 말했다.

"스님, 제발 그 도술을 가르쳐주십시오."

그때였다. 마침 먼 길을 걸어가는 세 사람 앞으로 마을 처녀가 우물에서 길은 물동이를 머리에 이고 걸어오고 있었다. 갑자기 경허가 달려가 물동이를 인 처녀의 양 귀를 잡고 소리가 나도록 입을 맞추었다. 처녀는 너무나 놀라 "에구머니나!" 비명을 지르면서 물동이를 떨어뜨렸고, 이 때문에 깨진 물동이에서 쏟아진 물이 경허의 몸을 흠씬 적셨다.

마침 정자나무 밑 그늘에서 앉아 쉬고 있던 마을 사람들이 처녀의 비명을 듣게 되었으며, 그들은 길을 가던 세 사람의 중이 벌인 해괴한 짓거리를 낱낱이 보게 되었다. 순간 마을 사람들은 농기구들을 세워 들고 쫓아오기 시작했다.

"저 중놈들을 잡아라!"

자기네 마을의 처녀를 희롱한 중들을 잡기 위해 동네 청년들은 필사적이었고, 난데없이 축지법을 가르쳐준다고 하여 이를 지켜보던 월면과 침운 두 제자는 사태가 이 정도까지 이르게 되자 다리야 날 살려라 하고 함께 도망치기 시작했다. 한참을 뛰어 마침내 쫓아오는 사람도 없고 마을도 보이지 않게 되자, 경허는 어느 나무 밑둥에 털썩 주저앉으면서 다음과 같이 웃으며 말했다.

"어떠한가? 내가 가르쳐준 축지법이. 그토록 먼 길을 단숨에 달려오지 않았나."

# 자기 안의 착각에 얽매여
# 더 큰 세상을 보지 못한다면

 

 

장자는 '황하의 수신水神 하백의 이야기'를 통해 사람들은 과연 진정한 세계관을 향유하고 있는지에 대해 의문을 제기한다. 가을에 장마가 지면 모든 냇물이 황하로 흘러드는데, 물의 흐름이 매우 넓고 양쪽의 물가 모래톱이나 벼랑 사이는 멀리 떨어져서 거기에 있는 말과 소를 구별할 수 없었다. 이에 하백이 흔연히 기뻐하며 천하의 아름다움이 모두 자기에게 있다고 생각했다. 물의 흐름에 따라 동쪽으로 가 북해에 이르러 동쪽을 바라보니 물의 끝이 보이지 않았다. 이에 하백은 비로소 그 얼굴을 돌려 바다를 바라보고 북해의 신 약若을 향하여 탄식하며 말했다.

"속담에 '백쯤의 진리를 깨달은 자가 천하에 자기만 한 사람이 없다고 생각한다'라는 말이 있는데, 저를 두고 하는 말이었습니다. 또한 저는 일찍이 공자의 학문을 적다고 여기고, 백이의 절개를 가볍게 여기는 사람이 있다는 소문을 듣고 처음에는 그 말을 믿지 않았지만, 지금 당신의 그 끝이 없음을 보니 제가 당신의 문하로 들어오지 않았다면 위태했을 것입니다. 저는 늘 큰 도를 들은 사람들에게 비웃음을 당했을 것입니다."

북해의 신 약이 말했다.

"우물 안 개구리가 바다에 대해 말할 수 없는 것은 사는 곳에 얽매여 있기 때문이며 여름벌레가 얼음에 대해 말할 수 없는 것은 시절에 묶여 있기 때문이며 고루하고 식견이 부족한 선비[곡사曲士]에게 도를 말해도 알아듣지 못하는 것은 그가 받은 속된 가르침에 얽매이기 때문입니다. 그런데 지금 그대는 강기슭을 나와 큰바다를 보고는 곧 자신의 비루함을 알았다니, 그대는 장차 더불어 큰 이치를 말할 수 있게 된 것입니다. 천하의 물 중에 바다보다 큰 것이 없으니 모든 냇물이 여기로 흘러 들어가 영원히 정지하는 일이 없고, 그렇다고 또 물이 가득 차지도 않으니 미려尾閭*로 물이 끊임없이 새어나가도 마를 줄을 모릅니다. 그리고 봄이나 가을에 따라 변하지 않고, 장마나 가뭄에도 마르지 않으니 이것은 저 양자강이나 황하의 물보다 많아서 그 수량을 헤아릴 수 없기 때문입니다. 그렇다고 나는 일찍이 스스로 많다고 생각하지 않습니다. 그것은 내 모양을 천지에서 받았고 그 기운은 음양에서 받았기 때문에 내가 이 천지 사이에 있는 것은 마치 조약돌이나 작은 나무가 태산에 있는 것과 같다고 생각하기 때문입니다. 이렇게 스스로 작다고밖에 여기지 않았는데 어찌 스스로 많다고 여기겠습니까? 더 나아가 사해가 천지 사이에 있는 것을 헤아려보면 개미구멍이 큰 못 속에 있는 것과 흡사하지 않겠습니까? 중국이 사해 안에 있는 것을 헤아려보면 낱알이 큰 창고 안에 있는 것과 흡사하지 않겠습니까? 사물의 수 부르기를 '만물'이라고 하는데, 사람은 그 가운데 하나를 차지합니다. 또 사람이 살아가

---

* 바닷물이 새어나가는 곳으로, 바다의 동쪽에 있다고 전해진다. 또는 바다 밑에 있다고 생각되는 큰 배수구를 말한다.

는 구주九州는 곡식이 자라는 곳이고, 배와 수레가 다니는 곳에는 어디나 사람이 있을 것이고, 각각의 개인은 그 많은 삶 가운데의 한 사람이고, 다시 그 개인은 저 만물에 비해 본다면 말의 털이 말의 몸에 있는 것이나 다름없지 않겠습니까? 저 오제가 서로 황제의 지위를 물려준 것이나, 하·은·주 삼대의 왕들이 군대를 일으켜 천하를 다툰 일이나, 어진 사람이 나라를 걱정한 일이나, 능력 있는 사람이 직무에 수고한 일 등은 모두 인간 세상의 조그마한 일에 지나지 않게 됩니다. 백이가 왕위를 사양함으로써 이름을 얻었고, 공자가 육경六經을 논술하여 박학하다는 말을 들었습니다. 그러나 이들이 스스로 남보다 낫다고 생각한 것은 그대가 전날에 스스로 천하의 장관이 다 내 것이라 생각한 것과 무엇이 다르겠습니까?"[22]

사람들이 인식하는 외부 사물은 이성이나 경험의 한계로 인해 잘못된 인식이나 편견을 가져올 수 있다. 장자는 이성이나 경험의 한계를 염려하여 상대성을 부정하고 절대성을 강조한다. 따라서 '가장'이나 '최고', '먼저' 또는 '최소'라는 사람들의 판단은 인식의 한계를 다시 한번 고려할 필요가 있다. 세상에서 가장 큰 것이나 가장 작은 것은 단지 사람들의 인식이나 경험 속에 존재하는 개념이다. 북해에 이르러 자신의 무지를 탄식한 하백의 깨달음은 그가 경험한 인식이다. 북해 역시 황하보다는 큰 경험이지만, 사해가 천지 사이에 있다는 것을 헤아려보면 작은 구멍이 큰 연못에 있는 것과 다를 바 없다. 우물 안 개구리가 바다에 대해 말할 수 없는 것은 사는 곳에 얽매여 인식이 형성되었기 때문이고, 여름벌레가 얼음에 대해 말할 수 없는 것은 시절에 묶여 인식이 형성되었기 때문이며, 고루하고 식견이 부족한 선비가 도에 대해 말할 수 없는 것은 속된 가르침에 묶여 인식이 형성되었기 때문이다.

고루하고 식견이 부족한 선비나 우물 안 개구리, 여름벌레 등과 같이 자기 안의 착각에 얽매여 더 큰 세상을 보지 못한 상태에서 인식이 형성되어 자만해 있던 이들과 착각에 의해 인식이 형성되어 우쭐해 잘못을 범한 하백이 다르지 않다. 백이가 임금 자리를 사양하여 명예를 얻은 것이나, 공자가 육경을 논술하여 박식하다는 명성을 얻은 것은 모두 그들이 스스로 제대로 알지 못한 상태에서 스스로를 크게 여긴 결과일 따름이다. 따라서 그들 또한 더 큰 세상을 보지 못한 상태에서 한없이 자만한 잘못을 범한 하백과 다르지 않다. 사람은 천지간에 그 어느 것보다 더할 나위 없이 보잘것없는 작은 존재다. 따라서 실제 이상으로 착각하고 자아를 형성하여 자신을 과장하거나 부질없이 지녀온 일체의 권위를 내려놓고 겸허하게 자연에 순응하는 삶을 살아야 한다.

　　이와 같이 사람들의 인식은 자기가 경험한 범주에 매달리기 쉽다. 자신이 경험해서 얻은 착각에 인한 인식을 기준으로 삼는 경우가 허다하다. 자기가 본 가장 큰 것을 이 세상에서 가장 큰 것으로 착각하고, 또 자기가 본 가장 작은 것을 가장 작다고 착각한다. 그러나 이런 정의는 모두 상대적으로 인식된 자아 형성일 수밖에 없다. 그래서 '그 바깥에 아무것도 없는' 것이라야 가장 큰 것이라 할 수 있고, '그 안에 아무것도 없는' 것이라야 가장 작은 것이라고 할 수 있다. 털끝을 '가장 작은 것의 극한으로 규정'할 수 없고, 천지를 '가장 큰 것의 극한으로 결정' 지을 수 없다. 북해 역시 황하보다는 큰 존재이지만, 사해가 천지 사이에 있다는 사실을 인식한다면 또한 작은 구멍이 큰 연못에 있는 것과 흡사할 뿐이다. 이렇게 착각에 의한 자아 형성은 상대적이다.

　　원효대사와 의상대사가 더 큰 깨달음을 얻기 위해 당나라로 함께 유학을 떠나게 되었다. 두 사람이 배를 얻어 타기 위해 토굴을 찾아가는 길에 갑자기 뇌성벽력과 함께 장대비가 내렸고, 게다가 날은 어두워져 그만 방향을 잃고 헤매게 되었다. 칠흑같이 캄캄한 어둠속에서 억수로 쏟아지는 비를 피할 은신 장소를 찾는 것이 만만치 않았다. 겨우 조그마한 토굴을 하나 발견하여 두 사람은 안도의 숨을 내쉬었다. 밖에서는 억수 같은 비가 그칠 줄 모르고 쏟아지는데, 두 사람은 비좁은 토굴 안에서 기진맥진한 채 그대로 쓰러져 잠이 들었다.

얼마나 자고 일어났을까. 원효대사가 심한 갈증에 잠에서 깨어나 그곳이 어디인 줄도 모르고 늘 하던 버릇대로 두 손으로 머리맡을 더듬었다. 머리맡에 늘 놓아두었던 냉수 그릇이 있을 리 없었지만, 그래도 원효대사는 캄캄한 어둠속에서 두 손으로 머리맡을 더듬었다. 그만큼 목이 말랐던 까닭이다. 그런데 어둠속을 더듬던 원효대사의 손에 잡히는 것이 있었다. 바가지 같은 물건이었다. 그리고 그 바가지에는 물이 담겨 있었으니, 원효대사는 아무 생각 없이 아주 맛있게 마셨다. 물을 마신 후 길게 한숨을 토하고 있는데, 의상대사도 잠결에 물을 찾고 있었다. 원효대사가 의상대사에게 그 물바가지를 건네주었다. 갈증을 해결한 두 사람은 다시 정신없이 쓰러져 깊은 잠에 빠져들었다.

다음날 아침, 지저귀는 새 소리에 의상대사가 먼저 잠에서 깨어보니 천지를 삼킬 듯이 퍼붓던 비도 멈추고 밝은 햇살이 무너진 토굴 안으로 비쳐 들어오고 있었다. 주위를 둘러보던 의상대사가 깜짝 놀랐다. 두 사람이 자고 난 그곳은 허물어져가는 무덤이었다. 두 사람이 자고 난 옆에는 해골바가지가 어지럽게 널려 있었다.

두 스님은 자신들이 마신 물이 바가지에 담긴 물이 아니라 해골에 담긴 물이었음을 알아차린 순간 구역질을 했다. 한참 동안 구역질을 하던 바로 그 순간, 갑자기 원효대사가 구역질을 멈추고 크게 소리 내어 웃었다. 조금 전까지만 해도 구역질을 하던 원효대사의 얼굴이 밝은 웃음으로 가득했으니, 의상대사는 의아할 수밖에 없었다. 그러자 원효대사가 의상대사에게 그 궁금증을 해결해주었다.

"우리가 어젯밤에 갈증이 나서 마신 물이 바가지에 담긴 물이라고 생각했더니 물맛이 꿀맛이었는데, 지금 해골에 담긴 물이라고 생각하니 구역질이 난 것은 바로 마음의 장난이 아니고 무엇이겠는가! 세상만사 마음먹기에 달린 것, 기쁨도 슬픔도 마음에 달린 것이요, 깨끗함도 더러움도 마음에 달린 것이요, 춥고 더운 것도 마음에 달려 있으니, 그래서 부처님께서 이르시기를 일체유심조一切唯心造*라 하신 게 아닌가!"

"스님, … 이제 그만 길을 떠나시지요. 해가 중천에 솟았습니다."

"나는 아니 갈 것이야."

"원효 스님, 지금 아니 간다고 하셨습니까?"

"의상, 자네는 당나라로 건너가서 깨달음을 얻어갖고 오시게. 나는 서라벌로 돌아가겠네."

"아니, 스님. 서라벌로 돌아가신다고요? 법을 구하러 당나라에는 가지 않겠다는 말씀이십니까?"

"마음 밖에 따로 법이 없거늘 어찌 그 법을 밖에서 구할 것인가? 한 마음 생겨나면 온갖 법이 생겨나고, 한 마음 사라지면 온갖 법이 사

---

\* 일체유심조(一切唯心造): 인간 세상의 모든 일은 곧 인간의 마음에서 비롯되어 만들어진다는 것으로, 인간의 길흉화복 · 흥망성쇠 · 희로애락 등이 다 밖으로부터 오는 것이 아니라 인간의 마음에서 그렇게 만든다는 것이다. '일체유심조'라는 표현이 직접적으로 나타나는 곳은 『화엄경』으로 "만일 사람들이 삼세일체불을 알려고 한다면 마땅히 법계의 본성이 모두가 마음의 짓는 바에 달려있음을 보라(若人欲了知 三世一切佛 應觀法界性 一切唯心造)"라는 표현에서 비롯된다. 여기서의 법계는 객관적으로 존재하는 세계뿐 아니라 주관적으로 체험되는 정신적 경지까지 포함한 개념이다. 모든 법계가 마음의 산물임을 강조하는 것이다.

라지니 천 가지 만 가지 법은 마음먹기에 달린 것. 마음 밖에 법이 따로 없거늘 내 어찌 그 법을 마음 밖에서 구할 것인가!"

"참으로 여기서 발걸음을 돌려 서라벌로 돌아가시렵니까?"

"이것 보시게, 의상! 우리가 찾고 있던 법은 특별한 사람에게 있는 것이 아니라네. 특별한 사람에게 있는 것이 아니라 바로 내 안에 있다네. 그리고 또 법은 멀리 있는 것이 아니라 내 안에 있으므로 내가 이제 그것을 깨달았으니 구태여 멀리 당나라 땅까지 갈 필요가 없어진 것이라네."

한 그루의 나무를 제대로 알려면 나뭇잎만 보아서도 안 될 것이고, 또 줄기만 보아서도 안 될 것이다. 그리고 나무둥치만 보아서도 안 될 것이고, 나무뿌리만 보아서도 안 된다. 적어도 나무 전체를 보고 난 다음에 나뭇잎이나 줄기, 나무둥치, 뿌리를 보아 그 나무의 상태와 기질을 살펴보아야 한다. 마음 밖에 법이 없는데, 구태여 당나라까지 가서 법을 구할 필요가 있었겠는가?

삶은 무상하다. 왜냐하면 영원불변할 수 없기 때문이다. 그래서 꿈에 비유한다. 세월은 고정되어 있는 것이 아니라 계속 변하고, 삶도 변하기 때문에 그에 따라 생로병사가 동반된다. 그래서 불교는 괴로움의 인식에서 시작하며, 궁극적으로 그것의 극복을 지향한다. 무엇이 과연 괴로운가?

가난에 찌든 한 사나이가 있었다. 그는 새로운 삶을 찾기 위해 길을 떠났다. 그러나 며칠 후 광야에서 길을 잃고 말았다. 배가 고팠고 목이 말랐다. 방향을 알지 못한 채 정처 없이 헤매고 있었다. 그런데 문득 난데없이 미친 코끼리가 그를 향해 돌진해오고 있는 게 아닌가? 그는 공포에 질려 도망쳤다. 한참을 정신없이 달렸지만 뒤를 돌아보니 여전히 사나운 코끼리는 그를 한 번에 밟아 뭉갤 듯 뒤쫓아오고 있었다. 그런데 저 멀리 거대한 보리수나무가 한 그루 보였다. 그곳에만 가면 생명을 보전할 것처럼 보였다. 기진맥진한 채 그곳에 도착했지만, 그 나무는 새들조차 날아 올라갈 수 없을 정도로 높았고 거대한 나무둥치는 잡을 수조차 없었다.

그런데 나무 밑에는 오래된 우물 하나가 있었고, 거기에는 마침 칡넝쿨이 길게 늘어져 있었다. 그는 안도하며 칡넝쿨을 타고 우물 밑으로 내려갔다. 그러나 오래된 우물 바닥에는 전갈들이 쉭쉭 소리를 내며 빨간색 눈으로 그를 쏘아보고 있었다. 이제 올라갈 수도 내려갈 수도 없는 처지였다. 힘은 점점 빠졌다. 우물 벽면에라도 몸을 의탁하고자 했으나 사면에는 독사들이 잔뜩 독이 올라 혀를 날름거리고 있었다. 그의 목숨은 오로지 칡넝쿨에 달려 있었다. 이제 어떻게 해야 할 것인가? 그런데 설상가상으로 어디선가 흰쥐와 검은 쥐가 나타나 칡넝쿨을 갉아먹고 있지 않은가? 이제 그에게는 더 이상 아무런 희망이 없었다. 그것은 위기였고 절망이었다. 이제 바야흐로 그의 목숨은 경각에 달려 있었다.

그러는 동안 미친 코끼리는 우물을 가로질러 서 있는 보리수나무를 머리로 들이받았다. 그러자 나무에 매달려 있던 벌집이 흔들렸고, 벌들은 이 가엾은 사나이를 사정없이 쏘아댔다. 그러는 사이 한 방울의 꿀이 우연히 그의 머리 위에 떨어져 얼굴을 타고 내려와 입술에 닿으면서 그에게 찰나의 감미로움을 가져다주었다. 그것은 일찍이 맛보지 못한 달콤함이었다. 한 방울 한 방울 떨어지는 꿀맛에 도취되자 그는 마침내 코끼리도, 전갈도, 뱀도, 쥐도, 우물에 빠져 있다는 사실조차 잊어버리고 말았다.

여기에서 광야를 헤매고 있는 사나이는 누구인가? 그는 미망에 빠져 있는 우리 자신이다. 이 이야기는 무상에 쫓겨 죽음으로 향하고 있으면서 감각적 쾌락에 뇌쇄되어 그것을 잊고 있는 우리 인간을 비유한 것이다. 미친 코끼리는 죽음(무상)의 비유이며, 우물은 삶과 죽음의 샘으로 우리의 삶을 말하며, 전갈은 죽음의 그림자(지옥)를, 네 마리 독사는 우리 몸을 구성하고 있는 지수화풍地水火風의 네 가지 요소를, 칡넝쿨은 생명의 줄을, 흰쥐와 검은 쥐는 생을 갉아먹는 낮과 밤을, 벌들은 번뇌를, 그리고 꿀은 재물에 대한 욕망, 성욕, 식욕, 명예욕, 수면욕의 다섯 가지 욕망을 말한다. 그리고 보리수나무는 구원을 상징한다.

이 이야기는 인간의 존재를 적나라하게 묘사하고 있다. 바로 인간의 유한성과 무지함을 고발하고 있다. 어떠한 재물도, 어떠한 지식도, 어떠한 영약도 인간을 지켜줄 수 없다. "현자라면 어떻게 그런 위험과 고통 속에서 쾌락을 원할 수 있을 것인가?" 그것은 분명히 한계상황이자 위기의식이다. 실존적으로 말하자면, 그러한 위기의식은 특정한 때, 특정한 이에게 나타나는 특정한 위기의식이 아니다. 언제, 어느 때나 모든 사람에게 노출된 근원적 위기의식이다. 그러한 위기의식은 누구도 대신할 수 없는 나만의 위기의식이며, 또한 그 같은 위기의식 앞에서 객관적이고도 보편적 지식체계의 가치는 없다고 볼 수 있다.

# 우물 안 개구리

혜시와 더불어 명가의 대표적인 학자인 공손룡이 위나라 공자인 모에게 물었다.

"저는 어려서부터 선왕의 도를 배웠고, 자라서는 인의의 도에 밝아 동이同異를 일치시켜 논하고, 견백堅白(堅石과 白石을 따로 나눔)을 분리시켰으며, 그렇지 않은 것을 그렇다 하고 옳지 않은 것을 옳다 하여 많은 학자의 지혜를 곤란하게 만들고 여러 사람의 변론을 굴복시켰습니다. 그래서 저 스스로 지극히 통달했다고 여겨왔습니다. 그런데 이제 장자의 말을 듣고 망연자실하여 어찌할 바를 모르니, 이는 제 이론이 그를 따르지 못하는 것인지, 제 지혜가 그만 못한지 알 수 없습니다. 저는 지금 입을 열 수 없습니다. 황송하오나 그의 도의 듣고자 합니다."

공자 모는 책상에 기대어 있다가 탄식하고 하늘을 우러러 웃으면서 말했다.

"너는 저 우물 안 개구리 이야기를 듣지 못했는가? 어느 날 그 개구리가 동해에 있는 자라에게 '나는 참으로 즐겁구나. 나는 우물 난간 위에까지 뛰어오르기도 하고, 우물 안에 들어가서는 부서진 벽돌 가장자리에서 쉬기도 한다. 또 물에 가면 양 겨드랑이로 수면에 떠서 턱을

물 위로 내밀기도 하고, 발로 진흙을 차면 발이 파묻혀 발등까지 흙이 묻기도 한다. 저 장구벌레나 게나 올챙이 따위가 어떻게 나를 따를 수 있겠는가? 또 나는 한 우물의 물을 독차지해서 마음대로 노니는 즐거움이 지극한데, 당신은 왜 가끔 와서 보지 않는가?'라고 했다.

동해의 자라는 이 말을 듣고 그 우물에 들어가 보려 했지만, 왼쪽 다리가 미처 들어가기도 전에 오른쪽 무릎이 걸려 꼼짝할 수 없었다. 그래서 엉금엉금 물러 나와 개구리에게 동해의 이야기를 해주었다. '대저 천 리라는 먼 거리로도 바다의 넓이를 형용할 수 없고, 천 길의 높이로도 바다의 깊이를 다 나타낼 수 없다. 우임금 때는 10년 동안 아홉 번이나 홍수가 있었지만 그렇다고 수량이 조금도 늘지 않았고, 탕임금 때는 8년 동안 일곱 번이나 큰 가뭄이 있었지만 그 때문에 수량이 조금도 줄지 않았다. 대저 시간의 길고 짧음에 따라 변화하지 않고, 물의 많고 적음에 따라 불고 줄지도 않은 것은 이 또한 동해의 큰 즐거움이다.' 우물 안 개구리는 그 소리를 듣고 놀라서 그만 정신을 잃고 말았다.

대체로 그 지혜가 옳고 그름을 알지 못하면서 장자의 말을 알려고 한다면, 그것은 모기에게 산을 짊어지라는 것과 같고 노래기에게 바다를 건너가라고 하는 것과 같아서 도저히 그 책임을 감당할 수 없게 된다. 또한 그 지혜가 지극히 묘한 말을 논할 줄 모르면서 한때의 말재주로 스스로 만족해하는 사람은 곧 저 우물 안 개구리와 같게 된다. 그래서 장자의 말은 아래로는 황천에 이르고 위로는 하늘에까지 이르러 남쪽도 없고 북쪽도 없이 환히 사방으로 통달해 있어 헤아릴 수 없는 깊이에까지 잠겨 있으며, 또 거기에는 동쪽도 없고 서쪽도 없이 아득히 우주의 근본에서 시작하여 능히 만물에 통한다.

그런데도 공손룡은 조그마한 지식으로써 그것을 구하고, 엉터리 변론으로 그것을 찾으려 하는 잘못을 범했다. 이는 가느다란 대롱으로 하늘을 바라보는 것이요, 송곳으로 땅을 찌르는 형국으로 얼마나 좁은 소견인가? 마치 수릉 땅의 젊은이가 조나라 서울 한단에 가서 걸음걸이를 배운 이야기와 흡사하다. 그 젊은이는 아직 한단의 걸음걸이도 제대로 배우지 않은 채 자기 본래의 걸음걸이조차 잊어버리고는 결국 엉금엉금 기어서 돌아올 수밖에 없었다.[23]

공자 모는 공손룡에게 논리나 학문으로는 도저히 알 수 없는 것으로 장자의 도를 우물 안 개구리와 자라의 비유를 통해 설명하고 있다. '정중지와井中之蛙'와 '한단지보邯鄲之步'라는 고사숙어가 생긴 전거가 바로 이 대목에서 나온 것이다. 오늘날 아주 작은 지식과 좁은 소견을 가지고 마치 다 아는 것처럼 허풍을 떨거나 자기보다 못한 사람을 헐뜯거나 비방하는 경우가 허다하다. 오히려 익은 벼는 머리를 숙이고 겸손한데, 그렇지 못한 사람들이 아는 체하다가 망신당하거나 체면을 상하게 하는 경우다. 거기에 비해 장자의 지혜는 아래로는 황천에 이르고 위로는 하늘까지 이르러 남쪽도 없고 북쪽도 없이 환히 사방으로 통달해 있어 헤아릴 수 없는 깊이에까지 잠겨 있으며, 또 거기에는 동쪽도 없고 서쪽도 없이 아득히 우주의 근본에서 시작하여 능히 만물에 통한다니 얼마나 크고 넓은지 헤아릴 수 없다.

속세에서 추구하는 부귀, 장수, 명예는 안락한 삶의 수단이 아니다. 오히려 세상 사람들은 이것을 지나치게 추구하여 괴로움에서 벗어나지 못한다. 인식도 마찬가지다. 한계가 있는 삶으로 한계가 없는 인식을 따른다면 위태로울 수밖에 없다. 자연의 무위에 따른 삶을 살아야지 인위나 조작의 삶은 결국 삶의 본질을 무너뜨리게 된다. 인간이 가지고 있는 인식과 사물이 가지고 있는 인식의 차원이 다르다는 것을 다음 문장에서 여실히 보여준다.

또한 너는 들어보지 못했느냐? 옛날에 바다새가 노나라 교외에 날아와 앉자, 노나라 임금은 그 새를 모셔다가 종묘에서 환영연을 열고, 순임금의 음악인 구소의 음악을 연주하고, 소와 양과 돼지고기 등의 일등 요리로 대접하니 그 새는 눈이 부시고 근심과 슬픔이 앞서 고기도 먹지 못하고, 한 잔의 술도 마시지 못한 채로 3일 만에 죽었다고 한다. 이는 노나라 임금이 인간이 사람을 기르는 방법으로 새를 기른 것이지, 새를 기르는 방법으로 새를 기르지 않은 것이다.[24]

노나라 임금이 바다새를 사랑하지 않은 것은 아니다. 그러나 그는 바다새를 자신의 고착된 인식으로 파악하여 결국 죽이고 만 것이다. '사람을 기르는 방법으로 새를 기른 것이지, 새를 기르는 방법으로 새를 기르지 않았기' 때문에 노나라 임금이 의도한 목적을 실현할 수 없었다. 장자의 사상을 이해하기 위해서는 우리가 가지고 있는 상대적이고 편협적인 인식체계를 바꾸어야만 가능하다. 인식은 자신에게 편리하고 유용하게 작용하는 단점이 있다. 그것도 제한적이기 때문에 그 정당성을 담보할 수 없다. 장자에 따르면 도는 우주의 실재로 자연을 의미하는 것이고, 이 도를 스승으로 삼으면, 곧 자연을 따라 우주의 실재와 하나가 되는 곳에서 아무런 구속도 받지 않는 인식의 자유로운 경지가 실현된다.

중국 수나라 문제 때 도신이라 불리는 14세 된 사미승이 3조인 승찬에게 겁도 없이 물었다.

"스님께서 자비를 베푸시어 제게 해탈의 법문을 주시기 원하옵니다."

"누가 너를 묶어놓았느냐?"

"저를 묶어놓은 사람은 아무도 없습니다."

"그렇다면 너는 왜 해탈을 구하고 있느냐?"

이 말에 도신은 크게 깨달아 승찬을 스승으로 모시고 시봉했다. 어느 날 도신은 스승에게 가르침을 청했다.

"스님, 부처님의 마음은 어떤 것입니까?"

"오늘 네 마음은 어떠하냐?"

"모르겠는데요."

"네 마음도 모르면서 부처님 마음은 알아서 뭘 하려고 그러느냐?"

도신은 그 자리에서 의문을 깨우쳤다. 9년이 흐르자 승찬은 도신이 성숙했음을 알고 법과 의발을 그에게 전수하니, 도신은 중국 선종의 4조가 되었다.

승찬에 대한 기록은 많지 않다. 그리고 그가 언제 어디서 태어났는지도 분명하지 않다. 그것은 그가 타인들에게 자기 모습을 드러내기를 좋아하지 않았기 때문이다. 또한 그가 활동하던 시대는 북주北周의 무제武帝가 불교를 혹독하게 탄압하던 시절이었기 때문에 승찬은 깊이 스스로를 숨겼으며, 일정한 거처가 없었다.

그가 출가하지 않은 몸으로 혜가를 만났다. 중풍에 걸려 있던 그가 혜가를 만나 간청한 말은 자신의 죄를 없애달라는 것이었다. 그리고 "죄를 보여달라"라는 혜가의 말 한마디에 그는 크게 깨우쳤다.

# 인식의 또 다른 세계

참다운 도의 입장에서 보면 삶과 죽음에 대한 인식의 문제는 큰 차이가 없다. 그것은 변화무궁하고 영원한 자연의 순리이므로 없다가도 있고, 있다가도 다시 없는 곳으로 돌아갈 뿐이다. 장자는 삶과 죽음, 남아 있음과 없어짐, 곤궁과 영달, 가난과 부, 똑똑함과 못남, 훼손과 명예, 굶주림과 목마름, 추위와 더위 같은 것은 상대적인 일의 변화이며 명命의 유행이라고 보았다.[25] 변화무궁하고 영원한 자연의 순리는 옳고 그름에 항상 일정한 정도가 없다. 변화의 흐름에 따라 옳고 그름이 서로 교차하듯이 세상은 언제나 고정되어 있는 것이 아니라 생성과 변화를 지속한다. 그러므로 인식에 시비가 생기게 된다. 참다운 도는 순진하고 거짓이 없어 시비와 긍정과 부정도 초월하기 때문에 도의 세계에서 보면 인식에 대한 평가의 기준은 상대적이고 시비는 모호한 것이다.

꿈은 현실 너머의 이야기다. 그러나 장자의 꿈은 사람이 잠을 자면서 꾸는 꿈을 이야기한 것이 아니다. 그 예로 안연이 공자에게 물었다.

"노나라 공족公族인 맹손재는 자신의 어머니가 죽었을 때 소리 내어 울었지만 눈물은 흘리지 않았으며, 마음속으로도 슬퍼하지 않았고, 장례를 치를 때도 슬퍼하는 기색이 없었습니다. 이런 세 가지 예를 빠뜨

렸어도 그가 노나라 전역에 걸쳐 상을 잘 치렀다는 소문이 퍼졌습니다. 세상에는 이처럼 실상이 없으면서도 그런 이름을 얻게 되는 일이 있을 수 있는 것입니까? 저는 그것이 참으로 이상합니다."

공자가 말했다.

"맹손재는 삶과 죽음이 무엇인지를 아는 사람이다. 그는 상례를 잘 아는 세상 사람보다 더 뛰어났다. 그는 세상 사람들이 줄일 수 없었던 예절의 형식을 이미 줄일 대로 줄였다. 맹손씨야말로 어째서 살며 어째서 죽는가를 아주 잊어버린 사람이다. 삶을 택한다거나 죽음을 택한다거나 하는 것까지도 아는 바가 없는 사람이다. 그래서 그 몸이 죽어 다른 물체로 변하는 그대로를 좇아 따르고 또 뒤이어 올 알 수 없는 변화를 그저 기다린다. 지금 당장 변했다고 보는 것이 변하지 않은 것인지 어찌 알며, 지금 당장 변하지 않았다고 보는 것이 변하지 않은 것인지 어찌 알며, 지금 당장 변하지 않았다고 보는 것이 변하지 않은 것인지 또 누가 알겠는가? 단지 너와 나만이 꿈에서 깨어나지 못하고 있는지 모른다. 또한 맹손씨 같은 이는 변화하는 형체는 있어도 마음은 손상되지 않았다고 보며, 나날이 달라지는 형체는 있어도 마음의 죽음은 없다고 본다. 그는 진실로 생사의 꿈에서 깨어난 사람이라서 남이 곡하니까 그저 좇아서 곡할 뿐이다. 이것이 그가 곡하는 모습으로 보이는 까닭이다. 세상 사람들은 모두 자기가 본 것이 옳다고 하지만, 어떻게 자기가 본 것을 꼭 옳다고 하겠는가? 우선 너부터도 꿈에 새가 되어 하늘로 날아오르거나, 혹은 고기가 되어 못 밑에 가라앉을 때가 있을 것이다. 그렇다면 지금 여기서 나와 마주 앉아 이야기하는 네가 바로 그 깨어있는 사람인지, 아니면 꿈꾸고 있는 사람인지를 나는 알 수 없는 것이다."[26]

상례는 사람이 죽은 때로부터 장사를 지내고 상복을 입은 채 일정

기간 근신할 때까지 행해지는 의례로, 사람이 태어나서 마지막으로 치르는 통과 의례다. 인간은 누구나 늙지 않고 오래 살기를 갈구한다. 생명을 보존하고 연장하고자 하는 것은 인간만이 아닌 모든 생명체가 지닌 본능이다. 그러나 생명은 유한하여 언젠가는 죽게 되어 있다. 따라서 죽은 사람을 떠나보내는 상례는 비록 형식이 다르기는 하지만 사랑하는 사람을 영원히 떠나보내는 슬픔과 이별의 아픔을 표현하는 의식이다. 그런데 맹손씨는 단지 인간적인 죽음의 이별과 슬픔을 잊었을 뿐 아니라 생사의 관념까지 한바탕의 꿈으로 보고, 자연의 변화에 일체가 되어 도와 합일된 사람으로 표현된다.

사람은 자신의 몸과 마음, 인식의 한계를 초월하여 편견이나 욕망의 고리가 풀어졌을 때 비로소 하늘과 땅의 참다운 변화의 기운과 조화를 체득할 수 있다. 그러면 자연히 본심의 허정한 상태를 유지하여 생사를 하나로 보아 어떤 압박이나 의혹에서 벗어나 이별과 슬픔의 아픔마저 승화하여 참다운 도의 경지에 도달할 수 있다.

> 꿈에 술 마시며 즐거워한 사람이 아침에 깨어나서 목 놓아 울고 꿈에 목 놓아 울던 사람이 아침에 사냥하며 즐거워한다. 바야흐로 꿈을 꿀 적에는 그것이 꿈인지를 알지 못한다. 꿈속에서 또 꿈을 꾸고서 깨어난 뒤에야 비로소 그것이 꿈인 줄을 알게 된다. 또한 큰 깨달음이 있은 뒤에야 이것이 그의 큰 꿈인지를 알 것이다. 그러나 어리석은 사람들은 스스로 깨어있으며 자세히 알고 있다고 생각한다. … 나와 네가 모두 꿈이고 내가 너에게 꿈이라고 말하는 것도 꿈속에서 하는 말인지 모른다.[27]

꿈은 살아있을 때 잠을 자면서 순간적으로 생시처럼 느끼는 활동이다. 그러나 광대하고 유구한 우주에서 보면 생시도 한순간에 불과할 수 있고, 사람의 일생도 하루살이처럼 순간에 불과하다. 그렇다면 현실도 꿈 같은 한순간에 불과한 것인지 모를 일이다. 큰 깨달음이 있은 뒤에야 비로소 사람들은 꿈인지를 알 수 있다. 이처럼 사람의 인식은 사람과 지역, 시대와 상황 그리고 관점에 따라 달라질 수 있을 뿐 아니라 인간의 관점에서 보아 옳은 것도 인간 이외의 사물의 관점에서 보면 옳은 것이 같은지 다른지 알 수 없다.

장자는 이런 상대적인 인식이 내 안에서도 나인지 내가 아닌지 불분명하다고 말한다.

> 언젠가 장주는 나비가 된 꿈을 꾸었다. 훨훨 날아다니는 나비가 된 채 유쾌하게 즐기면서 자기가 장주라는 것을 깨닫지 못했다. (그러나) 문득 깨어보니 틀림없는 장주가 아닌가? 도대체 장주가 꿈에 나비가 되었을까? 아니면 나비가 꿈에 장주가 된 것일까? 장주와 나비는 (겉보기에) 반드시 구별이 있다. (있기는 하지만 결코 절대적인 변화는 아니다.) 이러한 변화를 만물의 변화라고 한다.[28]

사람들은 꿈속에서는 꿈이 사실인 줄 알았는데, 깨고 나서는 꿈이 허위라고 생각한다. 그러므로 크게 한 번 깨닫고 보아야 인생살이가 하나의 허망한 꿈인 줄 알게 된다. 사람이나 나비나 생명의 유한은 똑같은데, 다만 사람들의 불완전하고 상대적인 인식에 의해 차별이 생겨난다. 현실이 꿈인지, 삶과 죽음의 한계는 어떤 것인지? 만약 사람이 이러한 상대적인 개념을 초월할 수 있다면 거기에는 아무런 차별도 없게 될 것이다. 상대적인 개념이 없어짐으로써 완전히 자유로워진 세계가 장자가 생각하는 이상향이다.

장주와 나비 사이에는 피상적인 분별이나 차이는 있어도 절대적인 세계의 차이는 없다. 상대가 없는 세계, 차별이 없는 세계에서 보면 장주가 곧 나비이고, 나비가 곧 장주라는 사실을 인식하게 된다. 이처럼 '도'라는 자연의 세계에서 보면 집착하거나 구속됨 없이 절대적인 자유 정신을 가질 수 있다. 따라서 옳고 그름, 긍정과 부정, 아름다움과 추함, 크고 작음, 길고 짧음 등 모든 가치의 대립이 하나로 보이게 되면 꿈도 현실이요, 인간도 나비로 물화物化되는 것이다.

　　많은 사람이 옳고 그름을 다투고, 아름다움과 추함, 크고 작음, 길고 짧음 등의 가치를 대립적으로 이해하고 다툰다. 또 형체는 그림자를 나타내고 그림자는 형체에 의존한다고 생각하지만, 궁극으로는 '피차의 구별이 없고 모든 것이 하나로 통한다'라는 것을 훨훨 날아다니는 나비와 꿈의 비유(호접몽蝴蝶夢)로 알기 쉽게 표현한다.

　　조용헌은 꿈을 여섯 가지 유형으로 분류한다. 그 대표적인 것이 주사야몽晝思夜夢이다. 낮에 생각한 일이 밤에 꿈으로 나타난 것이다. 두 번째로 선견몽先見夢이다. 앞으로 일어날 일들이 꿈으로 예시된 경우다. 세 번째는 전생몽前生夢이다. 전생의 자기 모습을 보는 꿈으로, 흔하지 않은 꿈이다. 네 번째는 천상몽天上夢이다. 천상 세계의 장면이 꿈에 보이는 경우다. 아주 생생하게 총천연색으로 나타난다고 한다. 다섯 번째는 사대불화몽四大不和夢이다. 사대는 흙, 물, 불, 바람을 가리킨다. 사람이 죽게 되면 흙, 물, 불, 바람으로 흩어진다. 흙, 물, 불, 바람이 모여 있으면 산 것이고, 흩어지면 죽은 것이다. 여섯 번째는 영지몽靈地夢이다. 신령한 땅에 갔을 때 꾸는 꿈으로, 그 땅에서 강한 기가 나오거나 역대급 고단자가 도를 닦았던 장소 혹은 많은 사람이 수천 년 동안 기도한 장소에 가면 꿀 수 있는 꿈이다.

중국 당나라 때 덕산이라는 유명한 스님이 있었는데, 그는 금강경에 능통했고 세상에서는 덕산의 세속 성이 주씨라고 하여 그를 '주금강'이라고 칭송했다. 그 당시 중국 남방에서는 교학을 무시하고 오직 견성성불(見性成佛: 본래 가지고 있는 자기의 본성을 깨달아 부처가 되는 것)을 주장하는 선불교가 성행하고 있었다. 해박한 불교 교리로 무장한 덕산은 부처님이 전한 진리를 진정으로 깨닫는 일은 경전에 적힌 교리를 공부하는 것과 별개인 선불교가 성행하고 있다는 말을 듣고 심혈을 기울여 연구한 『금강경소초金剛經疏鈔』를 가지고 남방으로 길을 떠났다. 길을 가다가 배가 고팠는데, 마침 길가에서 떡을 파는 할머니를 만났다.

"시장해서 점심을 먹으려고 하니 그 떡을 좀 파시오."

"내가 묻는 말에 대답하시면 떡을 팔겠지만, 그렇지 못하면 떡을 팔 수 없습니다."

"그러시지요."

"스님의 걸망 속에 무엇이 들어 있습니까?"

"『금강경소초』가 들어 있소."

"그러면 내가 지금까지 금강경에서 깨치지 못한 부처님 말씀이 있는데, 바로 '과거의 마음도 얻을 수 없고 현재의 마음도 얻을 수 없고 미래의 마음도 얻을 수 없다[過去心不可得 現在心不可得 未來心不可得]'라고 하는 말입니다. 지금 점심을 먹으려는 스님은 도대체 어느 마음에 점을 찍으려고 하십니까?"

여기서 점심點心은 '마음에 점을 찍다'라는 뜻이다. 점심 먹는다는 말을 빌려 노파가 교묘하게 질문한 것이다. 과거는 이미 지나갔고 미래는 아직 오직 않았으니 찍을 데가 없고, 현재의 마음도 찍는 순간 이미 과거가 되어버려 덕산은 아무 말도 할 수 없었다. 금강경 이론이라면 그 누구에게도 뒤지지 않는 덕산이었지만, 정작 배고픔에 처한 현실에서 자신의 능력을 발휘할 수 없는 한계에 부딪히고 만 것이다. 이론으로 배워 아는 지식과 자연의 이치, 삶 자체의 지혜로 얻는 깨달음은 차원이 다른 것이다. 덕산은 결국 떡도 먹지 못하고 자신의 그토록 애지중지 짊어지고 다니던 금강경 주석을 모조리 불살라버렸다.

장자를 존숭하게 되는 이유는 그가 세계를 모두 품을 수 있을 것 같은 자유로운 정신으로 우리에게 세계에 대한 이해의 폭을 증진시켰다는 점이다. 그의 천지 같은 넓은 정신은 세계에 대한 참다운 이해, 막힘이 없는 뻥 뚫린 열린 마음, 세계로 향한 자유로운 정신, 편견이 없는 인식, 즉 독창적이면서 작은 것에 연연하지 않고 집착하지 않는 열린 마음을 의미한다. 이렇게 세계에 대한 열린 마음을 소유한 장자였기에 누구와도 단절 없이 소통할 여유를 지니게 된다. 장자의 이야기가 뜬구름을 잡는 것처럼 난해한 이유도 바로 이와 관련되어 있다. 소통을 가능하게 하는 열린 마음을 지니고 있지 않은 한 그의 세계에 대한 이야기를 정확하게 이해하기 어려울 것이다.

# 깨달음은 마음으로 얻는 것이지
# 문자로 얻는 것이 아니다

우리의 삶은 한계가 있으나 무한한 인식은 한계가 없다. 유한한 것으로 무한한 것을 추구하다 보면 위험이 따른다. 위험한 줄 알면서도 자꾸 욕심을 내는 것은 더욱 위험한 일이다. 선을 행하되 명예를 가까이하지 말아야 하고, 악을 행하더라도 형벌에 가까이하지 말아야 하며, 오직 중도를 따라 그것을 기준으로 삼으면 몸을 보존할 수 있고 삶을 온전히 할 수 있으며, 또한 부모를 봉양할 수 있고 타고난 천수를 누릴 수 있다.

포정이라는 백정이 문해군(양나라 혜왕)을 위해 소를 잡는데, 손을 놀리는 것이나 어깨로 받치는 것이나 발로 딛는 것이나 무릎을 굽히는 모양이나 쓱쓱 칼질하는 폼이 음률에 맞지 않음이 없었다. 따라서 그 행동이 상림桑林의 춤*에 맞고, 경수經首의 장단**에도 맞았다. 그래서 문해군이 이를 보고 감탄했다.

"참으로 훌륭하다. 기술이 어찌 이런 경지에 이를 수 있을까?"

---

\*     은나라 탕왕이 상림이라는 땅에서 기우제를 지낼 때 춘 춤을 말한다.

\*\*    요임금 때의 음악이라고 전해지는 함지곡의 한 악장 이름이다.

포정이 잠시 칼을 내려놓고 이렇게 대답했다.

"제가 이렇게 능숙하게 할 수 있는 것은 소의 전체적인 생리 구조를 잘 알고 있기 때문입니다. 처음 제 눈에 보인 것은 소 한 마리 전체였습니다. 그러나 3년이 지난 후에는 소를 전체로 보지 않게 되었습니다. 지금은 오직 마음으로 소를 대할 뿐 눈으로 보지 않습니다. 곧 손발이나 눈 따위 감관의 경험을 멈추고 오직 정신만을 운용하여 어디가 관절인가, 어디에 경락이 있는가, 어디로 칼집을 낼 것인가, 얼마나 큰 칼을 사용할 것인가에 대해 마음속에 이미 대책이 서 있습니다. 그래서 소 몸뚱이 조직의 자연적인 이치에 따라 뼈와 살이 붙어 있는 큰 틈새를 젖힐 때나, 뼈마디가 이어져 있는 큰 구멍에 칼을 집어넣는 것이나 모두 자연의 이치에 따라 갈라져나갑니다. 그래서 그 기술은 뼈와 살이 합친 곳에서는 칼이 걸린 적이 한 번도 없는데, 하물며 큰 뼈에 부딪히는 일이야 있겠습니까?

훌륭한 백정은 해마다 한 번 칼을 바꾸는데, 그것은 살을 많이 베기 때문입니다. 보통 백정은 한 달에 한 번 칼을 바꾸니 그것은 뼈에 칼이 부딪쳐 부러지기 때문입니다. 지금 제 칼은 19년 동안이나 사용했고 또 잡은 소도 수천 마리나 되지만, 그런데도 칼날은 지금 막 새로 숫돌에다 간 것 같습니다. 소의 몸체 기관과 뼈마디에는 틈이 있고 칼날에는 두께가 없습니다. 두께가 없는 칼날이 틈이 있는 뼈마디로 들어가니 텅 빈 것처럼 넓어 칼이 마음대로 놀 수 있는 여지가 생기는 것입니다. 그러기에 19년이 지났어도 칼날이 이제 막 숫돌에서 갈려 나온 것 같습니다.

그런데 막상 뼈와 힘줄이 한데 얽힌 곳을 만났을 때는 저도 다루기 어려움을 알고 두려워하며 조심합니다. 눈길을 그곳에 집중하고 손의 힘을 완전히 뺀 뒤 아주 천천히 칼을 놀리며, 정신을 집중하여 조심하지 않으면 안 됩니다. 그러다가 뼈와 살이 철썩하고 그만 갈라지는데, 마치 흙덩이가 땅에 떨어지듯 살이 와르르 무너집니다. 그런 후에야 칼을 들고 일어서서 사방을 둘러보며 잠시 머뭇거리다가 흐뭇한 마음으로 칼을 잘 닦아 집어넣습니다."

문해군이 이 말을 듣고 말했다.

"훌륭하구나. 나는 포정의 말을 듣고 생명을 기르는[양생養生] 도를 깨달아 얻었도다."[29]

지식의 성립은 인간의 인식기관이 외부의 사물이나 사건들과 서로 접촉했을 때 이루어진다. 순자는 인간의 인식기관을 감각기관과 사유기관으로 나눈다. 객관사물을 인식하는 첫 단계는 감관이 외부 사물들과 접촉할 때다. 감각기관으로는 귀, 눈, 입, 코, 형체인 몸 이 다섯 가지를 들고, 이를 천연의 기관인 자연으로부터 주어진 기관이라고 하여 '천관天官'이라고 했다. 이러한 기관은 서로 접촉함이 있으나 서로 그 기능을 대신하여 일할 수 없기 때문에 이렇게 부른다.

각각의 감각기관은 대상에 접촉하는 기능을 가지고 있으나 상대방의 역할을 대신할 수는 없다. 형체와 색깔과 꾸밈은 눈으로 그 차이를 구별하고, 소리의 맑음과 탁함, 악기의 가락과 기이한 소리는 귀로 그 차이를 구별하고, 단맛, 쓴맛, 짭짜름한 맛, 싱거운 맛, 매운맛, 신맛, 기이한 맛은 입의 혀로 그 차이를 구별하고, 향기와 썩은 냄새, 비린내와 누린내, 신 냄새와 악취, 기이한 냄새는 코로 그 차이를 구별하고, 아프고 가렵고 차갑고 뜨겁고 매끄럽고 따갑고 가볍고 무거운 것은 형체인 몸으로 그 차이를 구별하고, 기뻐하고 노하고 슬퍼하고 즐거워하고 사랑하고 미워하고 욕심내는 것은 마음으로 그 차이를 구별하는 것이다.

이처럼 감각기관은 외계사물들과 서로 접촉함으로써 감각을 얻는데, 이는 인식의 첫걸음이다.

인식의 두 번째 단계는 마음[心]으로 사유를 진행시키는 것이다. 마음은 오관을 통제하고, 오관이 받아들인 감각 자료를 분석하고 검증하고 종합하는 기능을 한다. 순자는 이러한 기능을 마음이 바로 형체인 몸의 군주이고 신명의 주체로 보았다. 이런 이유 때문에 명령은 내리지만 다른 어떤 것으로부터 명령을 받지 않는다. 예컨대 마음은 형체인 몸의 군주이며, 정신의 주인이다. 그러므로 입에게 억지로 말을 시킬 수도 있고 침묵하게 할 수도 있으며 몸도 억지로 구부리거나 펴게 할 수 있지만, 마음은 억지로 그 뜻을 바꾸게 할 수 없어서 옳으면 받아들이고 나쁘면 받아들이지 않는다. 마음이 분산되면 알 수 없고, 편견에 빠지면 정밀할 수 없다. 따라서 마음은 천관을 주재하는 것이므로 다른 기관에 의해 좌우될 수 없다. 순자는 감각기관을 '천관'이라 부르면서 사유 기능을 가진 마음을 '천군天君'이라고 했다. 마음은 몸 가운데 텅 빈 곳을 차지하여 감각기관들을 지휘·감독·통솔하는 기능을 가지고 있기 때문에 천군이라고 부른다.

또한 마음은 감관에 의해 얻은 감각 재료들을 분류하고 검증하고 종합하여 확실히 인식하는 기능을 가지고 있다. 그는 이러한 작용을 '징지작용徵知作用'이라고 했다.

마음에는 징지작용인 인지능력이 있다. 이러한 인지능력으로 귀를 통해 소리를 알 수 있고, 눈을 통해 형체를 알 수 있다. 마음의 분별작용은 감각기관이 담당하는 대상과 접촉한 후에야 비로소 일어난다. 인지능력은 반드시 천관이 물건이나 사건의 여러 가지 종류를 주관해 정리하기를 기다린 연후에야 가능하다. 감각에 의존하는 사유는 감각이 일어난 후에야 '분별작용'을 진행할 수 있다. 그러나 사유는 감각보다 고차원이어서 마음의 분별작용이 없고, 마음이 작용하지 않으면 백과 흑이 앞에 있어도 보이지 않고 천둥소리가 옆에서 울려도 들리지 않는다.

5대 조사인 홍인조사의 의발과 법을 전수한 혜능이 남행한 지 두 달이 지나 대유령에 이르렀다. 수백 명의 승려가 혜능의 뒤를 좇아오면서 의발을 빼앗고자 했다. 의발을 차지하기만 하면 곧 홍인의 법맥을 잇는 조사가 될 수 있다는 염원 때문이었다. 그중에서도 혜명은 본래 무사 출신으로 혜능 같은 무식쟁이보다는 자기가 법맥을 잇는 것이 훨씬 나은 일이라고 생각했다. 그는 혜능이 주변 지리에 어두워 틀림없이 험한 산을 택하여 몸을 숨길 것이라 판단했고, 결국 대유령 중턱에서 혜능을 찾아낼 수 있었다.

혜능은 더 이상 피할 곳이 없다고 생각한 나머지 의발을 돌 위에 올려놓았다. 승자가 된 혜명이 만면에 웃음을 가득 머금고 혜능의 의발을 가지려 했다. 그러자 혜능이 혜명에게 말했다.

"이보시오 사형, 가사는 법신法信을 표시하거늘 힘을 사용하여 빼앗아 무엇 하려고 하십니까?"

"내가 온 것은 법을 위해서지 가사를 위해 온 것이 아니다."

"법을 힘으로 얻을 수 있다고 생각하십니까?"

이 말에 혜명은 자신만만하던 기가 그만 꺾이고 말았다. 아무리 무사 출신이라 해도 깨달음을 위해 출가한 그였다. 그래서 적어도 법맥을 힘으로 얻을 수 없다는 것을 그도 잘 알고 있었다. 다시 혜능의 말이 이어졌다.

"사형이 지금 이 의발을 빼앗아가면 혹 6대 조사가 될 수 있을지 모르나 결코 깨달음은 얻지 못할 겁니다. 이 의발은 단지 스승님이 내게 법을 전수했다는 징표가 될 수 있으나 그것이 법 자체는 아니기 때문입니다."

"자네는 글도 모르면서 어떻게 그런 어려운 것을 쉽게 깨달을 수 있었는가?"

"깨달음은 마음으로 얻는 것이지 문자로 얻는 것이 아닙니다."

혜능의 이 말에 혜명은 크게 깨달았다. 그리고 더 이상 의발에 대한 욕심도 나지 않았다.

"내가 비록 황매에서 배웠으나, 종래 자신의 진면목에 대해서는 돌이켜 생각해본 적이 없었네. 지금 자네의 가르침을 들으니 목마른 사람이 물을 마신 것과 같으며, 차고 더움을 이제 알게 되었네. 오늘부터 스승으로 섬기겠습니다."

혜명은 혜능에게 큰절을 올리고 산에서 내려왔다. 그리고 자신의 법명을 혜능과 같은 항렬을 피하기 위해 '도명'으로 개명하고, 뒤쫓아온 무리에게 그곳에서 혜능을 발견하지 못했다고 둘러댔다. 혜능은 그의 도움으로 대유령을 무사히 빠져나올 수 있었다.

혜능은 홍인의 법을 받아 15년 동안 저잣거리를 떠돌며 몸을 숨겼다. 그리고 홍인이 입적하자 다시 모습을 드러내고 자신이 거처할 곳을 찾아 나섰다. 혜능이 남해의 법성사에 이르니, 때마침 인종법사가 법문을 하고 있었다. 그때 바람이 불어 절의 기가 나부끼자, 승려들 사이에 논쟁이 벌어졌다. 한 승려는 바람이 깃발을 펄럭이는 것이니 바람이 깃발을 움직인 것이라 하고, 다른 한 승려는 그저 깃발이 펄럭이는 것이라고 주장했다. 논쟁은 쉽게 그치지 않았다. 보다 못해 혜능이 나서게 되었다.

"그건 깃발이 펄럭인 것도 아니고, 바람이 펄럭이게 한 것도 아니다"라고 말하자, 한 승려가 "그러면 당신은 도대체 무엇이 펄럭인다고 생각하냐?"고 물었다. 그러자 혜능은 "펄럭이는 것은 그대들의 마음이다"라고 답했다.

이 말을 들은 승려들은 크게 놀라 이상스럽게 여겼다. 그러자 인종이 물었다.

"아주 오래전에 불법이 남으로 내려왔다는 말을 들었는데, 바로 그분이 아니시오?"

이에 혜능이 시인하고 가사를 꺼내 보여주자, 인종은 몸가짐을 바로하고 물었다.

"홍인조사께서 무엇을 전수하셨습니까?"

"불성이 바로 인성이니 법을 배우는 것은 오직 견성에 있으며, 견성하면 곧 성불한다고 하셨습니다."

"어찌하여 선정禪定과 해탈은 논하지 않으셨습니까?"

"그것은 두 법이요, 불법이 아닙니다. 불법은 둘이 아니라 유일한 불이不二의 법이지요."

인종은 무엇이 불이의 법인지 물었다.

"하나는 선이고 하는 불선하다고 하나 불법은 선도 아니고 불선도 아니니, 이것이 둘이 아닌 불이라고 합니다."

인종법사는 그 지방의 명승들을 불러 모으고 보리수 아래에서 6조를 위해 머리를 깎아주었다. 출가한 지 17년 만에 이루어진 일이었다. 그것도 제자들에 의해 정식으로 스님이 되었다. 석가 이후 출가하면서 곧바로 스승이 된 이는 혜능이 처음이자 마지막이었다.

# 한 곳에만 집중시키면서
# 다른 곳으로 가지 못하게 하라

참다운 도의 입장에서 보면 삶과 죽음에 대한 인식의 문제는 큰 차이가 없다. 그것은 자연의 순리이므로 없다가도 있고, 있다가도 다시 없는 곳으로 돌아갈 뿐이다. 장자는 삶과 죽음, 남아 있음과 없어짐, 곤궁과 영달, 가난과 부, 똑똑함과 못남, 훼손과 명예, 굶주림과 목마름, 추위와 더위 같은 것은 상대적인 일의 변화이며 명命의 유행이라고 보았다.[30]

이 세상에 자연의 순리는 옳고 그름에 항상 일정한 것이 없다. 옳고 그름이 서로 교차하듯이 세상은 언제나 고정되어 있는 것이 아니라 생성하고 변화한다. 그러므로 인식에 시비가 생기게 된다. 참다운 도는 순진하고 거짓이 없어 시비와 긍정과 부정도 초월하기 때문에 도의 세계에서 보면 인식에 대한 평가의 기준은 상대적이고 시비는 모호한 것이다.

참다운 도에 도달하는 수양으로 제시된 방법이 심재心齋다. 마음을 가다듬어 온갖 잡념을 없애고, 정결한 심신의 상태를 유지하여 허정한 마음에 이르게 하는 것이다. 심재의 고요한 경지는 맑고 깨끗한 물에 비유된다. 물이 고요하면 수염과 눈썹도 밝게 비칠 수 있고, 그 평평함은 수준기水準器에 해당하므로 위대한 장인匠人이 법으로 삼는다. 물도 고요하면 오히려 밝은데, 하물며 성인 마음의 고요함이야 더 말할 것이 있겠는가? 그야말로 천지의 거울이요, 만물의 거울이다.[31)

그런데 무조건 마음만 맑게 하고 어떠한 기준 없이 행한다면, 이는 심재가 아니다. 즉 육체를 수고롭게 하여 쉬지 않으면 피로하고, 정신을 쓰면서 멈추지 않으면 지친다. 또 몸과 마음이 모두 피로하면 갈증이 난다. 따라서 물의 성질은 다른 사물이 뒤섞이지 않으면 맑고, 바람에 움직이지 않으면 수평을 이루며, 꽉 막히면 흐르지 않고 또한 맑을 수도 없다. 이것은 천지자연의 작용 현상이다. 그러므로 "순수하여 뒤섞이지 아니하고, 고요하고 한결같아 변함이 없으며, 고요하고 담백해서 작위함이 없고, 움직여 천지자연의 운행에 따른다"라고 했는데, 이것이 정신을 기르는 방법이다.[32)

안회가 말했다.

"저는 더 이상 나아갈 길이 없습니다. 좋은 방법을 가르쳐주십시오."

공자가 말했다.

"부정을 피하고 몸을 깨끗이 재계하라. 덧붙여 내가 너에게 이르겠는데, 무엇을 하겠다는 마음을 가지고 하려 들면 쉬운 일이 되지 않는다. 그것을 쉽다고 생각하는 사람은 하늘이 그를 마땅치 않게 여기실 것이다."

"저는 집이 가난하여 술을 마시지 않고 냄새나는 채소도 먹지 않은 지 몇 달이 되었습니다. 이만하면 재계했다고 할 수 있잖겠습니까?"

"그것은 제사 때의 재계는 될지언정 마음의 재계는 아니다."

"마음의 재계란 무엇입니까?"

"먼저 뜻을 한데 모아 잡념을 없애야 한다. 그래서 귀로 듣지 말고 마음으로 들으며, 또 마음으로 듣지 말고 기운으로 들어야 한다. 무릇 듣는 것은 귀에서 그치고 마음은 뜻이 서로 합하는 데 그치지만, 기운은 공허해서 무엇이나 다 그대로 받아들인다. 그러므로 도는 오직 공허 속에 모이며, 이 텅 비움이 곧 마음의 재계다."

"제가 가르침을 받기 전에는 스스로 나인 줄 알았는데, 이제 가르침을 받자 그만 제가 없어졌습니다."[33]

이렇게 새로운 의식에 도달할 방법은 무엇인가? 공자는 먼저 마음을 하나로 모은 다음 귀 대신 마음으로 듣고, 다음에는 기운으로 들어야 한다고 했다. 귀는 소리를 들을 수 있을 뿐이고 마음은 대상을 인지할 뿐이지만, 기운은 텅 비어 모든 것을 수용하니 텅 빈 기운으로 사물을 대하면 그 빈 곳에 도가 들어온다. 이렇게 도가 들어오도록 마음을 비우는 것이 바로 '심재'라는 것이다. 우리의 감각작용이나 인식작용을 초월하여 텅 빈 마음이라야 도를 채울 수 있어 비로소 내가 나를 잊어버릴 수 있게 된다.

『주역』「계사본의」에는 "맑고 순일한 것을 '재齋'라고 하고, 숙연하게 경계하고 걱정하는 것을 '계戒'라고 한다"라고 했고, 공자는 재계할 때 목욕 후 반드시 그 몸을 밝고 깨끗하게 하기 위해 삼베로 된 명의明衣를 입었다. 평상시에 음식을 먹던 것과 달리 술이나 맵고 냄새나는 음식을 먹지 않고, 반드시 평상시에 거처하던 자리를 옮겨 달리했다. 즉, 재계는 신명과 교통하는 행위이므로 몸을 깨끗이 하고 일상적인 것을 바꾸어 공경을 다하는 것이다.

송대의 정이천은 마음을 재계하는 방법으로 "마음을 한곳에 집중하여 다른 곳으로 가지 못하게 하라[주일무적主一無適]"와 "몸가짐을 단정히 하고 엄숙한 태도를 유지하라[정제엄숙整齊嚴肅]"라고 강조했다. 이는 학문을 배우는 사람들이 평상시 자신의 외적인 용모와 행동거지뿐만 아니라 내적인 생각과 감정도 동시에 자신을 항상 수신하도록 성찰하라는 의미다.

'정제엄숙'은 "의관을 근엄하게 바로하고 시선을 높게 가져간다면, 그런 가운데서 자연스럽게 경敬의 상태가 갖추어진다"라는 뜻이다. 사람들이 어떤 옷을 입느냐에 따라 행동거지와 말의 품격이 평상시와 달라진다. 또 입는 옷에 따라 격식과 예의가 함께 따른다. 그래서 "용모에 조심하고 사려를 가지런히 하면 자연히 경이 생긴다"라고 한 것이다. 일과 중 사람들이 가장 많이 신경 쓰는 것은 자신의 용모다. 그리고 다른 사람의 관심을 제일 많이 받는 것도 다름 아닌 용모다.

정이천이 말하는 정제엄숙의 구체적인 방법인 '주경主敬'을 위해서는 먼저 마음속의 사사로운 욕망을 제어해야 할 뿐만 아니라 동시에 자신의 모습이 드러나는 외적인 행동거지와 용모를 단정히 하는 일에도 주의해야 한다. 의관은 항상 단정해야 하며, 표정은 인자하고 공경스러워야 하고, 보고 듣고 행동하는 모든 것이 하나하나 예라는 규범에 어긋나지 말아야 하며, 때와 장소에 따라 자신의 용모와 행동거지를 조심스럽게 살펴보아야 한다. 정이천은 일상에서 '보고 듣고 말하고 행동하는' 규범을 통해 몸가짐을 단정하고 엄숙한 태도로 자신을 경계하고 성찰하도록 권면했다.

외적인 행동은 항상 마음에서 나오는 것임을 알 수 있다. 마음이 순수하지 못하면 결국 행동거지와 용모도 단정하고 엄숙할 수 없게 된다. 따라서 이러한 수양을 꾸준히 지속하여 습관을 형성한다면, 자기도 모르는 사이에 '천리가 자연스럽게 밝아지는' 내적 변화가 일어나 마음 속에서 사사로운 욕심과 이기적인 생각이 점차 줄어들 것이며, '보고 듣고 말하고 행동하는' 자체가 예에 맞는 규범이 되어 점차 의식과 행동을 주재하게 된다. 이처럼 사람의 마음과 행동은 서로 연계되어 있다. 용모와 행동거지가 장중하면 마음은 자연히 '경'의 상태가 될 것이고, 용모와 행동거지가 장중하지 못하면 마음은 순수하지 못한 것이다. 이러한 안팎의 상태를 "말이 장중하지 못하고 경건하지 못하면, 비루하고 야비한 마음이 생길 것이다. 그리고 용모가 장중하지 못하고 경건하지 못하면, 태만한 마음이 생길 것이다"라고 했다. 일상의 게으름, 용모와 말씨의 경솔함, 외관이 바르지 못한 것은 모두 올바른 마음가짐이 드러나지 않은 것이며, 자신에 대한 수양이 엄격하지 못함을 표현하는 것이다.

'한곳에만 집중한다[주일主一]'라는 것은 정신을 한곳에 모아 잡념을 버린다는 뜻이고, '다른 곳으로 가지 않는다[무적無適]'라는 말은 한곳에만 마음을 집중하여 다른 곳에 주의를 분산시키지 않는다는 뜻이다. 마치 장인匠人이 자신의 공력을 들여 만들고자 하는 작품을 완성하기 위해 전심전력하는 모습과 같을 수 있다. 정신을 모아 작품이 완성되었을 때 느끼는 희열은 곧 작품을 감상하는 제삼자에게까지 마음을 집중하게 만든다. 정이천이 말하는 '주일'은 일정한 사물에 마음을 기울이는 상태를 가리키는 말이 아님은 당연하다. 여기에서 '주일'이란 돈을 벌기 위해 장사에 전념하는 활동 등을 지칭하는 것이 아니라 오로지 정신을 집중하여 잡념이 생기거나 허튼 생각을 해서는 안 된다는 말이다. 마음에 잡념이나 허튼 생각이 들면 생각이 이리저리로 뻗쳐나가기 때문이다. 이러한 '주일무적'의 수양이 오래도록 쌓이고 쌓이면 습관이 되어 자연히 천리에 밝아진다.

정이천은 또 "어떤 사람이 옆에서 일하고 있는데도 자기는 보지 못한 채 오직 다른 사람의 선한 말만 듣는 것은 자기의 마음을 경건하게 했기 때문이다. 따라서 보아도 보이지 않고 들어도 들리지 않는 것은 한 곳에만 집중해서다. 안으로만 집중하면 밖에 있는 것이 들어오지 못한다. 이는 경敬하면 마음이 텅 비기 때문이다"라고 했다.

중국 남북조시대에 40여 세 된 거사가 혜가를 찾아와 절하면서 심각하게 물었다.

"스님, 제 머릿속에는 번뇌가 가득합니다. 그 때문에 매일같이 잠을 이루지 못합니다. 어떻게 하면 좋겠습니까?"

"그래, 내가 어떻게 해주면 되겠는가?"

"번뇌를 끊는 법을 설하여주십시오."

"번뇌가 있는 곳을 내게 가르쳐주면 끊어주지."

"제가 번뇌가 있는 곳을 알면 스님을 찾아왔겠습니까?"

"너도 모르는 것을 내가 어떻게 끊을 수 있겠는가?"

"경전에 이르기를, 모든 번뇌를 끊고 선을 행해야 부처가 될 수 있다고 하지 않았습니까?"

"그러면 번뇌는 어디에 있고, 선은 어디에 있느냐?"

"모르겠습니다. 하지만 제가 모른다고 해서 그것이 없다고 단정할 순 없지 않습니까? 아직도 무엇이 부처이고, 무엇이 법인지 잘 모르겠습니다."

"마음이 바로 부처요, 마음이 바로 법이니, 부처와 법은 둘이 아니다."

"제가 오늘에야 비로소 번뇌가 안에 있는 것도 아니요, 밖에 있는 것도 아니며, 중간에 있는 것이 아니라 바로 사람의 본심과 마찬가지라는 것을 알게 되었습니다.”

깨달음은 순간에 온다. 깨달음을 머리로 아는 자는 진정으로 깨닫지 못한 것이다. 번뇌는 바로 머리로만 깨닫는 과정에서 생기는 고통일 뿐 그 이상도 이하도 아니다. 거사의 번뇌는 어디서 왔을까? 문자에 집착했기 때문일까, 아니면 자기 자신에게 집착했기 때문일까?

문제는 언제나 마음에 있다. 그리고 그것을 해결하는 방법 역시 마음에 있다. 다만 자신 속에 문제를 해결할 수 있는 것을 알지 못하는 데서 번뇌가 생겨난다. 번뇌는 마음속에 있는 무거운 짐이다. 이 짐을 없애는 방법은 무엇이겠는가? 가장 쉬운 방법은 번뇌를 마음속에서 없애버리면 된다.

혜가의 가르침이 신통하다는 소문이 퍼지자 각지에서 그를 찾아오는 방문객이 점차 늘어나고 있었다. 어느 날 중풍 병자가 혜가를 방문했다.

“스님, 제 죄를 좀 없애주십시오.”

“자네 죄를 어떻게 없애주겠는가?”

“저는 수십 년째 중풍을 앓고 있는데, 모두 전생에 지은 죄가 많아서 생긴 일이라고 생각됩니다. 그러니 스님, 제발 소원이니 제 죄를 없애주시기 바랍니다.”

“그러면 내게 자네 죄를 보여주게. 그러면 자네 죄를 없애주지.”

“찾을 수가 없어 보여드릴 수 없습니다.”

“그래, 그럼 자네 죄가 없어졌나 보군. 이제 됐나?”

이 말에 중풍 환자는 퍼뜩 깨달았다.

# 마음을 비워야 얽매임에서 해방된다

　　남곽에 사는 자기라는 사람이 책상에 기대앉아서 하늘을 쳐다보며 긴 한숨을 내쉬었다. 멍하니 앉아 있는 모습이 마치 자기 몸과 마음을 다 잃어버린 것 같았다. 그 앞에서 자기를 모시고 서 있던 제자 안성자유(남곽자기의 제자로 이름은 언)가 물었다.

　　"어찌된 일입니까? 형체는 진실로 마른 나무같이 하시고, 마음은 진실로 식은 재와 같이 하실 줄 아시니 말입니다. 지금 책상에 기대고 앉아 있는 분은 전에 책상에 기대고 있던 분이 아닙니다."

　　자기가 말했다.

　　"언아, 참 잘 보았구나. 네가 그렇게 물으니, 지금 나는 나 자신을 잊고 있었는데 네가 그것을 참으로 알 수 있었을까? 너는 사람의 음악은 들어보았겠지만, 땅의 음악은 못 들었을 것이다. 또 땅의 음악은 들었더라도 저 하늘의 음악은 듣지 못했을 것이다."[34]

　　내가 나를 잃어버렸거나 잊어버려 진정한 내가 되었다는 이야기다. 비본래적인 나, 작은 자아에서 벗어나 본래의 자아인 '나를 비움'의 상태로 들어갔다는 것을 의미한다. 일상의 의식세계에서 벗어나 무의식 세계인 시간과 공간의 제약을 받지 않는 탁 트인 우주 세계를 말한다.

안회가 공자를 뵙고 말했다.

"제 공부는 훨씬 진보했습니다."

"무슨 말인가?"

"저는 인이니 의니 하는 것을 잊어버렸습니다."

"좋다. 그러나 아직 멀었다."

얼마 후 안회가 다시 공자를 뵙고 말했다.

"제 공부는 전보다 훨씬 진보했습니다."

"무슨 말인가?"

"저는 예니 악이니 하는 것을 잊어버렸습니다."

"좋다. 그러나 아직 멀었다."

얼마 후 안회가 다시 공자를 뵙고 말했다.

"저는 뭔가 된 것 같습니다."

"무슨 말인가?"

"저는 좌망坐忘을 하게 되었습니다."

공자가 깜짝 놀라 물었다.

"좌망이라니 그게 무슨 말이냐?"

"손발이나 몸을 잊어버리고, 귀와 눈의 작용을 떨쳐버리는 것, 곧 형체를 떠나고 앎을 버려서 위대한 도와 하나가 되는 것을 일러 '좌망'이라고 합니다."

공자가 말했다.

"위대한 도와 하나가 되면 좋다거나 싫다는 관념이 없어진다. 위대한 도에 따라 변하면 막히는 곳이 없게 된다. 너야말로 과연 어진 사람이다. 내 너의 뒤를 따르고 싶다."[35]

이른바 좌망(조용히 앉아 우리를 구속하는 일체를 잊어버리는 것)과 심재(마음을 비워서 깨끗이하는 것)는 정신적 자유를 추구하는 수행법으로, 자연과 내가 하나가 되는 절대자유의 경지인 물아일체의 경지에 들어설 수 있다.

이런 물아일체의 경지에 들어가기 위해서는 집착의 굴레에서 벗어나야 자유를 만끽할 수 있다. 소유의 집착이란 욕망이나 욕심에서 일어나 어떤 목적에 얽매이는 것을 말한다. 사람들은 욕망으로부터 자유롭고자 하지만 소유라는 것에 집착하면 그것을 얻기 위해 심혈을 기울이게 되고, 마음이 편협하여 결국 마음도 자유롭지 못하고 욕망도 자유롭게 실현되지 못한다. 장자는 욕심을 없앨 것을 요구하지만, 그것은 소유의 욕망을 완전히 제거해버리라는 것이 아니라 어떤 굴레에 얽매인 욕망 체계를 없애버리라는 것이다. 그러한 소유의 욕망과 욕심을 버릴 때 자유롭게 욕구할 수 있으며, 자유로운 욕망을 통해 자유로운 삶을 즐길 수 있게 된다.

장자의 '좌망'은 선불교와 신유학 사상에 많은 영향을 끼쳤다. 선불교에서 말하는 '좌선'과 신유학에서 말하는 '정좌'가 가르치는 내용이나 수양 방법은 조금씩 달라도 좌망과 연관이 있다. 송대의 정이천은 오랫동안 낙양에 거주했고, 신법新法을 반대하는 낙양의 정치집단과도 깊은 관계를 맺었다. 그래서 만년에 신당파는 그를 사천 부릉 지방으로 귀양을 보냈고, 휘종이 즉위한 뒤에야 비로소 낙양에 돌아왔다. 그가 부주에서 장강을 따라 돌아올 때, 협강의 어느 지점에 이르러 물살이 빨라지고 풍랑이 심해지자 배 안에 있던 모든 사람이 놀라 울부짖었는데 오직 정이천만은 옷깃을 바로하고 굳은 듯 움직이지 않았다. 강기슭에 도착하자 어느 노인이 "통달해서 그러한가? 아니면 두려움을 떨쳐버려서 그러한가?"라고 물었다. 다시 말해, "당신의 정신 경지가 대단히 높아서 위험에 처해서도 마음이 흔들리지 않았던 것인가, 아니면 스스로 마음이 흔들리지 않도록 억제하고 굳게 다짐해서 그랬던 것인가?" 하는 물음이었다. 정이천의 제자에 따르면, 정이천이 부제라는 지역에서 돌아왔을 때는 그 경지와 기상이 예전에 비교할 수 없을 만큼 높아졌다고 한다. 그의 만년의 정신 경지는 정말 높았던 듯하다.

중국 고대의 역사서인 『사기』「봉선서封禪書」에는 진시황이 동방에 있는 봉래, 영주, 방장의 삼신산에 사람을 보내어 불사약을 얻으려는 사례를 볼 수 있다. 제나라와 연나라의 제후들은 동방에 있는 삼신산에 선인仙人과 불사약이 있다고 믿었다. 사람들이 멀리서 이 산들을 바라보면 마치 구름과 같이 영험하게 보이고, 삼신산에 이르면 그것은 수중에 들어가 있는 듯했다. 세속의 사람들이 가까이하려 하면 바람에 밀려 다가서는 것을 거부했다. 그래서 당시 제후들 가운데 이러한 신비로운 신선설에 마음을 기울이지 않는 자가 없을 정도였다. 그리하여 진시황 28년에는 방사 서불 등이 진시황에게 상서했다. 상서의 내용은 해중에 삼신산이 있는데 그 이름은 봉래산, 방장산, 영주산이라 불렀다. 이곳에 선인들이 살고 있는데, 진시황은 때 묻지 않은 순수한 남녀를 그 바다로 보내어 '선문고'라는 선인을 찾게 하고, 한종, 후공, 석생에게 선인의 불사약을 구해오도록 명했다. 그러나 불사약을 구하러 바다에 갔다가 불사약은 구하지 못하고 많은 재물과 세월을 허비한 방사 서불은 진시황의 책임추궁이 무섭고 두려웠던지, 아니면 불사약은 세속의 사람들이 구할 수 없어서인지 진시황에게 다음과 같이 아뢴다.

봉래산의 불사약을 얻을 수는 없습니다. 왜냐하면 언제나 거대한 교어에게 괴롭힘을 당해 (그곳에) 다다를 수 없습니다. 청하옵건대 활 잘 쏘는 사람을 함께 데리고 가기를 원합니다. 그리하여 (교어를) 발견하면 곧 쇠뇌를 연발하여 쏘아 죽이겠습니다.

서불이 지어낸 이야기라 할지라도 당시 유행하던 신화적인 요소를 근거로 하여 종합한 것이라 하겠다. 또 불사약이 실제로 존재한다는 근거가 사실이든 아니든 상관없이 이후 많은 사람이 신선이 되려는 노력을 포기하지 않았다는 것도 사실이다. 이처럼 계속 신선술이 거론되는 것은 불가에서 세속을 등진 사람은 많아도 정작 깨달음을 자득한 사람은 극히 소수에 불과하고, 이런 사실을 알면서도 구도의 길을 걷는 사람이 끊임없이 많다는 사실에서 그 유사함을 찾을 수 있다.

선종은 직관적인 체험인 선禪을 중시하는 불교 종파다. 달마에 의해 전개된 선종은 혜능에 이르러 독자적인 종파로 위상을 갖추게 되었으며, 그 세력이 날로 확대되어 한때 중국의 중심사상으로 자리 잡았다. 혜능은 누구든 자기 자신의 본성을 보면 어떠한 외적인 도움 없이 즉각적으로 깨달음에 이를 수 있다는 '돈오'를 주장했는데, 이는 기존의 불교에서 점진적 깨달음인 '점오'를 옹호한 것과는 크게 다른 것이었다. 이러한 혜능의 사상은 화두話頭*에 마음을 집중하여 깨우침을 얻고자 하는 간화선看話禪**으로 발전했다.

선불교의 기본정신은 대승불교의 다양한 사상 가운데서 가장 기본적이고 핵심적인 불성과 반야의 공사상 등 대승불교의 정신만 선의 수행과 실천으로 전개하도록 간소화하고 있다. 불교에서 마음의 본성을 관찰하는 것을 '관심觀心'이라고 한다. 마음은 모든 현상의 주체이며 모든 것과 관련이 있으므로 마음을 살피는 일은 곧 일체를 관찰하는 것과

---

* 선을 시작하는 사람들에게 정진을 돕기 위해 사용하는 간결하고도 역설적인 문구나 물음을 말한다.
** 불교에서 선의 수행 방법 중 화두를 들고 수행하는 참선법으로 看은 보는 것을, 話는 화두를 의미한다.

통한다고 본다. 따라서 인간이 자신의 본성을 깨닫게 되면 모든 사물의 본성을 꿰뚫어볼 능력을 갖추게 된다는 것이다.

불교에서는 명상할 때 몸과 마음이 완전히 정지한 상태를 유지하라고 가르치는데, 이를 산스크리트어로 '사마타'라고 한다. 그러면 거기서 사물에 대한 직관과 통찰이 생기게 되는데, 이것을 '비파사나'라고 한다. 마음과 몸이 완전히 조용하게 가라앉은 것이 정定이고, 그렇게 되어 눈이 밝아진 것이 혜慧다. 이런 제물론의 세계에 들어간 것, 곧 일체의 대립을 초월하여 하나가 되었을 때 비로소 하늘의 소리를 들을 수 있게 된다.

따라서 선종은 문자에 의존하지 않고, 오로지 좌선을 닦아 자신이 본래 갖추고 있는 부처의 성품을 체득하는 깨달음에 이르는 종파다. 6세기 초 인도에서 중국에 온 보리달마를 초조初祖로 한다. 그는 마음을 집중함으로써 번뇌가 들어오지 못하도록 벽과 같이하여 여러 망상을 쉬고 심신을 탈락시켜 자신의 청정한 본심을 보는 안심을 가르쳤다. 달마는 2조 혜가(慧可, 487~593)에게 『능가경楞伽經』 4권을 주면서 그의 법을 전하니, 그 경을 근본으로 하여 모든 현상은 오직 마음의 작용임을 깨닫게 하려는 능가종이 성립한다. 혜가는 그의 법을 3조 승찬(僧璨, ?~606)에게 전했고, 승찬은 4조 도신(道信, 580~651)에게, 도신은 5조 홍인(弘忍, 601~674)에게 그의 법을 전했는데, 도신과 홍인의 선법禪法을 '동산법문東山法門'이라 한다. 도신의 선법은 좌선하여 오로지 자신이 본래 갖추고 있는 청정한 본성을 주시하는 일행삼매一行三昧와 하나를 응시하면서 마음을 가다듬어 움직이지 않는 수일불이守一不移로 요약될 수 있고, 홍인의 선법은 자신이 본래 갖추고 있는 청정한 불성을 확인하여 잘지키는 수심守心에 있다.

# 마음을 덕의 조화에 노니는 사람이 있다

노자와 장자가 말하는 '사사로운 마음'은 물질세계에서 사물, 사건들과 접촉하는 사이에 나쁜 물이 들고 때와 먼지가 낀 마음이다. 그러한 마음을 정화하여 본래의 모습을 되찾는 것을 '허심虛心'이라고 한다. 장자는 이러한 허심으로 사물의 자연스러운 성향을 따르라고 주장했다.

고대 중국의 제나라 임금이 성인의 책을 읽고 있는데, 수레바퀴 만드는 늙은 목수가 이것을 보고 말했다.

"제가 수레바퀴를 깎을 때 느리면 헐렁해서 꼭 끼지 않고 빨리 깎으면 빡빡해서 들어가지 않습니다. 너무 빡빡하지도 않고 너무 헐겁지도 않게 만드는 것은 손에 익히고 마음에 터득하는 것이어서 입으로 말해줄 수 없습니다. 그 사이에는 익숙한 기술이 있는 것이나 저는 그것을 제 자식에게 가르칠 수 없고, 제 자식은 그것을 제게서 배워갈 수 없어서 이렇게 제 나이 칠십이 되도록 수레바퀴를 깎고 있습니다. 이와 마찬가지로 옛날의 성인도 깨달은 진리를 말로 전해주지 못하고 죽었을 것입니다. 그러니 임금께서 읽으시는 책은 옛사람들의 찌꺼기에 불과하고 쭉정이일 뿐입니다."[36]

113

중국에는 예부터 "글은 말을 다할 수 없고, 말은 뜻을 다할 수 없다 (書不盡言 言不盡意)"라는 말이 있다. 곧 말을 아주 잘하는 사람도 추상적인 생각이나 마음을 정확히 표현할 수 없고, 글을 잘 쓰는 문장가라도 마음속에 있는 생각이나 뜻을 글로 다 표현할 수 없다. 장자는 인식보다는 체험을, 이론보다는 실제를 중시하여 도의 본체는 말과 글로 표현할 수 없다고 보았다. 즉 지식이나 기술은 말이나 글로써 전수해줄 수 있으나, 마음속에 덕성을 기르는 일은 반드시 자신이 깨닫고 터득해야 가능하다는 것이다.

장자는 이기심을 따지는 일 없이 순진무구한 어린아이처럼 자연스러운 삶의 경지에 도달한 사람을 지인至人, 성인, 신인이라 하여 절대자유를 얻은 이상적 인물로 평가하고 있다.

> "이 도의 본원에서 떠나지 않은 자를 '천인'이라 하고, 도의 정수에서 떠나지 않은 자를 '신인'이라 하며, 도의 참된 것에서 떠나지 않은 자를 '지인'이라 한다. 또 하늘을 본원으로 삼고 덕을 근본으로 삼으며, 도를 문으로 삼아 만물의 변화를 살피며 이와 함께하는 자를 '성인'이라 한다. 그리고 인덕을 은혜로 삼고 의를 사물의 이치로 알며, 예를 행동의 규범으로 삼고 음악을 화락의 방편으로 알아서 그윽이 향기를 뿜듯이 인자함을 베푸는 자를 '군자'라 한다."[37]

장자가 말하는 천인이나 지인, 성인은 모두 하늘을 본원으로 삼고 덕을 근본으로 삼으며 도를 문으로 삼아 자연과 더불어 절대자유를 얻은 인물이다. 그러나 군자는 인간세계에서 인의예악의 인위적 노력을 통해 얼마든지 추구할 수 있는 인물로 보았다. 지인은 이 세상을 살아가는 데 집착이 없기 때문에 자기가 없어 자연의 변화에 따를 뿐이고, 신인은 공로가 있어도 누리지 않고 탐내지도 않기 때문에 남과 다투는 일이 없고, 성인은 명예를 구하지 않기 때문에 갈등이나 시비가 없게 되어 도리어 치욕이 없게 된다.[38]

지인이란 자아를 완전히 잊은 사람, 즉 공명심에 구속된 소아小我를 버리고 자연의 정신과 통하는 그런 경지에 이른 사람이다. 신인이란 자연에 순종할 뿐 공을 세워 그 명성을 바라지 않는 사람이다. 성인 역시 스스로 힘써 일을 행할 뿐 그에 따른 명예나 공로를 바라지 않기 때문에 갈등이나 시비가 없게 되어 치욕이 없는 사람이다.

또 신선의 산인 막고야산에 신인이 사는데, 살결은 얼음이나 눈처럼 희고, 부드럽고 곱기는 처녀와 같으며, 곡식은 먹지 않고 바람이나 이슬을 마시고, 구름을 타고 나는 용을 몰아서 사해의 바깥을 노닌다[39]고 했다.

이처럼 도의 관점에서 보면 지인이나 신인, 성인은 동일한 인물이다. 단지 도의 이상적 인물의 성격을 분류해서 설명한 것에 불과하다. 개인적으로는 삶과 죽음, 있음과 없음, 가난과 부귀, 얻음과 잃음, 끝나고 다다르는 것에 차이가 있을 뿐이다. 그러나 도의 근본원리를 체인하여 마침내 우주와 인생의 변화를 전면적이고 전체적으로 파악한 사람이라는 점에서는 다를 바 없다.

장자는 이러한 사람을 또 '진인'이라 하여 참된 지식을 지닌 사람을 말한다. 이른바 참된 지식이란 하늘과 사람이 합일된다는 것을 확인하는 가장 근본적인 지식이다. 그러기에 "하늘과 사람이 서로 이기지 않는 것, 이것을 일러 '진인'이라고 한다"[40]라고 말한다. 또 "진인은 삶에 애착할 줄도 모르고, 죽음을 혐오할 줄도 모른다. 이 세상에 태어난 것을 기뻐하지도 않으며, 다시 돌아가는 것을 거부하지도 않는다. 무심히 왔다가 무심히 갈 뿐이다"[41]라고 했다. 진인과 같이 일체 무차별적인 자연의 입장에서 보면 피차의 구별 같은 것은 모두 없어진다.

위나라에 아주 추악한 용모를 가진 애태타라는 사람이 있었는데, 이상하게도 사람들이 그 사내와 함께 있으면 그를 사모해서 떠나려 하지 않고, 여자가 그를 보면 부모에게 간청하여 다른 사람의 아내가 되기보다는 그의 첩이 되고 싶다고 한 그런 여자가 열 명이나 넘어도 그칠줄 몰랐다. 그런데 그는 임금의 자리에 있어서 남의 죽음을 구제해준 적도 없었고, 게다가 그의 추악한 모습은 온 천하를 놀라게 할 정도이고, 지식이라야 국내 문제만 알 정도였다. 노나라 애공이 그와 함께 있은 지 1년도 못 되었는데 그를 신임하게 되었고, 나라에 재상이 없어 그에게 국정을 맡기게 되었다. 그러나 그가 얼마 있지 않아 애공을 버리고 떠나버리자, 애공은 무엇을 잃은 것 같이 마음이 허전해졌다. 그래서 공자에게 그의 사람됨을 물어보았다.

"제가 일찍이 초나라에 사신으로 간 적이 있습니다. 그때 마침 새끼돼지가 죽은 어미의 젖을 빨고 있는 것을 보았습니다. 조금 있다가 새끼들은 깜짝 놀라 모두 제 어미를 버리고 달아났습니다. 그것은 그 어미가 자기들을 돌보아주지도 않고 이전 모습과 같지 않았기 때문입니다. 따라서 아내를 사랑하는 것은 그 외형을 사랑하는 것이 아니라 그 외형을 지배하는 마음을 사랑하는 것입니다. 그러므로 전사자를 장사지낼 때는 삽翣*을 보내

---

* 발인할 때 상여의 앞뒤에 세우고 가는 물건으로 구름무늬를 그린 부채 모양이 운삽이고, 아(亞) 자 형상을 그린 것이 불삽이다.

지 않고, 발을 잘린 자에게는 신을 보내도 좋아하지 않습니다. 이는 다 그것들을 필요로 하는 근본이 없기 때문입니다. 천자의 시녀가 된 여인에게는 그 아름다운 육체를 다치지 않게 하기 위해 손톱도 깎지 못하게 하고, 귀도 뚫지 못하게 합니다. 또 새로이 장가를 간 사람에게는 그 젊은 아내를 위해 숙직도 면해주고 부역도 시키지 않습니다. 이처럼 형체만 온전해도 오히려 이렇게 사랑받거늘, 하물며 온전하게 덕을 구비한 사람이야 무엇에 비유하겠습니까? 지금 애태타는 말을 하지 않아도 남이 믿고, 공이 없어도 친해오며, 남에게 국정을 맡기게 하면서도 오직 혹시나 받지 않을까 걱정하게 하니, 이는 반드시 재능이 온전하면서도 그 덕이 드러나지 않은 인물입니다."[42]

공자도 애태타의 훌륭함을 감탄하면서 그를 '전재인(全才人: 모든 재능을 다 갖춘 사람)'이라고 말했다. 장자는 이 이야기를 통해 진인의 모습을 표현하고 있다. 애태타의 모습을 보면 천하의 사람들이 모두 기겁하여 도망할 것이나, 그와 친해지면 그만큼 온전한 재능을 가지고 덕을 드러내지 않는 이가 없다는 것을 알게 된다. 그래서 여자는 물론 천하를 통치하는 왕도 그를 가까이하려 든다.

이와 같은 애태타의 모습은 모든 세간의 규범과 환경을 초월하여 마음의 덕을 닦아 조화로써 만물을 상대함으로써 가능하다. 따라서 온갖 만물이 깃드는 보금자리가 되고 만물의 척도가 되는 자연과 같이 삶의 기준이 될 수 있는 사람을 말한다. 이런 사람이야말로 참으로 절대자의 심성을 지녀서 완전한 지혜와 은연의 덕을 쌓아 모든 사람을 사랑할 수 있고, 만물을 구제할 수 있는 진정한 사람이다. 그러므로 하늘의 운행대로 자연스럽게 모든 일을 맡겨둘 일이지 거기에 인위적인 일을 가해서는 안 된다는 말이다.

　노나라에 죄를 지어 그 형벌로 발뒤꿈치를 잘린 왕태라는 사람이 있었는데, 그를 따라 배우는 제자 수가 공자의 제자 수와 비슷했다. 그래서 제자인 상계가 공자에게 물었다.

　"왕태는 죄를 지어 그 형벌로 발뒤꿈치를 잘린 자인데도 그를 따라 배우는 제자가 선생님의 제자 수와 더불어 노나라를 양분할 정도입니다. 그는 사서도 가르치지 않고 앉아서 제자들과 의논하지도 않습니다. 그러나 그의 제자들은 갈 때는 지식이 공허한 상태였다가 돌아올 때는 학문이 가득 차서 돌아온다고 합니다. 그렇다면 그에게 말 없는 가르침이 있어서 비록 눈에 보이는 가르침은 없어도 마음속으로 감화되어 이루어지는 것이 무엇일까요? 대체 그는 어떤 사람입니까?"

　"그는 성인이다. 나도 진작 가서 보려 했으나 기회가 없어 못 갔을 뿐이다. 나도 장차 그를 스승으로 모시려고 하는데, 하물며 나만도 못한 사람에게 있어서랴! 그리고 어찌 노나라뿐이겠는가? 나는 장차 천하 사람들을 이끌고 가서 함께 그를 따르고자 한다."

　이어서 상계가 물었다.

　"그는 죄를 지어 그 형벌로 발뒤꿈치를 잘린 사람인데도 선생님보다 뛰어나다 하시니 보통 사람과는 거리가 멀다고 하겠습니다. 그런 위대한 사람의 마음 쓰는 법은 대체 어떠한 것입니까?"

　"죽고 사는 것은 또한 큰일이기는 하지만, 그것으로써 그의 마음을 흔들지 못할 것이다. 비록 하늘과 땅이 뒤집히고 무너져도 또한 그것으로써 그를 놀라게 하지 못할 것이다. 그는 진리를 살펴 알아서 사물과 더불어 변하지 않고, 사물의 변화에 운명을 맡겨두어 도의 중심을 지키는 사람이다."

"그것이 무슨 말씀입니까?"

"모든 것을 다르다는 측면에서 보면 간과 쓸개도 초나라와 월나라처럼 멀지만, 같다는 입장에서 보면 만물은 모두 하나다. 이렇듯 하나로 보는 사람은 귀와 눈의 감각을 벗어나서 마음을 덕의 조화 속에 노닐게 한다. 모든 사물을 그 바탕인 하나로써 보기 때문에 어떤 사물이건 상실된다고 보지 않는다. 그러니 형벌로 발뒤꿈치를 잘린 왕태는 마치 한 덩이 흙이 떨어진 것처럼 여기는 것이다."

"왕태가 자기 몸을 수양한 것은 자기의 지혜로써 자기 내심의 진리를 깨닫고 그 내심의 진리로써 영원불변의 마음을 깨달은 자입니다. 그런데 어째서 다른 사람들이 그에게 모여들까요?"

"사람들은 흐르는 물에 자기 얼굴을 비춰보지 않고 고요한 물에 비춰본다. 오직 고요한 물만이 능히 제 모습을 비춰보려는 사람들을 멈추게 할 수 있다. 땅으로부터 생명을 받은 것은 무수히 많지만 오직 소나무와 잣나무만이 홀로 겨울과 여름에도 항상 푸르고, 하늘로부터 생명을 받은 것은 무수히 많지만 오직 순임금만이 홀로 정직해서 자기의 사명을 바르게 할 수 있었고 나아가 모든 만물을 잡았다. 무릇 하늘로부터 받은 본성을 온전히 보전해가는 징표는 스스로 믿어 두려워하지 않는다. 용감한 병사는 혼자서도 능히 많은 적군 속으로 용기 있게 쳐들어간다. 장차 명예를 구하여 스스로 그럴 수 있는 자도 오히려 이와 같거늘, 하물며 천지를 주관하고 만물을 갈무리하는 사람이 무엇을 두려워하겠느냐? 그런 사람은 제 육신을 한낱 일시적 거처로 여기며, 귀와 눈의 감각을 하나의 도의 차례로 생각한다. 지혜로 만물을 꿰뚫어 하나로 보아 그 마음이 언제나 죽지 않는 것임을 깨달은 사람은 어떻게 하겠는가? 왕태는 때를 기다려 세상으로부터 멀리 떠나려 하겠지만, 세상 사람들은 그를 따르려 할 것이다. 하지만 그 자신이야 어찌 사람들의 따름을 즐겨 하겠는가?"[43]

독일의 세계적인 작곡가 펠릭스 멘델스존은 계몽주의 철학자 모세 멘델스존의 손자다. 당대에 비극적인 생애를 보낸 베토벤이나 모차르트에 비해 멘델스존의 생애는 그 이름인 펠릭스('행운아'라는 뜻)에 걸맞게 참으로 행복한 생애였다고 할 수 있다. 혜택 받은 결혼, 물질적으로 풍족한 생활, 좋은 벗과의 교우 등은 정녕 행운아 자체의 생애였다. 멘델스존이 어려서부터 받아온 교육은 세련된 사교성으로 많은 사람에게 찬사를 받았다. 왕후들은 다투어 그를 초대했고, 연주회는 도처에서 성공을 거두었다. 그의 작품은 바흐, 헨델, 베토벤의 감화를 강하게 받았으면서도 자신의 진가를 조금도 손상하지 않았다. 아니, 그가 갖고 태어난 천성은 오히려 이들 악성에 의해 훌륭히 배양되었다고 말하는 편이 좋다. 9세 때 처음으로 연주회에 나가 연주회장을 가득 채운 관중의 갈채를 받은 멘델스존은 그의 예쁜 누이와 함께 피아노를 배웠고, 그리스어와 회화를 배우는 등 교양과 함께 사교적인 적응력을 충분히 쌓았다. 멘델스존의 작품은 아름다운 가락과 밝은 음색이 넘치고, 심미적 내용도 뛰어났다. 특히 1826년 17세 때 만든 「한여름 밤의 꿈」은 그의 음악적 진가를 가장 잘 나타낸 곡이다.

그런데 그의 결혼은 처절한 신체적 결함을 극복하고 표현의 능력을 십분발휘해서 기적처럼 어렵게 성취한 것이다. 그는 태어날 때부터 체구도 작은데다가 기이한 모습의 꼽추로 성장하면서 자신의 외모에 대해 수치심을 가지고 있었다. 어느 날 멘델스존은 함부르크에 있는 한 상인의 집을 방문했다가 그 집의 아름다운 딸 프롬체를 보고 첫눈에 운명적인 사랑에 빠지고 말았다. 하지만 보기 흉한 그의 외모 때문에 프롬체는 그를 피하고 눈길조차 주려고 하지 않았다. 이 세상 그 누구보다 천상의 아름다움을 지닌 여인이었으나, 자신에게 눈길 한 번 주지 않는 것에 대해 멘델스존은 절망적인 슬픔을 느꼈다.

시간은 흘러 결국 함부르크를 떠나 고향으로 돌아갈 날이 다가왔고, 초조해진 그는 마지막 날 용기를 내어 프롬체를 만나보기로 했다. 그것이 그녀와 대화를 나눌 마지막 기회였기 때문이다.

그가 몇 차례 진지하게 대화를 시도했지만, 프롬체는 대꾸조차 하지 않았다. 마침내 그는 부끄러워하며 조심스럽게 물었다.

"당신은 이 세상에서 결혼할 배우자를 하늘이 정해준다는 말을 믿나요?"

프롬체는 여전히 창밖으로 고개를 돌린 채 차갑게 대답했다.

"그럼요. 그러는 당신도 그 말을 믿지 않나요?"

이 말은 들은 멘델스존은 다시 한번 용기를 내어 힘차게 말했다.

"믿습니다. 이 세상에 남자가 태어날 때, 신은 그에게 장차 그의 신부가 될 여자를 미리 정해줍니다. 내가 태어날 때도 이미 내게 미래의 신부가 정해져 있었습니다. 그런데 신은 내게 이렇게 덧붙이는 것이었습니다. '하지만 네 아내는 키가 작고 곱사등이일 것이다.' 나는 너무 놀라서 무릎을 꿇고 신에게 애원하며 빌었습니다. '안 됩니다. 신이시여! 여인이 키가 작고 곱사등이가 되는 것은 이 세상에서 가장 큰 비극입니다. 차라리 대신 나를 키가 작은 곱사등이로 만드시고, 제 신부에게는 이 세상에서 가장 아름다운 모습을 주십시오.' 그렇게 해서 나는 키가 작고 곱사등이로 태어난 것입니다."

그 이야기를 듣는 순간, 프롬체는 고개를 돌려 비로소 멘델스존의 눈을 바라보았다. 그 순수한 눈빛을 통해 어떤 희미한 기억이 떠오르는 듯했다. 프롬체는 그에게로 다가가 가만히 그의 손을 잡았다. 자신의 신체적 결함을 극복한 멘델스존은 가장 아름답고 사랑스러운 아내를 맞이했고, 프롬체는 멘델스존이 세계적인 작곡가가 될 수 있도록 헌신적인 아내가 되었다.

조선을 개국한 태조 이성계가 역성혁명을 일으켜 나라를 세운 후 어느 날 무학대사를 만났다. 그는 어려서부터 문무를 겸비한 선비였는데, 특히 무예에 출중했다. 그런 이성계에게도 약점이 있었으니 바로 보기 흉한 얼굴이었다. 그런 그가 지금까지 훌륭한 스승으로 모셨던 무학대사가 얼마나 큰스님인지 시험하기로 마음먹었다. 그래서 무학대사에게 군신 간의 예의를 버리고 솔직하게 자신들의 속내를 털어놓자고 제의했다.

"대사는 지금 보니 왜 얼굴이 그리 돼지 대가리처럼 못생겼소. 혹시 전생에 멧돼지가 아니었소?"

이성계는 조롱하는 듯한 말투로 무학대사에게 물었다. 이에 무학대사도 지지 않고 말했다.

"황송하오나 전하는 부처님같이 생기셨습니다."

태조는 무학대사가 속내를 털어놓지 않고 자신에게 아첨했다고 화를 냈다. 무학대사가 이에 공손히 태조에게 말했다.

"부처의 눈에는 모든 것이 부처로 보이고, 돼지 눈에는 모두가 돼지로 보이기 때문에 소승은 전하가 부처로 보여 사실대로 말씀드린 것뿐입니다."

그러면서 "나미아미타불 관세음보살"이라고 읊조렸다. 결국 태조 이성계가 제 꾀에 넘어가 무학대사에게 크게 한방 당한 것이다.

마음속에 부처가 있으면 모든 것이 부처로 보이고, 마음속에 돼지가 들어 있으면 모든 것이 돼지로 보인다. 즉, 마음먹기에 따라 세상이 보인다는 뜻이다.

『논어』에 "다른 사람이 나를 속일 것이라고 넘겨짚지 말고, 다른 사람이 나를 믿지 않을 것이라 억측하지 말 것이며, 어떤 일을 당하면 그 속임과 불신을 오히려 먼저 깨달아 아는 사람이 바로 현명한 사람이 다(不逆詐 不億不信 抑亦先覺者 是賢乎)"라는 말이 있다. 남을 미리 의심하거나 믿지 않을 것이라는 억측은 바람직하지 못하다. 또 그런 일을 당하면 반드시 그 원인을 찾아 반성하고 다시는 그런 일이 반복되지 않도록 조심하는 사람이 바로 현명한 사람이다.

언제부터인가 우리 사회는 서로 믿지 못하는 불신 풍조가 만연해 있어 남에게 속지 않으려면 남을 먼저 속여야 하는 세상이 되었다. 그렇지 않으면 내가 당할 수밖에 없다는 피해의식 때문이다. 만약 우리 모두 부처의 눈으로 세상을 보면 세상은 얼마나 아름다울까? 그러면 서로 신뢰할 수 있는 믿음의 사회가 되어 미움의 씨앗인 갈등과 대립이 없어질 것 아닌가?

# 하늘과 땅의 참다운 기운의 조화를 찾아서

남백자규라는 사람이 초나라 현인 여우에게 물었다.

"선생님은 연세가 많으신데도 얼굴빛은 어린아이와 같으니 무슨 까닭이 있습니까?"

이에 여우는 다음과 같이 대답했다.

"나는 도에 관해 들어서 깨달았기 때문입니다."

남백자규가 "그 도를 나 같은 사람도 배울 수 있습니까?"라고 묻자, 여우는 다음과 같이 대답했다.

"배울 수 없습니다. 당신은 도를 배울 만한 사람이 못 됩니다. 저 상고시대의 현인 복양의는 성인이 될 소질은 가지고 있었으나 성인이 될 도를 닦는 방법은 알지 못했습니다. 반대로 나는 성인의 도를 닦는 방법은 가지고 있으면서 성인이 될 재질은 가지고 있지 못했습니다. 그래서 내가 그에게 도를 가르치고자 했으나 그가 과연 도를 체득하여 성인이 될 수 있는지는 의문이었습니다. 그러나 성인의 재질을 갖춘 사람에게 성인이 될 수 있는 도를 가르치는 것은 쉬울 것이라 생각하여 신중을 기한 끝에 그에게 도를 가르쳐주었습니다. 그러자 가르친 뒤 4일 만에 그의 마음속에 천하를 잊어버리게 되었으며, 천하를 잊게 되고 나서 또 그를 가르쳤더니 7일 만에 만물을 잊게 되었습니다. 만물을 잊게 되고 나서 또 그를 가르쳤더니 9일 만에 비로소 삶을 잊게 되었습니다. 삶을 잊게 된 뒤에야 마음이 아침 공기처럼 청량해지고[조철朝徹],[44] 마음이 아침 공기처럼 청량해진 경지에 들어간 뒤에는 모든 것이 일체임을 볼 수 있게 되었습니다[견독見獨].* 모든 것이 하나임을 보게 된 뒤에야 시공을 초월하게 되었고, 시공을 초월한 뒤에야 삶도 죽음도 없는 경지에까지 이르게 되었습니다."[45]

도는 우주의 실재로서 자연의 섭리를 의미하는 것이고, 이 자연의 섭리를 스승으로 삼으니, 곧 우주의 실재와 하나가 되는 곳에서 도와 합일되어 어떤 얽매임도 받지 않는 삶과 죽음도 없는 시공간을 초월한 자유로운 경지가 실현된다. 장자는 절대적인 도를 체득하는 과정을 '잊는다'라고 설명했다. 그 실제적인 과정이 4일 후에는 하늘과 땅의 존재를 잊게 되고, 7일 후에는 세계 만물의 존재를 잊게 되고, 9일 후에는 자신의 존재까지 철저히 잊어버렸을 때 비로소 아침 햇살이 처음 이 세상에 비추는 것처럼 새로운 경지에 진입할 수 있다. 이러한 경지를 '조철'이라고 하고, 조철 이후에 모든 도를 볼 수 있는 '견독'이 가능하다.

장자가 생각할 때 사람은 반드시 자신의 몸과 마음의 한계를 초월하여 감정이나 욕망의 고리를 벗어던졌을 때 하늘과 땅의 참다운 기운의 조화를 체득할 수 있다고 생각했다. 그런 다음에 내심의 허정한 상태를 유지하여 삶과 죽음을 하나로 보아 어떤 압박이나 의혹에서 벗어나야만 비로소 도의 경지에 도달할 수 있다. 그는 "사색하지 않고 고려하

---

* 홀로 절대적 도를 통찰하게 된 경지를 말한다. 즉, 아무것에도 의존함 없이 스스로 진정한 나를 보게 되었다는 뜻이다.

지 않아야 비로소 도를 이해할 수 있고, 거처하지 않고 행위하지 않아야 비로소 도에 안주할 수 있으며, 따르지 않고 방법도 없어야 비로소 도를 획득할 수 있다"[46)라고 했다.

요임금 때 팽조라는 사람은 신선으로 유명하다. 그런 팽조가 천상의 신보다 지상의 신이 좋다고 생각한 이유는 천상의 세계에서는 대신선이 많이 살고 있기 때문에 지상의 신이 천상의 세계에 새로 입문하는 선인仙人들은 그 위치가 낮아 기라성같은 선배들에게 봉사해야 했기 때문이다. 단지 선배 선인들에게 봉사하기 위해 천상의 세계에 가는 것보다는 지상의 신이 좋다는 의미다. 따라서 구태여 서둘러 천상의 세계로 가고자 서두를 이유가 없다. 그래서 지상에 머물기를 원하는 사람이 800여 명이었다고 한다. 죽고 난 천상의 세계보다는 지상의 세계가 좋다는 것이 장자의 생각이다.

천상의 세계는 인간세계를 초월한 미지의 세계다. 미지의 세계에 흥미를 느끼고 인간세계를 떠나는 것은 좋지 않다. 그래서 오래 살면서 즐거움을 느껴야 하는 곳이 인간세계다. 그런데 인간세계에는 괴로움도 있고 슬픔도 있다. 만약 고통과 슬픔이 해결되어 인간다운 삶이 이루어진다고 한다면 이 세계야말로 지상낙원의 동산에서 즐기는 삶일 것이다.

이와 같이 이상의 세계인 지상낙원의 동산에서 살고 싶다고 생각하면, 욕망의 정화로써 신선이 되어 불로장생하는 삶을 추구해야 한다. 그러면 욕망의 정화라고 하는 것은 어떠한 것일까? 그것은 욕망이 현실 밖에서 행해지는 것이 아니라 현실 속에서 행해지는 것을 말한다. 일반적으로 욕망은 대부분 현실에서 이루어진다. 이 현실의 세계라고 하는 것은 '지금'이라는 시간과 '여기'라는 공간이 공존해야 가능하고, 하나의 욕망이 성립하기 위해서는 동시에 그것을 해소시키는 요소가 작용해야 한다.

인생이라는 대전제는 그 자신의 삶을 통해 부단히 생존해야 한다는 욕망 속에 그 욕망을 해결해야 하는 갈등과 대립의 숙제 덩어리다. 그리고 욕망은 불이 붙어 타면 탈수록 새로운 불길로 타오르는 속성이 있다. 따라서 현실 세계의 욕망은 거의 완전히 해결하지 못하는 한계가 있기 때문에 때로는 넘지 못할 장애물에 부딪히고 만다. 그러면 현실 세계에서의 욕망이라고 하는 것은 어떠한 것일까?

현실 세계라고 하는 것은 현실 세계 그 안쪽, 곧 내부인 마음에 있다. 마음에는 보이지 않는 도덕과 윤리적 양심이 있어서 욕망은 현실과 항상 갈등을 느낀다. 현실은 주체와 객체, 나와 대상이 동일선상에서 인식되는 첫 단계로, 이는 주객이 합일되기 위한 전 단계다. 주객합일의 상태가 되지 않고서 자타가 일치하는 경우는 공상이나 다름없다. 주객합일의 무아의 경지가 욕망을 정화시켜준다. 욕망은 무한하다. 그럼에도 주객합일의 무아의 경지가 이 무한의 욕망을 만족시켜준다.

주객합일의 무아의 경지는 백도 되고 천도 되는 욕망을 하나로 승화시키고 1시간도 찰나에 불과할 정도로 순식간이다. 또 욕망의 문이 차례로 계속 열리면서, 그러면서도 그 무엇에도 비교할 수 없을 만큼 열락을 맛보게 한다. 이것을 '욕망의 정화'라고 한다. 모든 신선의 본질은 시공간을 잊어버리게 하는 이 욕망의 정화에 있다.

인간이 오랜 옛날부터 오래 살기를 염원한 것은 그 당시부터 장생의 욕망이 실현되지 않았기 때문이다. 또 그렇다고 서둘러 천상의 세계에 입문하려고 서둘러 애쓰지도 않았다. 인간의 유한한 생명의 한계성은 결국 여섯 가지 원인에 의해 제공되고, 이 때문에 인간은 죽을 수밖에 없다. 즉 인간이 죽는 원인이란 정력의 소모가 첫째이고, 늙는 것이

둘째이고, 질병의 해가 셋째이고, 중독이 넷째이고, 사악한 기의 해를 입는 것이 다섯째이고, 바람이나 냉기에 당하는 것이 여섯째다.

이러한 죽음의 원인을 이제 도인導引*으로 기를 전신에 충만하게 하고, 방중술로 정기를 체내에 환원하여 뇌를 보하고, 음식과 기거에 절도를 지키며, 약물을 복용하고, 정신을 통일하고, 횡사를 가져오는 악귀를 막기 위해 부적을 차고, 생명을 단축시키는 맛있는 음식이나 감관적인 것 등 일체를 멀리하면 이 여섯 가지 해를 모두 면할 수 있다. 이처럼 장생을 누리고 신선이 되고자 하는 사람은 다만 지극히 주요한 골자만 터득하면 된다. 내적 수양 방법은 정기를 보완하는 것, 기를 온몸에 돌게 하는 행기, 그리고 방중술이다.

동진東晋 시대의 갈홍(葛洪, 283~363)은 불로장생과 신선이 되는 것이 현실적으로 실현 가능하다는 것을 증명하고, 이론적 근거를 제시하고 있다. 그 예로 산서성에서 태어난 한 남자가 문둥병에 걸렸다. 그는 여러 가지로 손을 썼으나 백약이 무효라서 수명이 얼마 남지 않았음을 알게 되었다. 이 모습을 본 어떤 사람이 그 남자의 가족에게 말하기를 "이 집에서 죽게 되면 자손 대대로 그 독이 전해질 것입니다. 그렇게 되면 자손들이 불행하게 되겠지요. 그러니 아직 살아있는 동안 산에 내다 버리는 것이 좋을 것입니다"라고 권했다.

가족도 달리 방도가 없었기 때문에 그렇게 하기로 작정하고 그를 산으로 데리고 가서 호랑이나 늑대 등의 산짐승의 먹이가 되지 않도록

---

\* 고대 신선의 불로장생을 위한 보건체조인데, 의사들은 치병술로서 안마와 함께 사용했다. 도인은 금수의 동작에 힌트를 얻어 창안한 것으로, 신체를 굽혔다 폈다 하거나 마찰하거나 하여 혈액순환을 좋게 하는 건강법으로서 조식(調息)과 병용했다. 탁한 기를 체외로 배출하고 원기를 체내에 저장하는 양생법이다.

굴 앞에 나무 울타리로 잘 막고 일 년분의 식량을 놓아두고서 돌아가 버렸다. 인가에서 멀리 떨어진 외딴곳에 버려진 그 남자는 신세를 한탄하며 눈물로 세월을 보냈는데, 어느덧 백일이 되었다.

　어느 날 밤의 일이었다. 갑자기 굴 앞에 사람 그림자가 나타나더니 그 남자에게 "무슨 이유로 이곳에 있게 되었는가?"라고 묻는 것이었다. 혹시 선인일지 모른다고 생각한 그 남자는 머리를 땅에 조아리며 전후 사정을 자세히 설명하고 불쌍한 자신의 신세를 한탄했다. 그러자 그 사람은 울타리 안으로 들어왔다. 그런데 그 모습이 마치 구름에 달 가듯이 울타리 속으로 조금도 거침 없이 들어오는 것이었다. 선인임에 틀림없다고 판단한 그는 "제발 도와주십시오"라고 손이 발이 되도록 간절히 빌었다.

　그러자 그 사람의 마음을 움직였는지 "만약 병에 걸린 것이라면 약을 먹어야 할 터인데, 약을 먹을 수 있겠는가?"라고 묻는 것이었다. 그러자 그는 기다렸다는 듯이 "저는 아무런 죄도 없는데 이처럼 몹쓸 병에 걸려 버려진 몸이오며, 목숨도 오늘내일하는 처지에 있는 사람입니다. 지금 약이 된다고 하면 무엇이고 가릴 처지가 못 되오니 걱정하지 마십시오"라고 답했다. 그러자 송진과 솔방울을 각각 다섯 되씩 주고서 먹는 방법을 가르쳐주었다.

　약을 먹기 시작한 지 백일이 지나자 부스럼이 다 없어지고 얼굴과 몸도 언제 그랬냐는 듯이 깨끗해졌다. 그러고 나서 그 선인이 다시 나타났는데, 그는 수없이 절하며 감사의 말을 했다. 그러자 그 선인은 "이 송진을 계속해서 먹게 되면 장생하여 죽지 않게 된다"라고 가르쳐주었다. 너무도 기뻐하며 그는 남아 있는 약을 가지고 집으로 돌아갔다. 깜짝 놀란 그의 가족들은 처음에는 유령이 아닌가 하고 의심했으나 상세한 이야기를 듣고 나서 놀람은 기쁨으로 변했다. 그는 오랫동안 송진을 먹어서인지 몸도 가벼워지고 종일 아무리 험한 산길을 걸어도 피곤하거나 숨이 차지 않았다. 170세가 되어도 이빨이 빠지지 않았을 뿐만 아니라 머리카락도 전혀 세지 않았다.

밤이 되면 방안에 작은 손거울만 한 크기의 빛이 생겨 해가 짐에 따라 점차 밝아지며 밤도 낮과 같이 되었기 때문에 책도 마음대로 읽을 수 있게 되었다. 어느 날 그의 코 위에 작은 여인이 놀기 시작하더니 시간이 지남에 따라 커졌다. 그리하여 옆에서 지내게 되었다. 그는 인간계에서 300년이나 살았는데, 언제나 소년 같은 안색이었다. 그 후 그는 산에 들어갔는데, 행방을 아는 이가 아무도 없었다.

장자가 생각할 때 사람은 자신의 몸과 마음, 인식의 한계를 초월하여 감정이나 욕망의 고리를 벗어던졌을 때 비로소 하늘과 땅의 참다운 기운의 조화를 체득할 수 있다고 생각했다. 그런 다음에 내심의 허정한 상태를 유지하여 삶과 죽음을 하나로 보아 어떤 압박이나 의혹에서 벗어나야만 도의 경지에 도달할 수 있다.

# 외형보다 내면의 실질을 보아야 한다

사성기가 노자를 찾아뵙고 이렇게 말했다.

"나는 선생이 성인이라는 소문을 듣고, 선생을 뵈려고 먼 길을 사양하지 않고 달려왔습니다. 그래서 며칠 밤이나 여관에서 잠을 잤고, 발이 부르텄지만 그래도 쉬지 않았습니다. 그러나 이제 와서 선생을 보니 성인이 아닌 것 같습니다. 나물의 진잎을 쥐구멍에 버렸다 하여 누이동생을 내쫓아 돌보지 않았으니 그것은 인자하지 않은 것이고, 또 날것이나 익은 음식이 선생 앞에서 끊어지지 않는데도 오히려 쌓아두고 모으기를 그치지 않는 것 같습니다."

노자는 멍하니 아무 대답이 없었다. 그다음 날 사성기는 다시 노자를 찾아와서 이렇게 말했다.

"어제 나는 선생을 몹시 비난했습니다. 그러나 이제 내 마음에는 그런 생각이 아주 없어졌으니 무슨 까닭입니까?"

"나는 교묘하고 뛰어난 지혜를 가지고 있고, 신성한 사람들로부터 스스로 벗어났다고 생각한다. 어제 자네가 나를 소라고 불렀다면 나는 소라고 했을 것이요, 나를 말이라고 불렀다면 나는 말이라고 했을 것이다. 나에게 정말 그러한 실질이 있어서 다른 사람이 나에게 그러한 이름을 붙여주었는데도 받아들이지 않으면 그 화를 두 번 받게 될 것이다. 내 행동은 변함이 없는 행동이다. 나는 행동을 의식하고서 부자연스럽게 행동하는 것은 아니다."

사성기는 떠나가는 노자의 뒤를 따라가며 그림자를 피해 잰걸음으로 쫓아가 물었다.

"몸을 닦는 것은 어떻게 하는 것입니까?"

노자가 말했다.

"네 얼굴은 근엄하구나. 네 눈빛은 상대방을 쏘아보는 듯하고, 네 이마는 몹시 넓으며, 네 입은 몹시 크고, 네 태도는 몹시 거만하여 마치 달리는 말을 억지로 매어놓은 것 같은 모습이다. 마음은 항상 움직이고 싶은 것을 참고 있지만, 움직이기만 하면 화살이 활시위를 떠난 것 같고, 일을 살피면 너무 자세하고 밝아 재주와 꾀로써 하니 매우 교만하다. 무릇 이러한 일들은 믿을 것이 못 되어 변경에 너 같은 사람이 있으면 사람들은 그를 '도둑'이라고 부른다."

다시 노자가 말했다.

"대개 도는 끝없이 커도 다하여 없어지는 일이 없고, 지극히 작아도 버리지 않는다. 그러므로 그것은 만물의 어느 것에도 다 갖추어져 있는 것이다. 그것은 넓어서 용납하지 못하는 것이 없고, 깊어서 헤아릴 수 없는 것이다. 저 형벌이나 덕이나 인이나 의는 신명의 근본이 아니니 지인至人이 아니면 누가 능히 그것을 판단할 수 있을 것인가? 대개 지인이 천하를 다스린다면 얼마나 위대할 것인가? 그러나 그는 거기에 얽매이지 않는다. 온 천하가 권세를 다투어도 그는 그들과 함께하지 않으며, 오직 진실을 살펴 이익에 따라 움직이지 않고, 사물의 진실을 깊이 연구하여 능히 그 근본을 지킨다. 그러므로 그는 천지를 버리고 만물을 잊어서 그 정신은 언제나 시달림이 없다. 그는 도와 통하고 덕과 합해서 인의를 물리치고 예악을 일삼지 않는다. 따라서 지인의 마음은 항상 안정되어 있다."[47]

사성기는 노자의 명성을 듣고 불원천리 마다하지 않고 노자를 찾아보고는 그의 겉모습에서 대단히 실망했지만, 그다음 날 그의 마음에 동요가 일어난 것에 의문을 제기한다. 사람의 실질적인 모습은 다른 사람에 의해 판단되는 경우도 있지만, 그것은 단지 그 사람의 주관적인 평가에 불과하다. 사람의 실질적인 모습은 타인의 주관적인 판단에 의해 좌우되는 것이 아니다. 자연은 목적이나 의지도 없지만 존재한다. 그리고 사유도 없고, 또한 좋아하고 미워하는 감정이 없다. 노자는 이를 도와 관련해서 설명한다.

도는 넓고 넓어 좌로도 우로도 갈 수 있다. 만물이 그것에 의지하여 생성되고 있지만, 그것을 내세워 말하지 않으며 공을 이루더라도 자기 이름을 내세우지 않는다. 만물을 입혀주고 길러주고 하면서도 주인 노릇을 하지 않는다. 항상 욕심이 없으니 작다고 이름을 부를 수 있고, 만물이 이것으로 하나로 돌아오되 주인이 되지 않으니 이름하여 '대大'라고 할 만하다. 그것이 끝내 스스로 '대'라고 하지 않으니, 진실로 그 대를 이루어내는 것이다.

도는 광범위한 것이어서 없는 곳이 없으며, 만물은 도에 의지해 살고, 도는 만사를 이루지만 스스로 공을 갖기 위함이 아니다. 지인은 만물 앞에서 주인 행세를 하거나 주재하려고 하지 않고, 만물을 내 것이라고 주장하거나 소유하지도 않기 때문에 그 공능이 가능하다. 이 세상에 존재하는 어떤 것도 이 도를 부여받음으로써 생성 발전하지만, 도는 어떤 한 존재에 안주하는 것이 아니다. 그러면서도 도는 신이 갖고 있는 의지나 주재 작용을 갖고 있지 않다. 또한 아무리 미세한 존재라도 도의 작용이 없는 것이 없고, 도가 없는 것이 있을 수 없다.

천하를 주유하던 공자는 길 한가운데서 흙과 조약돌로 집을 짓고 있는 아이를 보았다. 공자는 마차를 멈추고 아이에게 물었다.

"왜 길을 막고 있느냐?"

"예부터 마차가 집을 비켜가는 것이지 집이 마차를 비키지 않는다 했습니다."

아이의 자신 있는 대답에 놀란 공자가 마차에서 내려 물었다.

"아직 어린 나이에 어떻게 그런 지혜가 있느냐?"

"태어난 지 사흘이 지나면 아이는 어머니와 아버지를 구별합니다. 태어난 지 사흘이 지난 산토끼는 들판을 뛰어다닙니다. 태어난 지 사흘이 지난 물고기는 강에서 헤엄칩니다. 모두 당연한 일이지요. 여기에는 어떠한 지혜도 필요하지 않습니다."

"너는 누구냐? 어디에 사느냐?"

"저는 이름이 없습니다. 그리고 바람의 집에 삽니다."

"너와 잠시 산책하고 싶구나. 괜찮겠느냐?"

"제 집에는 모셔야 할 연로하신 아버지가 계시고, 봉양해야 할 어머니가 계시며, 제게 조언해주는 형과 보호하고 가르쳐야 할 동생이 있습니다. 어떻게 선생님과 산책할 시간이 있겠습니까?"

"참으로 비범한 아이로구나. 너와 내가 세상을 바로잡는 것이 어떻겠느냐?"

"무엇 때문에 세상을 바로잡습니까? 우리가 산을 평평하게 한다면 새들은 둥지를 잃을 것입니다. 호수와 강을 메운다면 물고기는 숨어들 동굴을 잃게 될 것입니다. 군주를 쫓아버리면 백성은 선악을 분별하지 못하고 끝없이 다투게 될 것입니다. 신들은 우리가 쫓아버린다 해도 되돌아올 것입니다. 세상은 넓습니다. 어떻게 그 넓은 세상을 전부 바로잡겠습니까?"

그들은 장시간에 걸쳐 이야기를 나누었다. 공자는 아이에게 여러 질문을 했고, 예상치 못한 답을 들었다. 자기 차례가 되자 아이는 이렇게 물었다.

"하늘에는 별이 몇 개나 있습니까?"

"나는 내 눈앞에 있는 것에 대해서만 이야기할 수 있다."

"그럼 선생님 눈썹에는 털이 몇 올이나 있습니까?"

공자는 웃기만 할 뿐 대답하지 않았다.

보리달마에 대해서는 많은 선화禪話가 전해진다. 선화 하나하나가 모두 참다운 삶의 의미를 갖고 있다. 달마는 3년이라는 세월을 여행한 끝에 마침내 중국에 도착했는데, 당시 중국의 황제였던 양무제가 그를 마중 나왔다고 한다. 양무제가 재위한 48년간은 불교가 전성기를 맞이했다. 중국 전역에 사원이 2,800여 곳이나 되었고, 승려도 8만 2천여 명이나 되었다. 황실에서부터 왕공, 귀족과 문인, 학사 또는 민간의 사대부와 아낙네에 이르기까지 불교를 숭상하고 믿었다. 불교의 번역과 시문과 회화, 조상彫像에서 건축에 이르기까지 모두 상당한 성과가 있었다.

양무제는 역사적으로 독실하게 불교를 믿고 관심이 많은 황제였으므로 사신을 파견하여 달마를 금릉궁으로 맞이해오도록 하고는 달마에게 가르침을 청했다. 하지만 그는 달마를 보고 크게 실망했다. 양무제가 예상했던 인물이 출중하고 만면에 덕이 충만한 불교의 자비로운 모습과는 전혀 딴판이었다. 칠 척 장신인데다가 체구가 집채만 했으며, 얼굴은 온통 수염으로 뒤덮여 간신히 왕방울 같은 큰 눈만 드러내고 있었다.

달마를 만났을 때 양무제는 자신이 세운 불교 업적에 대해 자랑했다.

"내 일찍이 황제의 자리에 있으면서 많은 사원을 세우고, 많은 불경을 번역했으며, 많은 승려에게 도첩을 내렸는데, 그 공덕이 얼마나 되겠습니까?"

그러자 달마는 간단히 대답했다.

"아무 공덕도 없습니다."

"어찌하여 공덕이 없습니까?"

"지금 하신 말씀은 그림자가 사람 몸을 따라다니는 것과 같습니다. 있는 것같이 보이지만 실제로는 진실로 있는 것이 아닙니다."

"그렇다면 진실한 공덕은 무엇입니까?"

"황제께서 자신의 목소리를 듣지 못하는 한 내면의 목소리를 듣지 못합니다. 만일 그 목소리를 들었다면 이처럼 어리석은 질문은 하지 않았을 것입니다. 고타마 붓다의 길에 보상이란 존재하지 않습니다. 보상을 바라는 그 마음이 곧 탐욕입니다. 고타마 붓다의 가르침의 핵심은 욕망을 버리는 것이니, 만일 그대가 수많은 절을 짓고 수천 명의 승려를 먹여살리는 것 같은 공덕을 행하면서 마음속에 욕망을 갖고 있다면 그것은 곧 지옥으로 떨어질 준비를 하는 것과 다를 바 없습니다. 만일 이 모든 것을 즐거움으로 행하고 그 즐거움을 나라 전체와 함께 나누며 보상을 바라는 어떠한 마음도 갖지 않는다면, 그 행위 자체가 이미 큰 보상입니다. 그렇지 않다면 황제는 아무 공덕도 없습니다."

선禪의 근본이란 스스로 인증하고 깨달아야 한다. 스스로 본성을 보는 진실한 경계에 들어서면 긍정과 부정을 초월하고 범인과 성인을 초월하는 무애의 경계이기 때문에 이런 경계는 외부에서 구할 수 없다. 즉, 그림자는 몸을 따라 움직일 뿐 실질은 바로 몸을 움직이는 마음에 있다.

# 사물은 극에 달하면 반드시 되돌아온다

　　장자의 아내가 죽어서 혜시가 문상을 갔다. 장자가 마침 두 다리를 뻗고 앉아 질그릇을 두드리며 노래를 부르고 있었다. 혜시가 "함께 살고 자식을 키워 함께 늙은 처지에 이제 그 아내가 죽었는데 곡조차 하지 않는다면 그것도 무정하다 하겠는데, 또 질그릇을 두드리고 노래하다니 심하지 않은가?" 하고 질책했다. 혜시는 공손룡, 등석 등과 함께 명가를 대표하는 사상가였으며, 양혜왕 밑에서 재상을 지내기도 했다. 그는 장자의 친구이자 둘도 없는 논적이었다. 이런 혜시의 질책을 받고 나서 장자가 대답했다.

　　"아니, 그렇지 않소. 아내가 죽은 당초에는 나라고 어찌 슬퍼하는 마음이 없었겠소. 그러나 태어나기 전의 근원을 살펴보면 본래 삶이란 없었던 거요. 그저 삶이 없었을 뿐 아니라 본래 형체도 없었소. 비단 형체가 없었을 뿐만 아니라 본래 기도 없었소. 그저 흐릿하고 어두운 속에 섞여 있다가 변해서 기가 생기고, 기가 변해서 형체가 생기며, 형체가 변해서 삶을 갖추게 된 거요. 이제 다시 변해서 죽어가는 거요. 이는 춘하추동이 서로 사계절을 되풀이하여 운행함과 같소. 아내는 천지라는 커다란 방에 편안히 누워 있소. 그런데 내가 소리를 질러 울고불고 한다면 이는 하늘의 운명을 모르는 거라 생각되어 곡을 그쳤을 뿐이오."[48]

자연이라는 순리에서 보면 추위와 더위, 있음과 없음, 삶과 죽음 등은 변화의 한 과정일 뿐이다. 유구한 자연 속에서 여름과 겨울, 삶과 죽음은 한순간의 찰나에 불과하다. 장자는 마치 계절이 순환하고 만물이 생장소멸하는 것처럼 삶과 죽음은 자연의 이치대로 운행하는 순리이기 때문에 삶을 기뻐하고 죽음을 슬퍼할 필요가 없다고 생각했다. 삶이 없었다가 있게 되어 자연과 더불어 소풍하고 다시 제자리인 없음으로 돌아가는 것은 당연한 일이다. 장자가 아내가 죽자 동이를 두드리고 노래를 불렀다는 이 대목에서 오늘날 아내를 잃은 슬픔을 나타내는 숙어 고분지척鼓盆之戚, 고분지통鼓盆之痛, 고분지탄鼓盆之嘆이라는 말이 생겨났다.

장자는 인생이라는 황홀한 사이에 뒤섞여서 변하여 기가 생겨나고, 기가 변하여 형체가 생겨나고, 형체가 변하여 생명이 생겨나고, 이제 변하여 죽었으니 이것은 봄·여름·가을·겨울 네 계절의 운행과 서로 짝하는 것으로 보았다.[49] 삶이란 기가 모인 것이고 죽음은 기가 흩어진 것으로, 삶이 있으면 반드시 죽음이 있게 되어 사계절의 운행과도 같다고 생각했다. 삶과 죽음뿐만 아니라 이것과 저것 등의 차별을 거부하고 모든 사물의 현상을 '도'라는 큰 구도로 보았다.

독일의 철학자 하이데거의 저서 『존재와 시간』에 이런 내용이 있다. 어느 날 슬픔과 불안, 고뇌의 신이 흙으로 인간의 형상을 빚었다. 그러나 흙으로 만든 인간은 단지 흙일 뿐이었다. 그러자 영혼의 신이 거기에 정신을 불어넣고는 자기 것이라고 소유를 주장했다. 이제는 흙의 신까지 나서서 자신의 소유를 주장하자, 흙으로 만든 인간의 소유를 둘러싸고 큰 소동이 일어났다. 소유를 둘러싸고 싸움이 지속되어 해결의 기미가 보이지 않자, 시간의 신이 중재에 나서서 판결했다. 인간에게 100년의 시간을 줄 터이니 슬픔과 불안, 고뇌의 신이 100년 동안 주재하라고 했다. 그리고 인간이 죽고 나면 정신은 영혼의 신이, 육신은 흙의 신이 되가져가라는 공평한 판결을 했다. 이런 연유로 인간은 살아있는 동안 슬픔과 불안, 고뇌에서 벗어날 수 없게 되었다. 시간의 신은 이 세상의 모든 운명을 지배한다. 따라서 사람은 태어나 죽을 때까지 시간이라는 족쇄를 영원히 풀 수 없는 숙제를 지닌 죄수다. 그 고달픈 세상살이의 수갑을 풀고 자유를 만끽하는 순간 다시 돌아올 수 없는 죽음이라는 운명을 맞는다.

요임금이 '화'라는 지방으로 여행을 갔을 때, 화 지방의 국경을 지키는 봉인이 요임금을 보고 말했다.

"오, 성인이시여! 청하노니 성인을 위해 축복하게 허락하소서. 장차 복을 많이 받고 장수하시기를 비나이다."

"사양하노라."

"그러면 성인이 부자가 되기를 빕니다."

"사양하노라."

"그러면 성인이 아들을 많이 두시길 빌겠습니다."

"사양하노라."

이에 봉인이 물었다.

"장수와 부와 아들을 많이 두는 것은 누구나 바라는 바인데, 홀로 당신만이 바라지 않으니 무슨 까닭입니까?"

"아들이 많으면 걱정이 많고, 부자가 되면 일이 많으며, 오래 살면 욕이 많다. 그러므로 이 세 가지는 덕을 기르는 데 도움이 되지 못한다."

"처음에 나는 당신을 성인으로 여겼더니 이제 보니 군자로군요. 대개 하늘이 만물을 내고 반드시 그에 따라 직분을 줍니다. 아들을 많이 낳아도 모두 그들에게 직분을 주는데, 무슨 걱정이 있겠습니까? 부자가 되어도 남에게 나누어주면 무슨 일이 있겠습니까? 대개 성인은 메추리처럼 일정한 거처 없이 자연스럽게 살고, 새 새끼처럼 주는 대로 먹으며, 그 행적은 새가 허공을 날 듯 자취를 나타내지 않습니다. 천하에 도가 있으면 만물과 함께 더불어 번창하고, 천하에 도가 없으면 홀로 덕을 닦으면서 한가로이 사는 것입니다. 그리하여 천년이 지나 이 세상이 싫어지면 세상을 버리고 신선이 되어 저 흰 구름을 타고 천국에 이르는 법입니다. 그러면 거기에는 당신의 세 가지 근심도 이르지 않아 몸이 항상 편안할 것이니, 거기에 무슨 욕됨이 또 있겠습니까?"

봉인이 이렇게 말하고 그만 그곳을 떠났다. 요임금은 그를 쫓아가서 청했다.

"한마디 묻고 싶습니다."

봉인이 말했다.

"그만 물러가시오."[50]

예나 지금이나 모든 사람은 장수하며, 부귀를 누리고, 자식이 잘되기를 염원한다. 사람들은 장수와 부귀, 자식이 잘되는 것을 위해 수많은 노력과 수고, 고통을 감수하며 평생을 운명처럼 살아가는지 모른다. 물론 건강까지 담보되면 이보다 더 행복한 삶은 없을 것이다. 그러나 장수와 부귀, 건강, 자식이 잘되는 일도 영원한 것이 아니기 때문에 아쉽기 그지없다.

사람의 생사는 인위적인 노력을 통해 극복될 수 있는 문제가 아니다. 이 세상의 사물은 고정불변인 것이 아니라 반드시 흥망성쇠를 반복하게 되어 있다. 따라서 어떤 일을 함에 있어 지나치게 욕심을 부리지 말라는 뜻도 담겨 있다. 즉, 세력이 강성하면 반드시 약해지기 마련이다

(세강필약勢强必弱). 그리고 사물은 극에 달하면 반드시 되돌아온다(물극필반物極必反). 또 『노자도덕경』에 나오는 "만물은 장성했다가는 쇠퇴하기 마련이다"(물장즉노物壯則老)와 "열흘 동안 피는 붉은 꽃이 없다(화무십일홍花無十日紅)", "달도 차면 기운다" 등과 같은 의미다. 변화하는 자연법칙에 순응하여 자연의 이치를 따르는 것이 순리임을 의미한다.

『주역』「지천태地天泰」九三의 전에서는 "사물은 극에 달하면 반드시 되돌아온다"라는 자연현상을 삶의 과정과 관련하여 다음과 같이 설명하고 있다.

"구삼이 태괘의 가운데 거처하고 모든 양의 위에 있으니, 태괘의 성한 것이나 사물의 이치가 순환하는 것 같아서 아래에 있는 것은 반드시 올라가고, 위에 있는 것은 반드시 내려오게 된다. 태평한 것이 오래되면 반드시 비색해진다. 그러므로 태괘의 성한 때와 양이 나갈 때를 경계해서 말하기를, '항상 편안하고 태평하기만 해서 험하고 기울어지지 않는 것이 없다' 하니, 음이 마땅히 돌아온다는 말이다. 평평한 것이 기울어지고 간 것이 돌아오면 비색해진다. 마땅히 하늘의 이치가 반드시 그렇다는 것을 알아서 태평한 때에 감히 안일하지 않고, 항상 그 생각을 어렵고 위태하게 가져서 그 베풂을 바르고 굳게 해야 하니 이렇게 하면 허물이 없을 것이다. '간 것은 돌아오지 않는 것이 없다(무왕불복无往不復)' 함은 하늘과 땅이 교제함을 말한 것이다. 양이 아래로 내려오면 반드시 위로 화복하고, 음이 위로 올라가면 반드시 아래로 돌아오는 것은 굴신하고 왕래하는 떳떳한 이치다. 하늘과 땅의 교제하는 도로 인해 비색하고 태평함이 영원하지 않다는 이치를 밝힘으로써 경계를 삼은 것이다."[51]

이 세상에 존재하는 모든 만물은 언젠가는 모두 변하여 제자리로 되돌아가는 것이 만고의 진리다. 그런데 오직 도만은 만물과 함께하면서도 만물을 초월하여 변함이 없다. 변한다는 것은 '있다'는 것을 전제하고, 있다는 것은 반드시 형체나 수, 운동이나 충동성을 갖게 마련이다. 따라서 되돌아감(反)은 생성과 변화한다는 것을 의미하고, 이것이 바로 도의 실질적 내용이다.

　　나이가 들면 누구나 자기 명의의 땅에 대해 관심을 갖게 된다. 톨스토이는 이런 땅에 대한 소유를 단편「사람은 얼마만큼의 땅이 필요한가?」에서 다음과 같은 욕심의 폐해를 이야기하고 있다. 이 소설에 나오는 주인공은 처음에는 소작인이었다. 소작농인 바흠은 늘 자신의 땅이 몇 평만 있으면 좋겠다는 소망을 가진다. 그런 그는 열심히 노력한 결과 돈을 벌고 빚을 져서 주인의 땅 일부를 사서 일군다. 하지만 그는 그것으로 만족하지 않았다. 그는 헐값에 땅을 얻을 수 있다는 소문을 접하게 되었다.

　　바흠은 마을의 촌장 바스키르와 천 루블만 내면 종일 밟은 땅을 모두 차지해도 좋다는 계약을 맺는다. 단, 해가 질 때까지 출발지점으로 돌아오지 못하면 무효가 된다는 단서가 붙은 조건이었다. 다음날 바흠은 동이 트자마자 신이 나서 땅을 소유할 생각으로 앞만 보고 걸어갔다. 점심이 지나 돌아올 지점을 지났는데도 그는 계속 앞으로 나아갔다. 갈수록 그의 눈앞에는 지금까지 보지 못했던 비옥한 땅이 펼쳐져 있었다. 더위는 점점 심해지고 졸음이 쏟아졌으나 아랑곳하지 않았다. 그는 참고 앞으로 나아가기만 하면 자기 소유의 땅이 된다는 사실에 피로와 더위도 잊고 말았다. 이제 돌아가야 한다는 생각은 이미 잊은 지 오래였다. 그래서 앞으로 나아갈수록 농사짓기에 촉촉한 분지와 비옥한 땅이 있다는 사실에 너무나 감격했다. 그는 땅 몇 평만 있으면 좋겠다는 자신의 소망을 망각하고 있었다.

그가 정신을 차렸을 때는 어느새 해가 뉘엿뉘엿 지고 있었다. 당황한 바흠은 젖 먹던 힘을 다해 원래의 지점으로 달려갔다. 땀이 비 오듯했고, 구두를 벗은 발은 찢기고 베여 상처투성이가 되어 제대로 걸을 수도 없었다. 쉬고 싶었지만 그럴 수도 없었다. 해가 지기 전에 도착할 수 없을 것 같았기 때문이다. 마침내 해가 지기 직전에 가쁜 숨을 몰아쉬며 가까스로 출발지점에 도착했다.

바흠이 있는 힘을 다해 겨우 출발지점에 도착했을 때, "허어, 장하구려! 땅을 완전히 잡으셨소!"라고 촌장이 소리쳤다.

바흠의 머슴이 달려가 그를 부축해 일으키려고 했으나 그의 입에서 피가 쏟아져 나왔다. 그렇게 쓰러져 죽고 말았다. 하인은 괭이를 집어 들고 바흠의 무덤으로 머리부터 발끝까지의 치수대로 정확하게 3아르신을 팠다. 그것이 그가 차지할 수 있었던 땅의 전부였다. 인간의 욕심은 유한한 것이 아니라 끝이 없다는 게 문제다. 가져도 더 탐내는 것이 소유욕이고, 누려도 더 누리고 싶어 하는 것이 권력이다. 소유욕도 권력도 모자라 명예욕까지 누리려고 애를 쓴다. 현대인은 항상 결핍의 욕망으로 살아간다. 소유욕은 채우고 채워도 충족되지 않는다. 끝까지 올라가도 권력은 끝내 만족이란 없다.

사람이 일상의 행복을 놓치고 불행해지는 것은 다른 데 있지 않다. 뒤를 돌아볼 줄 모르고 더 높은 곳만 쳐다보는 데 있다. '조금만 더' 하는 마음이 이미 얻은 것조차 다 잃게 하거나 무의미하게 만든다. 그리스 신화에 나오는 이카로스는 너무 높이 날지 말라는 아버지의 당부를 무시하고 밀랍으로 만든 날개를 달고 하늘로 날아오른다. 그는 높이 올라갈수록 더 높이 오르고 싶어졌다. "저 태양까지 가보는 거야!" 태양에 가까워지자 밀랍이 녹아버려 이카로스는 바다로 곤두박질해 죽고 말았다. 인간은 욕망하는 존재이니 욕망이 무조건 나쁜 것은 아니다. 그러나 인간의 불행은 욕망을 조절하지 못하고 끝없이 오르려는 데서 생긴다. 이카로스가 높이 날되 적당한 선에서 멈추었다면 진정한 자유와 해방을 얻었을 것이다. 그러나 욕망을 제어하지 못하고 끝까지 올라가려다가 결국 죽음을 자초하고 말았다.

　인간의 삶에서 일어나는 흥망성쇠, 실패와 승리도 그러하며, 가득 차고 비워지는 자연의 모든 현상도 그러하다. 달이 차면 기울고, 해는 뜨면 반드시 진다. 봄이 가면 언젠가 겨울이 오고, 낮이 가면 밤이 오는 것이 자연의 진리다. 어떤 것이든 두 가지 대립적인 부분이 상호 영향을 미치며 변화하다가 한쪽 세력이 극단에 이르면 다른 쪽 세력이 반대로 다시 힘을 얻는 방향으로 전환하여 새로운 상황이 전개된다는 말이다. 이는 동일한 것이 똑같이 반복한다는 말이 아니라 끊임없이 새로운 것이 혁신되면서 역동적이고 다양하게 변화한다는 것을 의미한다.

　'새옹지마塞翁之馬'라는 말이 있다. 우리가 일반적으로 '행복'이라고 생각하는 순간에 불행의 씨앗이 숨겨져 있는지도 모르고, 우리가 불행이라고 생각하는 순간에 행복이라는 씨앗이 감추어져 있는지도 모른다. 그러니 행복하다고 해서 크게 좋아할 일이 못 된다. 그 행복의 이면에는 또 다른 불행이 있기 때문이다. 그리고 불행하다고 해서 크게 절망할 필요도 없다. 그 불행의 이면에는 행복이 감추어져 있기 때문이다. 문제는 인간이 이러한 감추어진 것을 보지 못한다는 점이다. 그래서 『주역』은 이러한 전환과 변화의 가능성과 흐름을 파악하면서 때를 기다리고 기회를 포착하는 능력을 강조한다.

# II
# 한비자의 행동강령

# 한비자의 생애와 동문수학한 이사의 모략

한비자는 전국시대 말인 기원전 280년경 한나라에서 태어나 기원 전 233년에 죽었다. 전국시대란 춘추시대를 뒤이어 진시황이 천하를 통일하기까지(B.C. 402~221) 약 200년간을 말한다. '춘추'라는 명칭은 공 자가 지은 『춘추』라는 역사책에서 나온 말이고, '전국'이라는 명칭은 한 나라 유향이 편찬한 『전국책戰國策』이라는 역사책에서 유래한 것이다.

주나라 왕실의 세력은 이미 춘추시대부터 서서히 내리막길을 걷고 있었다. 춘추시대에는 170여 국에 달하는 제후국이 있었고, 또 이들을 주도하는 패자들이 차례로 나타나 주나라 왕실을 중심으로 천하의 질 서를 유지했다. 그러나 전국시대로 접어들면서 그러한 질서를 유지하는 중심축이 없어져버리고 오로지 약육강식의 대단히 혼란한 시대로 빠져 들었다. 오랫동안 대국으로 군림해오던 중원의 진晉나라와 산동의 제齊 나라가 신하들에게 군주 자리를 빼앗기고, 오랜 전통을 지닌 작은 나라 들은 모두 그보다 큰 나라에 복속되었다. 진晉나라가 한韓·조趙·위魏 의 세 나라로 분리되고, 나머지 중국 땅은 진秦·초楚·연燕·제齊의 네 나라가 차지하여 이른바 전국칠웅이 나타났다.

이 가운데 진秦나라 효공은 연좌제도 등을 포함한 상앙의 변법을 채용하여 이들 칠웅 중 가장 부강한 나라가 되었다. 진나라가 점점 부강해지자 그동안 유지되어오던 세력균형이 급속히 무너지기 시작했다. 이러한 시세에 부응하여 나타난 것이 종횡가다. 먼저 소진이라는 사람은 진나라를 제외한 여섯 나라를 돌아다니면서 군주들을 설득하여 여섯 나라가 힘을 합쳐 진나라에 대항함으로써 국가의 명맥을 유지해나가도록 했다. 이것을 '합종책'이라 한다.

그러자 장의라는 사람은 여섯 나라의 연합을 이간질로 무너뜨리며 강한 진나라와 강화를 맺어야만 국가를 지탱해나갈 수 있다고 설득했다. 이것이 이른바 '연횡책'이다. 장의의 외교에 힘입어 진나라는 원교근공책遠交近攻策(먼 나라와는 교제하고 가까운 나라는 공격하여 병합)을 써서 서서히 주위에 있는 나라를 하나하나 멸망시켜 마침내 천하를 통일할 수 있었다.

사마천의 『사기』 「노장신한열전老莊申韓列傳」에서 한비자는 한나라 제후의 공자로 기록되어 있다. 한비자가 태어난 한나라는 아주 작고 힘이 없는 나라였다. 그는 어려서부터 형명刑名과 법술法術의 학을 좋아했기 때문에 법가사상을 집대성할 수 있었다. 한비자는 본래 말을 더듬어서 말로 자신의 주장을 펼치고 설득하는 데 서툴렀지만, 그 단점을 보완하고도 남을 만한 뛰어난 사고력과 글재주로 저술 방면에서 왕성한 활동을 했다. 진시황을 도와 천하통일에 기여한 이사와 함께 대사상가 순자를 섬겼는데, 이사는 자신이 항상 한비자만 못하다는 열등감을 가지고 있었다.

한나라는 서쪽에 이웃한 진나라와 남쪽의 초나라로부터 여러 차례 침략을 받았으며, 특히 진나라의 침략이 빈번해지면서 국토의 절반 이상을 빼앗겨 위험한 지경에 처해 있었다. 한비자는 한나라 영토가 줄어

들고 국력이 약해지는 것을 보고서 나라의 안위를 걱정하여 여러 번 개선책을 상소했으나, 왕은 끝내 그의 간언을 수용하지 않았다. 결국 한비자는 은거하여 저술 활동에만 전념했다. 이 시기에 자신의 부국강병 방안을 담은 「고분」·「오두」·「내외저설」·「설림」·「설난」 등 방대한 저술을 남겼다. 한비자는 그 당시 상황을 예리한 분석과 냉철한 시대정신으로 역사와 정치, 문화와 사회, 그리고 인생을 깊이 있게 관찰하여 날카롭게 분석했다. 특히 「고분」 편에서 당시 사문私門의 권세가 도를 지나쳐 국가질서가 어지러워지고 있음을 개탄했으며, 「오두」 편에서는 나라를 좀먹는 다섯 부류의 권력계층을 신랄하게 비판했다. 우연히 「고분」과 「오두」 편을 읽은 진시황은 한비자를 만나 교유할 수 있으면 죽어도 여한이 없다고 할 정도로 극찬했다.

한비자의 상소는 끝내 받아들여지지 않고 한나라는 점점 국력이 쇠약해져 마침내 기원전 234년 진나라의 침공을 받게 되었다. 한나라 왕은 위기의식을 느끼자 진시황이 극찬한 한비자를 강화 사절로 보내 위기를 모면하려고 했다. 진시황은 강화 사절로 온 한비자를 보고 기뻐했으나 기용하지는 못했다. 이사는 만일 한비자가 등용되면 자신의 지위가 위태할 것을 염려하여 진시황에게 참소하여 한비자를 옥에 가두고, 몰래 그에게 독약을 마시게 하여 자결하게 했다.

기원전 221년 조, 한, 위, 제, 연, 진, 초 7개 국가로 나누어진 천하를 진나라의 제31대 왕 영정이 최초로 통일했다. 영정은 스스로 '시황제'라고 칭하고 중국 최초의 황제로서 중국 역사에 큰 영향을 끼치는 업적을 이룩했다. 이사는 영정이 천하를 통일할 수 있도록 보좌했고, 통일 후에는 통치 제도의 토대를 마련함으로써 그를 완전한 천하의 황제로 만든 핵심 인물이다.

이사는 초나라의 상채현 출신으로 말단 관리였다. 법가 사상을 설파하는 순자의 제자로 7년간 제왕학을 공부했다. 초나라는 천하를 통일할 가능성이 없고, 진의 영정(후에 진시황이 됨)이 천하를 통일할 재목이라고 생각한 그는 기원전 247년 진나라에 입성해 당시 승상이던 여불위의 문객으로 들어갔다. 이사는 진나라에서 미관말직인 낭관으로 벼슬을 시작했는데, 낭관은 영정을 시중드는 직책으로 일종의 시종이었다. 이사는 이 기회를 놓치지 않고 영정에게 "진나라의 국력과 현명하신 폐하의 지도력이라면 여섯 제후국을 멸망시키고 천하를 통일할 수 있사옵니다. 만약 그 기회를 놓쳐 제후국들이 연합한다면 천하 통일은 멀어질 것입니다"라고 진언했다.

영정은 그를 신임하여 승상의 장사로 임명했다. 장사는 궁궐의 모든 일을 총괄하던 관직으로, 이사는 영정에게 구체적인 통일 전략을 제안했다. 이사가 진언한 계책은 '이간책'으로, 영정은 이사의 계책에 따라 금은보화로 제후국의 유력 인사들을 자기 편으로 만들어 진나라에 복종하도록 했다. 뇌물을 거부하면 자객을 보내 죽이거나 군대를 파견하여 공격했다. 이 공으로 이사는 타국 출신의 대신인 객경에 올랐다.

기원전 237년 한나라 출신의 정국이 진나라의 국력을 소진시키고자 운하 건설을 계획하는 사건이 일어났다. 영정은 이에 타국 출신의 관리를 추방한다는 '축객령'을 공포했는데, 이사가 이 법령에 걸렸다. 이사는 간축객서諫逐客書를 올려 축객의 부당함을 호소하고 명을 철회해 달라고 요청했다.

태산이 한 줌의 흙도 사양하지 않았기에 그만큼 클 수 있고, 바다는 작은 물줄기도 가리지 않았기에 깊을 수 있으며, 왕은 한 사람의 백성이라도 물리치지 않아야 그 덕을 밝힐 수 있습니다. 지금 들어온 인재를 물리치고 외국의 관리를 추방하는 것은 적에게 무기를 빌려주고, 도둑에게 식량을 주는 것과 무엇이 다르겠습니까? 진나라에서 생산되지 않는 물건이라도 보배로 삼을 만한 것이 많고, 진나라에서 태어나지 않아도 진에 충성을 다하고자 하는 사람은 많습니다. 지금 축객의 명은 안으로는 인재 부족을, 밖으로는 각 나라의 앙심을 사게 하는 것이니 어떻게 나라가 편안하길 바라며 천하의 패자가 되어 대업을 이룰 수 있겠습니까?

결국 영정은 명령을 거두었을 뿐만 아니라 이사를 정위로 임명했다. 기원전 221년 영정은 중국 통일의 과업을 완성했다. 진나라는 한, 조, 위, 초, 연, 제를 차례차례 멸망시켰다. 영정은 자신을 높여 '황제'라 부르게 했으며, 스스로 최초의 황제라는 의미의 '시황제'라고 칭했다.

통일 후 시황제는 제도를 정비하는 데 착수했다. 당시 승상이던 왕관은 봉건제를 채택하여 시황제의 황실들을 각 지방의 왕으로 봉할 것을 진언했다. 이사는 왕관의 의견에 격렬히 반대하며 군현제를 제안했다. 군현제는 전국의 행정단위를 군과 현으로 나누어 다스리는 제도로, 이사는 전국을 36개의 군으로 나누어 그 아래에 현을 두고 모든 군과 현은 조정에서 임명된 관리가 다스리게 했다. 또한 이사는 도량형과 화폐를 통일하고, 잡스러웠던 문자들을 전서체로 통일시켰다. 이로써 진나라는 중앙집권적이고 대륙을 효율적으로 통치하기에 적절한 제도들을 확립해나갔다.

기원전 213년 분서焚書 사건이 발생했다. 제나라 출신의 순우월이라는 학자가 진나라의 군현제를 비판하고 주나라의 봉건제를 부활시킬 것을 간언한 일이 발단이었다. 이에 전국의 유생들이 봉건제를 예찬하며 부활을 주장하기에 이르렀다. 시황제는 이것을 조정의 공론에 부쳤고, 승상 이사는 순우월 같은 유생들의 위험한 사상의 근원이 되는 학술, 시서詩書, 백가百家를 금지시키고 30일 내에 진나라에 도움이 되는 역사와 의醫, 약藥, 복서卜筮, 농경 등에 관한 책 외에는 모든 책을 태워버리라고 주청했다. 시황제는 이사의 의견을 받아들였다.

그다음 해인 기원전 212년에는 시황제가 총 460여 명의 도사와 유생을 생매장시킨 갱유坑儒 사건이 벌어졌다. 시황제는 만년에 불로장생에 관심을 갖고 방사에게 영약을 가져오라고 명령했는데, 방사 후생과 노생이 시황제를 배신하고 오히려 그의 부덕함을 비판하며 도망쳤다. 이에 격분한 시황제는 그들을 모두 함양 교외의 산골짜기 구덩이에 넣고 생매장시켜버렸다. 기원전 213년의 분서와 기원전 212년의 갱유를 합쳐 '분서갱유'라고 하는데, 이 사건은 시황제와 승상 이사가 엄격한 법을 시행함으로써 집권 초기의 불안정한 정국을 안정시키고 진나라를 막강한 국가로 성장시키고자 벌인 일이었다.

기원전 210년 시황제는 승상 이사와 옥새를 관리하는 중거부령인 환관 조고, 그리고 26번째 막내아들인 호해와 함께 전국 순행에 올랐다. 순행 도중 사구 지방에서 병을 얻은 시황제는 병세가 악화되어 기원전 210년 50세의 나이로 세상을 떠났다. 시황제는 군은 몽염이 맡고 황태자 부소를 후계자로 삼으라는 유언을 남겼으나, 옥새를 관리하던 조고가 호해를 설득하여 불효자 부소와 몽염은 자결하라는 내용으로 유언을 바꾸었다.

여기에 이사도 가담해 있었다. 조고가 작성한 유언장은 승상 이사의 승인으로 완성되었다. 분서갱유를 반대하다가 변방으로 추방된 부소가 황제가 되면 자신에게 분서갱유에 대한 책임을 물을 것이라고 생각한 데 더해 부소와 관계가 돈독한 몽염이 등용되어 자신의 위치를 위협하리라고 확신했기 때문이다. 결국 이사는 조고, 호해와 결탁하여 시황제의 유언장을 조작해 부소를 자결시키고 호해를 이세황제로 옹립했다.

이세황제는 조고와 이사에게 정사를 맡기고 사치와 향락에 빠졌다. 또한 그는 시황제 능묘와 아방궁 축조, 만리장성 건설 등을 재촉하여 백성의 원성을 샀다. 기원전 209년 진나라에 불만을 품은 진승이 봉기를 일으키는 등 반란이 끊이지 않으면서 진나라는 대혼란의 위기에 빠졌다. 진나라가 무너질 조짐이 보이자 이사는 이세황제를 만나 아방궁 축조를 중단하고, 농민의 조세를 감면해주자는 등의 대책을 진언했다. 그러나 조고의 방해로 이사는 이세황제의 분노만 사게 되었다.

기원전 208년 조고는 이사의 아들이 농민 봉기를 일으킨 진승과 친분이 있다고 모함하여 이사를 투옥시켰다. 결국 이사는 장남 이유가 초나라군과 내통하고 있었다는 거짓 죄목으로 요참형에 처해졌다. 그리하여 기원전 208년 진 제국의 최대 공신 이사는 수도 함양 거리에서 자신이 만든 법령에 의해 공개적으로 허리가 잘려 죽었다. 그의 가족도 몰살되었다. 승상 이사가 죽고 나서 얼마 후 진나라도 멸망했다.

이사는 자신에게 찾아온 기회를 포착하여 말단의 자리에서 최고의 자리인 승상까지 올랐다. 그러나 대의를 지켜야 할 때 사사로운 이익을 좇아 결국 자신을 망치고 국가를 패망의 길에 접어들게 했다. 그는 시황제를 도와 진이 중국 통일을 이룩하는 데 가장 큰 공을 세웠고, 낙후된 진나라에 법가사상을 도입하여 강력한 중앙집권 국가로 만들었지만, 결국 시황제의 유언을 위조함으로써 진나라를 멸망에 이르게 했다. 그 자신의 인생의 성공과 실패는 곧 진의 흥망성쇠였다.

한비자는 비록 이사의 모함에 의해 생을 마감했지만, 그를 죽인 이

사는 한비자의 사상을 계승하여 진나라의 법체계를 완성했다. 따라서 그의 이론은 진나라의 지도적 사상이 되었으며, 진시황이 여러 제후국을 병합하여 전국시대를 마감하는 데 크게 기여했다. 특히 진시황이 모든 서적을 불사르고 유생을 생매장한 일은 한비자의 이론을 그대로 실천한 것이라 하겠다. 「오두」편에서 "현명한 군주의 나라에 서적은 없다. 법으로써 가르친다"라고 했으며, 또 "유학자는 선왕의 도라고 일컬으면서 인의를 빙자하여 얼굴빛과 복식을 성대하게 하고 변설辯舌로 꾸며가지고 당세의 법을 의심하여 임금의 마음을 두 가지로 만든다"라고 했다. 그리하여 유학자를 나라를 좀먹는 다섯 가지 좀벌레 중에서 가장 해독이 큰 것이라고 지적하면서 극력 배척했다.

# 인간은 누구나 자기의 이익을 계산하는 이기심을 가지고 있다

한비자의 법가사상을 이해하기 위해서는 그가 인간의 본성을 어떻게 이해했는지를 먼저 살펴보아야 한다. 순자의 제자였던 한비자는 순자의 성악설에 영향을 받았다. 순자는 악한 본성의 근저에는 인간의 이기적 욕망이 있다고 보았다. 사람은 악한 본성을 가지고 태어나 이기적이므로 예로써 인성을 교화하여 이기적인 욕망을 제한해야 한다고 생각했다. 한비자는 여기서 한 걸음 더 나아가 사람들을 다스리는 데는 예만으로 불충분하므로 강력한 법을 써야 한다고 주장했다. 한비자는 인간은 모두 자기의 이익을 위해 계산하는 이기심을 가지고 있으며, 이 이기심에 의해 인간의 모든 감정과 행위가 결정된다고 보았다. 순자가 윤리적인 체계를 제창했다면, 한비자는 강력한 법치를 주장하여 중앙집권체제를 더욱 공고히 했다.

인간은 누구나 이익을 얻기 위해 그 힘을 다하게 마련이다. 즉 백성은 이익이 있는 곳에 모여들며, 또 선비들은 이름을 빛내는 일이라면 목숨을 돌보지 않고 덤벼든다. 한비자는 이익을 추구하는 것을 설명하기 위해 부모와 자식 관계에도 자비로운 사랑 말고 다른 무엇이 있다고 보았다. 아들이 태어나면 부모는 서로 경축하지만, 딸이 태어나면 죽일지도 모른다. 아들과 딸은 다 같이 어머니의 배 속에서 잉태하여 출생하지만, 아들은 경축을 받는 반면 딸은 죽임을 당하는 까닭은 부모가 훗날의 편리를 고려하여 장기적인 잇속을 계산하기 때문이다. 따라서 부모가 자식을 대할 경우에도 오히려 이익을 계산하고, 이에 따라 아들과 딸을 다르게 대한다고 보았다.[1]

또 군주와 신하, 주인과 하인의 관계도 서로 이해타산을 따지는 이기적인 관계로 보았다. 그에 따르면 군주가 신하에게 높은 관직과 봉록을 주는 것은 그렇게 해야만 그들이 자신을 위해 헌신하고 자신에게 이익이 되기 때문이다. 또 신하가 군주를 위해 성심성의를 다하고 나라를 위해 전쟁을 수행하는 것도 그렇게 해야 높은 관직과 후한 봉록을 받을 수 있다는 것을 알고 있기 때문에 하는 일이지 신의나 책무 때문에 하는 것은 아니다. 그리고 품삯을 주고 머슴을 고용하여 씨를 뿌리고 밭을 갈게 할 때 고용주가 금품을 들여 좋은 음식을 먹이고 높은 품삯을 주는 것은 머슴을 사랑하기 때문이 아니라 그렇게 잘 대우해주어야만 머슴이 힘을 다하여 밭을 깊이 갈고 김을 잘 맬 것이라고 생각하기 때문이다. 그리고 머슴이 열심히 김을 매고 힘을 다하여 밭갈이를 하는 것은 주인을 진심으로 사랑하기 때문이 아니라 그렇게 해야만 좋은 음식을 대접받고 품삯을 많이 받을 수 있다고 생각하기 때문이다. 그러므로 그들의 생각은 이용가치에 집중되고, 서로 자기의 이익만 도모한다.

한비자는 이처럼 인간의 본성은 서로 이해타산을 따지는 이기적인 목적을 가지고 있다고 보았다. 따라서 사람이 세상사를 처리함에 있어 '이익'으로써 그 마음의 근본을 삼는다면 먼 월나라 사람들과도 친할 수 있고, '해로움'으로써 그 마음의 근본으로 삼는다면 친밀한 부자간도 멀어지고 원망하게 된다. 그러므로 주인과 머슴, 부자간도 말하자면 이해관계로 맺어진 관계 이외에 아무것도 아닌 것으로 본 것이다.[2]

사람은 누구나 이익을 좋아하고 손해를 싫어하게 마련이다. 그리고 사람들은 상이 두텁고 믿음이 있을 때는 모두 적을 두려워하지 않으며, 형이 무겁고 빠짐없이 실행된다면 모두 이를 두려워하여 적을 만나도 도망하지 않는다. 어떤 사람은 자진해서 선행하고, 자진하여 군주를 위해 힘을 다하는 사람도 수백 명 가운데 한 사람은 있을 것이나, 그렇다고 이것을 모든 사람에게 바랄 수는 없는 일이다. 이익을 좋아하고 죄를 두려워하는 것은 만인이 가지고 있는 공통적인 본성이다. 백성을 다스리는 자라면 누구나가 지니는 이러한 공통성을 이용하여 상벌을 밝게 한다면 낙오자는 없어진다.

그런데 각자 자신을 위하는 이기적인 계산 때문에 인간의 이기적 본성을 그대로 방치해두면, 사회는 저마다 자신의 이익만을 추구하기 때문에 무질서로 혼란해질 수 있다. 언제나 강한 나라도 없고, 언제나 약한 나라도 없다. 법을 받드는 자가 강하면 나라가 강하고, 법을 받드는 자가 약하면 나라가 약해진다.[3] 그래서 한비자는 엄격한 법과 가혹한 형벌만이 효력을 지닐 수 있다고 보고, 사람들이 평화롭고 화목하게 살기 위해서는 법에 의한 통치가 가장 이상적임을 주장하게 되었다.

공자는 "부귀는 누구나 원하는 것이지만 정당한 방법으로 얻은 것이 아니라면 갖지 말아야 하며, 빈천은 누구나 싫어하는 것이지만 떳떳하다면 피하지 말아야 한다"[4]라고 하여 이익보다는 정의를 더 중시했다. 누구나 부귀와 권세, 명예를 추구하며 이를 원하지 않는 사람은 없을 것이다. 그러나 이와 같은 것들도 남에게 아픔과 슬픔을 주면서 추구한다면 반드시 그들로부터 원망과 비난을 받게 된다. 빈천하고 지위가 낮은 것은 누구나 싫어하는 것이지만, 도의에 합당한 방법으로 그 빈천을 버리는 것이 아니라면 피하지 말고 받아들여야 한다. 더 나아가 "만일에 재산과 재물을 구하여 얻어지는 것이라면, 비록 손에 채찍을 드는 비천한 일이라도 나는 하겠다. 그러나 만일에 재물과 재산을 구하여 얻어지는 것이 아니라면, 나는 오직 나의 기호에 따라 좋아하는 일이나 하겠다"[5]라고 하여 정당하게 재물을 취득하기 위해서는 비천한 일도 마다하지 않겠지만, 올바른 이치를 위배하면서 구차하게 재물과 재산을 구하는 일은 단호하게 부정하고 있다. 즉, 도덕적 가치를 잊고 협잡을 일삼으면서 국가와 민족을 팔고 부귀를 누려서는 안 된다는 논리다.

그리고 공자는 "비록 거친 밥을 먹고 물을 마시고 팔을 굽혀 베개로 삼는 이런 생활이 비록 곤궁은 할지라도 그중에 스스로의 즐거움이 있다. 정당치 못한 방법과 불합리한 수단으로 많은 재산을 얻고 높은 벼슬을 가지는 것은 나에게 있어 마치 하늘의 뜬구름과도 같다"[6]라고 했다. 즉, 이익을 추구함에 있어 반드시 의로움을 전제해야 한다는 것을 강조했다[견리사의見利思義]. 이익만 좇으면 주위의 원망이 많아진다는 사실이다. 이익을 통한 성장도 중요하지만, 어떻게 하면 공동체적 이익을 추구하고 인간의 존엄성을 높일 수 있을 것인지 고민하여 더불어 살아가는 이로움을 찾아야 한다는 것이 유가의 주장이다.

공자의 견리사의 정신은 세계적 선도 기업들도 동참하고 있다. 대표적으로 세계적인 스포츠용품 업체인 나이키와 세계적인 제약회사 존슨앤존슨에서 찾아볼 수 있다. 나이키는 1998년 캄보디아와 파키스탄 아이들의 노동력을 이용해 상품을 생산했다는 사실이 알려지면서 기업 이미지에 큰 타격을 입어 매출 실적이 뚝 떨어지는 뼈아픈 경험을 했다. 하지만 이후 윤리경영을 강화하여 불명예를 씻어내고 선도적인 윤리경영 기업으로 쇄신에 성공했다.

존슨앤존슨은 오래전부터 윤리경영에 앞장선 기업으로 널리 알려져 있는데, 그러한 이미지 형성에 결정적 역할을 한 사건이 전 세계인이 애용하는 의약품 '타이레놀 리콜 사건'이다. 타이레놀은 존슨앤존슨 총매출의 7%, 순이익의 17%를 차지하는 효자 상품이다. 그런데 1982년 타이레놀을 복용한 7명이 사망하면서 존슨앤존슨의 경영 악화를 불러왔다. 존슨앤존슨은 바로 조사에 나섰고 그 결과 외부 사람이 타이레놀에 독극물을 주입한 것으로 판명났지만, 존슨앤존슨은 기업으로서의 사회적 책임을 지고 타이레놀을 모두 수거했다. 그 비용은 당시 2억 5천만 달러로 어마어마했지만 이러한 윤리적인 모습은 소비자에게 감동을 주었고, 1년 만에 다시 시장점유율 1위에 올랐다. 이율과 효율을 추구하는 자본주의는 인간을 행복으로 이끌지 못한다는 것을 단적으로 보여주는 사례다. 거기에는 의가 전제되어야 한다는 사실이다.

한비자는 공자의 이러한 의리관을 비판하면서, 나라를 다스리는 임금은 이익이라는 도구를 활용하여 신하를 부리는 것이지 인의로써 이익을 바라는 신하들의 마음을 억제하려는 것이 아니라고 보았다. 그는 "선왕을 높이고 인의를 말하는 자들로 조정이 채워지면 정치는 혼란을 면할 수 없다"[7]라고 했고, 또 "백성이 권력에 복종하는 일은 많지만, 정의에 감화되는 일은 거의 없다"[8]라고 했다. 또 "언왕은 인의를 실천해서 나라를 망하게 했지만",[9] "군주는 불인不仁이라는 평을 듣더라도 그 이치를 터득하고, 신하는 그 행동이 군주에게 불충한 것이라면 결코 입신할 수 없다는 이치를 터득했을 때, 군주는 비로소 왕으로서의 자격을 갖추게 된다"[10]라며 인의를 신랄하게 비판한다. 이는 현실주의와 도덕주의의 중요한 차이점으로, 이를 경제정책에 반영한 것이 선명히 대립되는 제도다. 즉 유가에서는 견리사의를 주장한 반면, 법가는 현실을 중시하여 농사를 지으면서 전쟁을 해야 하는 농전農戰정책을 우선한다.

살펴본 바와 같이 한비자는 유가의 윤리설에 근거한 정치에 반대한다. 특히 그의 '오두' 설은 정치에서 인정이나 측은지심을 발휘해서는 안 된다고 보았다. 이런 영향은 서주西周 초기 태공망의 국가통치에서 찾아볼 수 있다. 태공망이 무왕을 도와 혁명을 성취하고, 그 공으로 동쪽의 제나라에 영토를 분할받아 시조가 되었다. 제나라 동쪽 해안가에는 처사 형제가 살고 있었는데, 광휼과 화사라고 불렀다. 이 두 형제는 평소에 다음과 같이 주장했다.

"우리는 천자의 신하도 아니고 제후의 친구도 아니다. 우리는 스스로 밭을 갈아 음식을 먹고, 우물을 파서 물을 마시며, 다른 사람에게 바라는 것이 없다. 군주로부터 작위를 받은 바도 없고 봉록이 있는 것도 아니다. 우리는 그 봉록도 섬기지 않고, 다만 힘써 일하면서 우리의 힘만으로 살아간다."

태공망은 영구에 도착하자, 관리에게 그들을 잡아오게 하여 사형에 처했다. 이때 주공단이 노나라에서 이 소식을 듣고 급히 사람을 보내 태공망을 책망했다.

"이 두 형제는 현명한 사람이오. 그런데 나라를 맡자마자 현명한 사람을 죽이다니, 어떻게 된 일이오?"

태공망이 말했다.

"이 두 형제는 평소에 주장하기를, '우리는 천자의 신하도 아니고 제후의 친구도 아니며 밭을 갈아 음식을 먹고, 우물을 파서 물을 마시며 다른 사람에게 바라는 것이 없다. 위로부터 받은 작위도 없고 군주의 봉록도 없으며 벼슬에 뜻이 없이 우리의 힘만으로 살아간다'라고 했습니다. 그들이 천자의 신하가 아니라고 했기 때문에 저는 신하로 임명할 수 없고, 제후의 친구가 아니라고 했기 때문에 저는 부릴 수 없습니다. 또 밭을 갈아 음식을 먹고 우물을 파서 물을 마시며 다른 사람에게 바라는 것이 없다고 했기 때문에 제가 상을 주어 권하거나 벌을 내려 금지시키지 못합니다. 또 위로부터 명예를 원하지 않으니 비록 지혜롭다 할지라도 저를 위해 사용되지 않을 것이고, 군주의 봉록을 바라지 않으니 비록 현명할지라도 저를 위해 공을 세우지 않을 것입니다. 벼슬을 하려고 하지 않는다는 것은 다스리지 않는다는 것이고, 임용되지 않으려고 한다는 것은 충성하지 않는다는 것입니다. 또한 선왕이 신하와 백성을 부릴 수 있는 까닭은 작위와 봉록이 아니면 형벌이 있기 때문입니다. 그런데 지금 이 네 가지를 사용할 수 없다면 누가 군주가 되기를 바라겠습니까? 전쟁에 나가 싸우지 않았는데 빛이 나고, 직접 밭을 갈지 않았는데 명성을 얻는 것은 나라 사람들을 가르치는 방법이 아닙니다. 지금 여기에 말이 있어 천리마의 모습을 하고 있다면 천하에서 가장 훌륭한 말일 것입니다. 그렇지만 채찍질을 해도 앞으로 가지 않고, 고삐를 당겨도 멈추지 않으며, 왼쪽으로 가게 해도 왼쪽으로 가지 않고, 오른쪽으로 가게 해도 오른쪽으로 가지 않는다면 천한 노예일지라도 그 말의 힘에 의지하지 않을 것입니다. 노예가 천리마에 의지하기를 바라는 것은 천리마에게서 이로움을 구하고 해를 피할 수 있기 때문입니다. 지금 사람에게 부려지지 않으려고 한다면 천한 노예라도 그 발에 의지하지 않을 것입니다. 스스로 세상의 현명한 선비라고 생각하면서도 군주에게 쓰이려고 하지 않으며, 행동이 지극히 현명해도 군주에게 쓰이지 않는다면, 이것은 현명한 군주의 신하가 아닌 것이며, 또한 부릴 수 없는 천리마인 것입니다. 이 때문에 죽인 것입니다.”[11]

풍몽룡은 이 일을 이렇게 평했다.

"이것이야말로 제나라의 백성 가운데 게으른 자가 없는 원인이 되었다. 제나라의 국력이 시종일관 강성한 것은 바로 이것에서 비롯된 것이다. 한비자의 '오두' 설도 바로 여기에서 연유한 것이다."

# 시대와 상황이 변화하면 현실에 맞는 객관적인 기준을 제시해야 한다

옛날 미자하라는 잘생긴 청년이 위나라 영공의 총애를 한 몸에 받고 있었다. 위나라 법률에는 남몰래 군주의 수레를 탄 자는 발뒤꿈치를 자르는 '월'이라는 형벌을 받게 되어 있었다. 어느 날 한밤중에 미자하의 모친이 병이 나자 이웃 주민들이 그를 찾아가 알려주었다. 놀란 미자하는 임금의 명이라 속여 임금의 수레를 몰래 타고 고향으로 내려가 모친을 문병하고 왔다. 다음날 이 소식을 들은 신하들은 이제 미자하의 다리가 성치 못할 것이라고 생각했다.

그러나 뜻밖에도 영공은 그의 효심이 극진함을 가상히 여겨 문책도 하지 않았고, 오히려 칭찬했다.

"정말로 보기 드문 효자로구나! 사랑하는 어머니를 생각하느라 자기 다리가 잘리는 형벌도 각오하다니!"

한번은 미자하가 영공을 모시고 후궁의 과수원에서 산책할 때였다. 영공을 수행하던 미자하는 복숭아나무 위로 올라가 잘 익은 복숭아를 따서 그것을 먹다 말고 아주 달고 맛있다고 하면서 반쯤 먹다 남은 복숭아를 왕에게 건네주었다. 신하들은 놀라 어쩔 줄 몰랐지만, 왕은 도리어 웃으며 말했다.

"미자하는 정말로 나를 아끼는구나! 맛있는 것을 맛보일 생각만 하느라 자신의 침이 묻는 것도 잊어버리다니!"

세월이 지나 미자하도 나이가 들자 늙고 보기 흉해져서 점점 영공의 총애를 잃게 되었다. 그러던 어느 날 영공은 미자하를 궁궐에서 쫓아내려고 탁자를 두드리며 죄를 엄중하게 따져 묻기 시작했다.

"애초에 너는 무엄하게도 임금의 명이라 속이고 나의 수레를 몰래 타고 네 모친을 문병했고, 또 언젠가는 나에게 무례하게 침이 묻어 있는 먹다 남은 복숭아를 먹게 했다. 이처럼 너는 나를 심하게 모욕했으니 죽어 마땅하다."

본래 미자하의 행동은 처음과 조금도 변한 것이 없었음에도 전에는 군주로부터 칭찬을 받았는데 나중에는 벌을 받게 되었다. 그 이유는 미자하가 늙어 보기 흉해지자 군주의 총애가 식었기 때문이다. 군주에게 총애를 받고 있는 동안에는 지혜 있는 말이 받아들여져서 친애함을 더하게 되지만, 군주에게 미움을 받게 되면 지혜 있는 말도 받아들여지지 않고 벌을 받으며 소원함을 더하게 된 것을 의미한다. 따라서 임금에게 간하는 말을 하거나 변설하려는 사람은 임금이 좋아하고 미워하는 바를 잘 살핀 뒤에 말하지 않으면 안 된다.[12]

이와 같이 똑같은 행동이라 하더라도 임금이 좋아하거나 싫어하는 기분에 따라 칭찬을 듣기도 하고 벌을 받기도 한다. 이런 이유로 임금을 상대로 유세하는 신하는 임금의 기분을 정확히 파악해야 한다.

한비자는 왕의 사랑과 미움, 기쁨과 분노가 결국 법의 기준이 되어 미자하가 마침내 죽음을 면치 못하게 되었다고 보았다. 이처럼 권력을 지니고 있는 군주의 의지나 기호에 의해 옳고 그름이 판단되고, 또 군주의 말에 의해 모든 아름다움과 추함, 선호와 혐오, 향과 독이 결정된다면 삶에 기준이 무슨 필요가 있으며 법률에 마땅한 기준이 어디에 있겠는가 반문한다.

한비자는 제자백가 중에서도 법가를 대표하고, 현실적이고 구체적인 이론을 제시한 사상가다. 제자백가란 기원전 700~200여 년 춘추전국시대에 활약했던 수많은 사상가를 말한다. 춘추시대 주나라 황실이 쇠약해지자 강력한 제후들은 천자의 권위를 능가했고, 제후의 나라 안에서도 실권을 가진 신하들이 제후들을 업신여기게 되었으며, 또 신하를 보좌하던 가신들이 그 상전을 무시하는 이른바 하극상의 풍조가 생겨났다. 또 제후국 상호 간에 실력 다툼이 격심해지고, 강한 제후국들은 이웃의 작은 제후국들을 병합함으로써 자신의 영토를 확장하는 사업에 몰두했다. 강력한 힘을 가진 제후들은 병합한 영토를 직접 통치하려고 했을 뿐만 아니라 그 제후국 안에서 터줏대감 노릇을 하던 종래의 소토지 소유자인 귀족들의 세력도 약화시키려고 했다. 그에 따라 천자와 제후 간의 알력, 제후 상호 간의 세력 다툼, 제후와 귀족의 갈등으로 사회의 혼란은 극에 달했다.

제자백가는 이런 어지러운 세상을 구하려는 자기 나름의 해결 방법인 경륜을 지녔던 사상가들이다. 공자와 맹자가 생존했던 춘추시대는 주나라의 봉건제도가 무너지고 제후들이 무력 패권 경쟁을 일삼던 정치적·사회적 혼란기이며 변혁기였다. 공자는 이 시대를 무도한 세계로 규정하고, 도가 있는 세상으로 만들 것을 이상으로 삼았다. 그는 이 문제를 해결할 실마리를 예와 악의 조화로 잘 통치되었던 주대의 문물제도를 되살리는 데서 찾으려 했다. 공자는 예를 외적 질서 형식으로 보고, 예를 욕구하는 인간의 내면적 근거를 인仁이라고 하여 사상의 핵심적 토대로 정립했다. 노자와 장자가 대표하는 도가는 무위자연을 통해 어지러운 세상을 바로잡으려 했다. 묵자를 대표하는 묵가는 겸애와 교리를 주장하여 검소하고 부지런히 일함으로써 잘살 수 있는 세상을 건설하려 했고, 명가·음양가·병가·종횡가·농가·잡가 등 무수한 학파가 번거롭게 자기들의 주장을 내세웠다. 하지만 제자백가는 어지러운 현실을 외면하고 오로지 자기들의 이상에 치우친 나머지 실제로 자기들의 주장을 실현하여 성공을 거두지 못했다.

한비자가 보기에 당시 제자백가는 역사와 시대가 변하는데도 객관적인 상황의 변화를 보지 못하고 새 시대에 적응하려 하지 않고, 오히려 옛 선왕들의 업적을 교훈으로 삼고 있는 어리석은 사람이거나 사기꾼에 비유했다.

그는 당시 제자백가의 사상을 아세라는 달변가에 비유하여 혹평했다. 아세는 송나라에서 알아주는 달변가였다. "흰말은 말이 아니다(白馬非馬)"라는 논변을 주장하여 유명세를 탄 그는 제나라 직하 문하에서 개최된 학술 대회에 참가하여 명석한 변론으로 모든 논적을 꺾었다. 그런데 그가 흰말을 타고 국경의 관문을 지날 때 창을 든 수비병에게 붙들려 관문 통과세를 내라는 요구를 받았다. 수비병들은 "흰말은 말이 아니다"라는 주장 따위에는 전혀 관심이 없었고, 다만 관문 통과세를 징수하는 것이 그들의 목적이었다. 아세는 그들을 설득할 특별한 비법도 없어 별수 없이 그들이 요구하는 관문 통과세를 낼 수밖에 없었다. 그는 거짓된 말과 이론으로 온 나라 지식인의 논변을 꺾을 수는 있었지만, 객관적인 증험과 구체적인 사실에 마주치자 결국 수비병 한 사람도 설득할 수 없었다.[13]

전국시대 논술의 대가인 공손룡은 "흰말은 말이 아니다"라는 논변으로 일세를 풍미했다. 전하는 바로는 이 논변의 창시자가 바로 아세라한다. "흰말은 말이 아니다"에서 '말'이라는 명사와 '희다'라는 형용사에 입각한 논변이다. '말'이라는 이름의 내포는 말의 형태요, '희다'라는 이름의 내포는 하나의 색깔이다. '흰말'이라는 이름의 내포는 말의 형태와 하나의 색깔이다. 이 세 가지 이름의 내포는 각각 다르다. 따라서 이 명제를 실제로 사용하는 것은 큰 잘못이다. 아세는 고답준론으로 직하의 논적들을 설복시킬 수 있었지만, 사실이라는 구체적이고 생생한 현실 앞에서는 평범한 관문 수비병 한 사람도 설복시킬 수 없었다. 한비자는 이처럼 역사가 발전하고 시대와 상황이 변화했는데도 현실적이고 객관적인 상황의 기준을 제시하지 못하는 제자백가 사상을 비판한 것이다.

한비자가 대표하는 법가사상은 어지러운 사회현실을 어떻게 하면 극복할 수 있을 것인가 하는 실질적이고 구체적인 문제에 대처함으로써 큰 성공을 거두었다. 즉, 한비자가 보기에 그 당시 제자백가의 사상은 역사가 발전하고 시대와 상황이 변했는데도 현실적이고 객관적인 상황의 기준을 제시하지 못하고 새로운 시대에도 적응하지 않고 오직 군주의 선호에 따라 이론을 제시하고 있다고 보았다. 한비자는 이러한 전국시대의 혼란을 해결하기 위해서는 제자백가들의 이론이 필요한 게 아니라 엄격한 법에 의한 통치가 더 절실하다고 생각했다. 춘추전국시대의 제자백가 가운데 현실적이고 실천성이 강한 이론을 제시한 한비자의 법가사상은 일곱 나라로 갈라져 서로 전쟁을 일삼던 상황에서 진나라가 중국을 통일하고 전국시대를 마감하는 데 크게 기여하게 된다.

미국의 일간지 「워싱턴포스트」가 현대인이 일상에 쫓겨 자기 주변에 존재하는 소중한 가치를 알아보지 못하는 상황을 실험한 적 있다. 미국이 자랑하는 세계적 바이올리니스트 조슈아 벨(1967~ )이 2007년 1월 27일 워싱턴 D.C.의 랑팡 프라자 로비에서 청바지와 야구 모자를 눌러 쓰고 낡은 바이올린으로 45분 동안 6개의 레퍼토리를 연주했다. 조슈아 벨은 연주회 입장료만 수백 달러에 이르는 미국의 자존심이라고 불리는 연주자이며, 그가 연주한 바이올린은 1713년산 명기인 스트라디바리우스로 시가 약 350만 달러짜리다. 그런데 일상에 바쁜 현대인은 세상에서 가장 재능이 있다는 그 연주자를 알아보지 못했다. 이 연주에 잠시라도 관심을 기울인 사람은 고작 7명에 불과했으며, 사례비를 낸 사람도 27명뿐이었다. 또한 그들이 낸 돈은 고작 32달러였다. 왜 이런 현상이 일어났을까? 이유는 간단하다. 조슈아 벨이 남루한 청바지를 입고 거리의 악사로 연주했기 때문이다. 평상시 음악에 대해 관심을 갖고 고상한 척 조예가 있었던 사람들도 연주회장이 아닌 거리에서 세계적인 바이올리니스트인 조슈아 벨이 연주한다고 믿지 않았던 것이다.

삶의 조건은 현실적인 상황에서 문제를 해결해야 한다. 현실적인 상황의 문제란 그때의 시간과 지역적 공간, 그리고 그에 맞는 상황에 따른 문제를 말한다. 현실적으로 조슈아 벨이 연주하는 연주회장의 지역적인 장소와 공간, 시간 등의 조건과 상황이 구비되어 있을 때, 비로소 조슈아 벨의 진가가 충분히 발휘될 수 있는 것이다. 워싱턴 D.C.의 랑팡 프라자 로비는 조슈아 벨처럼 유명세를 타고 있는 사람이 설 장소가 아니다. 또 그런 장소에서 시간적 여유를 갖고 연주할 조슈아 벨도 아니다. 거리 악사는 현실적인 급박한 상황을 해결하기 위해 연주할 수밖에 없는 조건이어서 어쩔 수 없이 그곳에서 연주하는 것이다.

아무리 세계적으로 유명한 조슈아 벨이라 할지라도 값비싼 연주회장, 매스컴의 주목, 유명인사의 환호로 이루어진 아우라가 걷히면 그 가치를 제대로 인정받지 못하는 것이 현실이다. 이 실험을 통해 알 수 있는 것은 사람들이 클래식 연주 또는 미술품 감상 등 예술적 취향을 충족시키기 위해 하는 행위들이 다분히 자기의 신분을 과시하고 사회적 위치를 보여주기 위한 하나의 수단이라는 점이다. 비싼 값을 치르고 우아하게 즐기는 연주회는 연주 그 자체와는 아무런 관계가 없으며, 입장이나 퇴장 시 자신에게 부럽게 쏠리는 시선을 즐기기 위한 것에 불과하다. 결국 이는 허영심과 남에게 보여주기 위한 것에서 발로한 것이라고 볼 수 있다.

소비사회에서 사람들은 상품의 사용가치보다는 기호가치를 더 선호한다. 사용가치는 단지 필요를 충족하는 수단이지만, 기호가치는 그 사람의 지위나 신분, 심리의 차이를 표시한다. 예를 들어 어떤 상표, 얼마짜리를 신었느냐에 따라 농구화를 신은 청소년의 기분이 달라진다. 본래 농구화는 신어서 편리하고 안전하게 발을 보호해야 한다는 필요를 만족시키면 사용가치를 충족한다. 그런데도 대다수 청소년이 굳이 어떤 상표의 얼마짜리 농구화를 선호하는 까닭은 그 농구화를 신고 있으므로 같은 집단에 들어갈 수 있고, 그 집단에 소속한 지위, 신분과시, 심리 등의 차이를 표시하는 기호로서 그 가치를 발휘할 수 있기 때문이다.

소비사회에서는 욕망의 논리도 차이의 논리다. 소비사회에서 욕망은 특정 사물에 대한 욕망도 있지만, 차이에 대한 욕망이다. 소비사회에서 사람들은 사물을 사용가치로서 소비하지 않는다. 사람들은 자기가 이상으로 생각하는 집단에 대한 소속감을 나타내기 위해서든, 다른 집단과 자기 집단을 구별하기 위해서든 자기를 남과 구별하는 기호로서 사물을 소비한다.

그러나 변화하는 현실에서 사물의 가치는 영원할 수 없다. 사물의 가치는 변화하는 현실에서 지역과 상황에 따라 기호도 변하기 때문에 필요에 따라 사물의 가치는 증감한다. 그러므로 '지금'이라는 현실과 '여기'라는 공간 속에서 상황에 따라 충족할 수 있는 사물이 필요하듯이 인간의 삶도 현실에 따라 '사실'이라는 이성적이고 합리적인 삶의 척도를 제시해야 한다.

# 사실의 검증 방법인 참험과 참오

전국칠웅이라는 일곱 나라로 나뉘어 전쟁을 일삼던 시대의 사상가들은 정치적 경향이 다르고 사회의 변화에 대한 생각과 행동도 달랐지만, 유가와 도가 그리고 묵가는 한결같이 과거 시대를 찬미했다. 그러나 한비자는 당시의 모순을 이해하고 해결하는 데 비교적 현실적이고 과학적인 인식을 가지고 있었다. 그는 순자의 영향을 받아 역사의 변화를 자연의 진화과정으로 해석했다. 그리고 당시 상황에 근거하여 나라를 다스리는 방안을 모색했다.

공자와 묵자는 모두 요·순임금을 말하면서도 그 해설에서는 취사선택을 달리하여 서로 자신이 요·순임금의 정통파라고 주장한다. 그런데 요·순임금이 다시 살아날 수 없으니, 누가 유가·묵가 학문의 진위를 가릴 수 있겠는가? 은나라와 주나라는 700여 년, 우나라와 하나라는 2천여 년이 지났는데, 유가와 묵가 어느 편이 진짜인지 결정할 수 없으면서 지금은 또한 3천 년 전으로 거슬러 올라가 요·순임금의 도를 밝히려고 하고 있다. 생각건대 그것은 절대로 불가능한 일이다. 사실의 검증 없이 꼭 그렇다고 주장하는 자는 어리석은 자다. 꼭 그러할 수 없는데도 그것을 근거로 삼는 자는 사기꾼이다. 그러므로 분명히 옛 임금을 근거로 삼고서 요·순임금에 대해 꼭 그렇다고 단정하는 자들은 어리석은 자가 아니면 사기꾼이다. 어리석은 자와 사기꾼의 학문과 잡되고 모순된 행동은 명철한 임금이라면 받아들이지 않는다.[14)]

한비자는 이런 잘못된 폐단을 고치려면 반드시 사실의 검증인 '참험參驗'에 의존해야 한다고 주장했다. 유가와 묵가는 옛날 성왕들을 근거로 삼고 있지만, 그들의 학문은 사실의 검증인 참험에 의존할 수 없기 때문에 현실적이고 구체적일 수 없다. 그런데도 꼭 그렇다고 단정하는 그들은 어리석은 자가 아니면 사기꾼이라는 결론이다. 그래서 반드시 현실적이고 구체적으로 인증할 수 있는 사실의 검증인 참험에 의존할 수 있을 때 그 진위를 알 수 있다.

'참'은 여러 사건을 비교 검토하는 것을 의미하고, '험'은 실질적인 경험이나 검증을 의미하는 것으로, 참험을 통해 여러 사건을 비교 검토하여 사실적이고 현실적인 정확한 결론을 이끌어내야 한다. 그렇기 때문에 현명한 임금은 확신이 없는 일은 하나도 실행하지 않으며, 평소에 먹어오던 음식이 아니면 먼저 의심하고 먹지 않는다.

또 멀리 나라 안의 일을 잘 조사하고 또 가까이는 자기의 집안일까지 잘 주시해야 하고, 궁정 안팎의 과실 역시 잘 살펴야 한다. 왜냐하면 사람의 의견이란 같을 수도 있으나 다를 수도 있기 때문에 곧 같고 다른 말을 성찰하면 붕당과 분파의 상황을 알게 되어 참오參伍로서 여러 가지 사실을 증거로 진술된 말을 살피고 그 실적을 따져 책임을 추궁해야 한다. 또 결과에 따라 상과 벌을 주고, 법을 근본으로 하여 법에 맞는 일을 하고 있는지 그렇지 않은지를 잘 살펴야 한다. 백성을 다스리되 많

은 사람이 한 일을 일일이 비교하여 신하 된 자의 사사로운 경영이 없도록 주의해야 한다.[15)

한비자는 '여러 가지 사실을 증거로 진술된 말을 살피고 그 실적을 따져 책임을 추궁한다'라는 방법을 제시하여 개인이 말한 내용이 실제 상황과 맞는지 맞지 않는지의 여부는 '참오'의 방법을 통해 확인될 수 있다고 보았다. '참'은 많은 방면의 정황을 수집하여 비교·연구하는 것이고, '오'는 각 방면의 많은 의견을 비교하고 실험하여 실행 여부를 정하는 것이다. 따라서 참오를 검증하는 방법은 관련된 여러 방면의 사실과 증거들을 수집하고 정리하여 비교 연구함으로써 개인이 말한 내용이 사실과 부합하느냐를 따지는 것이다.

한비자는 실천의 효과에 근거하여 언행의 정확성 여부를 검토해야 하며, 거기에 대한 기준과 표준을 미리 정해야 한다고 주장한다. 그 예로 사람의 말이라든가 행동하는 것이 아무리 고상하더라도 실제로 소용이 없으면 안 되기 때문에 소용이 있나 없나를 바탕으로 삼아 그 선악의 기준을 정하지 않으면 안 된다. 마치 화살을 쏠 때 과녁을 정하여 활시위를 당기지 않으면 안 되는 것과 같다. 또 사람이 하는 일에는 소가 뒷걸음치다가 쥐를 잡는 경우도 있다. 날카로운 화살을 갈아서 몇십 번이고 연속적으로 아무렇게나 쏘다 보면 어쩌다가 그 화살의 하나가 짐승의 잔털 한가운데를 적중시키는 일도 있을지 모른다.

그러나 그것은 어쩌다가 적중한 것이지 명궁이라고는 할 수 없다. 과녁 없이 아무렇게나 쏜 것이므로 이에 대해 상 줄 수는 없다. 그러나 다섯 치쯤의 표적을 만들어놓고 열 발자국 멀리 물러나서 이것을 향해 화살을 당겨 적중하는 것은 옛날의 예나 봉몽 같은 명궁이 아니면 꼭 적중할 수 없다. 따라서 모든 일에는 그것에 해당하는 일정한 표준이 있어야 한다. 그러므로 일정한 표준이 있다면 곧 예나 봉몽처럼 다섯 치의 표적이라도 문제 될 게 없다. 그러나 일정한 표준 없이 곧 함부로 쏘아 잔털을 맞추었다 하더라도 명궁이라고 할 수는 없는 것이다.

　사람들은 지금 사람의 말을 듣고 행동을 관찰하는 그 공용功用이 표적과 활시위 당기는 것같이 여기지 않는다. 그렇게 되면 사람의 말을 살펴 행동이 비록 지극히 곧다 하더라도 곧 함부로 쏘았다고 할 수 있다. 그리하여 어지러운 세상의 말을 들음에 있어서는 알기 어려운 것을 가지고 살펴 널리 글공부한 것으로 말하는 사람을 말 잘한다고 한다. 그 행동을 관찰함에 있어서는 무리를 떠나는 것을 현명하다고 하고, 윗자리를 범하는 것을 높다고 한다. 그런데 임금 된 사람은 말을 잘하여 살핀 말과 현명하고 높은 행동을 존경한다. 그러므로 법술을 지은 사람은 취하고 버릴 행동을 세워 논쟁의 변론을 구별함으로써 하지 말아야 할 것을 하지 않으면 바르게 된다.[16]

　어떤 말에 대한 시비의 정확성 여부는 한 개인의 말재간이나 논쟁의 승부에 따라 판단해서는 안 되며, 실제 효과를 보고 결정해야 한다. 예컨대 창의 날카로움과 무딤도 그 색깔에만 의존하여 판단한다면 창의 전문가일지라도 그것이 기준에 맞는지 알 수 없다. 그러나 창을 사용하여 박이라도 찔러본다면 일반사람도 그것이 날카로운지 무딘지 곧 분별할 수 있다. 또한 사람들이 만약 모두 깊이 잠든 상태에서는 누가 장님인지 알 수 없고, 말하지 않고 있다면 누가 벙어리인지 알 수 없다. 한비자는 사람들을 잠에서 깨워 눈을 뜨고 사물을 보게 하고 질문하여 대답하게 했을 때만 누가 장님이고 누가 벙어리인지 금방 판단해낼 수 있다고 보았다. 현실적 사고는 바로 그런 것이다. 옛 성인의 권위를 빌리거나 어떤 교조적인 학설에 의해 현실의 문제를 해결하려는 것은 모두 어리석은 일이다.

옛날 사람들은 자기 눈으로 남의 얼굴은 볼 수 있었지만 자기 얼굴은 볼 수 없었기 때문에 거울이라는 것을 만들어 그것으로 보았다. 또 인간은 지혜가 있어 그것으로 남을 평가할 수 있지만, 자기 자신을 잘 평가할 수는 없었기 때문에 '도'라는 것으로 자기를 바르게 파악했다.

그러므로 거울에 얼굴을 비춰보고 얼굴에 흉터가 있다는 것을 알았다 하더라도 거울에 죄가 있는 것이 아니며, 옛 성현의 도에 비춰보고 자기의 과실을 알았다 하더라도 도를 원망할 수 없는 것이다. 만약 눈이 있어도 거울이라는 것이 없다면 수염이나 눈썹을 바로 다듬을 수 없으며, 또 자기의 언행이 도를 잃게 되면 어떠한 과실이 있어도 이것을 알 정확한 방법이 없다.[17]

군주는 한쪽 말만 곧이들어서는 안 되며, 자신의 주장과 상반되는 의견도 모두 들을 줄 알아야 한다. 좋은 약은 맛이 쓴데도 지각 있는 사람들이 이것을 마시는 것은 자기 병이 낫기 때문이다. 충고는 귀에 거슬리는데도 현명한 군주가 그것에 귀를 기울이는 것은 그 효과를 알기 때문이다.[18] 군주도 사람인 이상 향기로운 것, 맛이 좋은 것, 혹은 좋은 술이나 고기 같은 것을 입에 대면 그 맛이 달콤한 것은 일반 사람과 같다. 그런데 향긋하고 맛있는 좋은 술과 살찐 고기를 지나치게 탐하면 입에는 달지만 몸에는 해롭다. 아름다운 살결과 가지런한 흰 이를 가지고 있는 미녀를 옆에 두면 유쾌하지만, 상대적으로 정력이나 정신을 소모시킨다. 그러므로 심한 것을 그만두고 지나친 것을 억제하면 몸에는 곧 해가 없게 된다.[19]

남의 말을 듣고 받아들일 때, 군주는 여러 사람의 의견을 듣고 이를 서로 참고하여 비교해야만 올바른 판단을 내릴 수 있다. 만약 여러 사람의 다양한 말을 듣고 이를 참고하여 서로 비교하지 않는다면 진실하고 믿을 수 있는 의견을 얻을 수 없다.

현명한 군주는 어느 한쪽 의견에 치우쳐서는 안 되며, 반드시 비교와 검증을 통해 그 사실 여부를 판단해야 한다. 이를 통해 군주는 교활한 신하가 감히 그를 속일 수 없게 하며, 우둔한 신하가 그 관직에서 버티지 못하게 만든다. 만약 그렇지 않으면 군주는 주변 사람들에게 속아넘어가기도 하고, 군주 자신의 개인적인 성향에 영향을 받기도 하며, 부분만 보고 전체를 판단하는 잘못을 범하기도 한다. 따라서 중요한 정책을 결정할 경우, 군주는 반드시 그와 관련된 치밀한 조사를 해야 하고, 실패와 성공에 따른 결과까지 철저하게 분석해야 한다.

# 국가의 기강인 법 · 술 · 세

한 국가의 영토를 확장할 때는 남이 모르게 은밀하게 해야 성공하는데, 그 말이나 조짐을 남이 알거나 다른 나라가 알면 반드시 실패한다. 옛날 정나라 서북쪽에 호라고 하는 작은 나라가 있었다. 정나라 무공은 물과 풀이 풍부하여 비옥한 호나라를 손쉽게 넣을 방법을 모색하고 있었다. 그러나 호나라 사람들이 말을 잘 타고 활을 잘 쏘며 용감하고 사나울 뿐만 아니라 정나라를 늘 삼엄하게 경계하고 있었기 때문에 무공은 경거망동할 수 없었다. 그리하여 교활한 무공은 술책을 꾸몄다. 그는 먼저 대신에게 후한 예물을 보내 호나라에 청혼했다. 그것이 술책인 줄 모른 호나라 왕은 기꺼이 청혼을 받아들였다. 정나라 공주가 호나라로 시집가는 날 두 나라에서는 성대한 혼례가 거행되었다. 공주는 또 시중드는 아리따운 여자들을 데리고 가서 호나라 왕과 신하들이 온종일 질탕하게 마시고 춤추게 함으로써 가무와 여색, 놀이에 빠져 헤어나지 못하게 만들었다.

얼마 후 무공은 문무백관을 소집하여 물었다.

"나는 군사를 동원해 전쟁을 준비하고 있소. 경들이 보기에 어느 나라를 먼저 정벌하면 좋겠소?"

모두 서로 얼굴만 쳐다볼 뿐 감히 말하는 사람이 없었다. 관기사라고 하는 대부는 평소에 무공이 호나라에 눈독을 들이고 있었음을 알고 있었다.

"먼저 호나라를 치는 것이 좋겠습니다."

무공은 관기사의 말이 떨어지자마자 크게 노하여 무섭게 꾸짖었다.

"어리석은 놈! 호나라는 나의 형제 같은 나라인데 땅을 빼앗으라고 부추기다니! 어서 저놈의 목을 베어 본보기로 삼아라."

이 소식이 전해지자 호나라 왕은 더욱더 정나라를 신뢰하게 되었다. 그래서 날이 갈수록 정나라에 대한 경계가 느슨해지고 군사훈련도 하지 않게 되었다. 어느 날 밤 정나라는 기습공격을 해서 크게 힘들이지 않고 호나라를 정복할 수 있었다.[20]

그런가 하면 화씨 성을 가진 초나라 사람이 초산에서 아직 다듬지 않은 옥돌을 발견해 초나라 여왕에게 바쳤다. 여왕이 옥을 다듬는 세공사에게 감정을 시켰더니 세공사가 말했다.

"이것은 아주 평범한 돌덩이입니다."

여왕은 자기를 속이려 했다고 생각하고는 크게 노하여 화씨의 왼쪽 발을 잘라버렸다. 여왕이 죽고 무왕이 즉위하자 화씨는 또 그 옥돌을 무왕에게 바쳤다. 무왕이 옥 다듬는 세공사에게 감정을 시켰는데, 그는 또 이렇게 말했다.

"이것은 아주 평범한 돌덩이입니다."

그러자 무왕은 화씨가 자기를 속이려 했다고 해서 이번엔 오른쪽 발을 잘라버렸다.

얼마 후 무왕이 죽고 문왕이 즉위했다. 화씨는 그 옥돌을 끌어안고 형산 아래 앉아 사흘 밤낮을 피눈물이 흐르도록 울었다. 문왕이 이 소식을 듣고 사람을 보내 화씨에게 그 까닭을 물었다.

"세상에 발 잘리는 형벌을 받은 자가 한둘이 아닌데, 왜 그대는 그리 구슬피 울고 있느냐?"

"저는 두 발을 잃은 것 때문에 슬피 우는 것이 아니라 옥돌을 돌덩이로 여기고 충성을 속임수로 여기는 것이 마음 아파 우는 것입니다."

그러자 왕은 옥 다듬는 세공사에게 화씨가 바친 옥돌을 쪼개보게 했더니 과연 훌륭한 옥이 나왔다. 그리하여 이를 '화씨의 옥'이라고 이름 붙이게 되었다.

대체로 주옥은 제왕들이 매우 가지고 싶어 하는 보배다. 화씨가 비록 아름답게 다듬지 않은 옥돌을 바쳤다 해도 왕에게 해가 될 것은 없다. 그러나 두 발을 잘리고 나서야 보배로 인정받았으니, 보물로 인정받기란 이처럼 어려운 일이다. 그런데 지금 군주들은 법술에 대해 화씨의 옥 얻기를 애쓰는 만큼 법술로써 여러 신하와 백성의 사사로운 욕심과 간사함을 금하려고 애쓰지 않는다. 그러므로 통치술을 익힌 인재가 아직 죽임을 당하지 않았다면 제왕의 보옥이 아직 바쳐지지 않은 것이다.

군주가 술책으로 나라를 다스리면 대신들은 권력을 함부로 휘두르지 못할 것이고, 가까이 있는 신하들도 감히 방자하게 세도를 부리지 못할 것이다. 관청에서 법률로 나라를 다스리는 방법을 실행하면 떠돌던 백성은 밭으로 나가 경작하고, 떠돌이 협객들은 전쟁터로 나가 위험을 무릅쓰고 싸울 것이다. 그러므로 법술로 나라를 다스리면 신하와 백성은 군주에게 복종한다.

군주가 대신들의 의견을 내치고, 또 백성의 사소한 비방을 무시하며 독자적인 법으로 나라를 다스리는 시책을 펴나가지 못한다면, 통치술에 정통한 인재가 비록 목숨을 잃을지라도 그의 주장은 제대로 평가

받지 못할 것이다.[21]

가짜는 아무리 포장을 잘해도 가짜이고, 진짜는 아무리 허술해도 진짜다. 돌덩이가 옥처럼 보인다고 해서 옥이라 할 수 없고, 비록 다듬지 않은 돌덩이처럼 보여도 옥은 옥이다. 객관적 사물의 본래 성질은 사람들의 경험적 판단으로 마음대로 바꿀 수 없으므로 본래 사물이 가지고 있는 객관적 사실을 근거하여 다듬고 쪼고 갈면 본래 사물이 가지고 있는 진면목을 발휘할 수 있다.

이 이야기는 임금이 인재를 선발할 때는 반드시 신중하고 세밀한 태도를 지녀야 한다는 것에 비유된다. 옥이 돌에 싸여 있을 때는 원석을 다듬을 세공사가 없으면 제대로 식별할 수 없다. 인재도 흔히 완벽할 수 없고 결함이 있을 수 있다. 이러한 흠 때문에 그 사람의 재능을 말살해서는 안 된다. 원석을 다듬을 재주를 가진 임금이 겉을 싸고 있는 돌을 잘 쪼개 그 속에서 진정한 옥을 찾을 수 있다면 그 나라는 자연히 부강할 것이다.

또 왕의 잘못된 판단과 행동에 대해 쓴소리로 목숨을 걸고 간언할 수 있는 화씨 같은 사람이 없다면, 군주들은 화씨의 옥 얻기를 포기해야 할 것이다. 법술로써 신하와 백성의 사사로운 욕심과 간사함을 금해야 나라가 평정되는데, 자신의 잘못을 인정하지 않는 화씨의 끔찍한 희생이 없었다면 제왕의 보옥으로 인정받지 못했을 것이다.

옛날 오기는 초나라 도왕에게 초나라 풍속에 관해 다음과 같이 지적했다.

"대신들의 권한이 너무 크고 귀족으로 봉해진 사람이 너무 많습니다. 이와 같으면 위로는 군주를 핍박하게 되고, 아래로는 백성을 학대하게 됩니다. 이는 나라가 가난해지고 군대가 약해지는 길입니다. 설사 귀족의 자손이라 해도 3대를 내려가면 그 작위와 봉록을 회수하고, 모든 벼슬아치의 봉록을 줄이며, 필요 없는 관서를 폐지하고, 정예 병사를 선발하고 훈련시키십시오."

도왕은 이를 실행하다가 1년 만에 세상을 떠났다. 그러자 오기는 초나라 사람들에 의해 사지가 찢기는 죽임을 당했다.[22]

옛날 상앙이 진나라 효공에게 백성을 다섯 가구 또는 열 가구를 단위로 해서 서로 고발하도록 하고 연대 책임을 지도록 하자는 건의를 했다. 그리고 『시경』과 『서경』을 불태우고 법령을 널리 알리며, 세도가의 청탁을 물리치고 왕실에 공로가 있는 자들을 등용하며, 벼슬을 얻으려고 떠돌아다니는 백성을 근절시키고, 농사를 짓거나 전쟁에 참가하는 백성을 표창하라고 권했다. 효공이 그의 말대로 실행하니 군주는 존경을 받으며 편히 지내게 됐고 나라는 부강해졌다. 그러나 8년이 지나 효공이 세상을 떠나자, 상앙은 진나라에서 소가 끄는 수레에 묶여 사지가 찢기는 거열형을 당했다.[23]

초나라는 오기의 제안을 받아들이지 않아서 영토가 줄어들고 사회가 혼란스러워졌으며, 진나라는 상앙의 법을 실행하여 부강해졌다. 두 사람의 주장은 모두 정당했는데, 오기가 사지를 찢기고 상앙이 거열형을 당한 것은 무엇 때문인가? 그 이유는 대신들은 법이 실행되는 것이 싫었기 때문이다. 지금 천하는 대신들이 권세를 탐내고, 간사한 백성은 혼란함을 편안히 여기고 있으니, 진나라나 초나라의 풍조보다 더욱 심각하다.

도왕이나 효공만큼 신하의 말을 잘 따르는 군주가 없으니, 통치술을 익힌 인재가 어떻게 두 사람 같은 위험을 무릅쓰고 자신의 법술로 나라를 다스리는 방법을 밝힐 수 있겠는가? 이것이 이 시대에 패왕이 나오지 않고 어지럽기만 한 까닭이다.[24]

이 이야기는 인재를 선발할 때 반드시 신중하고 또 신중해야 하는 태도를 지녀야 한다는 비유다. 옥이 돌에 싸여 있을 때는 옥을 다듬을 수 있는 사람이 아니고서는 옥을 보배로 여길 수 없다. 마찬가지로 인재도 완벽하고 결함이 없을 수는 없다. 이러한 결점이나 약점 때문에 그 사람의 재능을 무시해서는 안 된다. 옥돌을 다듬을 재주를 가진 군주가 겉을 싸고 있는 돌을 잘 쪼개보면 그 속에서 진정한 옥을 찾을 기회를 가질 수 있다. 화씨는 군주에게 옥을 바쳤다가 두 발이 모두 잘린 뒤에야 옥의 진가를 알아주는 군주를 만났지만, 오기와 상앙은 올바른 법 시행을 제안했다가 결국 사지가 찢기는 벌을 받아 대신들의 조롱을 샀다.

한비자는 '법술'을 시행할 수 있는지 여부는 임금의 태도에 달렸다고 보았다. 그는 화씨의 옥에 담긴 이야기를 통해 임금의 태도가 법술의 시행을 가늠할 수 있는 관건임을 설명했다. 그는 당시 법술의 시행을 반대하는 풍토에 대해 만약 임금이 그러한 방해 요소를 제거해서 법술을 숭상하지 않으면, 법술을 주장하는 선비들이 감히 나설 수 없다고 했다.

법가의 법은 오늘날 시행되는 '법률'과는 본질적으로 다른 것이다. 그것은 임금이 천하를 다스리는 수단인 법·술·세 모두 비정의·비공정·비도덕의 토대 위에 세워진 것이다. 법가에게 평등과 정의는 완전히 무가치한 것으로, 법을 문서로 기록 편찬하여 관청에 비치해두고 백성에게 공포한 것이다. 술이란 군주의 가슴 속에 넣어두고 신하의 언행 등 많은 단서를 수집 검토하여 은연중에 여러 신하를 지배하는 것이다. 그 때문에 법은 명확할수록 좋고, 술은 알려져서는 안 된다. 현명한 군주가 법을 말하면 나라 안의 비천한 자도 알아들어야 하며, 단지 방안에 가득 채워두는 것으로 끝나서는 안 된다.[25]

또 그는 신도의 세 개념을 수용하여 법치, 곧 법·술·세가 상호 보완적임을 주장했다. 한비자는 권세란 호랑이와 이리 같은 마음을 길러 난폭한 일을 저지르게 하는 것으로 보았다. 따라서 권세로써 천하를 충분히 다스릴 수 있다고 말하는 사람은 곧 그의 지혜 정도가 깊지 않기 때문이라고 생각했다. 아무리 좋은 말이 끄는 튼튼한 수레라 하더라도 노예가 끌면 사람들의 웃음거리가 되지만, 왕량 같은 이가 수레를 몰면 하루에 천 리를 갈 수 있다. 이처럼 수레와 말은 다르지 않은데, 어떤 사람은 천 리를 가고 어떤 사람은 웃음거리가 된다. 지금 나라를 수레로 보고, 권세를 말로 보고, 명령을 고삐로 보고, 형벌을 채찍으로 보면 어떠할까? 만약 요임금이나 순임금이 이를 몰면 곧 천하가 다스려질 것이고, 걸왕이나 주왕이 이를 몰면 천하가 어지러워질 것이다. 그런데도 세상의 인심은 빨리 달려서 멀리 가려 하는 사람이 왕량에게 수레를 맡길 줄 모르며, 이익을 가져오고 해로움을 없애려 하면서도 현명하고 능력 있는 사람을 임용할 줄 모른다면 이것은 곧 잘못을 알지 못하는 환난이다. 그래서 요임금과 순임금은 또한 백성을 다스리는 왕량이고 이런 사람들이 권세를 잡아야 한다.[26]

　사람이 권세와 지위가 있으면 아무리 못난 사람이라 할지라도 자연히 권세와 지위를 행사할 수 있지만, 반대로 권세와 지위가 없으면 아무리 잘난 사람이라도 남에게 굴복을 당하게 된다. 그러나 아무리 권세가 중요하다고 하더라도 권세를 잡고 있는 사람의 자질에 따라 그 결과는 크게 달라진다. 따라서 권세도 현명한 사람의 재질과 함께 갖추어져 있을 때 효과가 증대됨을 알 수 있다.

　이와 같이 한비자는 법을 법치의 기준으로 삼고, 술을 그 실제적인 시행 방법이라고 보았으며, 세는 통치자의 통치 방법 또는 태도로 보고 이 세 가지를 집대성하여 자신의 이상적인 정치인 법치사상으로 정립했다.

# 상과 벌이 정당하면 목숨도 아끼지 않는다

　　한비자는 군주가 전제정치를 실시하기 위해서는 지켜야 할 엄격한 준칙이 있어야 한다고 생각했다. 먼저 군주는 사사로운 생각을 비우고 고요하게 있으면서 일을 하지 않고도 은밀히 신하들의 허물을 살펴보아야 한다. 신하들의 행실을 보고도 보지 못한 듯, 들어도 듣지 못한 듯, 알아도 알지 못한 듯 해야 한다. 또 신하들의 의견을 듣고 난 다음에는 의견을 변경할 수 없도록 해서 실적이 의견과 일치하는지를 살펴보아야 한다. 또 일의 효용성을 높이기 위해 관의 부서에 한 사람씩 담당을 두어 정보를 주고받지 못하게 함으로써 모든 일을 완전하게 파악할 수 있게 해야 한다. 군주가 어떤 일을 계획할 때 그 속마음을 드러내지 않고 그 일에 대한 단서를 가린다면 신하들은 군주의 속사정을 추측할 수 없다.

　　그리고 군주가 자신의 지략과 재능을 숨긴다면 신하들은 그의 마음을 읽을 수 없다. 군주는 자신이 의도하는 바를 견지하여 신하의 주장과 실적을 종합적으로 맞추어보고, 신중하게 상과 벌의 권한을 굳게 장악하여 신하들의 야망을 꺾어 군주 자리를 감히 욕심낼 수 없도록 해야 한다. 만약 군주가 허술하게 빗장을 지르고 마음의 문단속을 단단히 하지 않으면 나라에 곧 사나운 호랑이가 나타나게 될 것이다. 또 군주가 정사를 신중하게 처리하지 않고 속뜻을 감추지 않는다면 곧 간사한 역적이 생겨난다. 야심에 가득 찬 신하는 군주를 시해하고 그 자리를 대신 차지해서 백성 가운데 복종하지 않는 이가 없게 만드는 자를 '사나운 호랑이'라고 부른다. 군주의 곁에 있으면서 빈틈을 엿보아 난을 일으키는 자를 '역적'이라고 부른다.

간사한 도당을 해산시켜 그 잔당을 붙잡아 들이고 그 문호를 막아 그들을 돕던 손길을 끊는다면 나라에는 사나운 호랑이가 사라질 것이다. 군주가 나라를 다스리는 방법을 헤아릴 수 없을 만큼 크고 깊게 해서 신하들의 말과 행동이 일치하는지를 살피고, 법도와 격식에 비추어 그들이 수행하는 직무가 적합한지를 점검하여 제멋대로 처리하는 자를 처단해버리면 간사한 역적이 없어진다.

군주에게는 권력을 상실하게 하는 다섯 가지 장애 요인이 있다.

첫째, 신하가 군주의 눈과 귀를 가려서 듣지도 보지도 못하게 하는 것이다.

둘째, 신하가 나라의 중요한 경제기관을 손아귀에 넣어 군주의 명령에 순종하지 않고 자기 멋대로 제반 일들을 처리하는 것이다.

셋째, 신하가 군주의 허락 없이 자기 멋대로 명령을 내려 그 명령을 세상에 행하게 하는 것이다.

넷째, 신하 된 자가 의를 행하여 많은 사람에게 은혜를 베풀어 신망을 사는 것이다. 신하가 비밀리에 그 부하에게 은혜를 베풀고 백성에게 은택을 베풀면 그 덕은 군주로부터 그 사람에게로 자연스럽게 옮겨진다.

다섯째, 신하가 개인적으로 사람의 마음을 얻어 작당하는 것이다.

만약 신하가 군주의 눈과 귀를 가리면 나라 안팎의 사정을 알 수 없다. 그러면 군주는 그 지위를 잃게 되고, 신하가 나라의 재정을 장악하면 군주는 은택을 베풀 수 없게 되며, 신하가 마음대로 명령을 내리면 군주는 행정의 통제력을 읽게 된다. 또 신하가 사적으로 작당을 이루면 군주는 자신을 편들 무리를 잃게 된다. 이러한 것들은 군주 한 사람만 마음대로 할 수 있는 것으로, 신하 된 자가 권세를 잡으면 군주에게 반드시 도전하게 된다.[27]

그래서 상벌은 군주 스스로 행해야 한다. 현명한 군주가 신하를 통제할 때 사용하는 것은 2개의 자루[이병二柄]뿐이다. 2개의 자루란 형벌[刑]을 주는 것과 은덕[德]을 베푸는 것이다. 무엇을 형과 덕이라고 하는가 하면, 사형에 처하는 것을 '형'이라고 하고 공을 치하해 상을 내리는 것을 '덕'이라고 한다. 신하 된 자들은 벌을 두려워하지만, 포상을 바라는 것이 사실이다. 그런 까닭에 군주가 직접 형벌과 포상을 관장한다면 신하들은 그 권위를 두려워하며 자신들에게 이로운 쪽으로 행동하게 된다.

그러나 간신들은 그렇지 않다. 간신들은 미워하는 자가 있으면 군주로부터 형벌의 권한을 얻어내 죄를 뒤집어씌우고, 좋아하는 자가 있으면 군주에게서 포상의 권한을 얻어내 상을 준다. 오늘날 군주가 이처럼 상벌의 권한을 자신이 직접 관장하지 못하고 신하의 말만 듣고서 시행한다면, 온 나라 백성은 모두 그 신하만 두려워하고 군주를 가볍게 여길 것이며, 백성의 마음은 군주를 떠나 신하에게로 옮겨간다. 이것은 군주가 형벌과 은덕을 잃었기 때문에 생겨난 환란이다.

무릇 호랑이가 개를 복종시킬 수 있는 까닭은 날카로운 발톱과 사나운 이빨을 지녔기 때문이다. 만일 호랑이에게서 발톱과 이빨을 떼내어 개에게 사용하게 한다면 호랑이가 도리어 개에게 복종할 것이다. 군주는 이병인 형벌과 은덕으로 통제하는 자다. 그런데 지금의 군주가 이병인 형벌과 은덕을 신하에게 주어 사용하게 한다면, 군주는 도리어 신하의 통제를 받게 된다.[28]

군주가 정치를 할 때는 반드시 포상과 형벌 두 자루를 사용해야 한다. 상벌로써 신하들을 위압하고 이익을 주었을 때 군주의 권세는 오래 갈 수 있다. 따라서 군주는 어떠한 일이 있어도 신하들에게 포상과 형벌의 권한을 넘겨주어서는 안 된다. 상벌의 권한을 넘겨주는 것은 곧 신하들에게 칼자루를 넘겨주는 것과 마찬가지다.

그 예로, 옛날 제나라의 전상이라는 신하는 군주에게 작위와 봉록을 요청하여 그것을 여러 신하에게 베풀어주었다. 그는 아래로 백성에게 곡물을 꿔줄 때는 큰 말로 퍼주고, 거두어들일 때는 작은 말로 받아 은혜를 베풀었다. 이렇게 되자 제나라의 군주 간공은 은덕의 자루를 잃어버리고 전상이 그 권한을 잡게 되었으며, 간공은 마침내 시해를 당하고 말았다.

자한이 송나라 군주에게 말했다.

"상이나 하사품을 주는 것은 백성이 매우 기뻐하는 일이니 왕께서 직접 행하시고, 사람을 죽이거나 형벌을 받는 것은 백성이 싫어하는 일이므로 청컨대 신에게 담당하도록 해주십시오."

이리하여 송나라 군주는 형벌의 권한을 잃게 되었고, 자한은 이를 이용해 결국 군주를 위협하게 되었다.

전상은 단지 은덕을 베푸는 권한만 행사했을 뿐인데 간공은 그에게 죽임을 당했고, 자한은 한갓 형벌의 권한만 행사했을 뿐인데 송나라 군주는 그에게 위협을 받았다. 그런데 지금 신하 중에 이병인 형벌과 은

덕의 두 권한을 모두 사용하는 자들이 있다면, 간공이나 송나라 군주보다 더욱 위태로울 것이다.

그러므로 군주가 신하들에게 위협받거나 살해를 당하며, 눈과 귀가 가려지고 막히니 국정의 실상을 보고 듣지 못한 군주는 이병인 형벌과 은덕을 잃을 수밖에 없고, 신하가 군주 대신 권력을 사용하게 하면 나라가 망하거나 위태롭게 되는 것은 당연한 일이다.

군주가 신하들의 간사한 행위를 금지하려면 그들의 실적이 말과 합치되는지 살펴야 한다. 그것은 말과 일, 실적에 관한 사항이다.[29]

이와 같이 나라를 다스리는 두 가지 사실 중에서 군주가 한 가지만 신하에게 양보해도 죽임을 당하거나 지위가 위태로워진다. 바로 제나라 간공과 송나라 군주가 그 본보기다. 따라서 군주가 상벌을 신하에게 양보하는 것은 곧 자신의 권한을 신하에게 넘겨주는 것과 같은 결과를 초래한다.

천하를 다스리려면 반드시 인간의 본성에 따라 행해야 한다. 인간의 본성에 호오(好惡: 포상의 이익을 좋아하고 형벌의 해를 싫어함)의 감정이 있기 때문에 상벌이 효력을 지닐 수 있다. 상벌이 효력을 지닐 수 있으므로 금령과 명령이 확립될 수 있고, 따라서 치국의 도는 완비된다. 군주가 권병權柄을 장악하고 위세를 가지고 있기 때문에 명령은 시행되고 금령은 지켜진다. 권병이란 사람을 죽이고 살리는 권력이며, 위세란 백성을 제압하는 자본이다.[30]

포상이 크면 반드시 용기 있는 자가 나오고, 형벌이 엄하면 절대 겁쟁이가 생기지 않는다. 그런데 포상과 형벌에는 한 가지 조건이 있다. 즉 공이 있는 사람에게는 상을 주고, 죄를 범한 자에게는 반드시 벌을 주는 것을 주저해서는 안 된다. 행동의 결과 공이 있는데도 임금에게 비판적이라고 해서 벌을 내리거나, 죄를 지었는데도 임금이 총애한다고 해서 상을 준다면 병사들은 실력을 쌓기보다 임금 가까이 가기 위해 노력한다. 또 말한 것은 반드시 실천에 옮겨 신하와 백성에게 신뢰를 얻어야 한다.

사람이 신뢰가 있어야 한다는 것은 사회와 국가를 지탱하는 원동력이다. '신信'이 人과 言의 결합이라는 자의字義에서도 알 수 있듯이 기본적인 의미는 자신의 말에 대한 실천을 의미한다. 자기가 한 말을 실천하여 약속을 지키면 상대방에게 믿음을 얻을 수 있기 때문이다. 그래서 상앙은 진나라 도성의 남문에 나무막대기 하나를 세워두고 사람들을 불러 모아 그것을 북문으로 옮기는 사람에게는 10금을 주겠다고 했다. 그러나 백성은 그깟 일에 10금을 줄 까닭이 없다고 생각하여 아무도 나서지 않았다. 그러자 다시 상금을 올려서 "이 나무를 북문에다 옮기는 사람에게는 50금을 준다"라고 했다. 어떤 할 일 없는 사람이 이것을 옮기자 바로 50금을 주었다. 상앙은 이렇게 백성에게 속이지 않는다는 것을 믿게 한 다음 비로소 새로운 법을 정식으로 공포했다. 그때까지 잘 시행되지 않았던 진나라 법령은 하루아침에 백성을 승복시켰다.[31]

# 오패로 자칭한 제나라

제나라는 본래 강태공 여상에 의해 주나라의 제후국이 된 나라다. 여상은 바닷가에 숨어 사는 선비였다. 그런데 주왕의 폭정에 의해 서백이 유리라는 곳에 갇히게 되자 그의 신하 신의생과 굉요가 여상을 찾아왔다. 그러자 여상은 이렇게 말했다.

"내가 듣기로 서백은 현명하고 또 노인을 공경한다고 하는데, 어찌 그의 고초를 그냥 보고만 있을 수 있겠는가?"

세 사람은 서백을 위해 아름다운 여자와 진귀한 보물을 구해 주왕에게 바쳐 서백의 죗값으로 치렀다. 이에 서백은 풀려나 주나라로 돌아올 수 있었다. 여상이 주나라를 섬기게 된 경위는 비록 다르지만, 요약하면 문왕과 무왕의 국가였기 때문이다.

이후 강태공은 서백을 도와 주나라를 크게 융성하게 했으며, 그 일들은 대부분 용병술과 기묘한 계책에 의해서였다. 후세에 주나라의 권모를 말할 때 태공을 받들어 말한 것도 이 때문이다. 천하를 셋으로 나누고 그 둘을 주나라에 귀의시킨 것은 태공의 권모와 계책이 매우 밝았기 때문이다.

문왕이 죽고 무왕이 즉위하자 여상은 사상보(스승으로 높이고 아버지로 모신다는 뜻)의 지위에 올랐다. 한편 은의 주왕은 그 포악함이 점점 더 기승을 부리고 있었다. 그리하여 왕자 비간을 살해하고 기자를 옥에 가두었다. 이에 무왕이 폭군인 주왕을 정벌하려고 했다. 출진을 앞두고 점을 쳤으나 점괘가 불길한 데다 갑자기 비바람이 몰아쳤다. 그러자 많은 대신이 두려워하면서 말렸으나 여상만이 부왕에게 강력하게 권하여 무왕은 공격을 시작했다.

드디어 목야라는 곳에서 은나라 주왕의 군사를 물리쳤으며, 도망하는 주왕을 붙잡아 참살했다. 이로써 은나라는 멸망하고 주나라의 전성시대가 열리게 되었다. 창고의 곡식을 풀어 가난한 백성을 구제하고, 비간의 묘에 봉토하고, 기자의 구금을 풀었다. 사상보는 주나라의 정치를 잘 닦아 천하를 태평하게 했으므로 그의 계책은 성공을 거두었다. 무왕이 은나라를 평정하고 천하의 패자가 되자 사상보 강태공의 업적을 기려 제나라 영구 땅에 제후로 봉했다.

강태공이 즉위하고 나서 무왕의 아우인 관숙과 채숙이 반기를 들자, 주나라 성왕이 태공에게 반란의 진압을 명하여 이들의 죄를 토벌했다. 제나라는 이를 계기로 영토를 확장했으며 영구에 도읍했다.

이후 제나라는 14대 왕에 양공이 즉위했다. 양공이 제위에 있을 당시 법령이 수시로 바뀌는 등 제나라의 정치 상황이 몹시 어지러웠다. 또 노나라 환공을 술을 취하게 하여 죽이고 그 부인과 정을 통한 다음 주살한 것이 여러 이치에 맞지 않았으며, 여자들에게 음란한 짓을 하고 대신들을 여러 번 속이자 여러 동생은 국내에 반란이 일어날 것을 예감하고 대부분 망명을 떠나 있었다. 둘째 왕자인 규는 노나라로 달아났다. 그 어머니는 노나라 여자였다. 관중과 소홀이 그를 보좌하고 있었다. 다음 동생 소백은 거나라로 달아났는데, 포숙이 그를 보좌하고 있었다. 소백의 어머니는 위나라 군주의 딸로 희공에게 총애를 받았다.

소백은 어려서부터 대부 고혜와 좋은 관계를 유지했다. 옹림 사람들이 양공인 공손무지를 죽이고 임금을 세우는 일을 논하게 되자, 고혜와 국의중은 먼저 아무도 모르게 거나라에 있는 소백을 불렀다. 노나라도 공손무지가 죽었다는 소식을 듣고 군사를 내어 공자 규에게 보내고는 관중에게 별도로 병사를 도모하게 하여 거나라로 통하는 길을 막아버렸다. 관중은 군대를 이끌고 매복하여 소백 일행이 오는 길목을 지키고 있었다. 하루를 기다리니 소백 일행이 급히 말을 몰아 달려오고 있었다. 관중은 이때다 싶어 소백을 향해 활을 쏘았다. 활은 그대로 명중하여 소백은 말에서 굴러떨어졌다. 관중은 곧 노나라로 사자를 보내 소백이 죽었다고 보고했다. 이에 안심한 규 일행이 천천히 6일 만에 제나라에 도착했으나, 소백이 이미 제나라에 들어와 고혜가 그를 임금으로 세웠으니, 이 사람이 그 유명한 제환공이다. 규는 뜻을 이루지 못하고 관중과 함께 다시 노나라로 돌아갔다. 소백은 관중에게 화살을 맞았지만, 다행히도 허리띠의 쇠 장식 부분에 맞았기 때문에 살 수 있었다. 그는 죽은 척하고 영구차를 만들어 급히 제나라로 돌아왔다.

그해 가을 제나라는 건치에서 노나라를 공격했다. 노나라 군대가 패하여 후퇴하려 하자 제나라는 퇴로를 차단하여 완전히 포위해버렸다. 이때 제환공이 노나라 왕에게 편지를 보냈다.

"공자 규는 나의 형제여서 차마 내 손으로 죽일 수 없으므로 그대의 나라에서 죽이기를 청한다. 소홀과 관중은 원수이니 청컨대 그들을 잡아 젓갈을 담는 형벌에 처하여 마음을 달래려고 한다. 그렇게 하지 않으면 곧 노나라를 포위하여 멸망시켜버릴 것이다."

노나라 사람들은 이를 근심하여 공자 규를 죽였고, 또한 관중과 소홀을 제나라로 보냈다. 소홀은 제나라로 가는 도중 스스로 목숨을 끊었다. 원래 환공이 왕위에 오르자마자 바로 노나라를 공격한 목적은 관중을 죽이려는 것이었다. 그러자 포숙이 말했다.

"신이 다행히 주군을 모시게 되었는데, 주군께서는 결국 제나라의 주군에 오르셨습니다. 주군께서 장차 제나라를 다스리고자 하시면 고혜와 저 포숙이면 충분할 것입니다. 그러나 주군께서 패왕이 되시고자 한다면 장차 관중이 아니면 불가능합니다. 관중이 그 나라에 머물면 그 나라는 강성해질 것이니, 관중을 반드시 등용하십시오."

포숙의 간절하고도 충성스러운 간청에 환공도 비로소 마음을 바꾸게 되었다. 환공이 관중을 후히 예우하여 대부로 삼아 정치를 맡겼다. 환공은 관중을 얻게 되었고 포숙, 습붕, 고혜 등과 함께 제나라 국정을 닦았는데, 다섯 가구를 잇는 군대 조직, 국가의 이익을 도모할 수 있는 방법의 일환으로 고기잡이 및 소금 제조하는 관청을 설치하여 빈궁한 자들을 넉넉하게 해주고 어질고 능력 있는 자들을 등용하니, 제나라 사람들은 모두 기뻐했다.[32]

관중은 어떤 사람인가? 관중의 아버지는 관리를 지냈지만, 너무 일찍 죽는 바람에 급격하게 가세가 기울었다. 과거제도가 없던 당시에는 문벌에 따라 관작을 받을 수 있었는데, 어린 나이에 아버지를 여의고 가난에 찌든 관중으로서는 생계를 위해 당시 비천하게 여기던 장사에 종사할 수밖에 없었다. 관중은 장사할 때 포숙아를 알게 되어 동업했다. 이익을 분배할 때마다 관중은 언제나 욕심을 부려 포숙아보다 많이 챙겼다. 그러한 사실을 목격한 사람이 은밀히 포숙아를 찾아가 알려주었지만, 포숙아는 오히려 관중을 감싸주기에 급급했다. 관중이 재물을 탐하는 것이 아니라 집안 사정이 좋지 않아 더 많이 필요했기 때문이며,

자신이 적게 가져가는 것은 스스로 원했기 때문이라고 했다.

당시 도성 안에 거주하는 성인 남성들은 누구에게나 참전의 의무가 있었다. 관중은 모두 세 차례 전투에 참가했는데, 매번 적군과 마주치면 재빨리 도망가기 일쑤였다. 관중을 아는 사람이 그를 비겁하다고 놀리자, 포숙아가 나서서 관중은 죽는 것을 두려워하지 않는데 집안에 노모가 계셔서 돌볼 사람이라고는 자기밖에 없어 그것이 목숨을 보존하는 이유라고 변명했다. 관중을 아는 사람은 이런 이유로 관중을 별 볼일 없는 사내라고 여겼는데, 포숙아만은 관중이 큰 재능을 지녔지만 아직 때를 만나지 못한 것뿐이라고 믿었다. 관중 역시 포숙아의 우정에 늘 감사하는 마음을 잊지 않고 "나를 낳아준 이는 부모이지만, 나를 알아준 이는 포숙이다"라고 말했다.

환공은 포로 신분인 관중을 풀어주었을 뿐 아니라 재상으로 임명했다. 이에 관중이 말했다.

"신은 하해와 같은 은총을 받고 있지만, 신분이 비천하기 때문에 말에 위엄이 서지 않습니다."

"그렇다면 그대를 고씨와 국씨 위에 두겠소."

"소인은 덕분에 신분은 귀하게 되었지만, 아직은 가난합니다."

"그렇다면 그대에게 삼귀三歸의 집(300승의 땅)을 주겠소."

"신은 덕택에 부자는 되었지만, 공가公家와의 관계가 없습니다."

그래서 환공은 관중을 중부仲父(仲은 '버금'이라는 뜻으로, 관중을 작은아버지 혹은 수양아버지로 부르는 것)로 삼았다. 소략은 이를 두고 이렇게 말했다.

"관중은 비천한 신분으로는 귀족들을 다스릴 수 없다고 생각했기 때문에 고씨와 국씨 위에 서기를 바랐고, 가난하면 부유한 자를 다스릴 수 없다고 생각했기 때문에 3귀의 집을 바랐던 것이다. 또 공가와 소원하면 군주의 일족을 다스릴 수 없다고 생각했기 때문에 중부의 지위를 바랐던 것이다. 관중은 탐욕스러워가 아니라 나라를 잘 다스리기 위해 그것들을 소원한 것이다."[33]

관중은 소금과 철에 세금을 부과하는 등 여러 가지 개혁적인 제도를 시행하여 제나라를 전국시대에 가장 부유하고 막강한 나라로 만들었다. 제나라 환공은 수차례에 걸쳐 제후들을 모아 회맹을 열어 천하를 바로잡음으로써 드디어 춘추시대 다섯 패자의 우두머리가 되었다.

옛날 제나라 경공이 사광과 안자에게 정치에 대해 물었는데, 그들은 실행하기 쉬운 것은 말하지 않고 실행하기 어려운 것만 말했다. 이것은 마치 사람이 수레에서 내려 더 빨리 달려보겠다고 수레와 경쟁하는 꼴이다.

공자의 제자인 자하는 군주가 상벌의 권세로써 해를 제거하는 방법에 대해 『춘추』를 들어 적절하게 설파했다. 즉, 어떤 일이든 세력이 있는 자가 승리를 거두게 마련이므로 마치 초목의 싹이 자라기 전에 좋지 못한 싹을 잘라내는 것과 같이 이익을 도모하는 자는 미리 제거하는 것이 근심을 없애는 길이다. 그래서 노나라 계손은 자로가 군주의 권세를 침해하자 자로의 스승 공자를 질책했다. 하물며 군주의 권세를 빌려 이익을 도모하는 자는 제재를 가하지 않으면 안 된다는 취지에서 비롯된 것이다.

권세를 도모하는 자는 어떠한 경우에라도 용서할 수 없다. 하물며 군주의 권위를 침범하는 자가 있을 경우에는 말할 나위도 없다. 이 때문에 태공망은 군주를 섬기지 않은 광휼을 살해했고, 준마라도 명령을 따르지 않으면 노예도 타지 않았다. 또 위나라 사공은 위에 있는 자가 아랫사람을 제어하려면 그 성질을 알아야 한다고 했으니, 마치 사슴에게 말을 대신하게 할 수 없는 것과 같다.

설공은 군주와 신하의 이해가 상반된다는 이치를 알고 있었기 때문에 가까운 신하인 쌍둥이에게 도박을 하게 하여 이익을 주었다. 그러므로 현명한 군주가 신하를 기르는 도는 마치 새의 날개를 잘라 길들이는 것과 같다.[34]

보통 사람이라면 상을 주면 좋아하고 칭찬하면 기뻐하게 마련인데 그렇지 않은 신하는 할 수 없이 벌해야 하며, 또한 벌하면 두려워하고 세간의 평이 좋지 않으면 겁을 내게 마련인데 그렇지 못하다면 그러한 신하는 제거해야 한다.

제나라 경공이 진나라로 갔을 때 평공과 함께 술을 마셨다. 이때 음악을 관장하는 사광이라는 대신도 그 자리에 있었다. 경공이 사광에게 정치에 관해 물었다.

"태사는 장차 어떤 말로 과인에게 가르쳐주겠소?"

사광이 말했다.

"군주께서는 반드시 백성에게 은혜를 베풀어야 합니다."

연회가 한층 무르익어 술기운이 올라 자리를 뜨려고 하다가 경공은 또다시 사광에게 정치에 관해 물었다.

"태사는 장차 어떤 말로 과인에게 가르쳐주겠소?"

사광은 말했다.

"군주께서는 반드시 백성에게 은혜를 베풀어야 합니다."

경공이 연회장을 나와 숙소로 가는데, 사광이 그를 전송했다. 경공이 또 사광에게 정치에 관해 묻자, 사광이 말했다.

"군주께서는 반드시 백성에게 은혜를 베풀어야 합니다."

경공이 들어와서 거듭 생각해보고, 술이 깨기 전에 사광이 말한 것을 깨달았다. 경공에게는 미와 하라는 두 동생이 있었는데, 평소 그들은 제나라 백성에게 많은 은혜를 베풀어 민심을 크게 얻고 있었다. 또한 그 집이 부유하고 백성이 모두 그들을 따르고 있었으므로 그 세력이 경공에게 버금갈 정도였다. 그래서 경공은 사광의 말을 생각하고, 그들의 세력이 군주를 위협하기에 충분하니 백성에게 은혜를 베풂으로써 이미 민심을 얻고 있는 두 동생을 제어하라는 뜻으로 해석한 것이다.

그래서 경공은 제나라로 돌아오자 창고의 곡식을 풀어 가난한 자들에게 나눠주고, 국고의 재물을 풀어 고아와 과부들에게 나눠주었다. 그리하여 창고의 곡식은 바닥이 났고, 비축해둔 재화도 전부 없어졌다. 그리고 궁궐의 여자들 가운데 군주를 모시지 않는 자는 모두 궁 밖으로 나가게 하여 출가시켰으며, 나이 칠십이 된 노인에게는 녹미를 주는 등 은혜를 베풀어 두 동생에게 지지 않을 정도의 민심을 얻게 되었다.

이로부터 두 해가 지나자 두 동생은 도망하여 하는 초나라로, 미는 진나라로 달아났다.[35]

# 제나라의 현신들

맹상군의 이름은 전문田文으로 제나라의 귀족이다. 그는 신릉군, 평원군, 춘신군과 함께 '전국 사공자戰國四公子'라고 불렸다. 사공자는 재능 있는 어진 선비들을 좋아해서 찾아오는 사람이 있으면 귀천을 가리지 않고 재워주고 먹여주었는데, 그런 사람들을 '식객'이라고 했다. 그들은 각기 수천 명의 식객을 거느리고 있었으며, 그중에서도 맹상군의 식객이 가장 많았다.

제나라에 풍훤이라는 사람이 있었는데, 집이 매우 가난해서 입에 풀칠하기도 어려웠다. 그래서 맹상군에게 사람을 보내어 식객으로 들어가고 싶다고 청했다. 맹상군은 두말없이 그를 받아들였지만, 다른 식객들은 아무 재주도 없는 사람이라고 얕보며 잡곡밥에 푸성귀만 주면서 음식 대접을 소홀히 했다. 그러던 어느 날, 풍훤은 대청 기둥에 기대어 앉아 검을 박자에 맞춰 두드리면서 노래를 불렀다.

"장검아, 장검아, 이제는 돌아가자. 물고기도 먹을 수 없으니 돌아가지 않고 뭐하겠느냐."

그것을 본 맹상군은 아랫사람들에게 지시를 내렸다.

"그에게도 물고기를 대접하게. 다른 식객들처럼 잘 대접해주게."

그러던 어느 날, 밖에 나갔다가 돌아온 풍훤은 또 기둥에 기대어 앉아 노래를 불렀다.

"장검아, 장검아, 돌아가자. 밖에 나가는데 수레가 없으니 돌아가지 않고 뭐하겠느냐."

그 말을 들은 맹상군은 아랫사람들에게 말했다.

"풍원도 다른 식객들과 똑같이 대우해주게. 그가 밖으로 나갈 때 수레를 내주게."

그런데 얼마 지나지 않아서 풍훤은 또 노래를 불렀다.

"장검아, 장검아, 돌아가자. 여기서는 노인을 봉양할 수 없으니 돌아가지 않고 뭐하겠느냐."

그 노래를 들은 맹상군은 아랫사람들에게 분부해 그의 어머니에게 매일 세 끼의 음식을 보내게 했다. 그다음부터는 풍훤의 노랫소리가 들리지 않았다. 그러던 어느 날, 맹상군은 풍훤에게 설읍에 가서 빚을 받아오라고 했다. 떠날 때 풍훤이 물었다.

"빚을 다 받으면 무엇을 사 올까요?"

"우리 집에 무엇이 부족한가를 보고 부족한 것을 사 오게."

설읍에 도착한 풍훤은 빚을 진 사람들을 모두 불러 모아서 채무를 하나하나 대조해보게 했다. 그러고는 맹상군이 빚을 탕감해주기로 했다며 선포하고는 사람들이 보는 데서 빚 문서들을 태워버렸다. 백성이 맹상군에게 감사한 것은 두말할 나위가 없었다. 이튿날 풍훤은 도성으로 돌아왔다. 맹상군은 그가 빨리 돌아온 것을 보고 매우 놀라워하며 이렇게 물었다.

"빚은 다 받아왔는가?"

"예, 다 받았습니다."

"그럼 무엇을 사 왔는가?"

"분부대로 공자님 댁에 없는 것을 사 왔습니다. 소인이 보건대 공자님 댁에 다른 것은 다 있는데 오직 '의義'가 부족한 것 같아서 '의'를 사가지고 돌아왔습니다."

맹상군이 어리둥절해하자 풍훤이 말을 보탰다.

"소인은 공자님의 허락도 없이 사사로이 공자님의 결정이라고 꾸며 그들의 빚을 모두 탕감해주었습니다. 그리고 빚 문서도 전부 다 태워버렸습니다. 그러자 백성은 하나같이 공자님의 은덕을 잊지 않겠다고 소리쳤습니다. 이렇게 소인은 공자님에게 '의'를 사 왔습니다."

맹상군은 속으로 몹시 언짢았지만, 겉으로는 아무 말도 하지 않았다. 그런데 1년 후 제나라 민왕이 맹상군의 직위를 파면하자, 그는 어쩔 수 없이 봉읍지인 설읍으로 내려가야 했다. 그 소식을 들은 설읍의 백성은 남녀노소 할 것 없이 백 리 밖까지 나와서 그가 오기만을 기다렸다. 그 광경을 본 맹상군은 크게 감동했으며, 풍훤을 돌아보며 이렇게 말했다.

"오늘에야 비로소 자네가 사 왔다는 '의'를 이 눈으로 보게 되었네."

그러자 풍훤은 이렇게 대답했다.

"꾀 있는 토끼들은 굴을 3개씩 파놓는다고 합니다. 그래야 생명을 보존할 수 있지요. 지금 이 설읍은 굴 하나에 불과합니다. 이 굴 하나로는 안심할 수 없습니다. 소인이 굴 2개를 더 파놓도록 허락해주십시오."

물론 맹상군은 찬성했다. 풍훤은 양나라로 가서 혜왕에게 이렇게 말했다.

"지금 제나라 대신 맹상군은 임금에게 쫓겨나 국외에 있습니다. 맹상군은 재능 있고 덕이 높은 분입니다. 그를 등용하는 나라는 반드시 강성해질 것입니다."

혜왕은 그 말에 일리가 있다고 생각하고 맹상군을 재상으로 삼기로 했다. 그래서 사신더러 수레 1백 대와 황금 1천 근을 갖고 설읍으로 가서 맹상군을 데려오도록 했다. 그 소식을 들은 민왕은 무척 놀랐으며, 자신의 경솔함을 후회했다. 그는 즉시 태자의 스승에게 황금 1천 근과 화려하게 장식한 수레, 자신의 보검, 잘못을 사과하는 문서를 가지고 설읍으로 가서 맹상군을 데려오도록 했다. 맹상군은 재상 일을 보겠다고 하면서 풍훤의 조언에 따라 선조 때부터 내려오는 제사 기물들을 설읍에도 얼마간 나눠주어 종묘를 세우게 해 달라고 했다. 민왕은 그 요구를 즉시 들어주었다. 이리하여 맹상군은 수십 년 동안 아무런 위협이나 화액을 당하지 않고 순조롭게 제나라 재상을 지냈다. '교토삼굴狡兔三窟'이란 "꾀 있는 토끼는 굴을 3개 파놓는다"라는 뜻으로, 바로 맹상군의 일화에서 나온 말이다.

유람을 자주 즐기면 나라가 위태롭게 되는 경우를 소개한다.

옛날 전성자가 바닷가에서 놀다가 이에 재미를 붙여 대부들에게 명을 내렸다.

"돌아가자고 말하는 자가 있으면 처형하겠다."

안탁취가 말했다.

"군주께서 바다에서만 놀며 이를 즐기고 계실 때 신하 가운데 정권을 노리는 자가 있다면 어찌하시렵니까? 군주께서 이곳에서 즐거울지라도 나라를 잃고 나면 어찌 되겠습니까?"

그러자 전성자는 화가 나서 말했다.

"과인이 돌아가자고 말하는 자는 사형에 처한다고 명령했소. 그대는 지금 과인의 명령을 어긴 것이다.”

그러고는 즉시 창으로 그를 찌르려고 했다. 그러자 안탁취가 말했다.

“옛날 하나라의 폭군 걸왕이 간언했던 충신 관용봉을 죽이고, 은나라의 폭군 주왕이 간언했던 왕자 비간을 살해했는데, 이제 왕께서 신을 죽인다면 간언하다가 죽임을 당한 세 번째 충신으로 길이 남게 될 것입니다. 신은 나라를 위해 간언한 것이지 저 자신을 위해 그런 것은 아닙니다.”

그러고는 목을 길게 빼고 앞으로 나서며 말했다.

“왕께서는 제 목을 치십시오.”

군주는 깨달은 바 있어 창을 버리고 수레를 몰아 도성으로 돌아갔다. 그로부터 사흘이 지난 뒤 도성 사람들 가운데 자신을 수도로 돌아오지 못하게 하려고 모의한 자가 있었음을 알게 됐다. 전성자가 제나라를 계속 유지할 수 있었던 것은 안탁취의 공로였다. 그래서 “도성을 떠나 먼 곳까지 놀러 다니는 것은 몸을 위태롭게 하는 길이다”라고 한 것이다.

제나라 재상 안영은 작은 키에 볼품없는 풍채였지만, 기백과 자긍심이 대단한 인물로서 한 시대를 풍미했다. 한번은 외교상의 예방을 목적으로 초나라에 갈 일이 생겼는데, 초나라의 영왕은 심술궂고 장난기가 많은 임금이었다.

“마침 잘됐다. 안영이 찾아오면 얼굴이 빨개지도록 모욕을 주어 기를 꺾어놓아야지.”

영왕은 안영을 골탕 먹이려고 미리 계략을 짜놓고 있었다. 마침내 안영이 탄 수레가 초나라 서울 동문 가까이 이르렀을 때, 수문장이 갑자기 성문을 닫아버렸다. 물론 지시된 계획에 따른 조치였다. 성문 앞에 다다른 안영은 성루에 서 있는 파수병을 쳐다보며 큰소리로 외쳤다.

"문을 열어라! 먼 나라에서 사신이 찾아왔거늘 이 무슨 해괴한 짓이냐?"

그러자 큰 문 옆의 작은 문이 열렸다. 그러더니 병사 한 명이 나와 안영더러 그쪽으로 들어오라고 안내했다. 멀쩡히 열려 있던 큰 문을 닫고 작은 문으로 들어오라는 수작의 의도를 간파한 안영은 시치미를 떼고 외쳤다.

"아니, 이 문은 개가 드나드는 개구멍이 아닌가. 그러고 보면 이 나라에 사람은 없고 개만 있는가 보군. 그러니 군자의 나라에서 온 내가 어찌 개구멍으로 들어갈 수 있나."

달려온 수문장으로부터 보고를 들은 영왕은 깜짝 놀랐다.

"안영을 우롱하라고 했더니 거꾸로 우롱당한 셈이군그래. 안영이라는 자는 소문대로 과연 보통 인물이 아니구나!"

영왕은 얼른 사람을 보내 성문을 열고 정중하게 맞아들이도록 했다. 영빈관에서 하룻밤을 잔 안영은 다음날 입궐하여 초나라 왕을 비롯하여 대신들과 상견례를 하게 되었다. 먼저 그를 맞이한 것은 '어깨를 나란히 하고 뒤꿈치를 이어(比肩繼踵)'서 있는 기라성같은 문무 대신들로, 그들은 돌아가며 날카로운 질문과 해학적 비유로 안영의 인물됨을 시험하려고 들었다. 이에 대해 안영은 눈 하나 깜짝하지 않고 일일이 최상의 대답을 해줌으로써 질문자들이 무안해서 기가 쏙 들어가게 했다.

이윽고 주악과 함께 많은 시녀를 거느린 영왕이 나타났다. 안영이 예의를 다하여 인사하자, 영왕은 짐짓 혀를 차며 안됐다는 듯이 말했다.

"저런, 제나라에는 인물이 어지간히도 없는 모양이로군. 그대 같은 사람을 사신으로 파견하다니."

그런 모욕적인 말이 없었지만, 안영은 낯빛 하나 변하지 않고 대꾸

했다.

"전하께서는 무슨 말씀을 그리 하십니까? 우리 서울 임치만 해도 성안 백성이 3만 호나 되고, 거리에 사람들이 넘쳐나며, 유능한 인재가 수두룩하답니다. 그런데도 어찌 사람이 없다는 식으로 혹평을 하시는지요."

"그렇게 인물이 많다면 어째서 그대 같은 소인물을 사신으로 보냈을까?"

그 말이 나오기를 기다렸다는 듯이 안영은 빙그레 웃으며 대답했다.

"하나도 이상한 일이 아닙니다. 우리나라에서는 외국에 사신을 보낼 때 엄격한 기준을 두고 거기에 맞추어 사람을 선택해 파견하고 있습니다."

"그건 또 무슨 소린가? 사신 파견의 기준이라니?"

"이를테면 이렇습니다. 현명한 군주가 계신 나라에는 대인물을, 어두운 군주가 계신 나라에는 소인물을 파견하는 것입니다. 저는 무능하고 어리석은지라 제 직분에 어울리는 나라로 가라는 명을 받았기에 이렇게 찾아왔습니다."

그 말은 들은 영왕은 놀라움과 감탄을 금치 못했다. 풍채는 볼품없어도 대단한 인물임을 간파한 영왕은 금방 태도를 바꾸어 최고의 예우로 안영을 대접했다. 덕분에 안영은 목적한 외교 임무를 훌륭히 수행하고 귀국길에 오를 수 있었다.

한편 제나라에 북곽소라는 사람이 있었는데, 그는 짐승을 잡는 그물을 엮거나 짚신을 삼는 일로 모친을 봉양하며 생계를 유지했다. 하지만 그것으로는 생계를 유지하기가 어려웠기 때문에 그는 직접 안영을 찾아가 부탁했다.

"저는 선생님의 인의를 흠모하고 있었습니다. 그래서 이번에 모친을 부양하기 위해 구걸하러 왔습니다."

안영은 곳간에서 돈과 양식을 꺼내 북곽소에게 건네주었는데, 그는 돈과 재물은 사절하고 먹을 양식만 받아 갔다.

그 후 얼마 지나지 않아서 안영은 제경공의 의심을 받게 되어 더이상 조정에 있을 수 없게 되었다. 그가 조정에서 떠나는 날, 북곽소의 문 앞을 지나다가 그에게 작별 인사를 했다. 북곽소는 목욕재계한 후 새 옷을 갈아입고 나와서 정중하게 인사하면서 물었다.

"선생께서는 지금 어디로 가시렵니까?"

"나는 지금 임금의 의심을 받는 처지가 되어 도망치듯 떠날 수밖에 없게 되었네."

"그럼 잘 가십시오."

이렇게 말하면서 북곽소는 별다른 반응을 보이지 않았다. 안영은 수레에 앉으면서 길게 탄식했다.

"내가 이 지경에 이른 것이 마땅치 않다는 말인가? 정말로 선비들은 모르겠구나! 이제 와서 누구를 원망하겠는가?"

그런데 안영을 보낸 북곽소는 즉시 친구들을 만나서 이렇게 말했다.

"내가 안영의 인의를 흠모해서 예전에 구걸하러 간 적이 있네. 나는 부모를 부양하는 데 도움을 준 사람이라면 그를 대신하여 위기를 짊어질 줄 알아야 한다고 들었네. 지금 안영이 임금의 의심을 받고 있으니, 내가 목숨을 걸고 그의 결백을 증명하려고 하네."

말을 마친 북곽소는 정결한 차림새를 하고 친구에게 보검과 대나무 광주리를 들게 한 뒤에 함께 궁궐로 찾아갔다. 궁궐 앞에서 그가 문지기에게 말했다.

"안영은 천하에 이름난 현명한 사람입니다. 지금 임금님의 의심을 받아 나라를 떠나게 되었으니, 제나라는 반드시 이로 인해 손해를 보게 될 것입니다. 국가의 손실을 눈 뜨고 지켜보느니 차라리 죽는 편이 더 나을 것 같아 지금 제 머리로 안영의 결백을 증명하려 합니다."

그는 친구에게 "자네는 내 머리를 대나무 광주리에 담아서 임금님께 갖다 드리게. 그리고 내 뜻을 전해주기 바라네"라고 말하고는 즉시 검으로 자결했다.

북곽소의 친구는 그의 머리를 문지기에게 넘겨주며 말했다.

"이것이 바로 북곽소의 머리요. 그가 나라를 위해 죽었으니 나는 이제 그를 위해 죽겠소."

그러고는 친구 역시 그 검으로 자결했다.

이 사실을 전해 들은 제경공은 대경실색하여 직접 수레를 몰아 안영의 뒤를 쫓아갔다. 교외에서 겨우 안영을 따라잡은 그는 돌아와 달라고 청했다. 안영은 어쩔 수 없이 제경공을 따라서 돌아왔다. 북곽소가 목숨을 담보로 자신의 결백을 증명했다는 소식을 들은 안영은 이렇게 탄식했다.

"이 안영이 도망가는 게 정말로 마땅치 않다는 말인가? 갈수록 선비를 알기가 어렵구나!"

사람 사는 세상에는 지향하는 가치나 사상이 저마다 다를 수밖에 없다. 이러한 차이는 시대나 이념에 의해 말살될 수 있는 것이 아니다. 그러므로 사물은 종류로써 나뉘고, 사람은 무리로써 갈라지는 현상은 선비가 자기를 알아주는 자를 위해 죽고, 여인이 자신을 사랑해주는 자를 위해 치장하는 것처럼 변하지 않는 규범이며 아울러 인성의 기본적 특징이다. 그리고 이러한 특성을 존중하는 것이 결국 인간의 존엄을 지켜주는 것이라고 할 수 있다.

사랑과 믿음, 희생은 인간이 살아가는 종교의 세계에서 보여주는 사례다. 그런데 이런 인성을 통한 종교성을 동물의 세계에서도 볼 수 있다는 것은 놀랄 만한 일이다. 도쿄올림픽 때, 일본 올림픽위원회는 메인 스타디움을 확장하기 위해 건축한 지 3년밖에 안 되는 집을 철거하게 되었다. 철거 인부들이 지붕을 벗기려는데 꼬리 쪽에 못이 박힌 채 벽에서 미동도 하지 못하는 도마뱀 한 마리가 생명을 갈구하기 위해 몸부림치고 있는 모습이 발견되었다.

도마뱀이 3년이라는 세월을 못에 박힌 채 어떻게 생명을 보존했는지 인부들 눈에는 경이로움이 아닐 수 없었다. 그래서 인부들은 그 원인을 규명하기 위해 잠시 철거공사를 중단하고 사흘 동안 도마뱀을 주시했다. 마침내 인부들은 그 불쌍한 도마뱀을 위해 하루에도 몇 번씩 먹이를 구해다주는 또 다른 도마뱀을 발견하게 되었다.

인부들은 과연 이 두 도마뱀이 어떤 사이일까 하는 궁금증이 일기 시작했다. 그러나 사람의 눈으로는 부모와 자식 관계인지, 서로 사랑하는 연인 사이인지, 아니면 동료 사이인지를 식별할 수 없었다. 단지 그들은 자연 속에서 자유를 구가했던 아름다운 시절이 있었는데, 인류의 문명은 이들의 공동생활을 현대의 이기심으로 무참히 파괴했다.

맹상군이나 안영을 사랑하고 믿고 의지하던 사람들은 이 둘이 어려움에 처하자 희생과 봉사를 마다하지 않았다. 어떤 목적이나 대가를 바라지 않고 순수한 마음으로 서로를 위해 힘이 되어주었던 도마뱀처럼 말이다.

거의 1,095일 동안 하루도 빠짐없이 못에 박힌 도마뱀의 생명을 구하기 위해 먹이를 구해준 그 도마뱀의 마음은 과연 어떠했을까? 오직

생명을 보존하기 위해 몸부림치는 사랑하는 도마뱀의 뼈아픈 고통을
그저 지켜볼 수밖에 없는 자신의 나약한 처지를 한탄하며 애만 태웠을
모습이 상상이 간다. 이들이 전할 수 있는 사랑의 표현이 3년이라는 장
구한 세월을 극복했으리라.

# 제나라가 멸망한 이유

오패의 맹주로 자처한 제나라가 멸망한 이유를 살펴보면 아주 간단하다. 첫 번째는 제나라 경공이 대부 안자(안영)를 데리고 소해를 유람하면서 백침이라는 누대에 올라 자신의 나라를 돌아보며 말했다.

"아름답구나. 유유히 흐르는 강물과 당당하게 솟은 산이여, 후세에는 장차 누가 이 나라를 가지게 될까?"

뜻밖에도 안자가 이렇게 말했다.

"아마도 전성자가 아닐까 생각합니다."

"과인이 지금 이 나라를 소유하고 있는데, 전성자가 소유하게 될 것이라니, 무슨 뜻인가?"

"전성자는 제나라 백성의 마음을 많이 얻고 있습니다. 그는 평소 백성에게 은혜를 베푸는 일에 힘을 다하여 현명한 사람에 대해서는 군주에게 작위와 봉록을 청해 나눠주고, 또 백성에 대해서는 은밀히 말과 되의 크기를 더하여 곡식을 빌려주고, 거둘 때는 작은 말과 되를 사용하여 돌려받습니다. 또 소 한 마리를 잡으면 자신은 한 쟁반의 고기만 취하고 나머지는 아랫사람들이 나눠 먹도록 합니다. 그리고 자기 영토에서 받아들인 포목 중에서 겨우 몇 자만 자기 몫으로 떼어놓고 나머지는 전부 아랫사람들에게 나눠주고 있습니다. 그뿐만 아니라 되도록 시중 물가를 억제하여 목재도 산지에서 사들이는 값보다 비싸지 않고, 해산물 가격 또한 통제하고 있습니다. 군주께서는 세금을 무겁게 걷고 있지만, 전성자는 은혜를 두텁게 베풀고 있습니다. 제나라에 일찍이 큰 흉년이 들었을 때, 길가에 굶어 죽는 자가 그 수를 헤아릴 수 없을 정도였는데, 부자가 손을 잡고 전성자를 찾아가면 살지 못했다는 말은 듣지 못했습니다. 그래서 주린 백성은 서로 '아, 기장을 추수해서 전성자에게 돌아가세'라고 함께 노래합니다. 『시경』에 이르기를, '비록 그대에게 은덕이 미치지 않았으나 노래하고 춤을 추네'라고 했습니다. 지금 전성자의 하찮은 덕으로 인해 민심이 그에게 돌아가 백성이 노래하고 춤추는 것은 백성이 덕을 따라 돌아간다는 것입니다. 그래서 전성자라고 한 것입니다."

경공은 괴로운 듯 눈물을 흘리며 말했다.

"어찌 슬프지 않으랴. 과인의 나라를 과인이 지니지 못하고 전성자가 갖게 되다니, 지금 이 일을 어찌하면 좋단 말이오."

안자가 말했다.

"군주께서는 무엇을 근심하십니까? 만일 군주께서 민심을 얻고자 하신다면 현명한 사람은 가까이하고 현명하지 못한 사람은 멀리하며, 또 이 세상의 모든 번거로운 폐해를 없애고 형벌을 가볍게 하여 가난한 자를 구제하시며, 고아와 과부, 홀아비를 불쌍히 여겨 충분한 은혜를 베풀도록 하십시오. 이렇듯 부족한 것을 채워주시면 백성은 장차 군주께 돌아올 것입니다. 그러면 비록 전성자 같은 사람이 열 명이 있더라도 군주를 어찌하겠습니까?"[36]

어떤 사람이 위의 두 이야기에 대해 다음과 같이 말했다.

"경공은 상벌권을 사용할 줄 모르고, 사광과 안자는 환난을 제거할 줄 모른다고 했다. 무릇 사냥하는 자는 수레의 안전에 의지하고 여섯 마리 말로 끌게 하며 왕량 같은 뛰어난 마부에게 수레를 몰게 한다면, 몸은 피로하지 않으면서 짐승이 아무리 빠르게 달아난다 하더라도 쉽게 잡을 수 있을 것이다. 그런데 필요한 수레를 버리고 여섯 필의 말과 뛰어난 마부도 싫다 하고 직접 뛰어다니면서 짐승을 쫓는다면 비록 빠르기로 이름난 누계가 뒤쫓는다 하더라도 제때 짐승을 따라잡지 못할 것이다. 그러나 훌륭한 말과 견고한 수레만 있으면 우매한 자라 할지라도 짐승을 충분히 잡을 수 있을 것이다. 나라는 군주에게 있어 수레에 해당하며, 권세는 군주의 말에 해당한다. 그 권세에 의해 처벌한다면 멋대로 날뛰는 신하를 능히 제어할 수 있지만, 권세에 의해 오만한 신하를 처벌하지 않고 오히려 군주가 은혜를 베풀어 신하와 경쟁하면서까지 민심을 장악하고자 한다면 결코 많은 신하의 힘을 당할 수 없게 된다. 이것은 모두 군주가 수레를 타지 않고, 말을 버리고 수레에서 뛰어내려 제 발로 짐승을 쫓는 행위와 다를 바 없다. 그러므로 경공은 상벌권을 행사할 줄 모르는 군주이고, 사광과 안자는 환난을 제거할 줄 모르는 신하라고 한 것이다."[37]

공자의 제자인 자하가 말했다.

"『춘추』의 기록을 살펴보면, 신하가 군주를 살해하고 아들이 아버지를 살해한 이야기가 십여 차례나 된다. 그러나 그것은 모두 하루아침에 일어난 일이 아니라 쌓이고 쌓여 그렇게 된 것이다."

모든 간악함은 제어하지 않고 오랫동안 방치해두면 쌓이고 쌓여 큰일이 되고, 이윽고 세력이 강해져 능히 그 군주나 아비를 죽일 수 있기에 이르게 된다. 그래서 현명한 군주는 일찍 이것을 발견하여 세력이 강해지기 전에 제거해버리는 것이다.

지금 전상이라는 자가 반란을 일으켜 군주를 죽이고 그 지위를 탈취한 것도 갑자기 일어난 일이 아니라 서서히 이루어진 것이다. 그런데도 군주가 이를 알고도 벌을 내리지 않았다. 안자는 군주에게 그 권세가 군주를 위협하는 신하를 벌하라고 하지 않고 오히려 은혜를 베풀도록 권했으므로 간공은 화를 입게 된 것이다. 그래서 자하는 이렇게 말했다.

"능히 세력을 장악하고 있는 군주는 간사한 싹이 자라기 전에 재빨리 잘라버린다."[38]

노나라로 돌아온 공자는 나이가 들어 벼슬을 사양하고 조용히 물러 나와 있었다. 그때 제나라의 대부 전성자가 그의 군주 제나라 간공을 시해했다. 공자는 이 같은 인륜의 큰 변고를 당하자 특별히 목욕제계한 후, 조회에 나가 애공에게 보고했다.

"진항이 그의 군주를 시해했으니, 출병하여 그를 토벌하시기 바랍니다."

공자가 목욕재계하고 임금에게 고한 것은 그 일을 중하게 여겨 감히 소홀히 하지 않을 수 없어서였다. 신하가 그 임금을 죽이는 것은 인륜의 큰 변고이고, 천리에 용납되지 않기 때문에 그를 주벌해야 하는데, 하물며 제나라는 노나라와 특별한 관계가 아닌가? 그러므로 공자가 비록 이미 늙어 벼슬을 사양하고 물러났으나, 오히려 애공에게 청하여 토벌하도록 권한 것이다. 그러자 애공이 말했다.

"계손·숙손·맹손 세 대신에게 가서 말하시오."

애공은 이때의 정권이 이 삼가三家에게 있었기 때문에 자기 마음대로 할 수 없어 공자에게 이렇게 말한 것이다. 공자가 퇴궐한 후 다른 사람들에게 다음과 같이 말했다.

"내가 대부의 지위에 있었던 적이 있었으므로 감히 말씀드리지 않을 수 없었는데, 임금은 도리어 나보고 세 대신에게 가서 말하라고 하시는도다."

임금을 죽인 역적은 법에 의해 반드시 토벌해야 하고, 대부가 나라를 꾀함에는 의리로 마땅히 고해야 함에도 임금이 스스로 계손·숙손·맹손에게 명하지 못하고 공자에게 고하게 한 것이다. 공자는 세 대부가 있는 곳으로 가서 이 일의 부당성을 말했으나, 그들은 제나라 토벌을 허락하지 않았다. 그러자 공자는 다음과 같이 술회했다.

"내가 대부의 자리에 있은 적이 있었기 때문에 보고하지 않을 수 없었다."[39]

공자는 임금의 명으로 가서 청했지만, 계손·숙손·맹손 삼가는 노나라의 실권자로 본래 임금을 무시하는 마음이 있었고, 실상 전성자와 더불어 그 세력이 서로 의지되고 있기 때문에 토벌 계획을 막았다.

공자가 노나라에 돌아와 애공을 만나게 된 동기는 염유가 대부 계씨의 장수가 되어 제나라와 전쟁에서 혁혁한 공로를 세우자 계강자가 염유의 스승인 공자를 초청했다. 애공 11년 공자가 노나라로 돌아왔을 때 그의 나이 68세였다. 그러나 노나라는 끝내 공자를 등용하지 못했고, 공자 또한 벼슬을 구하지 않았다.

두 번째는 제나라 환공은 수차례에 걸쳐 제후들을 모아 회맹을 열어 천하를 바로잡음으로써 춘추시대 다섯 패자의 우두머리가 되었다. 관중이 그를 보좌했으나 나이가 들어 더 이상 보좌할 수 없어 물러나 집에서 쉬고 있었다. 환공이 찾아가 물었다.

"중부께서는 집에서 병들어 계신데, 불행히도 이 병 때문에 자리에서 일어나지 못하게 된다면 장차 누구에게 정치를 맡기면 좋겠소?"

관중이 대답했다.

"소신은 늙어서 물어볼 것이 못 됩니다. 비록 그렇지만 신이 듣기로는 '신하를 잘 아는 데는 왕만 한 사람이 없으며, 자식에 대해 잘 아는 것은 그 아비만 한 이가 없다'라고 합니다. 왕께서는 마음속에 생각했던 바를 먼저 말씀해보십시오."

"포숙아는 어떻겠소?"

"안 됩니다. 포숙아는 사람됨이 지나치게 곧고 고집이 세며, 일 처리에 너무 과격한 면이 있습니다. 강직하면 백성에게 포악할 우려가 있고, 고집이 세면 백성의 마음을 잃게 되며, 과격하면 아랫사람들이 등용되기를 꺼릴 것입니다. 그는 마음에 두려워하는 바 없으니 패왕의 보좌역은 아닙니다."

"수조는 어떠하오?"

"안 됩니다. 사람의 본성이란 누구나 자기 몸을 아끼기 마련입니다. 군주께서 질투심이 강하고 여색을 매우 좋아하자 수조는 스스로 거세해 후궁들을 관리했습니다. 자신의 몸을 아끼지 않는 자가 어찌 그의 왕을 사랑할 수 있겠습니까?"

그는 환공의 곁을 그림자처럼 따르며 전심전력을 다했으며, 환공의 말이라면 무엇이든 했다. 환공의 애첩 장위희가 갑자기 거식증으로 음식을 전혀 입에 대지 못하자, 수조는 요리사 역아를 추천했다. 역아는 탕을 한 그릇 끓여 올렸는데, 그 탕을 마신 후 장위희는 곧 식욕과 입맛을 되찾았다. 이에 수조는 환공에게 역아를 추천했다.

환공이 또 물었다.

"그렇다면 위나라 공자 개방은 어떠하오?"

"안 됩니다. 제나라와 위나라 사이는 열흘 거리에 불과합니다. 개방은 왕을 섬긴다는 이유로 그 비위를 맞추려고 15년 동안 부모를 찾아 가보지 않았습니다. 이것은 인정에 어긋나는 일입니다. 자신의 부모도 섬기지 않으면서 어찌 왕을 섬길 수 있겠습니까?"

개방은 장위희의 조카로 본래 위나라의 공자였다. 지리적 조건 자체가 불리한 위나라에 별다른 희망이 보이지 않자, 왕위계승권을 포기하고 새로운 변화 속에 발전을 거듭하고 있는 풍요로운 제나라로 망명하여 환공을 섬기는 평범한 관료가 되었다. 제나라와 위나라는 단 며칠이면 오갈 수 있는 가까운 거리였지만, 개방은 제나라로 망명한 지 십오 년이 되도록 단 한 번도 모친을 만나러 간 적이 없었고, 심지어 부친상을 당했을 때도 집으로 돌아가지 않았다. 그는 역아가 환공에게 산해진미를 올리면 자신은 미녀를 바쳤다. 또한 그는 위의의 어린 딸을 제나라로 데려와 환공의 첩으로 삼도록 했다. 그녀는 장위희의 여동생으로 두 자매가 환공을 모신 셈이 되었다.

환공이 물었다.

"그러면 역아는 어떠하오?"

"안 됩니다. 역아는 군주의 미각만을 위할 뿐입니다. 한 번은 왕께서 맛보지 못한 것이 사람 고기뿐이라고 하자, 역아는 자신의 맏아들을 삶아 바쳐서 왕에게 맛보게 했습니다. 사람의 마음으로 자기 자식을 사랑하지 않는 자가 없습니다. 그런데 그 아들을 삶아 요리를 해 왕께 바쳤으니, 자기 아들도 사랑하지 않으면서 어찌 왕을 사랑할 수 있겠습니까?"

어느 날 환공이 이런 말을 했다.

"세상의 온갖 산해진미를 모두 먹어보았지만, 아직 인육만은 먹어보지 못했으니, 과연 어떤 맛일지 궁금하구나!"

이 말을 들은 역아는 그날 집에 돌아가자마자 아직 세 살밖에 되지 않은 자기 아들을 삶아 환공에게 올렸다. 환공은 자신이 먹은 요리가 인육임을 알고 혐오감을 느꼈지만, 역아의 충성심에 감동하여 이 일을 계기로 그를 신임하게 되었다.

환공이 물었다.

"그렇다면 누가 좋겠소?"

관중이 대답했다.

"습붕이면 괜찮습니다. 그는 사람됨이 안으로는 굳은 마음을 지녔고, 밖으로는 예의가 바르며, 욕심이 적고 신의가 두텁습니다. 안으로는 마음이 굳건하여 표준으로 삼을 만하며, 밖으로는 예의가 발라 큰일을 맡길 수 있습니다. 또 욕심이 적어 백성을 잘 다스릴 수 있고, 신의가 두터우니 이웃 나라들과 친교를 맺을 수 있습니다. 이것이 패왕을 보좌할 사람이 갖춰야 할 조건일 것입니다. 왕께서는 그를 등용하십시오."

환공이 말했다.

"그렇게 하겠소."

1년이 지나 관중이 세상을 떠났다. 그러나 환공은 습붕을 등용하지 않았고 수조에게 자리를 주었다. 수조가 나라의 대사를 관장하게 된 지 3년쯤 되었을 때, 환공은 남쪽의 당부를 유람하고 있었다. 그때 수조가 역아, 위나라의 공자 개방과 대신을 이끌고 반란을 일으켰다. 환공은 목마르고 굶주린 채 남문의 침궁에 갇혀 죽었다. 환공의 시신은 죽은 지 석 달이 지나도록 거둬주지 않아서 시체가 부패했다. 환공의 군대는 천하를 주름잡고 자신은 다섯 패자의 우두머리가 됐지만, 마침내 신하들에게 시해당하고 고귀한 명성까지 잃어 천하의 웃음거리가 되었다. 무엇 때문인가? 관중의 충언을 받아들여 그대로 쓰지 않은 잘못 때문이다. 그래서 한비자는 이렇게 말했다.

"잘못이 있으면서도 충신의 말을 듣지 않고 독선적으로 뜻대로만 일을 처리한다면, 고귀한 명성이 실추되고 비웃음을 당하는 원인이 된다."[40]

# 노나라 정세와 공자의 천하 주유

옛날 주나라 문왕이 풍과 호 지방 사이에 자리 잡고 있었을 때는 국토가 사방 백 리밖에 되지 않았다. 그는 인의의 정치를 시행하여 서융을 회유하고 마침내 천하의 임금이 되었다.

서나라 언왕은 한수의 동쪽에서 자리하여 지방이 사방 5백 리나 되었다. 인의의 정치를 시행하니 자기 나라의 국토를 떼어 바치면서 서에 조공하는 나라가 36개국이나 되었다. 그런데 형의 문왕이 장차 자기 나라를 해칠까 두려워하여 군대를 동원해서 서나라를 공격하여 멸망시켰다.

주나라 문왕은 인의의 정치를 시행하여 천하를 통일했는데, 언왕은 인의의 정치를 시행했으나 나라를 잃었다. 이것은 인의의 정치가 옛날에는 쓸 만한 것이었으나 지금은 쓸모가 없다는 이유다. 그렇기 때문에 세대가 달라지면 일도 반드시 달라진다.

순임금 때 유묘라는 만족이 반란을 일으켰다. 우가 이를 정벌하려 하자 순임금이 이렇게 말했다.

"그것은 옳지 않다. 위에서 덕화가 두텁지 않기 때문에 배반하는 자가 생기게 된 것인데, 무력을 행사함은 바른 도리가 아니다."

이에 3년 동안 교화에 힘썼다. 그러고 나서 방패와 도끼를 잡고 춤을 추니 유묘가 드디어 굴복했다.

그런데 그 뒤 공공共工이라는 만족인 오랑캐와 싸울 때는 쇠로 만든 날카로운 갈고리가 적에게 부딪쳐 투구와 갑옷이 견고하지 않은 자가 몸에 상처를 입게 되었다. 이는 방패와 도끼가 옛날에는 쓸모가 있었으나 지금은 소용이 없기 때문이다. 그러므로 사정이 달라지면 대비하는 방법도 바뀐다는 것이다.[41]

대체로 옛날과 지금은 풍속이 다르고, 새로운 일과 옛일에는 각각 대비책도 달리한다. 만약 관대하고 느슨한 정치로써 급박한 세상의 백성을 다스리려고 한다면, 그것은 마치 고삐와 채찍 없이 사나운 말을 타려는 것과 같다. 이는 사리를 알지 못하는 데서 오는 환난이다.

지금 유가와 묵가는 모두 다음과 같이 말한다.

"옛날 착한 임금들은 천하의 백성을 모두 한결같이 사랑하여 백성 보기를 부모가 자식을 보는 것같이 했다."

"무엇으로 그러했다는 것을 증명할 수 있는가?"

"형무관이 형을 집행할 때면 임금은 그 죄인을 생각하여 음악을 중지했다. 사형을 집행했다는 보고를 들으면 임금은 이를 불쌍히 여겨 눈물을 흘렸다."

이것이 저들이 증거로 드는 선왕들의 착한 행적이다. 그들의 말은 임금과 신하 사이가 아버지와 아들 사이와 같으면 반드시 잘 다스려진다는 것이다. 이 말을 그대로 미루어 말한다면, 아버지와 아들 사이에는 불화가 있을 수 없다는 말이 된다. 사람의 성정에서 부모가 자식을 사랑하는 것보다 앞서는 것은 없다. 그러나 부모는 다 사랑하건만 세상의 아들들이 반드시 다 부모에게 화순하기만 한 것은 아니다. 그러기에 비록 군왕의 사랑이 두텁더라도 그것으로써 곧 어지러워지지 않는 것은 아니다.

이제 선왕이 백성을 사랑함이 부모가 자식을 사랑하는 것보다 더할 수는 없다. 부모의 사랑을 받은 자식이 반드시 화순하기만 한 것이 아니기 때문에 임금의 사랑을 받은 백성이 어찌 잘 다스려질 수만 있겠는가? 또 법으로써 형을 집행하는데 임금이 죄인을 위해 눈물을 흘리는 것은 어진 마음을 드러낼 수는 있으나 잘 다스리는 것은 아니다. 대체로 눈물을 흘리면서 형을 집행하고 싶어 하지 않는 것이 어진 마음이다. 그러나 형을 집행하지 않을 수 없음은 법이 있기 때문이다. 선왕은 법을 우위에 두고 자기의 눈물에 따르지 않았다. 그러므로 인의의 정치일 수 없다는 것 또한 명백하다.

백성이란 위세에 굴복하는 것일 뿐 의에 감복하는 자는 적다. 공자는 천하가 다 아는 성인이다. 덕행을 닦고 도를 밝혀 천하를 돌아다니면서 유세했다. 온 천하가 그의 인을 좋아하고, 그의 의를 아름답게 여겼다. 그러나 감복하여 그를 섬긴 자는 70명의 제자뿐이었다. 대개 인을 귀히 여기는 자는 적고, 의를 잘 지키는 자는 찾아보기 어렵다. 천하는 넓되 인의에 감복하여 그를 섬긴 자는 70명뿐이었고, 인의를 실천한 이는 공자 한 사람뿐이었다.

노나라 애공은 욕을 먹는 임금이었으나, 임금으로서 나라에 군림하는 데 나라 안의 백성이 감히 복종하지 않은 자가 없었음은 위세에 굴복해서다. 위세라는 것은 진실로 사람을 쉽게 굴복시킨다. 그러므로 공자는 오히려 신하가 되고, 애공은 임금이 되었다. 공자가 신하가 된 것은 애공의 의에 감복한 것이 아니라 그의 위세에 굴복했기 때문이다. 그러므로 의를 가지고 말한다면 공자가 애공에게 굴복하지 않을 것이지만, 애공은 위세를 가지고 공자를 신하로 부릴 수 있었다.

지금의 학자들이 임금을 유세할 때, 반드시 이길 수 있는 위세를 이용하라고 하지 않고 힘써 인의를 행하면 왕자가 될 수 있다고 하니, 이것은 임금 된 자는 반드시 공자 같은 인물이 되고 세상의 모든 백성은 다 공자의 70인 제자처럼 되기를 요구한다. 이는 반드시 이루어질 수 없는 일의 추세다.[42]

　　한비자는 옛 성현의 말씀 중에 옛날에는 가볍게 생각되었던 것도 후세에 이르러 중요시하는 경우가 있고, 또 옛날에는 중요시했던 것을 후세에 이르러서는 가볍게 취급하는 경우도 있어 과연 어떤 것이 진실인지 잘 파악하지 않으면 그 시비를 가릴 수 없다고 보았다.

　　노나라 시조 주공 단은 문왕의 아들이요 무왕의 동생이다. 아버지인 문왕 생전에도 단은 효심이 극진하고 덕이 두터워 다른 형제들과는 그 행실이 달랐다. 또한 무왕이 즉위하자 그를 보좌하며 나라의 기틀을 잡는 데 최선을 다했다. 무왕이 은나라 주왕을 정벌하고 나자 주공 단을 곡부 땅의 제후로 봉했다. 그리고 그를 '노공'이라 일컬었다. 그러나 주공 단은 제후국인 곡부 땅에 부임하지 않고 주나라에 남아 무왕을 보좌했다.

　　은나라를 멸망시킨 지 2년이 되었는데도 천하가 안정되지 못하고, 무왕이 병에 걸려 미래를 예측하기 어려워지자, 여러 신하가 두려워했다. 주공 단이 주나라의 건국 조상신에게 축원하여 두려움을 떨쳐냈다. 그 후 무왕이 서거했을 때, 성왕은 포대기에 싸인 갓난아기였다. 주공은 천하 사람들이 무왕의 죽음을 듣고 모반할까 두려워하여 천자만이 설 수 있는 섬돌에 서서 성왕을 대신하여 섭정하면서 국정을 장악했다. 그렇게 되자 관숙·채숙을 비롯한 동생과 여러 신하가 의심을 품고 유언비어를 퍼뜨렸다.

"주공은 앞으로 성왕에게 이롭지 못할 것이다."

그런 소문을 듣게 된 주공은 태공망과 소공석을 불러 이렇게 말했다.

"내가 오해받는 것을 피하지 않고 섭정하는 이유는 아직 천하가 주나라에 복속하지 않고 있기 때문이다. 만일 천하가 주나라를 배반한다면 무슨 면목으로 선왕들을 뵐 수 있겠는가? 무왕은 일찍 세상을 떠나고 성왕은 아직 강보에 싸여 있을 뿐이다. 이 상황에서 주나라를 일으키려는 것이 내가 섭정하는 까닭이다."

주공은 성왕을 보필하고 대신 자기 아들 백금을 봉지인 노나라에 부임토록 했다. 백금이 제후가 되어 노나라로 갈 때 주공은 그의 앞날에 대해 경계를 게을리하지 말 것을 거듭 당부했다.

"나는 문왕의 아들이고 무왕의 아우이며, 지금 임금인 성왕의 삼촌이다. 이런 지위에 있는 나도 천하의 어진 선비를 맞아들이기 위해서는 머리를 감다가도 세 번이나 그것을 중지하고 머리카락을 움켜쥐었으며, 밥상을 받았다가도 선비를 맞아들이기 위해서는 세 번이나 입안에 든 밥을 뱉었다. 이번에 네가 노나라에 새로 부임해가거든 나의 이런 일을 명심해서 만 가지 일을 삼가야 한다."

이렇게 하여 제나라에는 강태공 여상이, 노나라에는 주공의 아들인 백금이 제후가 되었다. 얼마 되지 않아 주공의 염려대로 관숙과 채숙, 무경 등이 회이를 거느리고 반란을 일으켰다. 주공은 성왕의 명을 받아 난을 진압하여 관숙을 주살하고, 무경을 죽였으며, 채숙을 추방했다. 그런 다음 은나라의 유민을 모아 강숙(무왕의 막냇동생)을 위나라에 봉했으며, 미자(은나라 주왕의 배 다른 형)를 송나라에 봉하여 은나라의 제사가 끊어지지 않게 했다. 이로써 회이의 동쪽 땅을 평정한 지 2년 만에 모두 안정시켰다. 그리하여 전국의 제후들은 주나라에 복종하여 종실로 받들게 되었다. 성왕 7년이 되자, 주공은 성왕에게 정권을 돌려주고 나서 북쪽을 향해 신하의 자리에 서서 성왕을 경외했다.[43]

공자가 천하 주유를 마치고 노나라 애공을 알현했을 때, 애공이 공자에게 복숭아와 기장을 건네주며 먹어보라고 권했다. 공자는 먼저 기장을 먹은 뒤에 복숭아를 먹었다. 그러자 좌우 신하들이 모두 입을 가리고 웃었다. 곁에서 이를 본 애공이 말했다.

"기장은 먹으라고 준 것이 아니라 그것으로 복숭아털을 닦으라고 준 것이오."

"저라고 왜 그것을 모르겠습니까만, 무릇 기장이란 오곡 중 으뜸이 되는 곡식으로 선왕에게 제사 지낼 때 가장 좋은 제물이 됩니다. 또 중요한 과일로는 여섯 가지(자두·은행·밤·대추·복숭아·참외)가 있지만, 복숭아는 가장 낮은 것으로 선왕의 제사 때 상 위에 올려놓지 않는 것입니다. 저는 일찍이 군자는 천한 것으로 귀한 것을 닦는다는 말은 들었지만, 귀한 것으로 천한 것을 닦는다는 말은 듣지 못했습니다. 지금 오곡의 으뜸이 되는 것으로 가장 낮은 과일을 닦는다면, 이것은 위에 있는 것으로 아래에 있는 것을 닦는 것과 같이 도리에 어긋나는 일이라고 생각하고 있습니다. 그래서 복숭아를 선조의 제사상에 으뜸가는 제물이 되는 기장보다 먼저 먹으려 하지 않았던 것입니다."[44]

공자가 조국인 노나라를 떠나 천하 주유를 하게 된 원인을 알아보자. 노나라에는 '교제郊祭'라는 행사가 있었다. 교제라는 것은 성 남쪽 들에 나가서 하늘에 제사 지내는 것을 말한다. 처음에 이 교제는 주나라에만 있었다. 그러던 것이 노나라에 대해서는 특별한 관계로 이 제사를 지내는 일이 허락되었다. 특별한 관계란 무엇인가 하면 노나라가 주공의 아들인 백금을 시조로 모시고 있고, 그의 아버지인 주공은 주나라 모든 일에 공로가 컸다는 이유에서였다.

그런데 교제에는 번육膰肉이라는 예가 있는데, 즉 제사 지내고 난 뒤에 고기를 모든 대부에게 나누어주고 이것과 함께 음복함으로 하늘이 주는 은택을 함께 나누는 의례였다.

이보다 앞서 공자가 노나라의 대사구로 있을 때, 제나라 경공이 그를 매우 두려워했다. 제경공이 걱정스럽게 말했다.

"공자가 정치를 보좌하니, 노나라가 기필코 패주가 될 것이다. 노나라가 스스로 패주를 칭하면, 우리나라가 가장 가깝기 때문에 반드시 먼저 우리를 공격할 것이다."

그 말을 듣고 이차가 대답했다.

"공자를 제거하는 것은 마치 새 깃털을 불어서 날리는 것처럼 쉬운 일입니다. 대왕께서는 어찌하여 큰돈을 들려서 공자를 제나라로 초빙하는 동시에 노나라 애공에게 미녀와 음악대를 보내주지 않으십니까? 그렇게 하면 노애공은 미녀의 춤과 노래를 즐기느라 나랏일도 전폐할 것이니, 이때가 되면 공자는 반드시 간언하러 나설 것입니다. 하지만 노애공이 그 말을 들을 리 없으니, 공자는 필경 노나라를 떠나게 될 것입니다."

제나라에서는 노나라 군신을 현혹하기 위해 80여 명의 미녀를 뽑아 이들에게 '강락康樂'이라는 음악에 맞추어 춤을 추게 한 일이 있었다. 이 미녀들이 춤을 추고 있는 곳이 바로 노나라 성 남문 밖이었다. 이 소식을 들은 계환자가 좀이 쑤셔 견디지 못하고 미복 차림으로 몰래 가서 구경하기를 두세 차례, 드디어 그는 정공에게 이를 권하게 되었고 마침내는 제나라의 계책에 빠져 노나라 군신들이 정치를 돌보지 않고 이 아름다운 미녀와 음악에 유혹되고 말았다.

이 소식을 접한 공자는 즉시 노나라를 떠날 것을 결심한다. 공자의 심중을 짐작하고 성급한 자로가 이렇게 권했다.

"선생님! 노나라를 빨리 떠나도록 하시지요."

그러나 그때 공자는 이렇게 대답했다.

"장차 노나라에는 교제가 있다. 노나라 임금이 교제 때 대부들에게 번육을 나누어주는 예법만이라도 지킨다면 나는 좀 더 이곳에 머무르고 싶다. 그렇게만 되어도 노나라에는 아직 희망이 남아 있으니 말이다."

이렇게 하여 공자는 교제까지 출발을 연기하고 기다려보았다. 그런데 교제가 끝난 후 정공의 태도는 어떠했는가? 대부들에게 번육을 나누어주기는커녕 아무런 예법도 지키지 않았다.[45]

이렇게 되자 공자는 지체없이 노나라를 떠날 결심을 하게 된다.

"이제는 한시라도 더 기다릴 것이 없다. 빨리 이곳을 떠나자."

드디어 공자는 노나라를 떠나 주유 열국하게 된다. 이에 대해 맹자는 다음과 같이 자세히 설명하고 있다.

"공자는 노나라 사구가 되었으나 그의 정견은 받아들여지지 못했다. 마침 교제가 있었으나 번육이 분배되어오지 않았다. 공자는 제사 지내던 관을 벗을 사이도 없이 급히 노나라를 떠났다. 그의 뜻을 알지 못하는 자는 번육 때문이라고 하지만, 그를 아는 자는 노나라에 예의가 없기 때문이라고 말한다. 공자는 작은 과실로 가시고자 하시어 구차하게 가고자 하지 않으신 것이니, 군자가 하는 일을 여러 사람은 진실로 알지 못한 것이다."[46]

계환자가 제나라의 여자 악공을 받아들였을 때 그것을 이유로 노나라를 떠난다면 이것은 명백히 자기 임금의 허물을 천하에 광고하는 것이 되고, 국가의 과실을 세상에 알리는 것이 되기 때문에 충후한 군자가 할 짓은 못 된다. 그렇다고 해서 노나라에 아무런 과실이 없는데 공연히 나라를 떠난다면 이 또한 명분이 서지 못한다. 그렇기 때문에 번육을 나누어 보내지 않았다는 유사들의 과실을 이유로 공자가 노나라를 떠난 것이다.

세상에서는 공자가 경솔한 행동을 했다고 비난받을지 모를 일이나 그렇다고 노나라 임금에게 누를 끼칠 의도는 없었던 것을 알 수 있다. 공자는 실로 이러한 충후한 마음씨를 갖고 조국을 떠난 것이다. 과연 성인다운 심정을 나타내주는 행동이 아니겠는가? 삶의 터전인 그리운 조국을 떠나는 참담한 기분이 어떠했을까? 맹자는 그 당시 공자의 모습을 다음과 같이 기록했다.

"더디고 더디게 떠나고 싶다. 노나라는 부모의 나라이므로 그렇게 하는 것이 도리였기 때문이다."[47]

또 『사기』에는 이렇게 기록되어 있다. 공자는 이때 노나라를 떠나 둔이라는 조그마한 마을에서 하룻밤을 지냈다고 한다. 당시 공자에게 호의를 가지고 있던 악사 사기라는 사람이 이곳까지 전송을 나왔다. 아무런 죄도 없이 정처 없이 조국을 떠나는 공자의 심정을 위로해주려는 마음에서였다. 이때 공자는 다음과 같은 노래를 불렀다.

"저 계집의 입이여! 마침내 나라를 떠나가게 만드는구나. 저 계집의 알랑거림이여! 정당한 사람도 죽게 만드는구나. 아아! 나는 이런 세상을 떠나 주유 열국하면서 세상을 보내리라."

사기에게서 이런 얘기를 들은 실권자 계환자는 이렇게 탄식했다.

"아아! 선생님이 세상에 죄주시는데 나쁜 계집에 비유했도다."[48]

이렇게 해서 공자는 노나라 정치에 간여한 지 겨우 4~5년 만에 일과 뜻이 어긋나 하는 수 없이 마치 상갓집의 개와도 같이 사방을 헤매는 몸이 되었다.

# 공자의 제자 자로와 증자,
# 안연, 민자건 이야기

공자가 제자들을 가르칠 때 각각 그 재목에 따라 달리했음을 알 수 있다. 공자의 제자들은 이처럼 각기 서로 다른 장점을 가지고 있었는데, 덕행이 뛰어나 칭찬을 받은 제자로는 안연·민자건·염백우·중궁 등이 있고, 언변에 뛰어나 칭찬을 받은 제자로는 재여·자공이 있으며, 정사에 뛰어난 제자로는 염유·자로 등이 있고, 문학에 뛰어난 제자로는 자유·자하가 여기에 속한다.

자로가 포라는 고을을 다스리게 되었을 때, 공자를 뵙고 이렇게 말했다.

"저는 원컨대 선생님의 가르침을 받고자 합니다."

"포라는 고을은 그 풍속이 어떠하냐?"

"읍에는 힘센 장사들이 많고, 다스리기가 몹시 어렵습니다."

"그렇다면 내가 너에게 방법을 알려주겠다. 공경과 겸손으로 다스린다면 그 용맹을 휘어잡을 수 있을 것이며, 관용과 정직으로 다스린다면 그 강경함을 품에 넣을 수 있을 것이며, 사랑과 용서로 다스린다면 곤궁한 자를 용납할 수 있을 것이며, 온정과 과단성으로 다스린다면 간사한 자를 억누를 수 있을 것이다. 이와 같이 한다면 인심을 바로잡기가 어렵지 않을 것이다.”[49]

계손이 노나라의 재상으로 있을 때, 공자의 제자 자로가 등용되어 후라는 지방의 태수가 되었다. 그런데 노나라에서는 5월이면 많은 사람을 징집해서 논밭을 관개하는 편의를 돕기 위해 긴 물길을 파게 했다. 토목공사가 한창일 때, 자로는 고된 노동에 보답하기 위해 자신의 봉록으로 음식을 만들어 오보라는 곳에 차려놓고 수로를 만드는 자들에게 대접했다. 이 소식을 전해 들은 공자는 자공을 그곳으로 보내 음식을 엎어버리고 그릇을 모조리 깨어버린 다음 이렇게 말하도록 했다.

“이 나라 백성을 다스리고 있는 사람은 노나라 왕으로, 만약 은혜를 베풀 일이 있으면 왕이 직접 해야 하는 것인데, 그대는 신하의 신분으로 어찌하여 왕이 할 일을 대신하는가?”

이에 화가 난 자로는 불끈 화를 내며 소매를 걷어붙이고 공자가 있는 곳으로 달려가 물었다.

“모처럼 제가 인의를 실행하는데 선생님께서는 어찌하여 방해하십니까? 스승님께서는 제게 인의를 가르쳐주셨는데, 인의란 곧 천하 사람과 더불어 물건을 공유하고, 이로움을 함께하는 것이라고 말씀하시지 않았습니까? 그래서 제가 지금 받은 봉록으로 백성을 먹였는데, 잘못이라고 하는 이유가 무엇입니까?”

공자가 말했다.

“유야, 너는 여전히 성질이 거칠구나. 나는 네게 인간으로서 지켜야 할 도리를 가르쳤다고 생각하고 있었는데, 너는 아직도 이를 깨우치지 못한 모양이다. 너는 본래 예의를 모르고 있었다. 지금 네가 그들에게 먹을 것을 준 것은 그들을 사랑하기 때문이지만, 사람을 사랑하는 데도 법도가 있으니, 천자는 천하 사람을 사랑하고, 제후는 국경 안의 사람을 아끼며, 대부는 관직에 있는 사람을 사랑하고, 선비는 그 집안 식구를 사랑하는 것이다. 그러니 범위를 초월하여 사랑하는 것은 군주를 침범하는 것과 다를 바 없다. 노나라 백성은 마땅히 그 군주가 사랑해야 하는 것인데 네가 멋대로 사랑했으니, 결과적으로 너는 군주의 권한을 침해한 것이다. 이 또한 잘못된 행동이 아니냐?"

공자가 자로를 훈계하고 있는데, 그 말이 끝나기 전에 계손의 사자가 도착해서 공자를 책망했다.

"내가 백성을 징집해 토목공사를 일으키고 있는데, 선생은 그 제자를 시켜 사람들을 불러 먹을 것을 주도록 했소. 이것은 장차 나의 백성을 빼앗으려는 속셈이 아닌가?"

이에 공자는 수레를 타고 급히 노나라를 떠났다. 공자는 현인으로 이름이 높았으나, 계손은 아랑곳하지 않고 노나라 군주도 아니면서 재상의 신분으로 군주의 권세를 빌려 행사했기 때문에 해악이 싹트기 전에 미리 손을 쓴 것이다. 그 때문에 자로는 사사로운 은혜를 베풀 수 없었고, 따라서 재앙이 발생하지 않게 되었다. 신하도 이러할진대 하물며 군주의 경우라면 어찌 신하의 전횡을 방치해둘 수 있겠는가?[50]

자로의 성격이나 인물 됨됨이는 공자가 처음 자로를 만났을 때 나눈 대화를 통해 알 수 있다. 그가 얼마나 과격하고 참을성이 없었는지 공자를 처음 뵈었을 때, 공자의 물음에 대한 답변에서 나타난다.

"너는 무엇을 좋아하느냐?"

"저는 긴 칼을 좋아합니다."

"나는 그것을 묻는 게 아니다. 네가 능한 것 위에 학문을 더하게 되면 누가 여기에 따라오겠느냐? 그래서 나는 너의 그런 점을 묻는 것이다."

"배우는 것이 무슨 유익함이 있겠습니까?"

"대개 임금도 간하는 선비가 없으면 정직함을 잃어버리기 쉽고, 선비도 가르쳐주는 친구가 없으면 들은 것을 잊어버리기 쉽다. 그러므로 길이 들지 않은 말을 모는 데는 채찍을 손에서 놓을 수 없는 것이며, 활을 잡자면 도지개(활을 바로잡는 틀)를 바로해야 하는 법이다. 나무도 먹줄을 받은 뒤에라야 비로소 바르게 되고, 사람도 간하는 말을 들어야 비로소 사람이 되는 것이다. 배움을 받고 남에게 묻는 것을 소중하게 안다면 누구인들 나쁜 일을 하겠느냐? 만일 어진 사람을 헐뜯거나 선비를 미워한다면, 반드시 형벌을 면치 못할 것이다. 이런 까닭에 군자는 학문을 하지 않을 수 없다."

"남쪽 산에 있는 대나무는 그것을 잡아주지 않아도 저절로 반듯하게 자라며, 그것을 잘라서 쓴다면 병기라도 만들 수 있습니다. 이런 것으로 말하면 꼭 학문을 해야 할 일이 무엇이 있습니까?"

"화살 한쪽에 깃을 꽂고 다른 한쪽에 촉을 박는다면 그 날카롭고 가벼운 것이 겸해져서 목표물에 들어가는 것이 더욱 깊어지지 않겠느냐?"

자로는 이 말을 듣고 공자에게 공손히 두 번 절하고 가르침을 받게 되었다.[51]

자로가 공자를 뵙고 말했다.

"무거운 짐을 지고 먼 길을 가자면 자리를 가리지 않고 쉬게 되며, 집이 가난하고 부모가 늙으면 녹의 많고 적음을 가리지 않고 벼슬을 하게 됩니다. 그전에 제가 양친을 섬길 적에 때마다 나물밥과 아욱국을 먹으면서 부모를 위해 100리 밖 먼 길에 가서 쌀을 얻어 짊어지고 왔습니다. 그 뒤 부모님께서 돌아가시자 초나라에 유세하러 갈 때, 따르는 수레가 100채나 되며, 쌓아놓은 곡식이 만 섬이나 되며, 자리는 겹으로 깔고, 솥은 여러 개를 걸어놓고 먹게 되었습니다. 그러나 오늘날에 와서는 나물밥을 먹어가면서 부모를 위해 100리 밖에 가 쌀을 짊어지고 오고 싶어도 다시 그런 일을 할 수 없으니 마른 물고기를 새끼로 꿴다면 얼마 동안이나 이 물고기가 썩지 않겠습니까? 양친께서 천수를 누리셨다 해도 그것은 잠깐 지나가는 동안이어서 마치 천리마가 창문 틈으로 지나가듯 빠를 것입니다."

자로의 이야기를 듣고 공자가 말했다.

"자로는 부모를 섬기는 데 가히 살아서도 힘을 극진히 했고 죽어서도 생각을 극진히 했다고 말할 수 있다."[52]

어느 날 자로가 공자에게 물었다.

"한 사람이 있었습니다. 그는 날이 새면 일어나고 밤이 되면 일찍 잠을 자며, 밭을 갈기도 하고 곡식을 심기도 합니다. 그리하여 손과 발이 부르트도록 일해서 부모를 봉양하고 있습니다. 그렇게 했는데도 그를 효자라고 일컫지 않으니 이는 어째서 그러합니까?"

"그렇다면 그 사람은 혹 자기 몸을 공격할 줄 모르거나 말을 순하게 할 줄 모르거나 얼굴빛을 기쁘게 가질 줄 모르거나 했을 것이다. 옛날 사람이 말하기를 '남이나 나나 다 마찬가지이니 부디 너는 서로 속이지 말라' 했으니 이제 그 사람이 힘을 다해서 그 부모를 봉양하는데, 이 세 가지가 하나도 빠짐이 없다면 어찌 효자라고 하지 않겠느냐? 유야! 너는 내 말을 잘 기억해두어라. 내 너에게 일러주리라. 아무리 나라의 역사라는 이름의 힘을 가졌더라도 자기 몸을 자기 스스로 들 수는 없는 것이다. 그 힘이 적어서 그런 것이 아니라 사세가 할 수 없기 때문이다. 대개 안으로 자기 행실을 닦지 못하는 것은 자기의 죄이고, 행실을 닦았는데도 이름이 나타나지 않는 것은 친구들의 죄다. 행실이 닦아진다면 이름은 여기에 따라 자연히 서게 되는 까닭에 군자는 집에 들어오면 행실을 독실히 하고 문밖에 나가면 어진 사람을 사귄다. 이렇게만 한다면 어찌 효자라는 이름을 듣지 못하겠느냐?"[53]

부지런히 일해서 부모를 봉양하는 것만으로 효도를 다했다고 생각해서는 안 된다. 자기 몸을 공경할 줄 모르거나, 말을 순하게 할 줄 모르거나, 얼굴빛을 기쁘게 가질 줄 모른다면 진정한 효자라 할 수 없다. 그러므로 군자는 집에 들어오면 행실을 독실히 하고, 밖에 나가면 어진 사람을 사귀고 항상 겸손하고 자신을 낮추어야 한다.

증자의 아내가 시장에 가려고 하는데 아이가 따라가려고 치맛자락에 매달려 울며 보챘다. 시달리다 못한 증자의 아내가 아이를 달랬다.

"애야, 얼른 들어가거라. 엄마가 돌아올 때 네게 돼지를 잡아줄게."

그제야 아이는 겨우 울음을 그쳤다.

증자의 아내가 시장에서 돌아오니 증자가 돼지를 묶어놓고 날이 시퍼렇게 선 칼을 들고 막 잡으려 하고 있었다. 아내는 놀라서 급히 뛰어들어 그의 팔을 잡으며 말했다.

"당신 미쳤소? 일부러 아이를 달래려고 한 말일 뿐인데."

증자가 엄숙하게 말했다.

"어떻게 아이를 속일 수 있단 말이오. 아이들이란 아무것도 모르기 때문에 부모에게 기대어 배우고, 부모의 가르침을 듣소. 지금 당신이 아이를 속이는 것은 아이에게 남을 속이도록 가르치는 것이오. 어머니가 자기 아이를 속이면 아이는 어머니를 믿지 못하게 될 것이오. 그러면 어떻게 자식을 가르칠 수 있단 말이오."

말을 마친 증자는 돼지를 잡아 삶았다.[54]

부모는 몸소 모범을 보여 자녀에게 본보기가 되어야 한다. 증자와 같이 아이를 속이지 않고 말한 대로 실행함으로써 성실한 품성을 길러 주어야 한다. 특히 청소년 가운데 속이는 것이 습관이 되어 범죄를 저지르는 경우는 가정교육과 관계가 있으므로 이 이야기를 깊이 생각해볼 일이다. 나아가 교육에 종사하는 사람이나 지도자, 공약을 내건 정치인, 어른들은 모두 이 이야기를 통해 몸소 실천하는 교육이 말로 하는 교육보다 더 중요하다는 것을 깨달아야 한다.

언젠가 증자가 다 떨어진 옷을 입고 노나라 시골에서 농사를 짓고 있었다. 노나라 임금이 이 소식을 듣고 증자에게 한 고을을 떼어주었다. 그러나 증자는 그것을 굳이 사양하고 받지 않았다. 이때 사람들이 이렇게 말했다.

"그대가 원한 것이 아니라 노나라 임금이 자기 마을을 주는 것인데, 무엇 때문에 굳이 사양하는가?"

사람들이 증자에게 받기를 권유하자 증자는 이렇게 말했다.

"듣자니 남의 것을 받는 자는 항상 남을 두려워하게 마련이고, 남에게 물건을 주는 자는 항상 남에게 교만하기 마련이라고 합니다. 임금이 나에게 땅을 주기만 하고 교만을 부리지 않는다 할지라도 내가 어찌 두려운 마음이 없겠습니까?"

공자가 이 소문을 듣고 이렇게 말했다.

"증자의 말은 족히 그 절개를 완전히 했다고 볼 수 있다."[55]

공자가 인정한 증자는 항상 겸손하고 남에 대한 배려를 잊지 않았던 사람이다. 그는 다음과 같이 말했다.

"자기가 어떤 면에 재능이 있더라도 스스로 능하다고 생각하지 않고 때에 따라서는 이 방면에 재능이 없는 사람에게 물으며, 자기가 박학하다고 하더라도 스스로 다식하다고 생각하지 않고 때에 따라서는 견문이 좁은 사람에게 물어야 한다. 자기에게 재능이 있어도 자랑하지 아니하고 재능이 없는 사람과 같이하며, 자기 학문이 충만하다 하더라도 자만하지 아니하고 학문이 없는 사람과 같이해야 한다. 그리고 다른 사람이 자기를 기분 상하게 할지라도 그와 다투지 말아야 한다. 옛날에 나의 친구가 일찍이 여기에 종사하고 있었는데, 안연이라는 사람이다."[56]

증자는 안연의 수신 공부를 돌이켜보며 사람들에게 겸허하고 관용을 베풀 줄 알아야 한다고 가르쳤다. 사람들은 조금이라도 선행을 하면 세상에 알려지기를 바라면서 생색을 내려 한다. 덕을 베푸는 사람은 본래 남몰래 하기를 좋아한다. 꽃송이가 화사하고 큰 꽃일수록 향기가 없고 꿀도 없다. 수수하고 초라해 보이는 꽃일수록 향기가 짙고 꿀샘이 깊다. 덕이란 꿀이나 향기와 같다. 그래서 덕은 외롭지 않다고 한다. 꽃의 꿀과 향기가 벌과 나비를 불러들이는 이치와 같다. 참으로 덕이 있는 사람은 겸손하고 뒤로 물러선다. 증자는 마음속에 덕이 가득하면서 내색하지 않고 항상 뒤로 물러서서 겸허했던 그 존경하는 벗을 그리워했다.

증자는 "선비는 도량이 넓고 뜻이 굳세지 않으면 안 된다. 왜냐하면 그가 담당한 책임은 중대하고, 그가 가야 할 길은 멀기 때문이다. 사람다움의 도[仁道]로 널리 떨쳐야 하는 것이 자기의 임무이기 때문에 그 책임이 어찌 무겁지 않겠는가? 죽고 난 뒤에야 책임이 비로소 끝나는 것이니, 그 길이 어찌 먼 것이 아니겠는가?"라고 했다.

안연은 가난으로 마음이 동요하여 부귀를 구하지 않았기 때문에 자주 궁핍에 이르게 되었다. 이는 도에 가까운 일로, 능히 가난함에도 평안함이 변하지 않은 모습을 설명한 것이다. 이처럼 공자는 제자 안회를 아끼고 사랑하는 마음이 극진했다.

"도리를 가르쳐준 뒤에 곧 노력하여 실천에 옮기고 조금도 게을리 하지 않는 사람은 아마도 오직 안회뿐일 것이다"[57]라고 하여 안회가 배우는 데 나태하지 않은 그 정신을 칭찬하고, "어질도다, 안회여! 네가 먹은 것은 오직 한 그릇 밥이요, 마시는 것은 오직 한 표주박의 물이며, 사는 집은 작고 누추한 거리의 방이다. 만일에 다른 사람이라면 반드시 이러한 괴로움을 참지 못하겠지만, 안회는 도리어 조금도 평상시에 스스로 즐기는 바를 변치 않으니 정말로 현량한 안회로구나!"[58]라고 하여 안회의 학문뿐만 아니라 안빈낙도하는 생활 태도까지 칭찬하고 있다. 안회는 너무나 가난하게 살았던 탓일까. 그의 나이 29세 때 머리가 하얗게 셌다고 한다. 그러고는 스승 공자에 앞서(노애공 13년, B.C. 482) 젊은 나이에 죽었다.

한번은 노나라 정공이 안회에게 물었다.

"그대 또한 동야필이 말을 잘 몬다는 말을 들었는가?"

"잘 몰기는 하오나 그렇게 몰아서는 말이 내처 달아나버리고 말 것입니다."

정공이 이 말을 듣고 기뻐하지 않는 얼굴로 좌우를 돌아보면서 말했다.

"군자도 사람을 속이는구나."

안회가 물러간 지 사흘 만에 말 먹이는 자가 정공에게 와서 이렇게 아뢰었다.

"동야필의 말이 과연 내처 달아났사온데, 두 필 말이 수레 둘을 끌고 마구간으로 들어갔다 합니다."

정공은 이 말을 듣고 급히 수레를 보내서 안회를 청해오도록 했다. 안회가 이르자 정공이 물었다.

"저번에 내가 그대에게 동야필의 말 모는 것을 물었을 때, 그대가 대답하기를 몰기는 잘 몰지만 그렇게 몰았다가는 말이 내처 달아나버릴 것이라고 대답했으니, 무엇으로 그럴 것을 미리 알았는가?"

이 말을 듣고 안회가 대답했다.

"나는 정치를 통해 그럴 것을 알았습니다. 옛날 순임금은 백성 부리기를 잘하고, 조부는 말 부리기를 잘했습니다. 즉 순은 백성을 부리되 백성의 힘을 궁하게 하지 않았으며, 조부는 말을 부리되 그 말의 힘을 궁하게 하지 않았습니다. 그런 까닭에 순의 백성은 길들지 않은 자가 없었고, 조부의 말도 길들지 않은 말이 없었습니다. 그런데 동야필의 말 모는 법을 보니 말 위에 앉아 고삐를 잡고 재갈을 물리고는 빨리 달리는데도 오히려 채찍질해서 더욱 빨리 달리게 하며, 또 험한 곳을 지나고 먼 길을 쉬지 않고 달리게 하니, 이렇게 하면 말의 힘이 다할 것은 자명한 일인데도 여전히 달리게만 하고 있습니다. 나는 이것을 보고 내처 달아나버릴 것을 알았습니다."

정공이 다시 물었다.

"참으로 그대의 말과 같도다. 이제 그 이야기를 듣고 보니 과연 그 뜻이 크다. 조금만 더 말해줄 수 있겠는가?"

"새는 궁하면 아무것이나 쪼아 먹게 되며, 짐승이 궁하면 사람을 해치게 되며, 사람이 궁하면 거짓말을 하게 되고, 말이 궁하면 내처 달아나버린다 하니 옛날부터 오늘에 이르기까지 그 아랫자리에 궁하게 처해 있으면서 능히 위태로운 일을 하지 않을 자가 없다고 합니다."

경공은 이 말을 듣고 기뻐서 공자에게 그대로 고했다. 공자가 말했다.

"저 안회가 이름이 나게 된 까닭이 대개 이런 종류의 일입니다. 어찌 족히 이것뿐이겠습니까?"[59]

공자가 위나라에 있을 때였다. 어느 날 새벽에 일어나니 안회가 곁에 모시고 있었다. 이때 갑자기 울음소리가 들려오는데, 그 소리가 몹시 슬펐다. 공자가 그 소리를 듣고 이렇게 말했다.

"너는 이 울음소리가 무엇 때문에 저렇게 슬픈지 아느냐?"

"저는 저 울음소리가 보통 사람의 죽음 때문에 우는 것이 아니옵고, 생이별해서 우는 울음소리가 아닌가 생각합니다."

"무엇으로 그런 줄을 알았느냐?"

"환유라는 곳에서 있었던 일로 새가 4개의 알을 낳아 정성껏 품어 새끼 네 마리를 부화했는데, 날개가 생기게 되자 네 바다로 분산해서 각각 날아가려 했습니다. 이에 어미 새는 비명을 울리면서 이들 네 마리 새끼를 날려 보냈는데, 이때 그 어미의 울음소리가 몹시 비참한 것은 다름이 아니라 새끼들이 한 번 가버리면 다시 돌아오지 못할 것을 알았기 때문입니다. 그래서 저는 지금 이 소리가 몹시 슬픈 것을 듣고 생이별의 울음소리가 아닌가 생각한 것입니다."

공자는 이 말을 듣고 사람을 시켜 그 울음소리가 나는 곳으로 가서 알아보게 했다. 과연 그 우는 사람은 이렇게 말하며 울음을 그치지 못했다.

"이제 아비가 죽었는데 집이 가난한 탓으로 부득이 자식을 팔아서 장사를 치르게 되었습니다. 그러니 자연히 울음뿐입니다."

이에 공자는 이렇게 말했다.

"회는 참으로 소리를 잘 알아듣는구나."

어느 날 당시 노나라의 권세가인 계씨가 민자건을 한 마을의 책임자로 삼으려고 그에게 사신을 보냈다. 그러자 민자건은 사신에게 "날 위해 잘 좀 말해주시오. 만일 또다시 내게 그런 일을 하라고 부탁하면 난 문강 너머에 있을 것이오"[60]라고 말했다. 문강은 노나라와 제나라 국경을 가르는 강이다. 그러므로 문강을 건넌다 함은 "또다시 이 정권에 참여하라고 권한다면 고국을 떠나 망명하겠노라"는 뜻이었다.

그러면 민자건은 왜 계씨의 청을 거절했을까? 마을의 책임자가 되기에는 자신의 역량이 부족했다고 판단했을 수도 있지만, 그의 성품으로 볼 때 계씨가 정당하지 못한 지도자여서 함께 일하고 싶지 않았다는 것이 설득력이 높다. 계씨 정권은 노나라 왕정을 찬탈한 부정한 정권으로, 민자건은 정당성이 없는 권력을 따르지 않은 것이다. 민자건은 국가가 잘못을 범하면 쓴소리도 마다하지 않았다.

한번은 노나라의 한 관리가 금·은·면포·비단을 저장하는 창고를 새로 짓자, 예전 것을 수리해도 될 터인데 재정과 노동을 낭비하고 있다고 비판했다.

공자는 이런 민자건에 대해 칭찬을 아끼지 않았다. "정말로 효자로다. 민자건이여! 그의 부모형제가 민자건의 효순孝順과 우애를 칭찬하는 말에 대해 다른 사람들도 모두 이의가 없도다"[61]라고 하여 민자건의 진정한 효행을 칭찬하고 있다. 대체로 부모는 자식에 대해 지나친 칭찬을 하기 때문에 사람들의 이의가 있기 마련인데, 민자건은 이의가 없으니 진실로 효자라고 말한 것이다.

만약 공자가 무조건적인 효순을 시행했다면 마땅히 민자건을 질책했을 것이다. 하지만 공자는 맹목적인 효순을 하지 않은 민자건을 오히려 칭찬했다.

공자의 제자 중 증자의 효성에 대해서는 이미 정평이 나 있지만, 민자건도 그에 못지않은 효자였다. 민자건은 『이십사효』에 등장할 만큼 소문난 효자이면서 정직하고 절개가 있는 선비로도 유명하다. 공자는 이런 민자건에 대해 칭찬을 아끼지 않았다.

"민자건은 좀처럼 말을 하지 않는 사람이지만, 한번 말을 하면 반드시 이치에 맞는 말만 한다."[62]

그는 일찍 어머니를 잃어 아버지가 계모를 맞아 다시 이복동생 둘을 낳았다. 그는 계모와 이복동생들한테 갖은 학대와 구박을 받았지만, 그런 와중에도 단지 계모의 뜻을 어기지 않으려고 노력했고, 분노하거나 한을 품거나 앙심을 품을 생각조차 하지 않았다. 어느 해 추운 겨울 계모는 두 이복동생에게는 솜으로 따뜻하게 옷을 해 입혔지만, 민자건은 몹시 미워하여 솜 대신 갈대꽃을 넣어 입혔다.

어느 날, 부친이 민자건에게 수레를 몰게 했는데, 민자건은 추위에 몸을 부들부들 떨다가 그만 채찍을 놓치고 말았다. 그의 아버지가 민자건을 잘 살펴보고서 그 까닭을 알아채고 계모를 내쫓을 참이었다. 그러자 민자건은 울면서 이렇게 말했다.

"어머니가 계시면 나 한 사람만 춥지만, 어머니가 나가시면 우리 형제 모두가 헐벗고 춥게 됩니다. 저 혼자 홑옷을 입으면 어떻습니까? 다른 형제들이 추위에 떨지 않으니 얼마나 다행입니까?"

민자건의 아버지는 할 말을 잃었다. 쫓겨나게 된 계모가 민자건의 읍소를 엿들었던 모양이다. 그날로 뉘우쳐 전처의 아들이라는 생각을 버리고 따뜻한 어머니 노릇을 하게 되었다.[63] 이처럼 효는 웃어른을 편안하게 하지만, 때로는 윗사람을 부끄럽게 하여 뉘우치게 한다.

# 시대의 변화를 외면한 어리석은 사람들

옛날 하남의 정현이라는 곳에 복씨라는 사람이 살고 있었다. 그는 자기 바지가 더 이상 입지 못할 정도로 해지자 옷감을 사다가 자기 부인에게 주며 새 바지를 만들어 달라고 부탁했다. 새 바지를 만들기 위해 바지의 치수를 재던 부인이 물었다.

"어떤 모양으로 만들어 드릴까요?"

복씨는 아무렇지 않게 입에서 나오는 대로 대답했다.

"지금 입고 있는 헌 바지와 똑같이 만들어주시오."

부인은 남편의 말을 곧이곧대로 들었다. 그래서 새 바지를 만든 다음에 헌 바지와 똑같게 하기 위해 애쓰기 시작했다. 헌 바지와 똑같이 구멍을 내고 기름때를 묻히고 너덜너덜하게 만든 다음 남편에게 갖다 주며 자랑스럽게 말했다.

"맘에 드시지요? 헌 바지와 똑같지요?"[64]

한비자는 복씨 부인의 잘못된 행동에 비유하여 "학자들이 실제로 소용되지 않는 의론을 선왕을 빙자하여 논하는 것은 시대에 맞지 않은 말이 되고 만다"[65]라는 당시의 사상적 경향을 풍자했다. 바지가 낡거나 해지면 새 바지로 바꿔 입는 것은 당연한 일이다. 새 바지가 몸에 맞으면 그만이지 그렇다고 헌 바지와 똑같을 필요는 없다.

한비자가 보기에 그 당시 제자백가는 문명이 발전하고 새로운 생활이 개선되는데도 시대의 객관적인 상황 변화를 보지 못하고, 새로운 현실에 적응하려 하지 않고 억지로 새 바지를 낡은 바지로 만들려는 어리석은 사람들로 보였다. 옛 성왕들의 업적을 교훈 삼아 시행착오를 범하지 않을 수는 있지만, 그것을 다시 그대로 실천할 수는 없다. 설사 실천한다고 하더라도 시대와 상황이 많이 변했기 때문에 현실의 문제를 해결하는 데는 자연히 많은 어려움이 따라올 수밖에 없다.

기원전 538년 정나라를 정벌하러 가던 송나라 양공은 탁하에서 강대한 초나라 정예군을 맞아 전투를 벌일 준비를 하고 있었다. 송나라 군대가 먼저 도착해 전열을 가다듬고 있을 때 초나라 군대는 강을 건너고 있었다. 우사마인 자어가 급히 양공에게 달려와 말했다.

"초나라 군대와 우리나라 군대의 형세를 비교해보면 초나라 군대가 우리보다 강합니다. 초나라 군대가 전열을 정비하지 못한 틈을 타 허를 찔러 공격하면 틀림없이 초나라 군대를 이길 수 있을 것입니다."

양공은 수염을 점잖게 쓰다듬으며 천천히 여유 있게 말했다.

"뭐가 그리 급한가? 도덕군자는 부상 당한 사람을 죽이지 않으며, 노인을 사로잡지 않으며, 남의 곤경을 틈타 위험에 밀어 넣지 않는다고 했소. 아직 전열을 가다듬지 못한 초나라 군대를 공격하는 것은 인의를 어기는 것이오."

배를 타고 상륙한 초나라 병사들이 기를 흔들며 진을 벌이고 환성을 지르는 소리가 들려오자 우사마는 의를 위반한 것은 염려하지 말고 백성과 나라를 생각하라고 간절히 충고했다. 양공은 더 이상 못 참겠다는 듯이 눈을 부릅뜨고 꾸짖었다.

"대열로 돌아가시오. 한 번만 더 그런 충고를 하면 군벌에 따라 처리하겠소."

그동안 초나라 군대는 전열을 가다듬었다. 양공은 비로소 북을 울려 출격 명령을 내렸다. 초나라 대군이 소리를 지르며 질풍노도와 같이 쳐들어오자 송나라 군대는 혼비백산하여 크게 패하여 달아나고 말았다. 군인들 틈에 섞여 있던 양공은 엉덩이에 화살을 맞고 사흘이 못 가 숨을 거두고 말았다. 이것은 인의를 생각하다가 스스로 화를 입은 예다.[66]

전쟁은 적과 싸우는 일이다. 적에게 인의와 자비를 베풀면 결국 아군에게 해롭게 하여 전쟁에 패하고 목숨을 잃는 것이 당연하다. 어떤 사람은 유가가 인의를 주장했기 때문에 송나라 양공은 유가의 가르침을 신봉한 사람이라고 말한다. 그러나 유가는 적진에서 적과 대치할 때 적군에게 인의를 지키라고 말하지는 않는다. 인의란 정치적으로 민심을 얻어 안정되었을 때 이야기이지, 전쟁에서 싸우면 반드시 승리해야 한다는 전술과는 상관이 없는 뜻이다. 그러므로 양공이 전쟁에서 행한 것 같은 어리숙한 전략전술을 말하는 것이 아니다.

옛날 송나라에 어떤 농부가 있었다. 하루는 그 농부가 밭을 갈고 있었다. 그 농부의 밭 가운데에 나무 그루터기가 하나 있었는데, 어느 날 토끼 한 마리가 쏜살같이 뛰어가다가 그 그루터기에 부딪혀 죽었다. 그러자 그 농부는 힘들이지 않고 토끼 한 마리를 얻었다는 것에 만족하여 밭을 갈던 쟁기를 버리고 기분 좋게 집으로 돌아와 토끼를 요리하여 맛있는 식사를 했다.

그 후 농부는 더 이상 일할 생각을 하지 않고 날마다 그 나무 아래에 앉아서 토끼가 뛰어나와 죽기를 기다렸다. 밭은 이미 묵어갔지만 두 번 다시 토끼가 나무에 부딪혀 죽는 일은 없었고, 온 나라의 웃음거리만 되었다. 만일 옛 임금들의 정치방식으로 지금의 백성을 다스리고자 한다면 마치 나무 그루터기를 지키고 앉아 토끼가 와서 죽기를 기다리는 사람과 같은 무리다.[67]

이처럼 각종 문제는 그 시대에 따라 생기는 만큼 문제에 대한 대비책 역시 그 문제에 적합해야 한다. 일의 추세는 항상 변하므로 정치나 사회 제도 역시 그에 따라 변해야 한다. 한비자는 당시 현실에 맞는 정치 추세의 이론적인 근거를 제시했다. 따라서 어리석은 사람을 비유할 때 많이 사용하는 '수주대토守株待兔'를 인용한 것이다.

세상의 현상 가운데는 언제나 반복해서 주기적으로 일어나는 일도 있고, 딱 한 차례만 일어나는 일시적인 현상도 있다. 전자는 사계절의 변화와 같이 인과관계가 지속적으로 반복되는 일이지만, 후자는 우연적이고 특수한 것이어서 생활 속에 지침으로 삼을 만한 어떤 관계도 없다.

사람들이 땀 흘려 노력하지 않고 우연적이거나 특수한 것에 희망을 걸어 요행을 바란다면, 그런 사람은 기회주의자로 미래지향적인 삶을 기대할 수 없다. 그래서 한비자는 "옛날의 통치 방법으로 오늘날의 백성을 다스리려 한다면 이 농부와 똑같이 웃음거리가 될 것이다"[68]라고 한 것이다.

정나라에 차치리라는 별호를 가진 사람이 신발을 사려고 했다. 그는 신발을 사러 가기 전에 먼저 볏짚에 자기 발의 치수를 재었다. 그런데 깜박 잊고 그 볏짚을 집에 놓아둔 채 시장에 갔다. 먼 길을 걸어 시장에 도착한 차치리는 신발가게에서 마음에 드는 신발을 한 켤레 골랐지만, 아무리 주머니를 뒤져도 발 치수를 재어둔 볏짚이 없었다. 그는 신발을 파는 점원에게 "내가 발 치수를 재어놓은 볏짚을 깜박 잊고 가져오지 않았소. 빨리 집에 가서 그것을 가지고 와서 사겠소"라고 한 후 급히 집으로 달려갔다. 그는 집으로 돌아가 치수를 재어놓은 볏짚을 가지고 다시 신발가게에 갔지만, 이미 가게 문이 닫혀 결국 신발을 살 수 없었다. 이 말을 들은 어떤 사람이 말하길, "자기 신발을 사는 것이라면 직접 신어보면 될 텐데 무슨 치수가 필요하단 말이오?"라고 말했다. 그러자 그 사람은 "나는 치수를 재어놓은 볏짚은 믿을 수 있어도 내 발은 믿을 수 없소"[69]라고 대답했다. 자기 신발을 사는데 처음부터 발 치수를 잰 볏짚은 필요가 없었다. 자기가 직접 신어보고 맞는지 안 맞는지 판단하면 될 일이다.

한비자는 이 이야기를 통해 국사에 적합한 조치가 아닌데도 선왕의 말씀이라고 쓰인 이치를 확고부동하게 그대로 따르려고 하는 것은 마치 신발을 사러 장에 갔다가 발 치수를 재어놓은 볏짚을 두고 왔다고 하여 사지 못하고 돌아가는 형국으로 표현했다. 차치리를 통해 글로 쓰인 역사의 이론은 확고부동하게 믿지만, 구체적이고 변화무쌍한 현실은 믿지 않는 풍조를 비판한 것이다.

# 현실은 형세에 따라 변화하니
# 바른 도를 따라야 한다

위나라 사람 중에 주살로 새를 쏘아 잡는 사냥꾼이 있었다. 어느 날 새가 가까이 다가왔으므로 먼저 새를 잡는 데 사용하는 새끼줄로 유혹했더니, 새는 놀라서 날아가버렸다. 쓸데없는 짓을 하느라 주살을 쏘아보지도 못한 것이다.[70]

정현 사람 을자라는 자의 아내가 시장에 갔다가 자라를 사서 돌아오는 중이었다. 그녀는 강가를 지나다가 자라가 몹시 목이 마르리라고 생각하여 물속에 집어넣었다. 그러자 자라는 그대로 달아나고 말았다.[71]

어떤 나이 어린 사람이 연장자 앞에서 술을 마시고 있었는데, 연장자가 마시면 자기도 마셔야 하는 줄 알고 흉내 내어 계속 마시곤 했다.

일설에 의하면 노나라 사람으로 열심히 수양하는 자가 있었는데, 어느 날 연장자가 술을 이기지 못하고 토해내는 것을 보고는 실례가 된다는 것도 모르고 흉내 내어 모두 토했다고 한다.

또 일설에 의하면, 송나라에 나이가 어린 사람이 있었는데, 다른 사람의 좋은 점은 무엇이든 본받으려고 했다. 그래서 연장자가 술을 남김

없이 마시는 것을 보고는 감당하지도 못하면서 술을 단숨에 마시느라고 애를 썼다.[72)

옛날 책에 '신지속지紳之束之'라는 구절이 있다. 즉, 큰 띠를 허리에 매고 남은 부분을 늘어뜨린다는 뜻이다. 그런데 송나라 사람이 그 구절을 읽고는 뜻을 잘못 해석하여 띠를 이중으로 하여 허리에 동여맸다. 어떤 사람이 그 모습을 보고 띠를 왜 그렇게 맸느냐고 묻자 송나라 사람은 태연하게 대답했다.

"옛날 책에 그렇게 쓰여 있으니 그렇게 하는 것이 당연하잖소?"[73)

옛날 책에 "벽옥을 조탁하면 본래의 아름다운 옥이 된다"라는 구절이 있다. 양나라 사람으로 옛날 책을 연구하는 자가 있었는데, 그는 일거일동을 옛사람의 말에 의거하여 행동했으며, 만사를 옛날 책에서 인용하는 위인이었다. 그런데 그가 옛날 책을 읽고 이렇게 말했다.

"지나치게 조탁彫琢하면 본바탕조차 상실하게 된다."

어떤 사람이 의아해서 그 뜻을 묻자, 그는 이렇게 대답했다.

"옛날 책에 그렇게 쓰여 있으니 원래부터 그런 것이오."[74)

초나라 수도 영에 사는 어떤 사람이 연나라의 재상인 친구에게 편지를 쓰고 있었다. 그러는 사이에 밤이 점점 깊어갔는데, 어쩌다가 초가 쓰러져 촛불이 꺼지고 말았다. 그는 하인에게 "촛불을 밝혀라"라고 말하면서 무의식중에 그 말을 편지에 써버렸다.

편지를 읽어본 친구는 '촛불을 밝혀라'라는 뜻밖의 말을 아무리 생각해도 이해할 수 없었다. 그는 한동안 고심한 끝에 갑자기 기뻐하며 말했다.

"그래, 이 친구의 편지에는 깊은 뜻이 담겨 있구나. '촛불을 밝혀라'라는 말은 백성의 상황을 밝게 살피라는 말이었구나. 밝게 살피려면 반드시 현명한 인재를 등용해야지.”

연나라 재상이 이 뜻을 왕에게 전했더니 왕도 고개를 끄덕였다. 이후 연나라에서는 신중하게 인재를 선발하고 등용함으로써 나라를 잘 다스렸다고 한다. 나라가 잘 다스려진 것은 물론 좋은 일이지만, 편지 속의 ‘촛불을 밝혀라’라는 말은 본래 그런 뜻이 아니었다. 오늘날에도 고서를 해석하되, 제멋대로 천착하고 뜻을 갖다붙여 그 뜻을 왜곡하는 학자들이 많다.[75]

제멋대로 천착하고 뜻을 갖다붙여 원래 의미를 왜곡하는 것을 “꿈보다 해몽이 좋다”라고 한다. 실제로 일어난 일보다 둘러대어 유리하게 해석하는 것을 의미한다. 경전이나 문학작품, 역사적 사실을 해석할 때 정치적 이익이나 개인의 필요에 따라 한 구절 한 글자씩 잘라 쓰거나, 사실을 왜곡하거나, 한 가지에만 사로잡혀 다른 것은 생각지 못하거나, 오늘날의 입장에서 옛것을 판단하여 정치적 도구로 이용하는 경우가 많다. 연나라 재상이 친구의 편지를 곡해하여 나라를 잘 다스리는 좋은 결과를 얻은 것은 아주 특별한 경우일 뿐이고, 현실적으로는 엉뚱한 결과를 초래할 위험이 더 많다.

제나라 경공이 소해라는 곳을 유람하는데, 전령이 급히 달려와서 보고했다.

“재상 안영이 병세가 심해 곧 죽을 것 같다고 합니다. 공께서 빨리 돌아가시지 않으면 살아서 만나시지 못할 것입니다.”

경공이 서둘러 자리에서 일어났을 때, 또 전령이 말을 타고 도착했다. 경공이 말했다.

“급히 번차(煩且: 말 이름)에 수레를 매게 하고, 한추(韓樞: 명기수)에게 말을 몰도록 하라.”

이윽고 경공이 수레에 올라 수백 보를 달렸는데, 마음이 조급해진 경공은 한추가 말을 빨리 몰지 못한다고 생각해 채찍을 빼앗아 손수 고삐를 잡고 말을 몰았다. 그런데 수백 보쯤 가서는 말이 느리다고 생각해 수레에서 내려 달려가기 시작했다. 경공은 번차라는 준마를 한추라는 명기수가 몰고 있다 하더라도 자기 자신이 말에서 내려 달려가는 것이 더 빠르다고 생각했다.[76]

은나라 주왕은 며칠 밤을 이어 연회를 열어 환락에 빠져 날짜 가는 줄을 잊었다. 그는 주위에 있는 자들에게 날짜를 물었지만, 모두 알지 못했다. 그래서 사람을 시켜 기자에게 물었다. 기자는 자기 시종에게 이렇게 말했다.

"천하의 주인 된 자로 온 나라 사람들이 날짜 가는 줄을 잊게 만들었으니 천하가 위태롭구나. 모두 날짜를 모르는데, 나만 홀로 안다면 내가 위태로워질 것이다. 술에 취해 알지 못한다고 일러라."[77]

또 은나라 주왕이 상아 젓가락을 만들자 기자가 두려워했다. 그가 보기에 상아 젓가락을 사용하려면 흙으로 만든 그릇에 국을 담을 수 없을 것이고, 그러면 무소뿔이나 옥으로 만든 그릇을 사용해야 하기 때문이다. 또 옥으로 만든 술잔과 상아 젓가락을 사용하면 콩잎국을 담을 수 없을 것이고, 그러면 소나 코끼리나 표범의 새끼 고기를 먹을 수밖에 없을 것이다. 그리고 소나 코끼리나 표범의 새끼 고기를 먹으면 반드시 짧은 홑옷을 입거나 초가집 아래에 살려고 하지 않을 것이고, 그러면 반드시 비단옷을 입고 높은 누각과 넓은 방에서만 살려고 할 것이기 때문이었다. 성인은 아주 작은 일을 보고도 다가올 일을 알고, 사물의 작은 단서를 보고도 그 끝을 안다. 그러므로 기자가 상아 젓가락을 보고 두려워한 것은 천하라도 주왕을 만족시켜주지 못할 것을 알았기 때문이다.[78]

왕수가 책을 짊어지고 가다가 주나라 땅에서 서풍을 만났다. 서풍이 말했다.

"일이란 실행하는 것이고, 실행 결과는 때에 따라 나타나는데, 그 상황은 항상 같지 않다. 책은 옛사람의 말을 기록한 것이고, 말은 지혜로부터 생겨난 것이다. 그래서 지혜로운 자는 책을 소장하지 않는다. 지금 그대는 어찌해서 책을 짊어지고 가시오?"

이에 왕수는 그 책을 불사르고 춤을 추었다.

지혜로운 자는 말로써 가르치려 하지 않고, 장서를 소중히 하지 않는다. 세상 사람들은 책을 불사르고 말로써 가르치려 하지 않는 것을 그냥 잘못된 것이라 하지만, 왕수는 그것을 깨닫고 바른 길로 돌아와 배우지 않은 것을 배운 것이다. 그래서 말했다.

"다른 사람들이 배우지 않는 것을 배우면 많은 사람이 잘못 되었다고 하는 곳으로 되돌아간다."

무릇 만물에는 저마다 일정한 모양이 있으므로 그 모양에 따라 이끌어가야 한다. 사물의 모양을 따라야 하므로 고요하면 덕을 쌓고, 움직이면 자연의 도리에 순응해야 한다.[79]

옛날 송나라 왕이 훌륭한 조각가를 불러 매우 귀한 상아로 닥나무 잎사귀를 조각하게 했다. 그는 꼬박 3년이 걸려 마침내 조각을 완성했다. 아주 정교하게 다듬어진 잎사귀의 줄기, 잎이 연결된 작은 가지, 잎 주위에 난 부드러운 잔털과 윤기까지 닥나무 잎사귀와 분간하기 어려울 정도로 진짜 같았다. 왕은 매우 기뻐하며 공을 치하하고 이 기술자에게 대대로 봉록을 주도록 조치했다.

이 말이 전해지자 백성 사이에는 의견이 분분했다. 그 말을 들은 열자는 길게 탄식했다.

"자연이 3년 만에 겨우 잎사귀 하나를 만들어낸다면 세상에 잎사귀를 가진 나무는 하나도 없을 것이다."

그러므로 자연의 조건을 따르지 않고 한 개인의 재능만 믿거나, 자연의 규율에 따르지 않고 한 개인의 잔꾀를 내세우는 일은 3년 걸려 겨우 잎사귀 하나 만들어내는 것과 같은 어리석은 행동이다. 그래서 겨울에 곡식을 심는다면 후직(后稷)이라도 넉넉하게 결실을 거둘 수 없고, 풍년이 들어 곡식이 여무는 때라면 재능이 없는 노비일지라도 흉작이 들 수 없다. 한 사람의 능력에만 의지하면 후직이라도 부족하지만, 자연에 따르면 재능 없는 노비일지라도 남음이 있을 것이다. 그래서 이렇게 말했다.

"만물은 자연스러움에 의지하고 감히 인위적인 조작을 가하지 않는다."

사람의 몸에 뚫린 구멍은 정신의 창이다. 귀와 눈이 소리와 색을 분별하는 데 사용되고, 정신이 겉모습을 분별하는 데 모두 사용되면 몸 가운데 주인이 없게 된다. 몸 가운데 주인이 없으면 화와 복이 구릉이나 산과 같이 덮쳐와도 분별할 수 없다. 그래서 다음과 같이 말했다.

"문으로 나가지 않아도 천하를 알 수 있고, 창문으로 내다보지 않아도 자연의 이치를 안다."

이것은 정신이 그 실체를 떠나서는 안 됨을 말한 것이다.[80]

사람들의 재능이 아무리 뛰어나도 자연이라는 위대함에는 턱없이 부족하여 한계를 느낄 수밖에 없다. 자연의 순리에 의해 삶의 방도가 주어지는데, 인위적인 조작을 통해 자연의 섭리를 거역할 수는 없다. 그럼에도 무위자연을 지나치게 강조한 노장철학은 결국 인간의 유용한 삶과 편리한 생활을 도모하는 조작을 폄하함으로써, 특히 당시 수공업의 기능과 발전을 저해했다는 비난을 면하기 어렵다. 3년이 걸려 진짜처럼 잎사귀 하나를 만들었다면, 아름다움을 표현하려는 숙련된 기술이라고 칭송할 것이다. 그러나 농경생활로 먹고사는 문제가 가장 시급한 상황에서 3년 동안 심혈을 기울여 잎사귀 하나를 만든다면 현실을 외면했다는 비난을 면하기 어려울 것이다.

연나라 사람이 정신적으로 이상이 없는데도 개 똥물에 목욕한 이야기가 전해온다. 그의 아내는 어느 선비와 밀통하고 있었다. 어느 날 그 남편이 예정보다 일찍 귀가했는데, 때마침 그 선비가 문밖으로 나오고 있었다. 남편이 "저 사람이 누구냐?" 하고 묻자, 그의 아내가 무슨 사람이 있냐고 시치미를 뗐으므로 그는 다시 주위 사람들에게 물었으나 역시 이구동성으로 "아무도 없었다"라고 마치 한 입에서 나오는 것과 같이 답했다. 그의 아내가 말하기를, "당신은 귀신에게 홀려 정신이 좀 이상해진 모양입니다"라고 했다. 그러고는 귀신을 쫓아버려야 한다면서 개 똥물에 목욕을 시켰다.

일설에 의하면, 연나라 사람 이계가 본래 멀리 나가는 것을 좋아하자, 그의 아내는 그사이에 어떤 젊은 남자와 내통하고 있었다. 그런데 어느 날 이계가 갑자기 집에 돌아왔을 때, 젊은 남자가 안방에 있었으므로 아내는 당황하여 어찌할 바를 몰랐다. 그 집의 몸종이 "그분을 발가벗기고 머리는 산발한 채로 도망치게 하십시오. 저희는 모두 그분을 보지 못했다고 잡아떼겠습니다"라고 일러주었다. 그리하여 젊은 남자는 그 계략대로 하고 문밖으로 달려나갔다. 이계가 그 괴상한 모습을 보고 물었다.

"지금 벌거벗고 산발한 채 문밖으로 달아난 사람이 누구냐?"
집안사람들이 입을 모아 말했다.

"아무도 보지 못했습니다."

이계가 다시 물었다.

"그렇다면 내가 귀신이라도 보았단 말인가?"

그러자 그의 부인이 말했다.

"아마도 그런 것 같습니다."

어쩌면 좋겠느냐고 묻는 남편에게 그의 아내는 "이러한 경우에 오생(五牲: 소·양·돼지·개·닭)의 똥물을 뒤집어써서 귀신을 몰아내야 합니다"라고 천연덕스럽게 말했다. 이계는 그 말에 따라 오생의 똥물로 목욕했다고 한다. 또 일설에는 상서롭지 못한 것을 쫓아내기 위해 난초를 끓여서 목욕했다는 이야기도 있다.[81]

"사람 셋이면 호랑이도 만들어낸다(三人成虎)"라는 고사성어가 있다. 거짓말도 여러 사람이 하면 곧이들린다는 비유다. 아무리 거짓이라고 하더라도 여러 번 반복하다 보면 진실처럼 받아들이는 것이 현실이다. 남편은 오로지 한 가정의 가장으로서 진솔하게 자신의 책무를 다하면서 살아가지만, 자기 부인과 식솔들은 한통속이 되어 오히려 자신을 속이는 것도 모자라 모욕까지 준다는 이야기다. 사마천의 『사기』에 나오는 다음 글에서 '어떻게 살아야 할 것인가?'를 고민하게 만든다.

요즈음에도 법도에 어긋난 행동을 하고 하지 말아야 할 행동만 골라서 하면서도 일생을 편안히 살 뿐만 아니라 그 부귀를 대대로 계속 누리는 자가 있는가 하면, 땅을 가려서 밟고 때가 되어야 말을 하며 사잇길을 가지 않고 공정한 일이 아니면 발분하지 않으나 재앙을 만나는 사람이 이루 헤아릴 수 없이 많다. 나는 심히 당혹을 금치 못하겠다. 도대체 이른바 천도라는 것이 옳은 것인가, 그른 것인가?

II 한비자의 행동강령

# 남을 속이는 데는 도리가 있을 수 없다

제나라에서 궁궐 안의 일을 처리하는 벼슬아치인 중대부 중에 이사라는 자가 있었다. 어느 날 그는 왕을 모시고 술을 마시다가 너무 취했으므로 물러 나와 회랑 문에 기대어 있었다. 그때 월형을 당해 한쪽 발꿈치가 없는 문지기가 무릎을 꿇고 말했다.

"어른께서는 남은 술이 있으면 제게 내릴 뜻이 없습니까?"

이사가 말했다.

"네 이놈, 저리 물러가라. 형벌을 받은 전과자 주제에 어찌 감히 손윗사람에게 술을 달라고 한단 말이냐?"

그 말에 발꿈치를 베인 문지기는 재빨리 물러났다. 얼마 후 이사가 궁궐 밖으로 나가자 발꿈치 베인 문지기는 회랑문의 난간 아래에 물을 뿌려 마치 소변을 본 것처럼 만들었다.

다음날 왕이 밖에 나오다가 이것을 보고 문지기를 꾸짖으며 말했다.

"대체 누가 이곳에 소변을 보았느냐?"

문지기가 무릎을 꿇고 대답했다.

"누가 그랬는지 보지는 못했지만, 어젯밤 중대부 이사가 이곳에 서 있었습니다."

이에 왕은 전후 사정을 물어보지도 않고 이사를 사형에 처했다.[82)

위나라 왕의 신하 두 사람과 제양군은 사이가 좋지 않았다. 그래서 제양군은 계책을 세워 거짓으로 사람을 시켜 왕의 명령이라고 하여 자기를 공격하게 해놓고 이 일이 왕의 귀에 들어가도록 해두었다. 왕이 제양군에게 물었다.

"도대체 그대는 누구에게 원한을 샀기에 이런 일이 생겼는가?"

제양군이 시침을 떼고 대답했다.

"신은 누구에게도 원한을 맺은 일이 없습니다. 일찍이 저 두 사람과는 평소 사이가 좋지 않았지만, 설마 저를 죽이려고까지 하지는 않을 것입니다."

왕은 제양군과 이 두 사람의 관계를 주위에 있는 자들에게 물었다. 주위에 있는 모든 자가 사이가 좋지 않다고 말했으므로 마침내 두 사람을 죽여버렸다.[83)

초나라 왕의 사랑을 받는 정수라는 첩이 있었다. 초나라 왕이 새로 한 미녀를 얻었다. 정수는 그 미녀에게 이렇게 일러주었다.

"왕께서는 소매로 입을 가리는 것을 매우 좋아하시니, 그대도 왕의 곁에서 섬길 때는 반드시 소매로 입을 가리도록 하시오."

미녀는 궁궐 안으로 들어가 왕을 알현해 가까이 있을 때는 소매로 입을 가렸다. 왕이 이상하게 생각하여 정수에게 그 까닭을 묻자, 정수가 말했다.

"그 여인은 평소 왕의 옥체에서 냄새가 난다고 하여 싫어하고 있었습니다. 아마 그 때문일 것입니다."

그 후 왕이 정수와 미녀를 불러 세 사람이 한자리에 앉게 되었는데, 정수는 미리 모시는 신하에게 경계시키며 이렇게 말했다.

"오늘 만약 왕께서 어떤 말씀을 하시면 반드시 왕의 말을 듣고 빨리 거행하도록 하십시오."

그날도 미녀는 왕 가까이 갈 때마다 여러 번 소매로 입을 가렸다. 왕이 거듭되는 무례를 참지 못하여 화를 내며 명하기를 "이 계집의 코를 베어버려라!"라고 했다. 왕을 모시고 있던 자가 얼른 칼을 뽑아 그녀의 코를 베었다.

일설에 이런 얘기가 있다. 위나라 왕이 초나라 왕에게 미인을 보내자 초나라 왕은 매우 기뻐하여 그녀를 총애했다. 부인 정수는 왕이 그녀를 사랑하는 것을 알게 되자 자신 역시 그녀를 왕보다 더욱 사랑하는 체하며 옷이나 노리개 따위를 가지고 싶은 대로 갖도록 했다. 왕이 이런 사실을 모르고 부인 정수를 진심으로 칭찬했다.

"부인은 내가 새로 온 사람을 좋아한다는 것을 알고 과인보다 더 아끼고 있으니, 이것은 효자가 부모를 봉양하고 충신이 군주를 섬기는 것과 다를 바 없으니 참으로 기특하도다."

정수는 이렇게 자기가 질투하지 않는다는 것으로 왕의 인정을 받았으므로 새로 온 사람에게 이렇게 말했다.

"왕께서는 당신을 매우 사랑하오. 그러나 어찌된 일인지 당신의 코만은 싫어하시는 모양이니, 앞으로 왕을 뵐 때는 소매로 항상 코를 가리도록 하오. 그러면 언제까지나 변함없이 왕의 총애를 받을 수 있을 것이오."

그래서 새로 온 미녀는 이 말대로 왕을 볼 때마다 항상 소매로 코를 가렸다. 그 뒤 왕은 미인의 행동을 이상하게 여겨 부인인 정수에게 물었다.

"새로 온 사람이 과인을 볼 때마다 항상 소매로 코를 가리는데, 그 이유를 알고 있소?"

부인이 대답했다.

"저도 잘 모릅니다."

왕이 다그쳐 묻자, 이렇게 대답했다.

"지난번에 그녀가 왕의 겨드랑이에서 나는 악취가 싫다고 말한 일이 있었습니다."

왕은 노여워하며 말했다.

"건방진 계집이구나. 당장 코를 베어라."

부인은 이보다 앞서 왕을 가까이 모시는 자에게 말해두었다.

"왕이 만일 어떤 분부를 내리면 반드시 명령대로 즉시 시행하라."

그래서 왕을 가까이 모시는 자가 지체없이 칼을 뽑아 미인의 코를 베어버렸다.[84]

비무극은 초나라 재상 영윤의 측근이다. 극완이 새로 영윤을 섬기게 됐는데, 영윤은 그를 매우 아꼈다. 비무극이 영윤에게 말했다.

"재상께서는 극완을 매우 아끼시는군요. 어째서 그의 집에서 주연을 열도록 하지 않습니까? 그도 반드시 명예롭게 생각할 것입니다."

재상이 그러기로 하고 당장 극완에게 명하여 집에서 주연을 준비하도록 했다. 한편 비무극은 극완에게 다음과 같이 충고했다.

"그날은 매사에 소홀함이 없도록 주의해야 하오. 재상께서는 매우 오만하여 군사를 좋아하시므로 그대는 그 뜻을 받들어 안방에서 사랑채에 이르기까지 군사를 세워두는 것이 좋을 것이오."

그래서 극완은 그대로 준비했다. 그런데 재상 영윤이 극완의 집에 와보고는 엄청난 경계에 놀라 그 이유를 묻자 비무극이 말했다.

"재상의 신변이 위험합니다. 서둘러 이 자리를 피하십시오. 어떤 일이 일어날지 알 수 없습니다."

영윤은 매우 노하여 군사를 일으켜 극완의 죄를 책망하고 마침내 죽여버렸다.[85]

중산국에 신분이 낮은 공자가 있었는데, 그의 말은 매우 여위었고 수레 또한 매우 낡았다. 왕의 측근 중에 그와 사이가 나쁜 자가 있었다. 그가 왕에게 그를 도와줄 것을 요청하며 말했다.

"공자는 매우 가난해서 행색이 너무 초라하고 그의 말이 아주 여위었습니다. 왕께서는 말의 사료를 좀 더 늘려주는 것이 어떻겠습니까?"

왕은 이를 허락하지 않았다. 그러나 사이가 나쁜 그 신하가 은밀히 밤에 왕의 사료 창고에 불을 질렀다. 왕은 이것이 공자의 소행인 줄 알고 그를 죽였다.[86]

위나라에 나이 든 유생이 제양군과 사이가 좋지 않아 서로 앙숙이었는데, 이 유생에게 원한을 품은 자가 있었다. 기회를 엿보던 그는 늙은 유생을 공격해 죽여 자기의 원한을 풀고는 제양군에게 칭찬을 받으려고 이렇게 말했다.

"신은 그가 당신을 좋아하지 않았기 때문에 당신을 위해 그를 죽였습니다."

제양군은 일의 자초지종을 알아보지도 않고 그에게 상을 주었다.

일설에는 이렇게 되어 있다. 제양군의 신하 가운데 젊은 서자(전국시대 진과 위나라 등에서는 가신을 '서자'라고 칭함)로 있던 자가 있었는데, 아무리 애써도 제양군의 총애를 받지 못했으므로 항상 그의 총애를 받을 궁리를 하고 있었다. 이때 제나라에서는 늙은 유생에게 마리산에서 약초를 캐오도록 했으므로 제양군의 젊은 서자는 이를 계기로 공을 세울 생각으로 제양군에게 말했다.

"이번에 제나라에서 늙은 유생에게 명하여 마리산에서 약초를 캐오도록 했는데, 그것은 구실일 뿐이며 사실은 우리나라를 염탐하러 온 것입니다. 그러니 그를 죽여야 합니다. 만약 그를 살려두면 우리나라의 비밀을 제나라에 알리고, 마치 제양군께서 그것을 누설한 것처럼 소문을 낼 것입니다. 그렇게 되면 제양군께서는 변명의 여지도 없이 죄인으로 몰리게 되니 제가 그 유생을 죽여 후환을 없애겠습니다."

제양군은 그 말이 그럴듯하여 승낙했다. 다음날 젊은 소자는 성 북쪽에서 그를 찾아내어 죽였다. 제양군은 이 일로 젊은 서자를 총애하게 되었다.[87)]

군주는 자신의 행동과 생각을 표면에 드러내서는 안 된다. 군주가 어떻게 움직이는지 그 행적을 아무도 알 수 없게 하고, 어떤 마음을 품고 있는지 짐작할 수 없도록 해야 한다. 그리고 모르는 척 재능을 숨겨 신하들이 군주의 의도를 파악할 수 없게 해야 한다. 또한 군주가 직접 눈으로 보려 하면 신하는 겉모습을 꾸미게 된다. 그래서 군주는 진실을 간파할 수 없다. 또 군주가 직접 귀로 들으려 하면 신하는 말을 꾸미려 한다. 군주는 신하들 앞에서 좋고 싫음을 직접적으로 표현하면 안 된다. 군주가 속내를 드러내면 신하들은 그 점을 이용하여 군주에게 아첨하려 한다.

이것은 권력을 가진 사람이나 일반인도 마찬가지다. 자신의 약점이 노출되는 순간 주위 사람들은 집요하게 약점을 파고들어 사회적으로 매장시키려 한다. 어떤 일을 처리하고 판단할 때는 어느 한쪽 경향으로 치우치거나 한쪽 경향을 가진 사람들과 입장을 같이하는 것을 피하고, 다양한 여러 경향을 조화시키며, 입장이 다른 사람들 간에 절충과 조화를 진행해야 한다. 그렇게 하지 못하면 덕성이 높은 군자가 되지 못하고 생각이 한쪽으로 치우친 소인으로 전락하게 된다고 보았다.

# 재능과 능력을 감추고 적절한 때를 본다

설공이 제나라 재상으로 있을 때, 제나라 왕후가 죽었다. 그런데 그 뒤를 이을 왕후를 정하지 못하고 있었다. 궁궐 안에는 열 명의 후궁이 있었는데, 모두 왕의 총애를 받았다. 설공은 제선왕이 열 명의 후궁 가운데 장차 누구를 왕비로 삼을 것인지 알고 싶었지만, 감히 선왕에게 물어볼 수 없었다. 그래서 과연 그 가운데 왕이 어떤 여자를 왕후로 택할 것인지를 미리 알아내려고 애썼다. 왜냐하면 반드시 이 열 명 가운데 누군가가 선택되어 그 자리를 차지할 것이므로 왕의 의중을 사전에 탐지하여 그 여자를 왕후로 삼도록 왕에게 권하리라고 생각했기 때문이다.

왕이 설공의 말에 따라 왕후를 정하게 되면 자기의 공이 되므로 그 왕후로부터 소중한 대우를 받게 되지만, 만약 왕이 자기 말을 듣지 않고 다른 여자를 왕후로 정하게 되면 새 왕후에게서 경시될 것이기 때문이었다. 그는 왕이 마음에 두고 있는 여자를 빨리 알아내어 왕에게 권고하리라 생각하고, 옥 귀걸이 열 쌍 가운데 한 쌍을 특히 아름답고 정교하게 만들어 왕에게 바쳤다. 그의 생각대로라면 왕이 특별히 아름답게 만든 귀걸이를 어느 후궁에게 주는지만 확인하면 곧 누가 왕비가 될지 알 수 있게 될 것이 분명했다. 왕은 열 명의 후궁들에게 귀걸이를 나눠주었다. 다음날 설공은 가장 아름다운 귀걸이를 하고 있는 후궁을 살펴보고 왕에게 그녀를 왕후로 삼기를 권유했다.[88]

한비자는 이 일화를 통해 군주가 개인적인 감정을 드러내면 신하는 반드시 이를 이용하여 그에게 아첨하려 들 것임을 설명했다. 이렇게 되면 군주는 다양한 의견을 듣지 못하게 되고 진실을 알 수 없게 되어 결국 시비를 가리지 못한다. 그러므로 군주는 말과 행동에 신중을 기함으로써 이 같은 병폐가 일어나지 않도록 해야 한다.

『병가兵家』에 다음과 같은 내용이 있다.

"전투에서는 적을 속이는 간사한 꾀도 꺼리지 않는다. 공허한 것은 가득 찬 것으로 보이게 하고, 가득 찬 것은 공허한 것으로 보이게 한다. 능력이 있어도 없는 것처럼 보이게 하고, 싸우면서도 싸우지 않는 것처럼 보이게 한다(兵不厭詐 虛則實之 實則虛之 能而示之不能 戰而示之不戰)."

만약 군주가 속임수를 활용할 줄 모르고 속으로 현묘한 술책을 숨길 줄 모른다면 자신의 재능을 숨기고 밖으로 드러내지 않는 일을 해낼 수 없다. 그렇게 되면 신하는 군주의 마음을 꿰뚫어보고 자기 뜻대로 군주를 조정하려 할 것이다. 또한 상대국이 군주의 생각이나 주장, 정책, 계획 등을 속속들이 파악하게 되면 그 나라는 얼마 가지 못해 상대국에 의해 침략을 당하거나 허수아비로 전락하고 말 것이다.

군주는 정책이나 병력의 규모, 군주로서의 위엄 등을 충분히 갖추지 못했다면 오히려 자신의 정책이나 능력을 더욱더 숨기고 적당한 때를 기다려야 한다. 속내를 깊이 감추고 드러내지 않음으로써 군주가 할 행동을 짐작조차 하지 못하게 해야 한다. 이를 해내지 못하면, 군주가 가진 능력과 권력은 미처 펴보기도 전에 묻혀버리고 말 것이다. 한비자는 '일명경인一鳴驚人'의 일화를 들어 이 같은 이치를 설명하고 있다.

초나라 장왕은 뜻을 펼칠 때가 오기까지 주변을 관찰하며 철저히 자신의 능력을 숨겼던 인물이다. 그는 왕위에 오른 지 3년이 되도록 아무 명령도 내린 적 없고, 어떠한 정치개혁도 하지 않았다. 매일같이 음주가무와 사냥으로 소일하며 정사를 돌보지 않았다. 그것도 모자라 그는 조정 입구에 다음과 같은 영을 내려 걸어두도록 했다.

"감히 감언하는 자가 있으면 누구든 죽음을 면치 못하리라!"

문무백관들은 그가 무슨 생각을 품고 있는지 도무지 헤아릴 길이 없었다. 그로부터 3년 후, 곁에서 모시고 있던 우사마가 장왕 뵙기를 청했다. 장왕이 그에게 물었다.

"그대는 술을 마시러 온 것인가? 아니면 음악을 들으러 온 것인가? 그것도 아니면 혹시 과인에게 할 말이 있어서 온 것인가?"

우사마가 대답했다.

"신은 술을 마시러 온 것도, 음악을 들으러 온 것도 아닙니다. 어떤 이가 소인에게 수수께끼를 한 가지 냈는데, 저로서는 도저히 알 길이 없습니다."

이렇게 말문을 연 우사마는 장왕에게 다음과 같은 수수께끼를 냈다.

"초나라의 가장 높은 남산에 오색 빛이 찬란한 큰 새가 한 마리 살고 있다고 합니다. 3년 동안 날갯짓도 하지 않고 날지도 않으며 울지도 않고 깃을 다듬지도 않았는데, 그 새의 이름을 아는 사람도 없다고 합니다. 왜 그랬을까요?"

우사마는 장왕을 오색 빛이 찬란한 새에게 빗대어 그에게 나라를 다스리는 일이 가장 중요함을 일깨워주고자 했다. 그 속뜻을 모를 리 없는 장왕이 이렇게 대답했다.

"3년 동안 날갯짓을 하지 않은 것은 장차 날갯짓을 크게 하고자 함이요, 날지 않고 울지도 않은 것은 장차 백성을 살피려는 것이다. 지금은 비록 날지 않아도 한번 날면 반드시 하늘을 가를 것이며, 비록 울지 않았어도 한번 울면 반드시 사람들을 놀라게 할 것이오. 그대의 말뜻을 알겠소.”

사실 장왕은 어린 나이에 즉위한 뒤 그의 스승인 두극과 공자 섭이 막대한 권력을 휘둘렀다. 이들은 한통속이 되어 온갖 악행을 일삼았다. 그러던 중 그들은 거짓 왕명을 꾸며 영윤 자공과 태사 반송을 전쟁터로 내몬 다음 두 집안의 재산을 빼앗아 나누어 갖고, 그것도 모자라 자객을 동원하여 자공을 암살했다. 이 같은 음모가 발각되자 이들은 장왕을 인질로 삼아 도망쳤고, 장왕은 여 땅에서 구출된 후에야 비로소 정치에 참여할 수 있었다. 이런 상황에서 장왕은 자신을 지키고자 날갯짓도 하지 않고 날지도 울지도 않는 새로 가장할 수밖에 없었다.

장왕은 다른 사람이 보기에는 어리석고 음란하여 정사를 게을리하는 것처럼 보였지만, 사실은 조정 안팎의 상황을 속속들이 파악하며 높이 비상할 때를 위해 힘을 비축하고 있었다. 이제 그때가 왔다고 판단한 장왕은 우사마에게 이같이 말했다.

“그대의 뜻을 충분히 알겠다. 앞으로의 일을 지켜보거라.”

반년이 지나자 장왕은 힘써 정사를 돌보았는데, 단번에 열 가지 불합리한 법률을 뜯어고치고 아홉 가지 새로운 법률을 제정하고 백성의 원성이 자자한 대신 다섯을 죽이고 재덕을 겸비한 선비 여섯을 뽑아 요직에 앉혔다. 그리하여 초나라가 크게 다스려졌다. 그리고 병사를 일으켜 제나라를 공격해 서주에서 격파시켰으며, 황하와 형옹 사이에서 진나라와 싸워 승리하고, 제후들을 송나라로 불러 모아 마침내 천하의 패자가 되었다.

장왕은 작은 일에 연연하지 않았으므로 위대한 명성을 이룰 수 있었고, 다른 사람에게 서둘러 능력을 보이지 않았으므로 큰 공을 세울 수 있었다. 그래서 이렇게 말했다.

"큰 그릇은 늦게 이루어지며, 음성은 잘 들리지 않는다."<sup>89)</sup>

초나라 장왕은 춘추 오패의 한 사람으로, 그 이름에 부끄럽지 않을 정도로 정치를 잘했다. 그가 쓸데없는 말을 하지 않고 실상이 없는 정령政令을 펴지 않았기 때문에 정치를 한 지 3년이 되도록 '아무것도 하지 않는 듯이' 했지만, 결코 아무것도 하지 않은 것이 아니다. 신중하게 조사하고 연구하여 백성의 사정을 자세히 살펴 방침을 세우고 역량을 쌓은 것이다. 그래서 정치를 하자마자 곧 백성의 복리를 증진시키고 폐해를 제거하며 거침없이 일을 처리하여 초나라를 잘 다스렸으니 '한번 날아 하늘을 찌르고', '한번 울어 사람을 놀라게' 했다. 요즘에는 "한번 울어 사람을 놀라게 한다(일명경인一鳴驚人)"라는 말이 착실하게 힘써 사물이나 사태를 살피지 않고 주제넘게 나서기 좋아하고 단번에 이름을 날리려는 사람들을 비꼬는 뜻으로 쓰이고 있다.

초나라 장왕이 월나라를 정벌하려고 하자 신하인 두자가 간언했다.

"왕께서는 무엇 때문에 월나라를 정벌하려고 하십니까?"

왕은 이렇게 말했다.

"월나라는 정치가 어지럽고 병력이 약하기 때문이오."

그러자 두자가 말했다.

"저는 사람의 지혜가 사물을 보는 눈과 같아 무척 두렵습니다. 지혜는 보는 눈과 같아 백 보 밖을 볼 수 있지만, 자신의 눈썹은 볼 수 없습니다. 왕의 병사는 진秦나라와 진晉나라에 패배해 수백 리의 영토를 잃었는데, 이것은 병력이 쇠약했기 때문입니다. 장교가 국내에서 도적

질을 하고 있는데 벼슬아치들은 이를 금지할 힘이 없는 것으로, 이것은 정치가 어지러운 까닭입니다. 왕의 병력이 쇠약하고 정치가 어지러운 것은 월나라보다 더한데도 월나라를 정벌하려고 하니, 이것이 바로 지혜가 눈과 같은 것입니다."

왕은 두자의 말을 듣고 월나라를 공격하려는 계획을 멈추었다. 그래서 지식의 어려움은 다른 사람을 보는 데 있는 것이 아니라 자신을 보는 데 있다. 그러므로 말하기를, "스스로 자신을 보는 것을 일컬어 밝다[明]고 한다"라고 한 것이다.[90]

이처럼 초나라 장왕은 충분한 힘을 비축할 때까지 자신의 능력을 숨기고 조용히 주변 상황을 살폈다. 주변의 정적들을 안심시킨 후, 적당한 시기가 오면 한꺼번에 자신의 역량을 발휘했다. 이는 군주가 자신의 능력을 비축하고 주변의 상황을 살펴 성공한 사례 중 하나다. 군주가 자신의 능력을 숨김으로써 주변의 돌아가는 사정을 파악하여 옳고 그름을 판단할 수 있는 의지를 기르고, 자신이 비축한 힘을 이용하여 적절한 시기에 행동하는 것은 군주의 처세방법이다. 이 같은 전략은 국가의 안위를 위해 매우 중요하다. 자칫 경솔한 행동은 실패를 부르기 때문이다. 조용히 주위 상황을 관찰하며 변화를 위한 힘을 비축하는 것이야말로 나라를 부강하게 하는 지름길이다.

# 이익을 위해서는 어떤 중상모략도 마다하지 않는다

옛날 월나라의 왕 구천이 용맹함을 좋아하자 백성 가운데에는 죽음을 가볍게 여기는 사람이 많아졌고, 초나라 영왕이 허리가 가는 여자를 좋아하자 도성 안에 음식을 먹지 않는 사람이 많아졌다. 제나라 환공이 남자를 질투하고 여색을 매우 밝히자 수조라는 자가 스스로 거세하여 후궁을 관리하는 내시가 되었고, 환공이 진기한 맛을 즐겨 찾자 역아는 자기의 맏자식을 쪄서 진상했다. 연나라 왕 자쾌가 어진 사람을 좋아하자 자지는 나라를 물려주어도 받지 않을 것처럼 거짓을 부렸다.

이처럼 군주가 어떤 일을 싫어한다는 것을 보이면 신하들은 작은 일이라도 군주가 싫어하는 일이라면 감추고, 군주가 어떤 것을 좋아한다는 것을 보이면 신하들은 능력이 없어도 있는 척 꾸미며, 군주가 하고자 하는 일을 드러내면 신하들은 자신을 꾸밀 기회를 얻는다. 그래서 자지는 자신이 어진 것처럼 꾸며서 군주의 지위를 빼앗았고, 수조와 역아는 왕이 좋아하는 것을 이용해 군주의 권력을 침범했다. 그 결과 자쾌는 전란 때문에 죽음을 맞이했고, 환공은 그의 시체가 부패해도 장례를 치르지 못했다. 이것은 군주가 자신의 본마음을 보여 신하들에게 빌미를 제공해주었기 때문에 일어난 환란이다. 신하들의 마음이 반드시 군주를 사랑하는 것도 아니고, 오로지 이익을 귀중하게 생각했기 때문이다.[91]

초나라 장왕의 동생 춘신군에게는 여라는 애첩이 있었고, 춘신군의 정실 소생으로 갑이라는 아들이 있었다. 애첩 여는 춘신군이 정실부인을 버리게 하려고 스스로 몸에 상처를 내고는 춘신군에게 보이면서 눈물을 흘리며 말했다.

"당신을 섬길 수 있게 된 것은 소첩으로서는 매우 큰 행운입니다. 그렇지만 정실부인의 뜻을 좇고자 하면 당신을 섬길 수 없고, 당신의 뜻을 따르면 정실부인을 욕보이게 됩니다. 소첩이 어리석은 까닭에 두 주인을 섬기기에는 역량이 부족한 듯합니다. 이런 상황이 두 분을 모두 섬길 수 없고, 정실부인에게 죽임을 당하느니 사랑하는 당신 앞에서 죽는 것만 못합니다. 만일 당신 곁에 총애받는 여인이 다시 있게 된다면, 바라옵건대 당신은 이 일을 잘 살피시어 사람들에게 조롱당하는 일이 없도록 하십시오."

춘신군은 애첩 여가 꾸며낸 말만 믿고서 정실부인을 버렸다. 애첩 여는 또 적자 갑을 없애고 자기 아들로 대를 이으려고 생각했다. 그리하여 자신의 속옷을 찢어 춘신군에게 내보이고 눈물을 흘리며 말했다.

"소첩이 당신의 총애를 받아온 지 오래된 사실을 갑이 모를 리 없을 텐데, 오늘 소첩을 강제로 희롱하려고 해서 그와 다투다가 옷이 이 지경으로 찢어졌습니다. 자식 된 자로서 이보다 더 큰 불효가 어디 있겠습니까?"

춘신군은 화가 나서 그만 갑을 죽였다. 정실부인은 첩 여의 농간 때문에 버림을 받았고, 그의 아들은 죽임을 당했다. 이로써 보면 자식에 대한 아비의 사랑도 다른 사람의 모함하는 말 때문에 해를 입을 수 있다. 군주와 신하 사이는 아비와 아들만큼 친하지 않으며, 여러 신하의 모함은 단지 한 명의 첩의 입에서 나오는 정도에 불과하니 현인이나 성인이 죽임을 당하는 것은 그리 괴이한 일이 아니다.[92]

한비자는 이렇게 인간의 본성이 각자 자신을 위하는 이기적인 계산 때문에 그대로 방치해두면, 사회는 저마다 자신의 이익만을 추구하기 때문에 무질서로 혼란해질 것이라고 생각했다. 나라에는 언제나 강한 것도 없고, 언제나 약한 것도 없다. 법을 받드는 자가 강하면 나라가 강하고, 법을 받드는 자가 약하면 나라가 약해진다.[93] 그래서 그는 엄격한 법과 가혹한 형벌만이 효력을 지닐 수 있다고 보고, 사람들이 평화롭고 화목하게 살기 위해서는 법에 의한 통치가 가장 이상적임을 주장하게 되었다.

서수는 천하의 명장으로 양나라 왕의 신하였다. 진나라 왕은 서수를 얻어 함께 천하를 다스리려고 했다. 그러나 서수가 말했다.

"저는 양나라 왕의 신하이니 감히 군주의 나라를 떠날 수 없습니다."

한 해가 지나 서수는 양나라 왕에게 죄를 짓고 진나라로 달아났는데, 진나라 왕은 그를 매우 우대했다. 이때 저리질이라는 진나라 장수는 서수가 자기를 대신해 장수가 될까 근심했다. 그래서 왕이 항상 은밀한 말을 나누는 방에 구멍을 뚫고 엿듣게 되었는데, 오래지 않아 왕은 과연 서수와 국사를 도모하는 것이었다. 왕이 이렇게 말했다.

"나는 한나라를 공격하려고 하는데, 경은 어떻게 생각하오?"

"금년 가을이면 좋을 듯싶습니다."

"과인은 나라의 일을 그대에게 일임하고자 하는데, 이 일은 결코 아무에게도 누설해서는 안 되오."

서수는 뒤로 물러나 두 번 절하며 무슨 일이 있어도 비밀을 지키겠다고 맹세했다.

이때 저리질은 구멍으로 그 말을 듣게 됐다. 그래서 조정의 사람들을 조정해서 다음과 같이 말하게 했다.

"가을이 되면 병사를 일으켜 한나라를 공격할 것인데, 서수를 대장으로 삼는다고 한다."

그래서 이날로 조정 안에서는 전부 이 사실을 알게 됐고, 한 달 안에 나라 안에서도 전부 이러한 사실을 알게 됐다. 왕이 저리질을 불러 물었다.

"무엇 때문에 이렇게 소란스러운가? 이 말은 도대체 어디에서 나왔단 말이오?"

"아마도 서수인 듯합니다."

"나는 서수와 말한 적이 없소. 서수로부터 나왔다는 것은 무슨 말이오?"

"서수는 다른 나라에서 최근 죄를 지어 도망쳐온 자이므로 마음이 외로웠을 것입니다. 그렇기 때문에 세력을 얻기 위해 스스로 많은 사람에게 이 일을 자랑했을 것입니다."

"그럴 수도 있다."

그러고는 사람을 시켜 서수를 불렀지만, 서수는 이미 형세가 불리한 것을 알고 다른 제후에게 달아난 뒤였다.[94]

당계공이 한나라 소후에게 말했다.

"지금 천금의 가치가 있는 대단히 훌륭한 옥 술잔이 있는데, 비록 아름다운 물건이지만 밑이 뚫려 있다면 물을 채울 수 있겠습니까?"

"물론 담을 수 없소."

"그러면 흙으로 만든 술잔이 있는데, 밑이 새지 않는다면 술을 담을 수 있습니까?"

"물론 담을 수 있소."

그러자 당계공이 말했다.

"그렇습니다. 흙으로 만든 술잔은 지극히 보잘것없지만, 새지 않으니 술을 담을 수 있습니다. 그러나 천금이나 되는 옥 술잔은 지극히 귀한 물건이기는 하지만 밑이 없으면 물이 괴지 못하는 법이니, 아무도 거기다 마실 것을 담으려고 하지 않을 것입니다. 그런데 지금 군주 된 자가 그 신하의 말을 다른 신하에게 누설한다면 이것은 밑이 없는 옥 술잔과 같습니다. 비록 그에게 훌륭한 지혜가 있다 하더라도 그러한 군주 밑에서는 그 능력을 발휘할 수 없는 것입니다."

소후가 말했다.

"맞는 말이오."

소후는 당계공의 말을 듣고, 이후부터는 천하의 큰일을 도모하려고 할 때 자기 방에 다른 사람을 들이지 않고 혼자 잠자리에 들었다. 왜냐하면 눈을 뜨고 있을 때는 비밀을 지킬 수 있어도 혹시 잠꼬대하다가 비밀을 누설할지도 모른 일이기 때문이었다.[95]

큰일을 도모하는 사람은 근신하고 자신의 속내를 드러내지 않음으로써 상대방이 그 생각이나 행동을 짐작할 수 없도록 해야 한다. 만약 완벽하게 사전 준비를 하지 않은 상태에서 속내를 드러내면 십중팔구 큰 낭패를 보거나 실패할 가능성이 농후하다. 따라서 자신이 도모하고자 하는 일은 그 의도를 겉으로 드러내지 말고 적절한 때를 기다려야 한다. 특히 군주가 좋고 싫음을 겉으로 드러내면 신하들은 자신들의 이익을 위해 온갖 방법을 동원하여 군주의 비위를 맞춤으로써 그를 속이거나 해치려 할 것이다.

# 나라를 패망으로 이끄는 군주의 과실

작은 일에 대한 충성이 도리어 큰 충성을 해쳐 적이 되는 경우다.

옛날 초나라 공왕이 진나라 여공과 언릉에서 전쟁을 벌였는데, 초나라 군대는 패배하고 공왕도 눈에 부상을 입었다. 전투가 한창 치열할 때 사마자반이 목이 말라 마실 것을 찾으니, 곡양이 술을 한잔 가져와 바쳤다. 사마자반이 말했다.

"아니, 이건 술이 아닌가?"

그러자 곡양이 이렇게 대답했다.

"술이 아닙니다."

사마자반이 술이라는 것을 알면서도 받아 마셨다. 사마자반은 본래 술을 좋아했는데, 문제는 일단 술을 입에 대면 입에서 떼지 않을 만큼 좋아하여 만취해버리는 습관이 있었다.

전투는 초나라의 패배로 끝났다. 공왕은 다시 반격하려고 사람을 시켜 사마자반을 불렀으나, 사마자반은 가슴이 아프다는 핑계로 군주의 명령을 거부했다. 공왕은 말을 몰아서 직접 진영 안에 있는 사마자반의 막사로 들어갔는데, 술 냄새가 진동하자 그냥 돌아왔다. 공왕은 신하들에게 말했다.

"오늘 전투에서 부상을 입고, 이제 믿을 사람은 사마자반뿐이라고 생각했다. 그런데 사마자반이 이처럼 취했으니 이것은 초나라의 사직을 망각하고 우리 백성을 가엾게 여기지 않는 행동이다. 이제 나는 다시 싸울 기력이 없다."

그리고 군대를 철수시키고 돌아가 사마자반의 목을 베어 저잣거리에 내걸었다. 사마자반의 하인인 곡양이 술을 올린 것은 그에게 적의가 있어서 그랬던 것이 아니었다. 곡양이 마음속으로부터 사마자반을 아끼고 그에게 충성을 다하였던 것인데, 도리어 술 한 잔이 사마자반을 죽게 한 원인이 되었다. 그러므로 한비자는 작은 충성을 베푸는 것이 더 큰 충성을 해칠 수 있다고 말한 것이다.[96]

작은 이익을 구하려다가 큰 이익을 해치는 경우다.

옛날에 진나라 헌공이 괵나라를 공격하기 위해 우나라에 길을 빌리려고 했다. 그러자 순식이 간했다.

"왕께서 수극의 옥과 굴 땅에서 생산된 명마를 우공에게 뇌물로 주고 길을 빌려 달라고 하면 우리에게 길을 빌려줄 것입니다."

"수극의 옥은 우리 선왕의 보물이며, 굴 땅의 명마는 과인의 준마인데, 그것만 받고 길을 빌려주지 않는다면 장차 어찌하겠소?"

"저들이 우리에게 길을 빌려주지 않으려 한다면 그 선물들을 감히 받지 못할 것입니다. 만일 우리 선물들을 받고 길을 빌려준다면 이것은 마치 안에 있는 창고에서 보물을 꺼내 밖에 있는 창고에 넣어두는 것과 같고, 안에 있는 마구간에서 준마를 꺼내 밖에 있는 마구간으로 옮겨두는 것과 같습니다. 공께서는 걱정하지 마십시오."

"그렇게 하시오."

그래서 순식을 시켜 수극의 옥과 굴 땅의 명마를 우공에게 선물로 주면서 길을 빌려 달라고 요청했다. 우공은 본래 재물에 욕심이 많았으므로 옥과 명마를 가지고 싶은 마음에 길을 빌려주려고 했다. 이때 궁지기가 간언했다.

"길을 빌려주어서는 안 됩니다. 우리 우나라에 괵나라는 마치 수레에 보輔가 있는 경우입니다. 보는 수레를 의지하고 수레 또한 보에 의지합니다. 우나라와 괵나라의 형세가 바로 이와 같습니다. 만일 길을 빌려준다면 괵나라는 아침에 망하고 우나라는 그날 저녁에 뒤따라 망하는 지경에 이를 것입니다. 원컨대 절대로 진나라의 요구를 들어주지 마십시오."

그러나 우공은 궁지기의 간언에도 불구하고 진나라에 길을 빌려주었다. 순식은 괵나라를 정벌하고, 자기 나라로 돌아온 지 3년 만에 군사를 일으켜 우나라까지 정벌해 승리를 거두었다. 순식은 한 손에는 명마를 끌고 한 손에는 옥을 들고 헌공에게 바쳤다. 헌공은 기뻐하며 말했다.

"아! 옥은 그대로구나. 비록 말의 나이는 더 먹었지만!"

그러므로 우공의 군대가 괴멸당하고 영토까지 빼앗긴 까닭은 무엇 때문인가? 작은 이익에 마음이 끌려 큰 해를 염려하지 않았기 때문이다. 그래서 작은 이익을 돌보다가 큰 이익을 해친다고 한 것이다.[97]

편벽한 행동이 몸을 망치는 경우다.

지난날 초나라 영왕이 신 지방에서 제후들을 불러 모아 회맹을 열었다. 이때 송나라의 태자가 늦게 도착하자 그를 체포해 가뒀으며, 서나라 왕에게는 모욕을 주고, 제나라 대부인 경봉은 구속했다. 이에 중사사가 간언하며 말했다.

"제후들과 회합을 할 때는 예가 없어서는 안 됩니다. 이것은 나라가 존립하느냐 망하느냐를 결정하는 중요한 관건입니다. 옛날 걸왕이

유융 지방에서 제후들과 회맹을 열었으나 유민이 배반했고, 주왕이 여구 지방에서 제후들과 사냥모임을 할 때 서융과 북적이 반란을 일으켰던 것은 모두 예를 갖추지 못했기 때문에 일어난 일입니다. 왕께서는 이를 헤아려보십시오."

그러나 영왕은 그의 말을 듣지 않고 자기 뜻대로 했다. 그 후 1년도 못 돼 영왕이 남쪽으로 유람을 갔을 때, 신하들이 그 틈을 타서 왕위를 찬탈하니 영왕이 굶주리다가 마침내 건계 지방에서 죽었다. 그러므로 군주가 행동을 편벽하고 방자하게 하고 제후들에게 무례하다면 자신을 망치는 지경에 이르게 된다는 것이다.[98]

탐욕 때문에 몰락한 예다.

옛날에 지백요라는 자가 조·한·위나라의 군사를 이끌고 범씨와 중항씨를 쳐서 멸망시켰다. 그는 자기 나라로 돌아와 병사들을 쉬게 한 지 여러 해가 되자 한나라에 사신을 보내 영토를 요구했다. 한강자는 주지 않으려고 했으나 신하 단규가 간언했다.

"주지 않을 수 없습니다. 지백의 사람됨이 이로움을 좋아하고 오만무도합니다. 그가 영토를 요구했는데 주지 않는다면 반드시 한나라를 공격해올 것입니다. 왕께서는 그에게 땅을 주십시오. 왕께서 영토를 주면 이것이 버릇이 되어 또 다른 나라에도 땅을 요구할 것입니다. 그 나라 중에는 반드시 지백의 말에 복종하지 않는 나라가 있을 것이고, 지백은 반드시 그 나라를 침공할 것입니다. 그와 같이 하면 한나라는 재난을 피할 수 있을 것입니다. 사태의 변화를 지켜보십시오."

한강자가 말했다.

"그렇게 하겠소."

이에 사자를 보내 1만 가구의 현 하나를 지백에게 바쳤다. 그러자 지백은 기뻐했다.

　지백은 또 위나라에 사신을 보내 영토를 요구했다. 위선자는 영토를 바치지 않으려고 했다. 조가가 간언했다.

　"지백이 한나라에 영토를 요구했을 때 한나라는 그에게 영토를 내주었습니다. 지금 위나라에도 영토를 요구하는데 만약 들어주지 않는다면, 위나라는 안으로는 스스로 강하다고 여기지만 밖으로는 지백의 화를 불러올 것입니다. 지백에게 영토를 주지 않으면 반드시 위나라를 침공해올 것이니 주는 것만 못합니다."

　위선자는 허락하고 사신을 시켜 1만 가구의 현 하나를 지백에게 바쳤다.

　지백은 또 조나라에 사신을 보내 옛날 채와 고랑 지방을 요구했으나 조나라 양자는 주지 않았다. 그러자 지백은 은밀히 한나라, 위나라와 조약을 맺고 조나라를 치고자 했다. 양자는 장맹담을 불러서 말했다.

　"지백의 사람됨은 겉으로는 친한 척해도 마음속으로는 거리를 두는 성품이오. 그는 세 차례나 한과 위나라에는 사신을 보내면서도 과인에게는 보내지 않았으니 반드시 과인의 나라를 침공할 것이 분명한데, 이제 우리는 어디를 근거지로 하면 좋겠소?"

　장맹담이 말했다.

　"동알우는 조간자의 유능한 신하로 진양 지방의 수령으로 있을 때 그곳을 잘 다스렸으며, 윤탁이 이어받아 또 잘 다스렸기 때문에 아직까지 그 교화가 남아있습니다. 왕께서는 진양을 근거지로 삼으시면 될 것입니다."

　양자는 그의 말을 따르기로 했다. 이에 연릉생을 불러 거기 장군으로 임명하여 먼저 진양으로 향하게 하고 왕은 그 뒤를 따랐다. 양자가 도착하여 진양의 성곽 및 각 관청의 창고를 점검해보았다. 그러나 성곽은 견고하지 않았고, 창고에는 식량이 없었으며, 관청에는 저축해놓은 돈도 없고, 갑옷이나 무기도 없었으며, 성을 방어하는 시설조차 없었다. 양자는 두려워서 곧바로 장맹담을 불러 말했다.

"과인이 성곽과 각 관청을 점검해본 결과 갖추어져 있는 것이라고는 아무것도 없는데, 장군은 어떻게 적과 상대할 수 있겠소?"

장맹담이 대답했다.

"소신이 듣건대, 옛 성인들은 정치를 펴면서 재물을 백성에게 두지 관의 창고에 쌓아두지 않는다고 했으며, 백성을 가르치는 데 힘쓰지 성곽을 수리하는 일은 중시하지 않는다고 했습니다. 왕께서는 지금 명령만 내리십시오. 그러면 백성은 3년간 먹을 양식만 남기고 나머지는 관의 창고로 옮겨올 것이고, 돈도 3년간 쓸 현금만 남기고 나머지는 관청으로 가져올 것이며, 또 집안일에 꼭 필요한 인력만 남기고 나머지 사람은 모두 성곽을 수리하는 일에 참가하러 올 것입니다."

그날 저녁 왕이 명령을 내리자, 이튿날 창고에는 식량을 더 이상 쌓을 수 없을 정도가 되었고, 돈을 받아놓을 곳이 없을 만큼 모아졌으며, 무기도 더 이상 받을 수 없을 정도가 되었다. 닷새 만에 성곽 보수가 끝났으며, 방어시설의 설치도 완료되었다. 왕이 장맹담을 불러 물었다.

"성곽은 수리가 끝났고, 방어진은 구축되었고, 돈과 양식도 충분하며, 갑옷과 무기도 넉넉하오. 그러나 화살이 없으니 이를 어쩌면 좋겠소."

장맹담이 말했다.

"신이 지난날 동알우가 진양을 다스릴 때는 공공건물의 담을 모두 갈대나 쑥대, 가시나무로 엮어 만들었다고 들었습니다. 그 높이가 열 자가량 되니 왕께서는 이를 잘라서 사용하십시오."

그래서 그의 말대로 화살을 만들어 써보니 대나무에 견줄 수 없을 만큼 견고했다. 왕이 물었다.

"화살은 이것으로 충분하지만, 화살촉은 어찌해야 하오?"

장맹담이 말했다.

"신은 동선생이 진양을 다스릴 때 관저와 사택에 있는 기둥의 주춧돌을 모두 동으로 만들었다고 들었습니다. 왕께서는 이를 뽑아서 사용하십시오."

그의 말대로 이를 파서 사용했더니 동이 남았다. 이렇게 무기가 정비되고 방어진이 모두 완비되었을 무렵 과연 세 나라의 군대가 이르렀다. 동맹군은 진양의 성벽을 공격했으나 석 달이 지나도록 함락시키지 못했다. 그래서 동맹군은 군사를 풀어 성을 포위한 채 진양성 옆으로 흐르는 강줄기를 터서 성안으로 흘러 들어가게 했다. 진양성을 포위한 지 3년이 되자, 성안에서 나무 위에 움집을 짓고 솥을 걸어 취사하던 조나라 백성은 돈과 식량이 떨어졌고 병사나 벼슬아치들도 병들어갔다. 양자가 장맹담에게 말했다.

"식량과 재력이 떨어졌고 벼슬아치와 병사들도 병들어가니 더 이상 버틸 수 없을 것 같소. 항복하려고 하는데, 어느 나라에 항복하는 것이 좋겠소?"

장맹담이 말했다.

"신이 듣건대, '망할 나라를 지켜내지 못하거나 위급함을 안전함으로 바꾸지 못한다면, 지략이 있는 자들을 중시할 필요가 없다'라고 했습니다. 왕께서는 지금 계략을 잘못 생각하고 있습니다. 신이 은밀히 한과 위나라 왕을 만나보고자 하니 허락해주십시오."

장맹담은 한과 위나라 왕을 만났다.

"신은 '입술이 없으면 이가 시리다[순망치한脣亡齒寒]'라는 말을 들었습니다. 지금 지백이 한과 위나라의 두 왕을 거느리고 조나라를 공격해 우리나라는 거의 멸망할 지경에 이르렀습니다. 조나라가 망하면 다음은 한과 위나라의 차례일 것입니다."

한과 위나라 왕이 말했다.

"우리도 그처럼 될 것으로 생각하오. 그렇지만 지백의 사람됨이 포악하고 인정이 야박하니 우리가 일을 도모했다가 발각된다면 반드시 그 화가 이르게 될 것이고, 그렇게 되면 어떻게 하겠소?"

장맹담이 말했다.

"계획이 단지 두 분의 입에서 나와 소신의 귀로 들어왔을 뿐이니 다른 사람은 절대 알지 못할 것입니다."

이에 두 나라의 군대가 지백에게 반역할 것을 약속하고 장맹담과 더불어 거사 날짜를 결정했다. 장맹담은 다시 야음을 틈타 진양성으로 돌아가 두 왕이 모반에 동의했음을 양자에게 보고했다. 양자는 장맹담을 맞아 두 번 절하고는 두려워하면서도 기뻐했다.

한과 위나라의 두 왕은 밀약을 맺고 장맹담을 돌려보낸 뒤 지백에게 조회하러 갔다가 나오는 중에 우연히 군문 밖에서 지과를 만났다. 지과는 그들의 낯빛에 수상쩍은 점이 있다고 여겨 지백을 만나 말했다.

"그들의 표정을 보니 장차 마음을 바꿀 뜻이 있는 듯합니다."

"어째서 그렇게 보았소?"

"그들의 행동이 방자하고 기세등등하며 여느 때의 태도와 같지 않습니다. 주군께서 먼저 손을 쓰는 것이 좋을 듯합니다."

"나와 그들의 맹약은 굳건하오. 조나라를 격파하고 나서 그 땅을 셋으로 나누기로 했소. 과인이 그들을 가까이 대하고 있으니 결코 나를 속이지 않을 것이오. 우리 군대가 진양을 포위한 지 3년이나 됐고 머지않아 성이 함락되면 그 모든 성과를 누리게 될 것인데, 어째서 다른 마음을 갖겠소? 절대 그렇지 않을 것이오. 그대는 의심을 풀고 걱정하지 마시오. 그리고 그런 말을 입에 담지 마시오."

이튿날 아침 한과 위나라의 두 왕은 지백에게 조회하고 나오는 길에 또다시 군문 앞에서 지과와 마주쳤다. 지과가 지백을 알현하고 물었다.

"주군께서는 어찌하여 신의 말을 그들에게 말씀하셨습니까?"

"그것을 어떻게 알았소?"

"오늘 두 왕이 조회하고 나오는 길에 신을 보더니 낯빛이 바뀌며 저를 주시했습니다. 이는 반드시 어떤 변심이 있는 것이니 주군께서는 곧바로 그들을 처형하는 것이 좋습니다."

"그대는 더 이상 이 일을 거론하지 마시오."

"안 됩니다. 반드시 그들을 처단하십시오. 만일 그렇게 하실 수 없다면 그들을 더욱 가까이하십시오."

"가까이하라니 어째서요?"

"위선자의 참모는 조가이며, 한강자의 참모는 단규입니다. 이들은 모두 그 군주의 계획을 바꿀 수 있습니다. 주군께서는 조나라를 격파하고 나면 그 둘을 저마다 1만 가구의 현에 봉한다고 약속하십시오. 그렇게 하면 이들 두 군주의 마음은 바꾸지 않을 수 있습니다."

"조나라를 격파하고 나서 그 땅을 셋으로 나누기로 했소. 또 두 사람에게 저마다 1만 가구의 현을 준다면 내가 얻는 것이 적으니 그렇게 할 수 없소."

지과는 자신의 말이 받아들여지지 않자 물러나서 자신의 성을 보씨로 고쳤다. 약속한 날 밤이 되자, 조가는 지백이 만든 수로의 제방을 지키는 파수병을 살해하고 물줄기를 지백의 진영으로 흐르게 했다. 지백의 군대는 물줄기를 잡느라 혼란스러웠고, 한과 위나라는 양옆에서 공격했다. 양자는 병사들을 이끌고 앞에서 습격해 지백의 군사를 크게 쳐부수고 지백을 사로잡았다. 지백은 자신을 죽음에 이르게 하고 군대도 잃고 나라도 셋으로 분할되어 천하의 웃음거리가 되었다. 그래서 "탐욕스럽고 괴팍하며 이익만 좋아하는 것은 나라를 멸망시키고 목숨을 잃게 되는 근원이다"라고 말한 것이다.[99]

무희와 음악에 빠져 국정을 돌보지 않은 경우다.

옛날에 서융의 왕이 유여를 진나라의 사절로 보냈다. 진나라의 목공이 그에게 물었다.

"과인이 일찍이 나라를 다스리는 이상적인 통치술에 대해서는 들어보았으나 실제로 그렇게 되는 상황을 직접 본 적은 없소. 옛날의 현명한 군주들이 나라를 얻거나 잃은 까닭이 대부분 무엇 때문이었는지 듣기 원하오."

유여가 대답했다.

"신이 일찍이 들은 바로는 항상 검소하면 나라를 얻게 되고 사치하면 나라를 잃게 된다고 했습니다."

"과인은 체면을 가리지 않고 그대에게 도에 대해 물었거늘, 그대는 검소함만으로 과인에게 대답하는 것은 무슨 까닭이오?"

"신이 듣건대 옛날 요임금이 천하를 다스릴 때는 흙으로 만든 그릇에 밥을 담아 먹었으며, 흙으로 만든 병에 물을 담아 마셨다고 합니다. 그런데도 영토가 남쪽으로는 교지에 이르고 북쪽으로는 유도에 이르며,

동서 양쪽으로는 태양과 달이 뜨고 지는 곳까지 미쳤으니 복종하지 않는 사람이 없었습니다. 요임금이 천하를 선양하여 순임금에게 전해지자 순임금은 식기를 만들기 위해 산의 나무를 베어 재료로 삼아 그릇을 만들고 그 위에 옻칠을 해서 궁궐에서 식기로 사용했습니다. 그러자 제후들은 사치가 지나치다고 여겼고 열세 나라가 순왕실에 복종하지 않았습니다. 순임금이 천하를 선양해 우임금에게 전해지자 우임금은 제기를 만들었는데, 그릇의 겉은 옻칠을 하고 안에는 붉은색으로 그림을 그렸으며, 무늬를 넣지 않은 흰 비단으로 침구를 만들었습니다. 또 물풀인 장초로 자리를 만들고 가장자리에는 아름다운 수술을 달았으며, 술잔마다 색칠하고 접시마다 문양을 넣었습니다.

이와 같이 사치가 더욱 심해지자, 서른세 나라가 복종하지 않았습니다. 하왕조가 망하고 은왕조가 계승하자, 천자가 지나다니는 큰길을 만들며 아홉 개의 깃발을 세웠습니다. 그릇에 조각을 새겨 넣고 술잔에 모양을 새겼으며, 네 벽면에는 칠을 했고 자리와 침구에도 무늬를 넣었습니다. 이처럼 사치가 더욱 심해지자 쉰세 나라가 복종하지 않게 됐습니다. 귀족들은 모두 훌륭히 치장하는 것만 알았으므로 그들에게 복종하려는 사람들이 갈수록 줄어들었습니다. 그래서 신은 검소함이 나라를 얻는 도라고 말씀드린 것입니다."

유여가 나가자 목공은 곧 내사인 요를 불러 말했다.

"과인은 이웃 나라에 성인이 있으면 적국에는 근심거리라 들었소. 이제 보니 유여는 성인이오. 과인은 이 일이 염려되는데, 앞으로 어쩌면 좋겠소?"

내사 요가 대답했다.

"신이 듣건대 융왕이 기거하는 곳은 외지고 누추하며 거리도 멀어서 중원의 음악을 들어본 적이 없다고 합니다. 왕께서는 융왕에게 무희와 여자 악사를 보내어 정치를 어지럽게 하고, 그런 뒤 유여가 돌아가게 될 날을 늦춰 달라고 요청하면 그가 융왕에게 간언할 시간이 없을 것입니다. 그렇게 하면 군주와 신하 사이에 틈이 생길 테니 그런 후에 계책을 도모하십시오."

목공이 말했다.

"그렇게 하시오."

그러고는 내사 요를 시켜 무희 열여섯 명을 융왕에게 보냈다. 그리고 유여의 귀국일을 늦춰줄 것을 요청하니, 융왕은 별생각 없이 허락했다. 융왕은 무희를 보고 기뻐하며 주연을 열고 날마다 음악과 가무에 빠져 한 해가 지나도록 자리를 옮기지 않아 소와 말이 절반이나 죽었다.

유여는 그제야 돌아와 융왕에게 간언했으나 융왕은 받아들이지 않았고, 유여는 마침내 그곳을 떠나 진나라로 들어갔다. 진목공은 그를 맞아 가장 귀한 지위인 상경의 벼슬자리를 내렸다. 그러고는 융나라의 군력과 지형을 물은 뒤 군사를 일으켜 정벌하니, 열두 나라를 손에 넣고 영토를 천 리나 넓힐 수 있었다. 그래서 "무희와 음악에 빠져 나라의 정치를 돌보지 않는 것이 나라를 망치는 화가 된다"라고 말한 것이다.[100]

자기 나라의 역량은 헤아려보지 않고 다른 제후의 힘에 기대려고 하여 영토를 잃는 재난이 발생한 경우다.

옛날에 진나라가 한나라의 의양을 공격했다. 그러자 한나라 군주는 초조했다. 공중붕이 한나라 군주에게 말했다.

"동맹국도 믿을 수 없습니다. 어찌 장의를 통해 진나라에 화친을 구하는 것만 같겠습니까? 진나라에 큰 도읍을 바치면서 남쪽의 초나라를 함께 치자고 한다면, 이는 진나라로부터의 재난을 풀어내서 그 피해를 초나라로 넘기는 것입니다."

군주가 말했다.

"좋습니다."

곧 공중붕을 보내 서쪽의 진나라와 화친을 맺도록 했다. 초나라 왕은 그 소식을 듣고 걱정이 되어 진진을 불러 말했다.

"한나라의 공중붕이 진나라와 동맹을 맺기 위해 서쪽으로 갔다고 하는데, 장차 어찌하면 좋겠소?"

진진이 말했다.

"진나라가 한나라로부터 도읍을 하나 얻고 나서 정예 군사를 이끌고 한나라와 서로 연합해 남쪽의 초나라를 공격하려고 하는 것은 진나라 왕들이 종묘를 제사 지낼 때 기원하던 것이므로 우리 초나라에 닥칠 피해는 필연적인 것입니다. 왕께서는 급히 사신을 보내 수레마다 온갖 예물을 싣고 한나라 왕께 바친 뒤에 '우리나라는 비록 작지만 모든 군대를 동원했으니, 진에 대해 소신대로 뜻을 펴시기 바랍니다. 그러나 귀국의 사신을 보내어 초나라 군대의 충동 상황을 살펴보시기 바랍니다' 라고 말하십시오."

한나라는 초나라로 사신을 보냈고, 초나라 왕은 군대를 이끌고 한나라로 가는 길목에 진영을 구축했다. 그리고 한나라 사신에게 말했다.

"군주께 말씀드려주십시오. 우리 군대는 즉시 국경으로 들어가겠소."

사신이 돌아와 한나라 군주에게 보고하자, 매우 기뻐하며 공중붕이 진나라로 들어가는 일을 중지시켰다. 공중붕이 말했다.

"안 됩니다. 진나라는 실제 힘을 바탕으로 우리를 해롭게 하는 것이고, 초나라는 허튼 말로 우리를 구원하겠다는 것인데, 초나라의 허튼 말을 듣고 강한 진나라로부터 닥칠 실제적인 화를 경시하는 것은 나라의 뿌리를 위태롭게 하는 것입니다."

그러나 한나라 왕은 듣지 않았다. 공중붕은 화가 나서 자기 집으로 물러나 열흘이 넘도록 조정에 나가지 않았다.

의양의 상황이 더욱 급박해지자, 한나라 왕은 급히 사신을 초나라로 파견해 구원병을 요청했다. 계속 사신을 보냈지만 초나라 원정군은 끝내 오지 않았고, 마침내 의양은 함락되어 천하 제후들의 웃음거리가 되었다. 그래서 이렇게 말했다.

"자기 나라의 역량은 헤아려보지 않고 다른 제후의 힘에 기대려고 한다면 영토를 잃는 재난이 발생할 것이다."[101]

나라가 작은데도 예의를 갖추지 않고 신하의 간언도 듣지 않는다면, 나라가 망하고 대가 끊어지는 상황을 맞게 되는 경우다.

옛날 진나라의 공자 중이가 망명을 떠났다. 그가 조나라에 들렀을 때, 조나라 왕은 그의 옷을 벗기고 그를 쳐다보았다. 이부기와 숙첨이 앞에서 모시고 있다가 숙첨이 왕에게 말했다.

"제가 진나라 공자의 모습을 보니 비범한 구석이 있습니다. 그런데 왕께서는 그를 무례하게 대하셨습니다. 만일 그가 자기 나라로 돌아갈 기회가 생긴다면 군사를 일으킬 것이니 조나라가 해를 입을까 걱정됩니다. 왕께서는 차라리 그를 죽여버려 후환을 없애는 편이 좋습니다."

그러나 왕은 이 말을 듣지 않았다. 이부기는 집에 돌아와서도 계속 마음이 편치 못했다. 그의 아내가 그 이유를 물었다.

"당신은 밖에서 돌아온 뒤로 계속 언짢은 기색이 있는데, 무슨 일이 있었습니까?"

이부기가 말했다.

"군주의 복은 신하에게까지 오지 않으나, 화는 신하에게까지 미친다고 들었소. 오늘 우리 왕께서 진나라 공자를 불러 무례하게 대우했는데, 나도 그 앞에 있었소. 이 때문에 편치 않소."

아내가 말했다.

"제가 보기에도 진나라 공자는 만승지국의 왕이 될 상이고, 좌우에 따르는 자들은 큰 재상이 될 만한 자들입니다. 지금은 세력을 얻지 못해 본국을 떠나 망명길에 있는데, 우리 조나라를 방문했다가 무례한 대우를 받았으니, 그가 자기 나라로 돌아간 뒤에 다른 나라를 정벌한다면 먼저 조나라를 공격할 것입니다. 당신은 미리 그와 교분을 맺어두심이 좋을 것 같습니다."

이부기가 말했다.

"그렇게 하는 것이 좋을 듯하오."

그리고 곧바로 단지 안에 황금을 넣고 그 위에 음식을 덮은 뒤 다시 그 위에 옥을 올려서 한밤에 사람을 시켜 공자에게 보냈다. 공자는 심부름꾼을 맞아들여 두 번 예를 갖추고 음식은 거두었으나 옥은 사절했다.

그 후 공자가 조나라를 떠나 초나라로 돌아갔다가 다시 진나라로 들어갔다. 3년이 지나자 진나라 목공은 여러 신하를 불러 논의했다.

"지난날 진나라 헌공이 과인과 교분이 두터웠음을 모르는 자가 없을 것이오. 그런데 불행히도 헌공이 죽은 지 10년이 됐는데, 뒤를 이은 세자가 변변치 못하오. 나는 진나라의 종묘와 사직을 보존하지 못할까 염려되오. 이런 지경에서 진나라가 바로설 수 있는 방책을 마련하지 않는다면 사람 간에 사귀는 도리가 아니라 보오. 나는 중이를 도와 진나라로 돌아가게 하려는데, 어떻게 생각하오?"

신하들은 모두 입을 모아 말했다.

"지당하신 말씀입니다."

이에 군대를 일으켜 전차 500대와 정예 기마병 2천, 보병 5만으로 중이를 도와 진나라로 들어가 그 나라의 군주를 세웠다. 중이는 즉위한 지 3년이 지난 뒤에 군사를 일으켜 조나라를 쳤다. 그리고 사람을 보내 조나라 왕에게 이렇게 말했다.

"숙첨을 포승으로 묶어 성 아래로 내려 보내라. 나는 그를 처형하고 나서 저잣거리에 목을 매달 것이다."

또 이부기에게 일러 이렇게 말했다.

"우리 진나라의 군대가 성 밑에 있으므로 그대가 피할 곳은 없다. 그대가 사는 마을 입구에 표시해둔다면 과인은 군사들이 감히 침범하지 못하도록 명령하겠다."

조나라 사람들 가운데 이 소문을 듣고 친척까지 이끌고 와 이부기가 사는 마을에서 보호받고자 하는 자들이 700여 가구나 됐다. 이는 예의를 갖춘 결과다. 조나라는 진나라와 초나라 사이에 끼여 있는 작은 나라로, 그 군주는 마치 달걀을 쌓아놓은 것처럼 위험했다(누란지위累卵之危). 그럼에도 강한 나라의 공자에게 무례를 범했으니, 이것이 대가 끊긴 원인이다. 그래서 이렇게 말했다.

"나라가 작은데도 예의를 갖추지 않고 신하의 간언도 듣지 않는다면, 나라가 망하고 대가 끊어지는 상황을 맞게 될 것이다."[102]

# 현명한 인재는 위급함을 해결할 능력이 있다

춘추시대 다섯 패자 중의 한 사람인 제나라 환공은 어느 해 봄 재상 관중과 대부 습붕을 대동하여 군사를 이끌고는 고죽국을 정벌하러 나섰다. 고죽국은 작고 힘없는 나라여서 금방 결판을 낼 수 있을 것으로 여겼는데, 상대방이 의외로 완강히 저항할 뿐 아니라 이것저것 예측하지 못한 문제가 겹치는 바람에 전쟁이 예상외로 길어져 그해 겨울이 되어서야 끝났다. 관중이 왕에게 말했다.

"맹추위가 몰아치기 전에 어서 빨리 돌아가지 않으면 불쌍한 군사들이 많이 상하게 될 것입니다."

"과인도 그렇게 생각하오."

그래서 군대를 이끌고 귀국을 서둘렀는데, 성급한 나머지 지름길로만 강행군하다가 그만 사막에서 길을 잃고 말았다. 어디가 어디인지 모르는 가운데 군사들은 오도 가도 못한 채 우왕좌왕했다. 이럴 때 적의 기습이라도 받게 된다면 낭패가 아닐 수 없었다.

"내가 너무 성급했던 것 같소. 지름길을 고집부리지 않는 건데, 이 노릇을 어찌하면 좋겠소?"

환공이 걱정스러운 듯 탄식하자, 관중이 대답했다.

"늙은 말은 지혜가 많습니다. 늙은 말을 앞장세우십시오."

그래서 늙은 말 몇 필을 앞세우자, 말은 오랜 경험에 의해 후각과 본능에 의지하여 길을 찾아 나아갔다. 관중과 군사들이 그 뒤를 따라가 마침내 길을 찾았다. 이렇게 행군을 계속한 일행은 어느 크고 험한 산을 넘게 되었다. 여러 날이 되도록 마실 물을 찾을 수 없었으므로 말과 병사들은 심한 갈증으로 목이 말라 한 걸음도 움직일 수 없었다. 그때 현명한 습붕이 말했다.

"개미는 겨울에는 양달에 언덕을 쌓고 여름에는 응달에 언덕을 쌓습니다. 그리고 개미굴은 언제나 물길 위에 있습니다."

그리하여 개미굴 밑을 팠더니 정말로 물이 솟아 나왔다. 어떻게 개미집 밑에 샘이 있는 줄 알았느냐는 왕의 질문에 대해 습붕은 이렇게 대답했다.

"개미는 미물이긴 하나 지혜가 보통이 아닙니다. 여름이면 산 북쪽에 집을 짓고 살다가 겨울이 되면 남쪽의 양지바른 곳에 살 집을 짓습니다. 그런데 모든 동식물이 다 수분을 섭취해야 살 수 있듯이, 개미라고 해서 다를 바 없습니다. 그러므로 개미집을 몇 자 파 들어가면 샘물이 있기 마련이지요."

관중의 총명함과 습붕의 지혜로도 알지 못하는 일에 봉착하면 늙은 말과 개미에게 가르침 받기를 주저하지 않았다. 그런데 지금 사람들은 자신의 어리석음을 알면서도 성인의 지혜를 본받을 줄 모르니, 이 또한 잘못된 일이 아닌가?[103]

늙은 말과 개미의 지혜를 생활의 지표로 삼는 것은 자연의 순리에 따르는 것으로, 만물의 영장인 사람도 자연의 섭리에 순응해야 위험을 미연에 방지할 수 있다. 사람의 존엄성은 자연의 위대한 섭리를 따라 살아가는 동물들에게 삶의 지혜를 배우는 데 있다. 사람의 이성으로 철저한 조사와 연구를 통해 갖가지 자연법칙을 찾아낼 수 있고, 이를 실행에 옮겨 자연에 순응해야만 유용하고 편리한 과학적인 발명과 창조로 인류의 복지를 실현할 수 있다. 2,400년 전 그리스의 역사가 헤로도토스는 흰개미를 이용하면 금광을 찾는 데 도움이 될 수 있다는 가설을 내놓았다. 이것은 금광을 찾는 지질 탐사에 주목할 만한 이론이다. 중국에도 이보다 200여 년 전에 개미굴을 이용하여 물길을 찾는 자료로 삼았다는 기록이 있으니 옛날 사람들의 삶의 지혜를 엿볼 수 있다.

노나라 목공은 이웃 나라인 제나라와 동맹을 맺지 않고 오히려 노나라에서 먼 진나라와 초나라에 아들과 딸을 사절로 보내 노나라가 어려움을 당할 때 그들의 도움을 얻으려고 했다.

이서라는 대신이 목공에게 말했다.

"어떤 사람이 큰 강에 빠져 죽어가는데 언덕에 있는 사람이 '멀리 있는 월나라 사람들이 헤엄을 가장 잘 치니 빨리 사람을 보내 구조를 요청하게나'라고 한다면 이 사람은 살아날 수 있겠습니까?"

목공이 웃으며 말했다.

"말도 안 되지. 월나라가 얼마나 먼 곳인데. 월나라 사람이 아무리 헤엄을 잘 쳐도 물에 빠진 사람을 반드시 살리지는 못할 것이다."

"그러면 노나라 서울에 큰 화재가 발생했는데, 어떤 사람이 '바닷물이 가장 많으니 빨리 사람을 보내 바닷물을 길어와 불을 끄자'라고 한다면 되겠습니까?"

"안 되고 말고. 바닷물을 길어오기도 전에 서울은 이미 잿더미가 되겠지."

"그렇습니다. '먼 데 있는 물로는 가까이 일어난 불을 끌 수 없지

II 한비자의 행동강령

요' 지금 진나라와 초나라가 매우 강대하기는 하지만, 노나라에서 멀리 떨어져 있습니다. 노나라에 갑자기 어려운 일이 생긴다면 멀리 있는 물로 가까이 일어난 불을 끄려는 것과 같습니다. 제나라는 우리의 이웃 나라이니 제나라와 국교를 맺지 않으면 실제로 노나라의 근심은 해결하지 못할 것입니다."[104]

　　노나라 목공은 진나라와 초나라가 강대하다는 것만 생각하고 정작 도움이 필요할 때 도움을 얻기에는 현실적이고 객관적인 조건의 제약을 받는다는 사실을 소홀히 했다. 바닷물은 아무리 길어와 사용해도 끝이 없고 마르지 않는다. 그러나 거리가 너무 멀어 그것으로는 서울의 화재를 끌 수 없다. 갖가지 사물과 현상 사이의 관계는 현실적이고 객관적인 조건의 제약을 받는다. 객관적인 조건과 공간, 시간에 의해 변화하는 모든 것은 어떤 구체적인 조건에서는 정확한 인식과 방법이 되지만, 다른 상황에서는 잘못될 경우가 있다. 아무리 좋은 조건일지라도 시간과 공간이라는 객관적이고 현실적인 상황에 부합되지 못한다면 그것은 공염불에 지나지 않는다.

　　백락*이 두 사람에게 사람을 발로 차는 난폭한 말을 골라내는 감정법을 가르쳐주었다. 이에 두 사람은 함께 진나라 재상 조간자의 마구간으로 가서 말을 관찰했다. 한 사람이 뒷발질하는 말을 골라내자, 다른 한 사람이 그 말의 뒤쪽으로 가서 엉덩이를 쓰다듬었다. 그런데 세 번이나 말의 엉덩이를 쓰다듬었는데도 그 말은 뒷발길질을 하지 않았다. 먼

---

*　고대에 말을 식별하는 방법과 부리는 데 탁월한 재능을 보인 사람이다. 백락은 두 사람인데, 한 사람은 춘추시대 중기 진나라 목공 때의 사람으로 성은 손(孫)이고 이름은 양(陽)이며, 자가 백락이다. 다른 한 명은 춘추시대 말 조간자의 마부 왕량이다. 여기서 말하는 백락은 왕량을 말한다.

저 말을 선택한 사람이 자신의 감정이 잘못된 것 같다고 말하자, 다른 한 사람이 말했다.

"당신이 말을 잘못 고른 것이 아니오. 이 말을 보니 앞다리를 다친 탓에 무릎뼈가 부어올랐소. 무릇 뒷발질하는 말은 뒷발을 들어 앞발에 기대기 마련이니, 이때 자연히 앞다리에 체중이 실리게 되고, 그 무게를 견디지 못하면 앞다리가 부어오르게 되는 것이오. 그래서 지금 내가 쓰다듬어도 뒷발질을 하지 못하는 것뿐이오. 당신은 뒷발질하는 말을 보는 데는 뛰어나도 부은 무릎뼈를 보는 데는 서투르군요."

무릇 일에는 반드시 귀결되는 바가 있으나, 무릎뼈가 부어오른 다리로는 무거운 몸을 감당할 수 없다는 것은 오로지 지혜로운 자만이 알 수 있다. 그래서 혜시가 이렇게 말했다.

"원숭이를 우리 속에 가두면 돼지와 같이 된다."

그러므로 정세가 불리하면 능력을 발휘하지 못하게 된다.[105]

사람의 재능도 객관적 조건의 제약을 받는다. 객관적 조건이 불리하면 사람은 그 능력을 십분 발휘할 수 없다. 그러므로 군주는 여러 관점에서 철저한 분석을 통해 인재 중에서 '천리마'를 놓치는 실수를 절대로 범해서는 안 된다. 당나라 유학자인 한유는 "세상에 백락이 있은 연후에야 천리마도 있다(世有伯樂 然後有千里馬)"라고 했다. 아무리 재능이 있는 사람이라도 그 진가를 알아보는 사람이 없으면 재능은 세상에 나타나지 않고 그대로 묻혀버린다는 뜻이다. 천금을 얻기는 쉬워도 훌륭한 재상 한 명 구하기는 어려운 법이다. 즉, 세상에 인재가 없는 것이 아니라 인재를 찾아 알아볼 줄 아는 안목을 가진 군주가 흔치 않다는 말이다.

대체로 윗사람이 법률로써 금하는 일을 소홀히 하면 아랫사람은 그것을 이용하여 멋대로 꾀를 부리게 된다. 또 아랫사람의 이익이 된다고 하여 시켜야 할 일을 금지하면, 비록 신이라 하더라도 그 법은 시행되지 않는다. 마땅히 벌해야 할 자를 포상하고, 포상해야 할 자를 헐뜯는 일이 있다면 요임금이라 하더라도 나라를 다스리기 어렵다. 이는 마치 출입문을 만들어놓고는 좌우 신하를 들어오지 못하게 막는 것과 다를 바 없다. 백성이란 누구인가? 이익이 있어야만 나라를 위해 힘을 다하게 마련인데, 신하에게 공이 있으면 반드시 상을 주겠다고 선언하고는 그렇게 하지 않고, 죄가 있어도 범하지 않는다면 이는 내란이 일어나는 원인이 된다.

제후의 좌우 신하들이 정실로써 사람을 천거한 일이나, 또 위나라 군주가 그 좌우의 신하들이 칭찬하는 자들을 등용한 것은 모두 과실이다. 군주 된 자의 안목이 정확하게 나라를 위해 필요한 자인지 아닌지를 간파하여 신하를 채용했다면, 거라는 자가 돈을 낭비하지 않았을 것이고, 잔이라는 자가 옥을 이용해 관직을 구하지 않았을 것이다.

서문표는 파면되어 다시금 업 땅을 다스리도록 해달라고 청했는데, 이 일만 보더라도 좌우 신하들은 믿을 수 없다는 것을 알 수 있다. 좌우 신하들이 인물을 추천하는 것은 마치 도둑의 아들이 그 아버지의 개가죽 옷을 자랑하는 것과 같이 신용할 수 없는 것이다. 자작이 말한 바와 같이 왼손으로 사각형을 그리면서 동시에 오른손으로 원형을 그릴 수 없는 것과 같은 이치다.

그러므로 근신의 말을 듣고 나라를 다스린다는 것은 예컨대 고기로 개미를 쫓고, 생선으로 파리를 쫓으려고 하는 것과 같다. 그렇게 하면 환공이 신하들의 정실에 의한 추천에 근심하고, 한나라 선왕이 말이 야위는 것을 근심하는 것과 같은 일이 일어나게 마련이다.[106]

서문표는 업의 현령으로 있을 때 청렴하고 성실한 태도를 견지해서 터럭만큼이라도 사사로운 이익을 도모하지 않았다. 그러다 보니 자연히 군주의 측근들에게 매우 소홀히 했다. 그리하여 군주의 측근에 있는 자들이 이 때문에 서로 결탁해서 그를 증오했다.

서문표가 현을 다스린 지 한 해가 지나 회계 보고를 하자, 문공은 그의 관인을 회수하고 파직시켰다. 서문표는 직접 간청하며 말했다.

"신은 지금까지 업을 다스리는 방법을 알지 못했지만, 이제야 비로소 알게 되었습니다. 원컨대 관인을 주시어 다시 업을 다스리도록 허락해주십시오. 만일 이번에도 잘 다스리지 못한다면 참형을 받더라도 원망하지 않겠습니다."

문공은 차마 거절할 수 없어서 그에게 다시 관인을 주었다. 그 후로 그는 백성으로부터 세금을 무겁게 거둬들이고, 군주의 측근들에게 뇌물을 보내 아첨을 다했다. 그 후 한 해가 지나 다시 회계 보고를 할 때, 뇌물을 준 효력이 있었던지 문공은 그를 크게 환영했다. 이에 서문표가 말했다.

"지난날 저는 군주를 위해 업을 다스렸으나 군주는 도리어 제 관인을 회수하셨습니다. 그래서 이번에는 신이 군주의 측근에 있는 신하들을 위해 업을 다스렸더니 군주께서는 이렇듯 환영해주셨습니다. 이러한 상태에서 신은 업을 다스릴 수 없습니다."

그러고는 관인을 반납하고 돌아가려고 하자 문공이 만류하며 말했다.

"과인이 이전에는 그대의 인물됨을 알지 못했지만 이제 비로소 알게 되었으니, 원컨대 다시 한번 과인을 위해 업 땅을 힘을 다해 다스려주시오."

하지만 서문표는 끝내 관인을 받지 않았다.[107]

한나라 선왕이 말했다.

"나의 말은 콩과 곡물을 주는데도 더욱 여위니, 어찌된 일이오?"

주시가 말했다.

"마을을 관리하는 벼슬아치에게 곡물을 전부 먹이도록 했다면, 비록 살이 찌지 않게 하려고 해도 할 수 없을 것입니다. 명목상으로는 말에게 많이 주는 것 같지만 실제로는 적게 준다면 여위지 않게 하려고 해도 할 수 없을 것입니다. 군주께서 그 실정을 살피지 않으시고 앉아서 걱정만 하시니, 말이 여전히 살찌지 않는 것입니다."[108]

제나라 환공이 관중에게 벼슬아치를 뽑는 문제에 관해 묻자, 관중이 이렇게 대답했다.

"판결할 일이 있으면 분명하게 살피고 재물에 청렴하며 백성의 마음을 익숙하게 살피는 점에서는 제가 현상만 못 하니, 청컨대 그를 세워 형벌을 관장하는 벼슬아치인 대리로 삼으십시오. 당을 오르내리며 공손하게 예의를 밝히며 빈객을 응대하는 점에서는 신이 습붕만 못 하니, 청컨대 그를 세워 외국의 귀빈을 접대하는 장관인 대행으로 임명하십시오. 잡초를 뽑아 밭을 일구고 농지를 확충해 곡물을 생산하는 점에 있어서는 제가 영척만 못 하니, 청컨대 그를 대전으로 임명하십시오. 삼군을 지휘해서 진영을 만들고 병사들에게 집으로 돌아가는 것처럼 죽음을 바라보게 하는 점에 있어서는 신이 공자 성보만 못 하니, 청컨대 그를 대사마로 임명해주십시오. 군주의 안색을 거스르면서 간곡히 간언하는 점에 있어서는 저는 동곽아만 못 하니, 청컨대 그를 세워 간하는 신하로 임명하십시오. 제나라를 다스리는 데는 이 다섯 사람이면 충분합니다. 장차 패왕이 되고자 한다면, 저 이오라는 사람이 있습니다."[109]

사람의 능력과 재능을 제대로 파악하기는 쉽지 않다. 어떤 군주는 평범한 사람을 인재로 착각하기도 하고, 또 다른 군주는 그 반대로 착오를 범하기도 한다. 주나라 문왕은 강태공이라고 부르는 여상을 등용했고, 무왕은 여상과 함께 은나라를 멸망시키고 잔인무도한 주왕을 참살하여 주나라의 전성시대가 열리게 되었다. 한편 군주의 잘못된 판단과 행동에 대해 발뒤꿈치가 잘려 나가는 끔찍한 형벌을 감수하면서 쓴소리로 간언할 수 있는 화씨 같은 사람이 없다면, 군주들은 화씨의 옥 얻기를 포기해야 할 것이다. 겉으로는 화려하고 모양만 갖춘 채색에 현혹되어 속는 잘못을 범해서는 나라의 기강이 서지 않는다.

# 술책을 이용하여 새로운 사실을
# 알아내는 사례

방경은 위나라 현령이었다. 그는 시장의 단속을 맡은 관리를 순찰하러 내보내고는 공대부를 불러들였다. 그러고는 그 시장 관리를 소환했다. 시장 관리가 한참을 서 있었으나 현령은 아무 지시도 내리지 않고 다시 순찰하러 내보냈다.

시장 관리가 생각하기를, 현령과 공대부 사이에 모종의 약속이 있어 공대부가 자기를 감시하는 것이 아닌가 생각하여 부정을 저지르지 못하게 되었다고 한다.[110]

송나라 재상 대환은 어느 날 밤 아랫사람에게 이렇게 명했다.

"소문에 의하면 요사이 밤마다 사람의 눈을 피하여 온거(轀車: 누울 수 있는 일종의 침대수레)를 타고 사법 관리자인 이사의 집에 드나드는 자가 있다고 하니, 나를 위해 동정을 살피고 오도록 해라."

얼마 뒤 심부름꾼이 돌아와서 다음과 같이 보고했다.

"온거를 타고 온 자는 볼 수 없었지만, 그 대신 상자를 들고 와서 사법 관리인 이사와 말하는 자가 있었습니다. 그리고 이사가 그 상자를 받는 것을 보았습니다."(이것은 대환이 일부러 온거에 대한 말을 하여 염탐하러 보낸

다음 그가 매수되는 일 없이 본 바를 사실대로 보고하는지를 살핀 것이다.)[111]

주나라 군주는 일부러 옥비녀를 감춰두고 잃어버렸으니 신하들에게 찾도록 했지만, 3일이 지나도록 아무도 찾지 못했다. 그래서 주나라 왕이 다른 사람에게 명하여 찾게 했더니 어느 민가의 지붕에서 찾아왔다고 했다.

그러자 주나라 군주가 말했다.

"과인은 이 일로 관리들이 직무에 충실하지 않았다는 것을 알게 되었다. 비녀를 찾는 데 3일이 걸려도 아무도 찾아내지 못하여 할 수 없이 다른 사람을 시켰더니 하루도 안 되어 찾아냈다."

이에 신하들은 모두 두려워하며 군주에게 신통력이 있다고 생각했다.[112]

송나라 재상이 소서자 직을 맡은 관리를 시장에 내보냈다. 그가 돌아오자 재상이 물었다.

"시장에 가서 무엇을 보았는가?"

"아무것도 본 것이 없습니다."

"그래도 무엇인가 보았을 것 아닌가?"

"시장의 남문 밖에 소가 끄는 수레가 매우 많아 겨우 다닐 수 있었을 뿐입니다."

재상은 서자에게 경계시키며 말했다.

"다른 사람에게는 내가 네게 물은 것을 말하지 말라."

그리고는 시장 관리들을 불러 꾸짖으며 말했다.

"시장 남문 밖에는 어찌해서 쇠똥이 많으냐?"

시장 관리들은 재상이 멀리 떨어져 있으면서도 이토록 빨리 시장 동정을 살핀 것을 괴이하게 여기며, 그 후로는 자기 직무에 충실했다고

한다.[113]

한나라 소후는 손톱을 깎아 그 하나를 손에 쥐고는 거짓으로 손톱이 없어졌다고 하며 빨리 찾아내라고 호통쳤다. 그러자 측근 가운데 한 사람이 자신의 손톱을 깎아서는 찾았다고 하며 내놓았다. 소후는 이로써 주위에 있는 신하가 성실하지 않다는 것을 알게 되었다.[114]

한나라 소후가 기사를 사자로 삼아 현에 보냈다. 사자가 돌아와 보고하자, 소후는 그에게 물었다.

"무엇을 보았는가?"

"아무것도 본 것이 없습니다."

소후가 다시 물었다.

"그래, 정말 아무것도 보지 못했느냐?"

"그렇게 말씀하시니 한 가지 본 것이 있습니다. 남문 밖에서 황색 송아지 한 마리가 길가 논밭의 어린싹을 뜯어 먹고 있었습니다."

소후는 사자에게 말했다.

"네가 내게 한 말을 다른 사람에게 감히 발설해서는 안 된다."

주의를 시킨 다음 이렇게 명령을 내려 말했다.

"곡식의 싹이 틀 무렵 소나 말을 논밭에 들여보내서는 안 된다는 법령이 있음에도 관리들이 단속을 소홀히 하고 있는 까닭에 많은 소나 말이 논밭으로 함부로 침입하는 모양이다. 그러니 지금 관리들은 속히 그 수를 헤아려 조사 보고하도록 하라. 그렇지 않을 경우에는 중벌을 내릴 것이다."

이 명령이 하달되자 동서북 세 방면에서 조사하여 보고를 올렸는데, 소후가 말했다.

"아직도 불충분하다. 조사하지 못한 것이 반드시 있을 것이다."

그리하여 다시 조사해보니 과연 남문 밖의 황소에 관한 보고를 했다. 관리들은 모두 소후의 통찰력에 감탄하며 저마다 자기 직무에 충실하여 부정을 행하려 하지 않았다.[115]

주나라 왕이 굽은 지팡이를 숨겨놓고 명을 내려 그것을 찾도록 했다. 신하들이 며칠을 허비하고도 찾지 못하자, 왕은 비밀리에 따로 사람을 시켜 그것을 찾도록 했는데, 날이 저물기 전에 찾아냈다. 이에 왕은 신하들에게 이렇게 말했다.

"과인은 신하들이 임무에 충실하지 않다는 것을 알았다. 굽은 지팡이를 찾는 일은 매우 간단한 일인데도 신하들은 찾을 수 없었지만, 다른 사람을 시켰더니 하루가 가기 전에 찾아냈다. 그러니 너희들이 어찌 직무에 충실하다고 할 수 있겠는가?"

신하들은 모두 두려워하며 왕의 통찰력이 뛰어나다고 생각했다.[116]

진나라의 중행문자라는 사람이 죄를 짓고 자기 나라에서 도망쳐나오다가 어떤 현을 지나게 되었다. 따르는 자가 말했다.

"이곳의 벼슬아치는 공께서 이전부터 아는 사람입니다. 그런데 어찌해서 쉬면서 뒤따라오는 수레를 잠시 기다리지 않습니까?"

문자가 말했다.

"내가 일찍이 음악을 좋아했을 때, 이 사람은 나에게 잘 울리는 비파를 보냈고, 내가 패물을 좋아했을 때는 옥반지를 보내주었다. 이 사람은 나의 허물을 조장하는 자다. 나에게 등용되려고 그렇게 한 자이니, 그가 나를 이용해서 다른 사람에게 등용되기를 요구할까 두렵다."

결국 문자는 지체하지 않고 그 지방을 지나쳤다. 그런데 그 관리는 예상했던 대로 문자를 잡으려고 했으나 놓치고, 그 짐을 싣고 뒤따르는

짐수레만 몰수하여 진나라 군주에게 바쳤다.[117]

반대로 유세로 의심스러운 점을 시험하면 진상을 알아낼 수 있다. 양산군은 위나라의 재상이다. 그는 왕이 자기를 의심한다는 말을 듣고는 곧 속임수를 쓰기를, 왕의 총애를 받고 있던 규수를 비방했다. 그랬더니 규수는 분개하여 왕이 그를 의심하고 있으므로 얼마 지나지 않아 변을 당할 것이라고 말해주었다. 이로써 양산군은 왕의 본심을 파악하게 되었다.[118]

제나라 사람 가운데 난을 일으킬 생각을 품은 자가 있었다. 그러나 왕이 이것을 알아차릴 것을 두려워하여 계획을 세우기를, 총애하는 자기 부하를 내쫓아 왕이 있는 궁전으로 도망쳐 들어가게 하여 그 동정을 탐지하게 했다. 제나라 왕은 그가 쫓아버린 사람이라 안심하고 자기의 본심을 털어놓았으므로 제나라 사람은 손쉽게 그 실정을 알아냈다.[119]

자지가 연나라 재상으로 있을 때 방안에 앉아 거짓말을 했다.

"지금 문밖으로 달려간 것은 백마가 아닌가?"

주위에 있는 자들은 모두 보지 못했다고 말했는데, 어떤 한 사람이 일부러 문밖으로 나가 확인하는 시늉을 하고는 돌아와서 말했다.

"말씀대로 백마였습니다."

자지는 이 일로 주위에 있는 자들이 성실과 신의가 없음을 알았다.[120]

정나라에서 두 사람이 서로 다투던 끝에 송사로까지 번졌다. 재판관인 자산은 이들을 격리시켜 서로 말하지 못하게 한 다음 한쪽에서 한 말을 반대로 꾸며 다른 쪽에 들려주는 식으로 그들의 말을 대조하여 싸움의 진상을 알아냈다.[121]

위나라 사공은 그 부하를 나그네로 분장하여 관소를 통과하게 했다. 관소를 지키는 관리들이 그를 붙잡고 엄중히 문초하며 까다롭게 굴었으므로 그들에게 뇌물을 주니 무사히 통과시켜주었다.

그 후 사공은 그 관리를 불러 "어느 날 한 나그네가 네가 지키는 관소를 통과하게 되었는데, 뇌물을 주자 그것을 받고는 그냥 통과시켜준 일이 있을 것이다. 대체 어떻게 된 일인가?"

관소의 관리들은 사공의 신통력에 감탄하고 그 후로는 직무를 충실하게 수행했다.[122]

군주가 신하를 통솔하는 방법으로는 말하지 않고 가슴 속에 넣어두고 신하의 언행 등 많은 단서를 수집 검토하여 은연중에 신하를 지배해야 한다. 그 때문에 법은 명확할수록 좋고, 술책은 알려져서는 안 된다. 군주는 신하의 행위를 보고 그 행위가 타당하다면 반드시 이에 상응하는 상을 주어야 하고, 그 행위가 부당할 때는 미워한다는 표시로 벌을 주지 않으면 안 된다. 상과 벌이 군주가 알고 있는 범위 내에서 분명히 행해진다면 설사 군주가 보이지 않는 곳에서라도 감히 속이려 하지 않지만, 이와 반대로 군주가 그 신하의 훌륭한 행위를 보고 기뻐하면서도 상을 주지 않고, 부당함을 보고 미워하면서도 벌을 주지 않는다면 신하는 상벌에 대해 믿음을 갖지 못하므로 군주가 그 이목이 미치지 않는 곳에서 나쁜 짓을 하지 않기를 바라더라도 소용없는 일이다.

군주가 눈앞의 일만 밝게 파악한다면 먼 곳에서 악행이 저질러지더라도 알 수 없다. 먼 곳의 간악함을 살피지 못하면, 신하는 간악을 자행하여 군주를 기만하려 들 것이다. 군주의 명철함이 멀리 떨어진 곳의 간악한 자를 비추어 숨은 비행을 찾아내지 못하고, 단지 눈앞의 행위만을 관찰하여 상벌을 정한다면 장님이나 다름없는 짓이다.

그래서 한비자는 현실에서 아무 도움도 되지 않는 인간을 '오두五

蠹'라고 하여 제거할 것을 주장했다.

유가는 옛 선왕의 도라고 주장하면서 인의를 빙자하며, 용모와 옷을 성대하게 꾸며가지고 변설을 교묘하게 꾸며대어 현재의 법제를 의심스럽게 만들며, 임금의 마음을 어지럽게 만든다.

그리고 말로 먹고사는 세객과 종횡가들은 거짓말과 간사함을 주장하고, 외국의 힘을 빌려 자신의 사사로운 이익을 성취하고 국가의 이익은 돌보지 않는다.

또 사사로운 무력으로 질서를 해치는 협객들은 도당을 만들어 의리를 내세움으로써 그의 명성을 드러내며 정부가 금하는 법령을 침범한다.

왕의 측근으로서 공권력에 의지하여 병역이나 조세의 부담을 지지 않고, 자기 집에 재물을 쌓고 뇌물을 받아먹으면서 권력자들의 청탁은 들어주면서도 싸움터에서 땀 흘리며 말처럼 수고한 전사의 공적은 물리친다.

마지막으로 농민들의 이익을 빼앗는 상공인들은 일그러지고 품질이 낮은 그릇 같은 것을 만들어 팔고, 옳지 못한 재물을 모아 쌓아놓고 때에 따라 투자하여 농부의 이익을 가로챈다.

이상 다섯 부류의 사람들은 나라의 좀벌레인 오두다. 임금 된 이가 이 다섯 가지 좀벌레를 제거하지 않고 지조 있는 선비를 양성하지 않는다면, 천하에 깨져 망하는 나라가 있고 국토가 빼앗기고 멸망하는 조정이 있어도 이상한 일이 아니다.[123]

훗날 진시황은 천하를 통일한 후 '분서갱유焚書坑儒'를 단행했는데, 모두 한비자의 오두설에 영향을 받았다.

# 개미구멍이 제방을 무너뜨리는 경우

형상을 갖춘 물체 가운데 큰 것은 반드시 작은 것에서 발전해나온 것이고, 오랜 시간을 지나온 사물이 수적으로 많아진 것은 반드시 작은 것에서부터 발전해나온 것이다. 그래서 이런 말이 전해진다.

"천하의 어려운 일은 반드시 쉬운 데서 이루어지고, 천하의 큰일은 반드시 작은 일에서 이루어진다."

이 때문에 사물을 제어하려면 싹이 나오는 아주 미세할 때 시작하지 않으면 안 된다.

"어려운 것을 도모할 때는 쉬운 것에서 시작하고, 큰 것을 하고자 할 때는 작은 것에서 시작한다."

천 장이나 되는 제방도 땅강아지와 개미의 구멍 때문에 무너지고, 백 척이나 되는 집도 굴뚝 틈새의 불씨로 잿더미가 된다. 그래서 백규白圭*는 제방을 순수巡狩하다가 작은 구멍을 막았으며, 나이 든 사람들은 불씨를 막기 위해 굴뚝의 틈새를 막는다. 이 때문에 백규는 수해를 당하

---

\* 전국시대 위(魏)나라 사람으로 이름은 단(丹)이고, 물을 다스리는 일에 있어서는 우임 금보다 앞선다는 자부심을 가졌던 인물이다.

지 않았고, 나이 든 사람들은 화재를 당하지 않았다. 이것은 모두 쉬운 일을 조심해 재난을 피한 것이며, 작은 것을 삼가 큰 재앙을 멀리한 것이다.[124]

유명한 의사 편작扁鵲*이 한번은 채나라 환후를 찾아갔다. 편작은 잠시 서서 환후를 살펴보고 말했다.

"병이 나셨군요. 아직 피부 속에 질병이 있는데, 빨리 치료하지 않으면 더욱 악화될 것입니다."

환후가 이 말을 듣고 웃으며 말했다.

"내게는 병이 없소."

환후는 편작이 돌아가기를 기다렸다가 사람들에게 말했다.

"저 의원은 이득을 좋아해 질병이 없는 사람을 치료하여 자기 재주를 과시하고 싶은가 보구나."

편작은 열흘이 지나 다시 환후를 찾아와 기색을 살피고는 병이 이미 살까지 번졌으니 치료하지 않으면 더욱 위험해질 것이라고 말했다. 그러나 환후는 아랑곳하지 않았다. 편작이 돌아간 후 환후는 기분이 매우 언짢았다.

그리고 다시 열흘이 지난 후 편작은 또다시 환후를 찾아와 병이 위장에까지 깊숙이 들어가 있으니 빨리 치료하지 않으면 생명이 위태로

---

\* 고대의 명의로 성은 진(秦)이고 이름은 월인(越人)이다. 편작이란 원래 고대 황제(黃帝)시대의 신비로운 명의를 가리키는 말이었으므로 그에 대해 존칭한 것이다. 그의 생애에 대한 기록은 분분하다. 춘추시대 말기부터 전국시대 초기에 활동했다는 설이 일반적이다. 진(晉)나라 왕 간자를 구한 것으로 유명하다. 그는 평생 의학 연구에 몰두해 진단법을 체계적으로 분류했고, 침이나 뜸 등 중국 의학의 기본적인 치료법을 완성했다. 그러나 같은 시기 의사들의 시기를 받아 진(秦)나라에서 의술을 펼치던 중 자객에 의해 피살됐다.

울 것이라고 말했지만, 환후는 여전히 아랑곳하지 않았다.

또 열흘이 지났다. 멀리서 환후를 바라본 편작은 발길을 돌려 달아나버렸다. 환후는 매우 이상하게 여겨 사람을 보내 편작에게 그 까닭을 묻도록 했다. 편작이 심부름꾼에게 말했다.

"병이 피부에 있을 때는 찜질로 치료하면 되고, 살 속에 있을 때는 침을 꽂으면 되고, 장과 위에 있을 때는 약을 달여 복용하면 됩니다. 그러나 병이 골수에 있을 때는 운명을 관장하는 신이 관여한 것이라 어찌할 방법이 없습니다. 지금 환후의 병은 골수에까지 파고들었으므로 나도 어쩔 수 없습니다."

그로부터 닷새가 지난 뒤 환후는 몸에 심한 통증이 있어 사람을 시켜 편작을 찾았지만, 편작은 이미 진나라로 달아난 뒤였다. 환후는 결국 죽었다.

그러므로 훌륭한 의사가 질병을 치료할 때는 피부에 있을 때 고치려고 하는데, 이것은 모두 작은 것에서 해결하려고 한 것이다. 무릇 일의 화와 복 역시 질병이 피부에 있을 때 치료하는 이치와 같다. 그러므로 성인은 일찍 이를 보고 처리한 것이다.[125]

사람이 병이 나면 빨리 의사의 치료를 받아야 한다. 채나라 환후는 병을 감추고 의사를 꺼려 질질 끌다가 더욱 병을 악화시키더니 끝내 골수에까지 침입하여 고칠 수 없게 되었다.

다른 일들과 마찬가지로 병세도 정지해 있는 것이 아니라 끊임없이 생성 발전하고 있어서 치료하지 않으면 더욱더 악화될 뿐이라는 것을 누구나 알고 있다.

사람의 잘못이나 결점도 제때 고쳐야지 자라도록 방치해두면 점점 커지고 심해져 결국 생각지도 못한 지경에 이르게 된다. 옛날 진나라 공자 중이가 나라를 떠나 망명할 때 정나라를 지나게 됐다. 이때 정나라 왕은 중이에게 예의를 갖추어 대접하지 않았다. 숙첨이 군주에게 간언했다.

"중이는 현명한 공자입니다. 왕께서는 그를 후하게 예우해 덕을 쌓아둘 필요가 있습니다."

정나라 왕은 그의 말을 듣지 않았다. 숙첨은 또 간언했다.

"그를 후하게 예우하지 않으시려거든 죽여서 후환이 없도록 하는 것이 좋습니다."

정나라 왕은 또 듣지 않았다. 공자는 진나라로 돌아가게 됐고, 이후에 병사를 일으켜 정나라를 격파해 8개의 성을 차지했다.[126]

진나라 헌공은 괵나라를 공격하기 위해 군사를 동원했다. 진나라 군대가 우나라를 지나가야 했기 때문에 진나라 헌공은 우나라 군주에게 진귀한 백벽白璧이라는 구슬을 바치고 길을 빌려 달라고 부탁했다.

우나라 대부 궁지기가 군주에게 간언했다.

"그들의 요구를 들어주어서는 안 됩니다. 우나라와 괵나라는 입술과 이와 같은 관계입니다. 입술이 없으면 이가 시린 법입니다. 입술이 없는데 이가 어떻게 지탱할 수 있겠습니까? 지금 진나라가 괵나라를 치도록 내버려둔다면 우리는 우나라에게 망하게 될 것입니다."

그러나 우나라 군주는 대부 궁지기의 말을 듣지 않고 진나라 헌공의 백벽을 받아들여 길을 빌려주었다. 진나라는 괵나라를 빼앗고 돌아오는 길에 우나라를 멸망시켰다.

이 두 신하는 모두 재앙이 피부에 있을 때 서둘러 치료하려고 했으나, 두 군주는 이를 따르지 않았다. 그러므로 숙첨과 궁지기 또한 우나라와 정나라의 편작이라고 할 수 있지만, 두 군주는 듣지 않았기 때문에 정나라는 파괴되고 우나라는 망한 것이다. 그래서 다음과 같이 말했다.

"안정되었을 때 유지하기 쉽고, 조짐이 없을 때 계획하기 쉽다."[127]

궁지기는 괵나라와 우나라가 '입술과 이'처럼 불가분의 관계에 있음을 알았다. 그래서 그는 우나라 군주보다 훨씬 앞을 내다보는 안목을 가지고 있었다. 객관적인 사물들은 서로 이해관계가 없는 듯이 보이지만, 서로 보이지 않게 관계하고 서로 제약한다. 어떤 사물이 소멸하면 다른 사물의 존재 조건이 제거되는 경우가 있다. 우나라 군주는 이런 점을 보지 못하고 다만 목전의 이익에만 눈이 멀었다.

옛날 주왕이 사람을 시켜 상아 젓가락 한 벌을 만들게 했다. 그것을 본 기자는 매우 걱정스러웠다. 상아 젓가락에는 반드시 질그릇 접시보다는 옥 접시가 어울릴 것이며, 옥 접시와 상아 젓가락을 사용하게 되면 채소나 좁쌀보다는 코끼리 꼬리나 표범의 태 같은 산해진미를 차리는 데 신경 쓸 것이고, 코끼리 꼬리나 표범의 태를 먹게 되면 거친 베옷을 입거나 초가집에 살지 않고 반드시 비단옷을 입고 고대광실에 살려고 하리라는 것을 알았기 때문이다. 이렇게 향락과 욕망을 끝없이 확대시켜 온 백성의 고혈을 짜내 한 사람의 욕망을 채우는 데 쓰는 나라는 존망이 위태로울 것이다. 기자는 주왕의 최후가 두렵기 때문에 상아 젓가락을 만든 처음을 걱정한 것이다.

그로부터 5년이 지나자, 주왕은 육포와 포락炮烙*을 만들고, 술지게미가 쌓인 언덕을 오르고, 술을 채운 연못에서 놀았다. 그래서 주는 드디어 망하게 됐다. 그러므로 기자는 상아 젓가락을 보고 천하의 화를 미

---

\* 포락지형(炮烙之刑)의 준말로, 불에 달군 쇠로 담금질하는 형벌을 말한다. 은나라 주왕이 구리기둥에 기름을 발라 숯불에 걸쳐 달군 뒤, 그 위로 죄인을 맨발로 걸어가게 했는데 건너다가 미끄러지면 불에 떨어져 죽는 참혹한 형벌이다.

리 알았다. 이른바 성인이 작은 일로 전체를 꿰뚫어보며 실마리를 통해 나중에 일어날 결과를 예측하는 것을 '명明'이라 했다.[128]

개미구멍이 제방을 무너뜨리고, 호미로 막을 곳을 가래로 막게 되는 경우도 결국 젓가락 한 벌이 나라의 멸망을 예고한다. 기자의 이 예측은 정치적 현상에 대한 소박한 과학적 예측으로 간주할 수 있다. 과학적 예견이란 주관적인 공허한 억측이 아니라 현실적이고 유용하며 실제적인 것이다. 사태가 발전하는 일정한 규칙을 파악해야 비로소 작은 일로 전체를 꿰뚫어보며 작은 것으로 큰 것을 예측할 수 있다.

구천은 오나라로 돌아가 신하가 되었을 때, 직접 방패와 창을 가지고 오나라 왕을 위해 앞장섰다. 그래서 고소에서 부차를 죽일 수 있었다. 문왕은 주왕에 의해 옥문에 구금됐지만, 안색조차 바꾸지 않았으므로 뒷날 무왕이 목야에서 주왕을 사로잡을 수 있었다. 그래서 말하기를 "유약함을 지키는 것을 강함이라고 한다"라고 했다.

월나라 왕이 패자가 됐던 것은 신하가 되는 치욕을 견뎌냈기 때문이고, 무왕이 군주의 자리에 오른 것은 치욕을 참았기 때문이다. 그래서 말하기를 "성인에게는 치욕이 없는데, 치욕으로 생각하지 않기 때문에 치욕이 없는 것이다"[129]라고 했다.

또한 재물에 연연하지 않아 화를 미연에 방지한 경우도 있다. 송나라의 한 시골 마을에 아첨하기를 매우 좋아하는 사람이 살고 있었다. 한번은 이 시골 농부가 아직 가공하지 않은 옥 덩이를 손에 넣게 되어 아첨할 좋은 기회가 왔다고 생각하고 옥 덩이를 가지고 급히 관청으로 달려가 새로 부임한 자한에게 바쳤다. 자한이 한사코 거절했지만, 아첨꾼은 어깨를 으쓱거리고 웃음을 지으며 말했다.

"이 옥 덩이는 어르신처럼 덕이 높고 인망이 중하신 분에게나 어울리지 재물을 탐내고 뇌물을 좋아하는 소인배에게는 당초에 어울리지 않는 것입니다. 어르신께서 거두어주십시오."

자한이 정색하며 말했다.

"다시는 귀찮게 굴지 말게. 그대는 옥을 보배로 생각할지 몰라도 나는 그대의 옥을 받지 않는 것을 보배로 여긴다네."

이것이 바로 농부는 옥을 보배로 여겨 뇌물로 보았지만, 자한은 옥을 바라지 않으므로 보배로 여긴 것이다. 그래서 말했다.

"욕심을 부려 얻으려 하지 않으면, 얻기 어려운 재화를 귀하게 여기지 않는다."[130]

자한은 이처럼 매사에 일을 잘 처리했다. 사람과 사건에 따라 여러 가지 다른 태도를 보이고 근본적으로 상반되는 견해를 나타내기도 한다. 그것은 개인의 수양과 안목, 지식과 세계관 따위의 주관적인 조건이 다르기 때문이다. 이 송나라 아첨꾼은 옥 덩이를 보배로 여겼지만, 자한은 엄격하게 자신을 가다듬고 뇌물을 탐하지 않는 바른 기풍을 보배로 여긴 것이다.

지백은 구유를 정벌하려고 했지만, 길이 험해서 군대가 지나가지 못했다. 그래서 큰 종을 만들어 구유의 군주에게 선물로 보냈다. 구유의 군주는 매우 기뻐하며, 이 종을 나라 안으로 운반하기 위해 좁은 길을 넓히려고 했다. 이때 적장만지가 말했다.

"안 됩니다. 모름지기 이처럼 거대한 선물을 보내는 것은 작은 나라가 큰 나라를 섬기는 예입니다. 그런데 지백 같은 대국의 군주가 우리 소국에 이런 물품을 보낸 것으로 보아 장차 우리나라를 공격하려는 계책이 분명합니다. 큰 나라에서 종을 앞서 보내왔으니, 큰 군대가 반드시 뒤따라올 것입니다. 결코 받아들여서는 안 됩니다."

그러나 구유의 군주는 이를 듣지 않고 마침내 종을 받기로 했다. 그리하여 적장만지는 수레의 폭을 작게 개조한 다음 좁은 길을 빠져나가 제나라로 달아났다. 이로부터 7개월 만에 구유는 멸망했다.[131]

초나라가 진나라를 정벌하자, 오나라는 진나라를 구하기 위해 출병했다. 양쪽 군대는 30리를 두고 사이에 두고 서로 대치하고 있었는데, 열흘 동안이나 계속하여 비가 내리다가 밤이 되니 별이 보이기 시작했다. 초나라 사관 의상이 장군 자기에게 말했다.

"열흘 동안 비가 퍼붓는 사이 적군은 한 곳으로 모여 들어 진군할 준비를 갖추었을 것이니 오나라 군사들이 반드시 공격할 것입니다. 그러니 서둘러 이에 준비하는 것이 좋습니다."

그래서 초나라는 진영을 정비하고 있었는데, 진영이 아직 완성되지 않았을 때 오나라 군대가 쳐들어왔다. 그러나 초나라 진영이 정연한 것을 보고는 되돌아갔다. 이때 의상이 말했다.

"오나라 군사는 아군을 공격하기 위해 왕복 60리를 행군했으므로 장수들은 틀림없이 쉬고 있고 병사들은 반드시 식사하고 있을 것입니다. 이때 우리가 30리만 행군해서 공격한다면 반드시 적을 패망시킬 수 있습니다."

초나라 군대는 의상의 말에 따라 손쉽게 오나라 군사를 무찔렀다.[132]

# 속는 사람과 속이는 사람


　　조나라에 패한 위나라에서는 태자와 대신 방공을 조나라의 수도 한단에 인질로 보내게 되었다. 출발하기에 앞서 방공이 위나라 왕에게 이렇게 말했다.

　　"지금 어떤 한 사람이 뛰어와서 시장에 호랑이가 나타났다고 보고하면 믿으시겠습니까?"

　　왕이 고개를 흔들며 말했다.

　　"믿지 못하겠소. 시장에 어떻게 호랑이가 나타난단 말이오?"

　　"이어서 두 번째 사람이 달려와 시장에서 호랑이를 발견했다고 한다면 믿으시겠습니까?"

　　왕은 망설임 끝에 여전히 고개를 흔들며 못 믿겠다고 말했다.

　　방공이 다시 물었다.

　　"금방 또 세 번째 사람이 달려와 시장에서 호랑이가 나타났다고 한다면 믿으시겠습니까?"

　　왕은 고개를 끄덕이며 말했다.

　　"그렇다면 믿을 것이다. 세 사람이나 그렇게 말한다면 거짓일 리 없겠지."

방공이 일어나 말했다.

"그렇습니다. 시장에 호랑이가 나타날 리 없다는 것은 누구나 알고 있는 명백한 사실입니다. 그러나 세 사람이 말하여 호랑이가 나타난 것을 왕께서 믿으신 것입니다. 위나라에서 한단과의 거리가 여기서 시장보다 훨씬 더 멀고, 따라서 제가 없는 동안 저에 대해 이러쿵저러쿵 논의하는 자는 세 사람이 넘을 것입니다. 그러니 이 점을 충분히 주의해주시기 바랍니다."

과연 방공이 짐작한 대로 그가 떠나자 왕 앞에서 많은 사람이 근거 없는 소문을 퍼뜨렸다. 그가 한단에서 돌아온 후에도 위나라 왕은 여러 신하의 말에 현혹되어 끝내 그를 부르지 않았다.[133]

헛소문도 여러 번 말하면 사실이 된다. 역사상 야심가나 음모꾼들이 신조처럼 여기는 말이다. 자기를 내세우고 착한 사람들을 모함하여 윗사람을 기만하고 군중을 속이는 사람들이 주로 사용하는 것이 이와 같이 남을 중상모략하고 헛소문을 날조하는 것이다. 이러한 중상모략을 밝히고 알아내기 위해서는 이야기 속의 왕처럼 한길에 분명히 호랑이가 없는데도 세 사람의 말만으로 가벼이 믿을 것이 아니라 조사하고 검증하며 사실에 근거하여 냉정하게 분석하고 판단해야 한다. '헛소문은 지혜로운 사람에 의해 반드시 드러나는' 법이다.

숙손은 노나라 재상으로 신분이 높아 전권을 휘두르고 있었다. 그가 총애하는 사람으로 수우라는 자가 있었는데, 그 역시 숙손의 집안일을 마음대로 처리했다. 숙손의 아들 중에 중임이라는 자가 있었는데, 수우는 그를 질투해서 죽이려고 생각했다.

하루는 중임과 함께 노나라 군주를 배알하자, 노나라 군주는 숙손의 아들인 중임에게 옥환玉環을 하사했다. 중임은 이것을 받기는 했지만, 부친의 허락이 없었으므로 허리에 차는 것을 삼가고, 먼저 수우에게 부탁하여 부친의 허락을 구하도록 했다.

그러나 수우는 숙손에게 이야기도 하지 않고 중임을 속여 이렇게 말했다.

"내가 벌써 당신을 위해 부친에게 허락을 청했더니 옥환을 차도 좋다는 허락을 받았습니다."

중임은 그래서 안심하고 옥환을 허리에 찼다. 그런데 수우는 숙손에게 가서 다음과 같이 말했다.

"아드님에게 군주를 배알해도 좋다고 허락하지 않은 이유는 무엇입니까?"

"그는 아직 어려서 군주를 뵙게 할 수 없네."

"대감은 그렇게 말씀하시지만, 아드님은 이미 여러 차례 군주를 알현했고, 또 옥환까지 하사받아 몸에 그것을 차고 있습니다."

숙손이 당장 중임을 불러들여 보니 과연 그가 옥환을 차고 있었다. 숙손은 노여워하며 중임을 죽였다.

병은 중임의 형이다. 수우는 그도 시기해 죽이려고 했다. 어느 날 숙손은 아들 병을 위해 종을 만들어주었다. 그런데 병은 아직 부친의 허락을 받지 않았으므로 사양하여 종을 치지 않고 있었다. 병은 수우에게 부친의 허락을 받아달라고 부탁했는데, 수우는 허락을 청하지 않고 또 그를 속여 이렇게 말했다.

"나는 그대를 위해 이미 부친께 청했더니 그것을 치도록 했습니다."

이 말을 듣고 병은 종을 쳤다. 숙손은 그 소리를 듣고 노했다.

"내 허락도 받지 않고 병이 마음대로 종을 치는구나."

그는 화를 내며 아들인 병을 내쫓았다. 병은 제나라로 달아나 그곳에서 1년간 머물다가 수우를 시켜 숙손에게 용서를 빌도록 했다. 숙손은 화가 풀려 수우로 하여금 병을 불러오도록 했다. 수우는 이번에도 병을 부르지 않고 숙손에게 거짓 보고를 했다.

"저는 이미 그를 부르러 갔지만, 병은 화를 내며 오지 않겠다고 했습니다."

숙손은 매우 화가 나서 사람을 시켜 병을 죽였다.

이리하여 두 아들이 죽고, 그 후 숙손은 병이 들었다. 이때 수우는 혼자서 숙손을 간호하며 숙손이 아무도 만나려 하지 않는다는 소문을 퍼뜨렸다. 결국 숙손은 먹지 못해 굶어 죽고 말았는데, 수우는 그가 죽었다는 사실을 숨기고 그 집의 곳간에서 귀한 보물을 모조리 훔쳐 제나라로 달아났다.

무릇 믿는 자의 말만 듣다가 아들과 아버지가 죽게 되었으니, 이는 사람들의 의견을 살펴 알아보지 않은 데서 온 재앙이다.[134]

1980년대 미국 텍사스. 작은 식당을 운영하는 조셉이 미혼자들을 위한 펜팔 서비스에 등록한다. 폭력적인 남편으로부터 도망쳐 '사랑의 교회'가 운영하는 일리노이주 외딴 숲속 휴식처에 은신하고 있다는 파말라라는 여성과 편지를 주고받는다. 파말라는 관계가 깊어지자 '애정의 증표'로서 도움이 필요하다며 주기적으로 돈을 요구한다. 조셉은 단한 번도 거절하지 않았다. 자신이 그녀를 도울 수 있고, 파말라의 삶이 조금 더 편해진다는 사실이 행복할 따름이었다. 그렇지만 파말라는 실존 인물이 아니었다. 도널드 로리라는 사기꾼이 외로운 남자들을 겨냥해 돈을 뜯어내려 만들어낸 가상의 여인이었다.

미 전역과 캐나다에 3만 명 이상의 회원을 확보하여 한 해에 100만 달러 이상의 수입을 올린 희대의 사기극 '사랑의 교회' 사건의 희생양은 누군가 자신을 필요로 한다는 느낌을 간절하게 바라는 선량한 남자들이었다. 회원들 중에는 교수 등 고학력자도 많았다. 1988년 로리가 사기 혐의로 기소됐을 때 법원 앞에는 "그 편지 덕에 알코올·마약중독, 자살 충동에서 벗어났다"라며 로리를 응원하는 일군의 피해자들이 몰려와 있었다. "편지 검열이 내 인생을 망쳤다"라며 수사관에게 욕을 해대는 이들도 있었다. 조셉은 30년이 지난 지금도 "파말라의 사진을 보면 아무리 힘들어도 신앙을 간직할 수 있게 된다"라고 말한다. 저널리스트인 저자들은 이 사건을 예로 들며 말한다.

"사람들이 잘못된 믿음에 매달리는 이유는 때로는 '자기기만'이 실용적이어서다."

우리는 종종 "식사는 잘하셨나요?", "주말 잘 보냈어요?" 같은 진심과는 동떨어진 의례적인 말들을 한다. 의례적이라는 걸 알면서도 듣는 사람은 기분 좋게 응대한다. 이러한 자기기만은 말하는 이와 듣는 이 사이에 '돈독한 관계'라는 가상의 유대를 형성한다. 호텔 등의 서비스 산업이 '애정 어린 관심'이라는 허구를 제공하고, 고객이 '환대를 돈으로 구매했다'라는 의식 없이 받아들이는 것도 마찬가지 맥락에서다. 셰익스피어는 『리어왕』에서 "나를 얼마나 사랑하는지 말해보라"라는 아버지에게 "저는 폐하를 제 의무에 따라 사랑할 뿐"이라 답하는 막내딸의 정직함을 칭송하지만, 우리 대부분은 리어왕과 마찬가지로 불완전하고 옹졸하며 나약하다. 작가는 "오직 바보만이 진실을 있는 그대로 제시하고, 사람들이 진실에 귀 기울여주리라 기대한다"라고 말한다.

믿음은 뇌도 속인다. 미국의 경제학자 안토니오 랭걸은 다양한 가격표가 붙은 병에 모두 같은 와인을 부어놓고 사람들에게 맛보게 했다. 사람들은 90달러 상표가 붙은 병에 든 와인이 10달러 병에 든 와인보다 질이 좋다고 강력하게 말했는데, 비싸다고 믿은 와인이 실제로 '맛이 더 좋게' 느껴졌다. 참가자들의 뇌를 스캔해보니 비싼 가격표가 붙은 병의 와인을 마실 때 쾌락을 느끼는 뇌 부위가 활성화됐다.

착각에 기인한 자기기만이 발전의 동력이 되기도 한다. 자신감에는 보상하되, 과도한 자신감에는 보상하지 않도록 설계된 펀딩 시스템에서 의외로 더 성공적인 것은 합리적인 여성 기업가들이 아니라 과도한 자신감을 지닌 남성 기업가들이었다. 작가는 "자기기만의 힘이 중요한 원인이다. 남성은 실패를 그만두라는 신호로 받아들이지 않고 계속 출전했으며, 이들 중 일부가 마침내 성공했다"라고 분석한다.

비이성적이고 비합리적인가? 그저 '정신승리'일 뿐이라는 사람들에게 작가는 고대 그리스의 미토스(mythos) 개념을 제시한다. 세상은 논리적·실증적 세계인 로고스뿐 아니라 꿈과 스토리텔링, 상징의 세계인 미토스와 상호 의존하며 돌아간다는 것이다.

"구렁에 빠져서 신을 구하지 않기란 어렵다. 자신이 잘 속지 않는 사람인 것 같다면, 그건 당신을 시험할 환경에 놓이지 않았기 때문이다."

# 현명한 군주가 지켜야 할 일

진나라 문공이 오랜 세월 망명 생활을 하다가 귀국하게 되었다. 그는 도읍에 가까운 황하에 이르자 종자에게 다음과 같이 명령했다.

"지금까지 사용하던 나무로 만든 식기, 자리와 깔개 등은 모두 쓸데가 없게 되었으니 버려라. 또 손발이 부르트고 얼굴이 그을려 검붉게 된 자는 보기 흉하니 뒷줄에 세우도록 하라."

구범은 이 말을 듣고 밤중에 소리 높여 통곡했다. 이에 문공은 의아하게 생각하고 물었다.

"과인이 조국을 떠나 망명한 지 20년, 이제 겨우 귀국하게 되었는데, 너는 기뻐하기는커녕 도리어 통곡하고 있으니, 그것은 내가 귀국하게 된 것이 못마땅하다는 이유가 아니냐?"

구범이 말했다.

"그런 것이 아닙니다. 식기는 음식을 먹는 데 쓰고, 자리나 깔개는 휴식하는 데 필요한 물건으로 모두 지금까지 요긴하게 소용되었던 도구인데 군주께서는 버리라고 말씀하셨고, 손발이 부르트고 얼굴이 검붉게 탄 것은 그동안 고생하며 공을 세웠다는 증거인데 군주께서는 뒷줄에 세우라고 말씀하셨습니다. 저 또한 얼굴이 보기 흉하게 그을렸으므로 뒤에 서야 할 처지이니, 제 마음은 그 슬픔을 견디기 어려워 그만 소리 내어 울었던 것입니다. 그리고 지금까지 군주를 속이고 사리私利에 의해 일을 처리하고, 또 고난을 함께하기로 맹세하고도 도중에 배반하고 귀국해버린 자들도 많습니다. 저희도 그들의 옳지 못한 소행을 미워하고 있는데, 군주께서야 그들을 대하는 마음이 어떠하시겠습니까? 그리고 군주께서 오랫동안 함께 고생한 자들도 이렇게 푸대접하는 형편인데, 귀국한 후 그 배반한 자들에 대해 어떠한 잔인한 짓을 하실지 미루어 짐작하고도 남음이 있습니다."

그는 두 번 절하고 떠나려고 했다. 문공은 그를 만류하며 말했다.

"속담에 이르기를, '사직을 세울 때는 겉모양에 신경 쓰지 않고 작업복을 입고 열심히 손발을 움직여야 하지만, 제사를 지낼 때는 예복을 차려입고 지낸다'라고 했소. 지금 그대는 나와 함께 고생하여 조국을 되찾았으면서도 나와 함께 나라를 다스리지 않으려고 하는데, 나와 함께 고생하여 사직을 세웠으면서도 나와 함께 제사를 지내지 않겠다고 하니, 이를 만류하지 않는다면 내가 어찌 용서받을 수 있겠소."

그리고 문공은 곧바로 왼쪽 말을 베어 황하에 제물로 바치면서 구범을 버리지 않겠다고 신에게 맹세했다.[135]

정나라 간공이 자산에게 말했다.

"우리 정나라는 나라가 작고 초나라와 진나라 사이에 끼여 있는데다가 지금 성곽이 허술하고, 병사와 무기가 갖추어지지 않았소. 장차 큰변을 당하게 되지 않을까 불안하니 이 사태에 대비할 수 있겠소?"

자산이 말했다.

"신은 오래전부터 이웃 나라와의 우호 관계를 돈독히 하는 데 힘써왔으며, 백성을 독려하여 나라 안을 견고하게 지키게 하고 있습니다. 비록 나라는 작지만 위태롭게 되지는 않을 것입니다. 군주께서는 너무 걱정하지 마십시오."

이렇게 해서 간공은 죽을 때까지 걱정할 일이 없었다.

일설에는 다음과 같은 내용이 전해온다. 자산은 정나라 재상이 됐다. 간공이 자산에게 말했다.

"술을 마셔도 즐겁지 않다. 제사를 모시는데 제기를 갖추지 못한다든지, 또는 음악으로 조상에게 제사 지내는데 그 음악에 필요한 종이나 북, 피리 같은 것을 갖추지 못하는 일이 있다면 그것은 전적으로 과인의 책임이다. 그러나 나라가 안정되지 못하고, 백성이 잘 다스려지지 않으며, 농부와 군인이 서로 단결하지 못하는 것은 그대의 죄다. 그대에게는 그대의 직분이 있고, 과인에게는 과인의 직분이 있으니, 각각 저마다 맡은바 직분을 다하여 나라를 지키도록 하자."

이로부터 자산이 정치한 지 5년이 지나 나라에는 도적이 없어졌고, 길에서 떨어뜨린 물건을 줍지 않았으며, 복숭아나 자두가 무르익어도 따가는 자가 없게 됐고, 바늘 같은 작은 물건을 잃어버려도 며칠 후 그곳에 가보면 되찾을 수 있었다. 이와 같이 자산이 3년 동안 계속 그 정책을 변경하지 않고 시행하자 백성의 생활은 안정되고 흉년에도 굶주리는 사람이 없었다.[136]

위나라 소왕이 친히 정사에 관여하기로 마음먹고 그 뜻을 맹상군에게 상의하자, 맹상군이 이렇게 말했다.

"그러한 생각이시라면 먼저 법전을 익히도록 하십시오."

그리하여 소왕은 법전을 숙독하기로 했는데, 10여 장쯤 읽고는 그만 지쳐 잠이 들고 말았다. 소왕은 잠에서 깨어나 "과인은 끈기가 없어 이 법전을 다 읽지 못하겠다" 하고는 팽개치고 말았다. 군주 된 자가 몸소 나라의 권력을 잡지 못하고 신하들이 마땅히 해야 할 일을 하려고 하니, 졸리는 것 또한 당연하다고 하겠다.[137]

공자가 말했다.

"비유컨대 군주는 사발과 같고 백성은 물과 같아 사발이 네모지면 물도 네모지게 되고, 사발이 둥글면 물도 둥글게 된다. 군주 된 사람은 모든 면에서 백성의 사표가 되어야 한다."

추나라 왕이 긴 갓끈을 매고 있었는데, 주위에 있는 신하들도 모두 길게 매어 갓끈이 매우 비싸졌다. 추나라 왕이 이를 걱정하며 주위 신하들에게 그 까닭을 물으니, 주위에 있는 자들이 이렇게 말했다.

"왕께서 갓끈을 길게 매는 것을 좋아해서 백성 또한 대부분 갓끈을 길게 매기 때문에 비싸진 것입니다."

이 말을 들은 왕이 솔선하여 먼저 자신부터 갓끈을 자르고 나오자, 나라 안의 사람들은 모두 왕을 본받아 갓끈을 길게 매지 않게 되었다. 이로써 그 목적을 달성했지만, 실은 어리석은 처사다. 왕이 명령을 내려 백성의 의복에 대한 제도를 정하면 되었을 것이다.

"왕이 무슨 일을 하든 함부로 흉내를 내서는 안 되며, 신분에 따라 지켜야 한다"라는 금령이 있다면 누구나 왕을 흉내 내지 못할 것이다. 즉, 법령으로써 아랫사람을 금하지 않고 스스로 갓끈을 자르고 나와 백성에게 보인 것은 자기 자신을 욕되게 하고 위엄을 잃은 처사다.[138]

군주가 작은 신의라도 소홀히 하지 않고 지킬 때 비로소 큰 신의가 세워질 수 있다. 그래서 현명한 군주는 신의를 쌓는다. 상벌에 신의가 없으면 금령은 시행되지 못한다. 그 실례로는 진나라 문공이 원을 공격한 일, 기정이 백성을 굶주림에서 구제해준 이야기에서 신의의 소중함을 알 수 있다. 이 때문에 오기는 이튿날까지 약속한 친구가 오는 것을 기다렸다가 비로소 식사했고, 위나라 문후는 임금의 몸으로 폭풍우를 무릅쓰고 사냥터로 가서 관리들과의 약속을 지켰다.

그러므로 현명한 군주가 신의를 나타내는 일은 증자가 돼지를 잡은 것 같이 해야 한다. 신의를 지키지 않은 폐해가 되는 예는 초나라 어왕이 경계하는 북을 잘못 울린 일, 이회가 좌우의 군문을 지키는 병사들에게 적이 온다고 속여 후일 군대가 전멸당한 일이다.[139]

진나라 문공이 원이라는 곳을 공격하기로 했을 때, 열흘분의 식량을 준비하도록 하면서 대부들과 열흘 안에 함락시키기로 기한을 정했다. 원에 도착한 지 열흘이 지났지만 함락시키지 못하자, 문공은 종을 쳐서 병사들을 물러나게 한 뒤 거두어 떠나려고 했다. 그때 성안으로 들여보낸 첩자가 돌아와서 보고하기를, "원은 앞으로 사흘만 지나면 항복할 것입니다"라고 했으므로 주위에 있는 신하들이 문공에게 간언했다.

"원은 식량도 떨어지고 병사들도 지쳤다고 하니, 주군께서는 조금 더 기다리는 것이 좋을 줄 압니다."

문공이 말했다.

"나는 대부들과 열흘 안에 성을 함락시키겠다고 약속했다. 성을 함락시키지 못했기 때문에 지금 퇴각하지 않으면 과인은 신의가 없는 사람이 되고 말 텐데, 그것만은 참을 수 없다."

이윽고 문공은 마침내 병사를 거두어 돌아갔다. 원의 사람들은 이 소식을 듣고 말했다.

"그와 같이 신의가 있는 군주라면 어찌 항복하지 않을 수 있겠는가?"

그러고는 문공에게 항복했다. 위나라 사람들은 이 소식을 듣고 다음과 같이 말했다.

II 한비자의 행동강령

"그와 같이 신의가 있는 군주라면 어찌 따르지 않을 수 있겠는가?"

그러고는 문공에게 항복했다. 공자가 이 소식을 듣고 이렇게 기록했다.

"원을 공격해 위나라까지 얻은 것은 모두 신의가 있었기 때문이다."[140]

진나라 문공이 대부 가정에게 물었다.

"굶주림을 구제하려면 어떻게 해야 하오?"

가정이 대답했다.

"신의를 지켜야 합니다."

"신의를 어떻게 지키는 것이오?"

"명분에 대해 신의를 지키십시오. 일에 있어 신의를 가져야 하며, 도의에 있어 신의를 가져야 합니다. 명분에 있어 신의를 가진다 함은 맡은바 직분을 지켜 자기 직분의 한계를 넘어서지 않고 만사를 게을리하지 않는 것이며, 일에 대해 신의를 지켰다 함은 이를테면 농사를 짓는데 천시를 잃지 않는 것을 말하는 것으로, 백성은 자기 직분을 어기지 않을 것입니다. 또 도의에 있어 신의를 지켰다 함은 군주가 그 책무를 다하면 가까운 사람들도 이를 본받을 것이며, 또 각자가 그 직분을 근면하게 되고 멀리 있는 자도 이러한 군주를 따르게 될 것입니다."[141]

오기가 외출했다가 오랜만에 옛 친구를 만나자 가던 길을 멈추고 식사대접을 하겠다고 했다. 옛 친구가 말했다.

"좋네. 그런데 볼일이 있어 지금은 갈 수 없으니, 먼저 자네 집으로 가서 기다려주게."

"그럼 자네가 올 때까지 기다렸다가 같이 식사하겠네."

이렇게 하여 일단 헤어졌는데, 친구는 해가 저물었는데도 오지 않앉으므로 오기는 밥을 먹지 않고 기다렸다. 다음날 아침 오기는 사람을 시켜 친구를 찾아오도록 했다. 비로소 친구가 오자 함께 식사했다.[142]

위나라 문후는 사냥터를 관리하는 우인과 함께 사냥하기로 약속했다. 그런데 다음날은 마침 거센 바람이 부는 날씨였다. 주위 사람들은 사냥을 만류했으나 문후는 그 말을 듣지 않고 이렇게 말했다.

"그렇게 할 수 없소. 바람이 거세다는 이유로 신의를 잃는 일은 할 수 없소."

마침내 거센 바람을 무릅쓰고 몸소 수레를 끌고 가서 결국 우인과 만나 일기가 좋지 않음을 알리고 헤어졌다.[143]

초나라 여왕은 긴급한 일이 생기면 북을 울려서 백성과 나라를 지킬 것을 약속했다. 그런데 어느 날 여왕이 술을 마시고 취해 실수로 북을 쳤다. 백성이 매우 놀라 변경으로 달려가려고 하자 왕은 사람을 시켜 백성을 저지시키며 말했다.

"내가 술에 취해 주위 사람들과 장난하다가 실수로 북을 쳤소."

그러자 백성은 모두 진정했다. 몇 달 후 여왕은 긴급한 일이 있어 북을 울렸지만, 백성은 앞서 속은 일이 있었으므로 아무도 달려오지 않았다.

왕은 사태가 이렇게 되자 명령을 다시 내리고 법률을 밝혀 다시는 사람들을 속이지 않았으므로 백성은 믿음을 갖게 되었다.[144]

위나라 문후의 신하인 이회는 좌우의 군문을 지키는 병사들에게 경고했다.

"엄히 경계하라. 적군이 불시에 나타나 너희들을 곧 공격해올 것이다."

이회는 이렇게 몇 번을 경계했으나 좀처럼 적이 공격해오지 않자 병사들은 이회의 경고를 무시하고 수비를 게을리했다. 그 후 수개월이 지나 진나라 병사가 습격해왔을 때 위나라 군대는 거의 전멸할 지경에 이르렀다. 일이 그렇게 된 것은 이회가 말한 불신에서 온 재앙이다.

일설에는 이회가 진나라 병사와 싸울 때, 왼쪽 군영의 병사들에게 말했다.

"빨리 성벽으로 올라가라. 오른쪽 군영의 병사들은 이미 올라갔다."

또 오른쪽 군영의 병사들에게 이르러서는 이렇게 말했다.

"왼쪽 군문의 병사들은 이미 올라갔다."

왼쪽과 오른쪽의 병사들은 말했다.

"빨리 올라갑시다."

그러고는 모두 다투어 올라갔는데, 비로소 이회에게 속았음을 알았다. 그다음 해에 다시 진나라 병사와 싸우게 되었는데, 군문의 수비병들이 모두 호령을 가볍게 취급했으므로 그의 군대는 거의 전멸하고 말았다. 이 또한 불신으로 인해 입은 재화다.[145]

# 한비자가 남긴 역사적 의의

　　전국시대는 혼란하고 약육강식의 다원화된 사회로 제자백가의 사상가들이 저마다 혼란을 해결할 수 있는 이론을 주장했다. 이 시기를 대표하는 사상으로 유가와 도가, 법가를 꼽을 수 있다. 한비자는 전국시대의 혼란한 시기를 가장 효과적으로 해결하기 위해서는 선왕의 도가 필요한 것이 아니라 법 · 술 · 세에 의한 통치 방법이 필요하다고 보았다. 물론 인의나 도덕에 의한 사회의 질서 유지는 고금을 통해 전해져오던 진리다. 그러나 현실을 떠난 인의 도덕의 공소空疎한 설교보다는 현실적이고 적절한 법이 세워지고, 그것이 만인에게 공정하게 시행되기를 바라는 것이 당시 상황이었다. 전국시대의 제자백가 가운데 현실에 가장 적중했던 이론은 한비자로 대표하는 법가의 이론이다.

　　법률과 제도는 시대와 함께 변화하기 때문에 사회발전의 요구에 끊임없이 적응해야 한다. 그렇지 않으면 법제도는 유명무실해지기 마련이다. 그리고 시대의 발전과 함께 통치방식이 변화하지 않으면 사회는 혼란에 빠질 수밖에 없다. 따라서 법과 제도는 시대의 상황과 변화에 따라 새롭게 강구되어야 한다.

　　모든 사물의 변화는 내부와 외부 요인의 상호작용으로 이루어진다. 내부와 외부 요인 중 한쪽의 작용만으로도 사물이 변화할 수 있지만, 그보다는 양쪽의 요인에 의한 변화가 훨씬 크다. 즉 나무가 부러지는 것은 분명히 어딘가 썩은 곳이 있기 때문이고, 담장이 무너지는 것은 분명히 어딘가 균열이 있기 때문이다. 그러나 나무가 썩었어도 바람이 세차게 불지 않으면 부러지지 않고, 담장에 균열이 있어도 큰비가 내리지 않으면 무너지지 않는다.[146)

한비자가 주장한 법은 현재의 법률과는 본질적으로 다른 것이다. 그것은 임금이 천하를 다스리는 수단인 법·술·세가 모두 비정의·비공정·비도덕의 토대 위에 세워지는 것이다. 법가에게 평등과 정의는 완전히 무가치한 것이니, 법치의 실질적인 내용은 법·세·술로 삼위일체를 이룬다. '법'은 성문화하여 공포된 법령으로 군주가 통치하는 도구로써 신하와 백성을 제한하여 국가의 질서를 바로잡는 데 그 목적이 있다. '세'는 군주의 통치권으로 상벌을 이병二柄으로 하는 권세와 지위를 의미한다. '술'은 군주가 신하를 통제하는 데 사용하는 법술로 군주의 지위를 유지하기 위해 간신들의 모략을 막는 데 필요한 책략 또는 정치술이다. 이러한 법률은 봉건 왕조의 통치를 지속적으로 유지하는 데 직접적으로 봉사하는 것이다. 그러므로 이러한 법은 '관청이 공정성의 기준이고, 명령으로 분명히 하는 것'으로서 도의에 부합하고, 백성의 권익에 부합하는가의 문제는 철저히 배제된다.

한비자의 법에 의한 통치는 인간의 성품은 태어날 때부터 이기적이고 악하다는 순자의 성악설에 영향을 받았다는 역사관을 근거로 하고 있다. 인간은 근본적으로 자기를 위해 계산하는 이기심을 가지고 있기 때문에 인간의 본성에 따라 그대로 놓아두면 사회는 온갖 종류의 소란과 무질서로 혼란해질 것이라고 보았다. 따라서 엄격한 법을 최고의 권력으로 보고, 지위와 신분을 막론하고 모든 사람이 법의 통제를 받아야 한다. 이러한 통제 아래에서만 사람들이 안정되고 평안하게 살 수 있다는 법치를 주장했다. 이와 같은 법치는 혈연, 신분, 지위 등에 따라 엄격한 차별이 존재했던 당시 사회에서 혁명적인 의미를 갖는다.

진나라가 중국을 통일하고 전국시대를 마감한 것은 법가의 이론에 힘입은 바 컸기 때문이다. 한비자는 객관적인 판단과 합리적인 태도로 현실 사회와 정치, 그리고 인생의 행동강령을 깊이 있게 분석하고 날카롭게 관찰했다. 이러한 한비자의 주장은 법에 의한 통치로 왕권을 강화하여 절대군주적 정치제도를 확립하는 데 궁극적 목적이 있고, 그의 정치사상은 진시황이 천하통일을 앞당기는 데 결정적인 역할을 했다.

그런데 진나라가 중국을 통일한 이후 법치로 인한 형벌을 받은 사람이 어느 정도로 많았는가는 다음 두 가지 사례로 짐작할 수 있다.

하나는 "형을 받은 자는 길 가는 사람의 절반에 해당하고, 죽은 사람은 날마다 저자에 쌓였다"[147]라는 내용이다. 길 가는 사람의 절반이 형벌을 받은 사람이었다면 그 수를 헤아릴 수 없을 것이고, 또 매일 죽은 사람이 시장에 쌓였다는 것은 형벌이 얼마나 엄했는지 짐작할 수 있다.

또 하나는 진나라의 만리장성을 쌓는 데 동원된 노예들이 바로 범법자라는 사실이다. 아방궁과 여산의 진시황 묘를 짓는 일에 궁형을 당하고 도형을 받은 자가 70여만[148]이었다고 한다. 한漢나라 사람들의 연구에 따르면 이 점이 진나라가 얼마 가지 못하고 멸망하게 된 주요한 원인이라고 진단했다. 다시 말하면, 법치로 인한 형벌을 많이 내리고 인애를 적게 베풀었음을 말한다.

진나라 이후 법가사상은 유가의 덕치주의나 윤리사상과 아주 잘 결합하여 전제군주제를 유지하는 데 중요한 역할을 하게 되었다. 한비자 사상의 순기능 측면은 법·세·술에 의한 통치로 진보와 인재 등용 방법을 효율적으로 활용하여 혁신적인 삶을 영위하게 되었고, 그에 따라 국가와 사회는 더욱 다원화하여 복잡해졌다는 점이며, 역기능 측면은 인간의 자율성에 근거한 인의 같은 윤리도덕을 강조하는 덕치주의가 말살되었다는 점이다.

그러므로 한비자의 사상이 실질적으로 진나라가 중국을 통일하고 전국시대를 마감하는 데 기여했다 하더라도 인간의 자유와 자발성에 근거하지 않고 법이라는 외적 강제를 통해 질서를 유지하려고 했던 한계를 지닐 수밖에 없었다. 왜냐하면 전국시대 같은 혼란한 사회에서는 외적인 강제가 가능했지만, 법치로 왕권을 강화하여 절대군주적 정치제도가 확립되면서 더 이상 현실적인 적합성을 가질 수 없었다. 그럼에도 사회변화에 바탕을 둔 군주의 행동강령은 현대 민주정치에도 충분히 존중할만한 가치가 있음은 틀림없는 사실이다.

# 미주 I

1) 『孟子』,「公孫丑上」2장, 宋人 有閔其苗之不長而揠之者 芒芒然歸 謂其人 曰今日 病矣 予助苗長矣 其子趣而往視之 苗則槁矣 天下之不助苗長者 寡矣.(송나라에 한 농부가 있었는데 그는 벼의 싹이 너무 느리게 자라는 것이 답답하여 어느 날 논으로 달려가 싹을 뽑아 올렸다. 그러고는 집에 돌아와 "벼가 빨리 자라도록 도와주느라 오늘은 몹시 피곤하구나!"라고 자랑스럽게 말했다. 그의 아들이 황급히 논으로 달려가 보니 벼는 모두 말라 죽어 있었다. 벼 싹을 뽑아 올린다고 벼가 빨리 자라지는 않는다)

2) 『史記』,「老子韓非列傳」, 莊子者 蒙人也 名周 周嘗爲蒙漆園吏 與梁惠王 齊宣王同時 其學無所不闚 然其要本歸於老子之言 故其著書十餘萬言 大抵率寓言也 作漁父 盜跖 胠篋 以詆 孔子之徒 以明老子之術 畏累虛 亢桑子之屬 皆空語無事實 然善屬 書離辭 指事類情 用剽剝儒墨 雖當世宿學不能自解免也 其言洸洋自恣以適己 故自 王公大人不能器之.

3) 같은 책,「老莊申韓列傳」, 楚威王聞莊周賢 使使厚幣迎之 許以爲相 莊周笑謂楚使者曰 千金 重利 卿相 尊位也 子獨不見郊祭之犧牛乎 養食之數歲 衣以文繡 以入太廟 當時之時 雖欲爲孤豚 豈可得乎 子亟去 無汙我 我寧遊戲汚瀆之中自快 無爲有國者所羈 終身不仕 以快吾志焉.

4) 『莊子』,「秋水」, 莊子釣於濮水 楚王使大夫二人往先焉 曰 願以境內累矣 莊子持竿不顧 曰 吾聞楚有神龜 死已三千歲矣 王以巾笥而藏之廟堂之上 此龜者 寧其死爲 留骨而貴乎 寧其生而曳尾於塗中乎 二大夫曰 寧生而曳尾塗中 莊子曰 往矣 吾將 曳尾於塗中.

5) 같은 책,「列禦寇」, 宋人有曹商者 爲宋王使秦 其往也 得車數乘 王說之 益車百乘 反語宋 見莊子曰 夫處窮閭陋巷 困窘織屨 槁項黃馘者 槁項黃馘者 商之所短也 一悟萬乘之主 而從車百乘者 商之所長也 莊子曰 秦王有病召醫 破癰潰痤者 得車一乘 舐痔者 得車五乘 所治愈下 得車愈多 子豈治其痔邪何得車之多也 子行矣.

장자의 사유세계와 한비자의 행동강령

6) 같은 책,「外物」, 莊周家貧 故往貸粟於監河侯 監河侯曰 諾 我將得邑金 將貸子三百金 可乎 莊周忿然作色曰 周昨來 有中道而呼者 周顧視車轍中 有鮒魚焉 周問之曰 鮒魚來 子何爲者邪 對曰 我東海之波臣也 君豈有斗升之水 而活我哉 周曰諾 我且南遊吳越之土 激西江之水 而迎子可乎 鮒魚忿然作色曰 吾失我常與 我无所處 吾得斗升之水然耳 君乃言此 曾不如早索我於枯魚之肆.

7) 같은 책,「列禦寇」, 朱泙漫學屠龍於支離益 單千金之家 三年技成 而無所用其巧 聖人以必不必 故無兵 衆人以不必必之 故多兵 順於兵 故行有求 兵恃之則亡 小夫之知 不離苞苴竿牘 蔽精神乎蹇淺.

8) 『莊子』,「逍遙遊」, 北冥有魚 其名爲鯤 鯤之大 不知其幾千里也 化而爲鳥 其名爲鵬 鵬之背 不知其幾千里也 怒而飛 其翼若垂天之雲 是鳥也 海運則將徙於南冥 南冥者 天池也 齊諧者 志怪者也 諧之言曰 鵬之徙於南冥也 水擊三千里 搏扶搖而上者九萬里 去以六月息者也 野馬也 塵埃也 生物之以息相吹也 天之蒼蒼 其正色邪 其遠而無所至極邪 其視下也 亦若是則已矣 且夫水之積也不厚 則其負大舟也無力 覆杯水於坳堂之上 則芥爲之舟 置杯焉 則膠 水淺而舟大也 風之積也不厚 則其負大翼也無力 故九萬里 則風斯在下矣 而後乃今培風 背負青天而莫之夭閼者 而後乃今將圖南 蜩與學鳩笑之曰 我決起而飛 槍楡枋 時則不至 而控於地而已矣 奚以之九萬里而南爲 適莽蒼者 三飡而反 腹猶果然 適百里者 宿春糧 適千里者 三月聚糧 之二蟲又何知 小知不及大知 小年不及大年 奚以知其然也 朝菌不知晦朔 虫惠蛄不知春秋 此小年也 楚之南有冥靈者 以五百歲爲春 五百歲爲秋 上古有大椿者 以八千歲爲春 八千歲爲秋 此大年也 而彭祖乃今以久特聞 衆人匹之 不亦悲乎 湯之問棘也是已 湯問棘曰 上下四方有極乎 棘曰 無極之外 復無極也 窮髮之北有冥海者 天池也 有魚焉 其廣數千里 未有知其修者 其名爲鯤 有鳥焉 其名爲鵬 背若泰山 翼若垂天之雲 搏扶搖羊角而上者九萬里 絶雲氣 負青天 然後圖南 且適南冥也 斥鴳笑之曰 彼且奚適也 我騰躍而上 不過數仞而下 翶翔蓬蒿之間 此亦飛之至也 而彼且奚適也 此小大之辯也 故夫知效一官 行比一鄕 德合一君 而徵一國者 其自視也 亦若此矣 而宋榮子猶然笑之 且擧世而譽之而不加勸 擧世而非之而不加沮 定乎內外之分 辯乎榮辱之境 斯已矣 彼其於世 未數數然也 雖然 猶有未樹也 夫列子御風而行 泠然善也 旬有五日而後反 彼於致福者 未數數然也 此雖免乎行 猶有所待者也 若夫乘天地之正 而御六氣之辯 以遊无窮者 彼且惡乎待哉 故曰 至人無己 神人無功 聖人無名.

9) 같은 책,「秋水」, 惠子相梁 莊子往見之 或謂惠子曰 莊子來 欲代子相 於是惠子恐 搜於國中三日三夜 莊子往見之 曰 南方有鳥 其名爲鵷鶵 子知之乎 夫鵷鶵 發於南海 而飛於北海 非梧桐不止 非練實不食 非醴泉不飮 於是鴟得腐鼠 鵷鶵過之 仰而視之曰 嚇 今子欲以子之梁國而嚇我邪.

10) 같은 책,「逍遙遊」, 惠子謂莊子曰 魏王貽我大瓠之種 我樹之成 而實五石 以盛水漿 其堅不能自擧也 剖之以爲瓢 則瓠落無所容 非不呺然大也 吾爲其無用而掊之 莊子曰 夫子固拙於用大矣 宋人有善爲不龜手之藥者 世世以洴澼絖爲事 客聞之 請買其

方以百金 聚族而謀曰 我世世爲洴澼絖 不過數金 今一朝而鬻技百金 請與之 客得
之 以說吳王 越有難 吳王使之將 冬與越人水戰 大敗越人 裂地而封之 能不龜手 一
也 或以封 或不免於洴澼絖 則所用之異也 今子有五石之瓠 何不慮以爲大樽 而浮
乎江湖 而憂其瓠落無所用 則夫子猶蓬之心也夫 惠子謂莊子曰 吾有大樹 人謂之樗
其大本擁腫而不中繩墨 其小枝卷曲而不中規矩 立之塗 匠者不顧 今子之言 大而無
用 衆所同去也 莊子曰 子獨不見狸狌乎 卑身而伏,以候敖者 東西跳梁 不避高下 中
於機辟 死於罔罟 今夫斄牛 其大若垂天之雲 此能爲大矣 而不能執鼠 今子有大樹
患其無用 何不樹之於無何有之鄕 廣莫之野 彷徨乎無爲其側 逍遙乎寢臥其下 不夭
斤斧 物無害者 無所可用 安所困苦哉.

11) 같은 책, 「漁夫」, 人有畏影惡迹而去之走者 擧足愈數而迹愈多 走愈疾而影不離身
自以爲尙遲,疾走不休 絶力而死 不知處陰以休影 處靜以息迹 愚亦甚矣.

12) 같은 책, 「養生主」, 適來 夫子時也 適去 夫子順也 安時而處順 哀樂不能入也古者
謂是帝之懸解.

13) 같은 책, 「齊物論」, 罔兩問景曰 曩子行 今子止 曩子坐 今子起 何其无特操與 景曰
吾有待而然者邪 吾所待又有待而然者邪 吾待蛇蚹蜩翼邪 惡識所以然 惡識所以不
然.

14) 같은 책, 「山木」, 莊周遊於雕陵之樊 覩一異鵲自南方來者 翼廣七尺 目大運寸 感周
之顙而集於栗林 莊周曰 此何鳥哉 翼殷不逝 目大不覩 蹇裳躩步 執彈而留之 覩一
蟬 方得美蔭而忘其身 螳蜋執翳而搏之 見得而忘其形 異鵲從而利之 見利而忘其眞
莊周怵然曰 噫 物固相累 二類相召也 捐彈而反走 虞人逐而誶之 莊周反入 三月不
庭 藺且從而問之 夫子何爲頃間甚不庭乎 莊周曰 吾守形而忘身 觀於濁水而迷於淸
淵 且吾聞諸夫子曰 入其俗 從其令 今吾遊於雕陵而忘吾身 異鵲感吾顙 遊於栗林
而忘眞 栗林虞人以吾爲戮 吾所以不庭也.

15) 같은 책, 「齊物論」, 夫言非吹也 言者有言 其所言者特未定也 果有言邪 其未嘗有言
邪 其以爲異於鷇音 亦有辯乎 其無辯乎 道惡乎隱而有眞僞 言惡乎隱而有是非 道
惡乎往而不存 言惡乎存而不可 道隱於小成 言隱於榮華 故有儒墨之是非 以是其所
非而非其所是 欲是其所非而非其所是 則莫若以明 物無非彼 物無非是 自彼則不見
自知則知之 故曰彼出於是 是亦因彼 彼是方生之說也 雖然 方生方死 方死方生 方
可方不可 方不可方可 因是因非 因非因是 是以聖人不由 而照之於天 亦因是也 是
亦彼也 彼亦是也 彼亦一是非 此亦一是非 果且有彼是乎哉 果且無彼是乎哉 彼是
莫得其偶 謂之道樞 樞始得其環中 以應無窮 是亦一無窮 非亦一無窮也 故曰莫若
以明.

16) 같은 책, 「則陽」, 有國於蝸之左角者曰觸氏 有國於蝸之右角者曰蠻氏 時相與爭地
而戰 伏尸數萬, 逐北旬有五日而後反.(달팽이의 왼쪽 뿔 위에 나라가 있는데 '촉씨'
라고 하고, 그 달팽이의 오른쪽 뿔 위에도 나라가 있는데 '만씨'라고 한다. 때때로 이

두 나라가 땅을 가지고 싸우는데, 전사자가 수만 명이나 되고, 패잔병을 쫓아 15일이나 걸렸다가 돌아온다고 한다)

17) 같은 책,「秋水」, 以差觀之 因其所大而大之 則萬物莫不大 因其所小而小之 則萬物莫不小 知天地之爲稊米也 知毫末之爲丘山也 則差數覩矣.

18) 같은 책,「齊物論」, 猿猵狙以爲雌 麋與鹿交 鰌與魚游 毛嬙麗姬 人之所美也 魚見之深入 鳥見之高飛 麋鹿見之決驟 四者孰知天下之正色哉.

19) 같은 책,「齊物論」, 是不是 然不然 是若果是也 則是之異乎不是也 亦無辯 然若果然也 則然之異乎不然也亦無辯 忘年忘義 振於無竟 故寓諸無竟.

20) 같은 책,「齊物論」, 勞神明爲一 而不知其同也 謂之朝三 何謂朝三 狙公賦芧曰 朝三而暮四 衆狙皆怒 曰然則朝四而暮三 衆狙皆悅 名實未虧 而喜怒爲用 亦因是也 是以聖人和之以是非 而休乎天鈞 是之謂兩行.

21) 같은 책,「逍遙遊」, 古之人 其知有所至矣 惡乎至 有以爲未始有物者 至矣 盡矣 不可以加矣 其次 以爲有物矣 而未始有封也 其次 以爲有封焉 而未始有是非也 是非之彰也 道之所以虧也 道之所以虧 愛之所以成.

22) 같은 책,「秋水」, 秋水時至 百川灌河 涇流之大 兩涘渚崖之間 不辯牛馬 於是焉河伯欣然自喜 以天下之美爲盡在己 順流而東行 至於北海 東面而視 不見水端 於是焉河伯始旋其面目 望洋向若而歎曰 野語有之曰 聞道百 以爲莫己若者 我之謂也… 吾非至於子之門 則殆矣 吾長見笑於大方之家 北海若曰 井䵷不可以語於海者 拘於虛也 夏蟲不可以語於氷者 篤於時也 曲士不可以語於道者 束於教也 今爾出於崖涘 觀於大海 乃知爾醜 爾將可與語大理矣… 計四海之在天地之間也 不似礨空之在大澤乎 計中國之在海內 不似稊米之在大倉乎 號物之數謂之萬 人處一焉 人卒九州 穀食之所生 舟車之所通 人處一焉 此其比萬物也 不似豪末之在於馬體乎 五帝之所運, 三王之所爭 仁人之所憂 任士之所勞,盡此矣 伯夷辭之以爲名 仲尼語之以爲博 此其自多也 不似爾向之自多於水乎.

23) 같은 책,「秋水」, 公孫龍問於魏牟曰 龍少學先王之道 長而明仁義之行 合同異 離堅白然不然 可不可 困百家之知 窮衆口之辯 吾自以爲至達已 今吾聞莊子之言 汒焉異之 不知論之不及與,知之弗若與 今吾无所開吾喙,敢問其方 公子牟隱机大息 仰天而笑曰 子獨不聞夫埳井之䵷乎 謂東海之鱉曰 吾樂與 出跳梁乎井幹之上 入休乎缺甃之崖 赴水則接腋持頤 蹶泥則沒足滅跗 還虷蟹與科斗 莫吾能若也 且夫擅一壑之水 而跨跱埳井之樂 此亦至矣 夫子奚不時來入觀乎 東海之鱉左足未入 而右膝已縶矣 於是逡巡而却 告之海曰 夫千里之遠 不足以舉其大 千仞之高 不足以極其深 禹之時十年九潦 而水弗爲加益 湯之時八年七旱 而崖不爲加損 夫不爲頃久推移 不以多少進退者 此亦東海之大樂也 於是埳井之䵷聞之... 且夫知不知是非之竟 而猶欲觀於莊子之言 是猶使蚉負山 商蚷馳河也 必不勝任矣 且夫知不知論極妙之言而自適一時之利者 是非埳井之䵷與 且彼方跐黃泉而登大皇 无南无北 奭然四解 淪於

不測 无東无西 始於玄冥 反於大通 子乃規規然而求之以察 索之以辯 是直用管窺天 用錐指地也 不亦小乎 子往矣 且子獨不聞夫壽陵餘子之學行於邯鄲與 未得國能 又失其故行矣 直匍匐而歸耳.

24) 같은 책,「至樂」, 且女獨不聞邪 昔者海鳥止於魯郊 魯侯御而觴之于廟 奏九韶以爲樂 具太牢以爲膳 鳥乃眩視憂悲 不敢食一臠 不敢飮一杯 三日而死 此以己養養鳥也 非以鳥養養鳥也.

25) 같은 책,「德充符」, 死生存亡 窮達貧富 賢與不肖毀譽 飢渴寒暑 是事之變 命之行也.

26) 같은 책,「大宗師」, 顏回問仲尼曰 孟孫才其母死 哭泣無涕 中心不戚 居喪不哀 無是三者 以善處喪蓋魯國 固有無其實而得其名者乎 回壹怪之 仲尼曰 夫孟孫氏盡之矣 進於知矣 唯簡之而不得 夫已有所簡矣 孟孫氏不知所以生 不知所以死 不知孰先不知孰後 若化爲物 以待其所不知之化已乎 且方將化 惡知不化哉 方將不化惡知已化哉 吾特與汝 其夢未始覺者邪 且彼有駭形而無損心 有旦宅而無精死 孟孫氏特覺人哭亦哭 是自其所以乃 且也相與吾之耳矣 庸詎知吾所謂吾之非吾乎 且汝夢爲鳥而厲乎天 夢爲魚而沒於淵 不識今之言者 其覺者乎 其夢者乎.

27) 같은 책,「齊物論」, 夢飮酒者 旦而哭泣 夢哭泣者 旦而田獵 方其夢也 不知其夢也 夢之中又占其夢焉 覺而後知其夢也 且有大覺而後知此其大夢也 而愚者自以爲覺竊竊然知之…丘也與女 皆夢也 予謂女夢 亦夢也.

28) 같은 책,「齊物論」, 昔者 莊周夢爲胡蝶 栩栩然胡蝶也 自喩適志與 不知周也 俄然覺 則蘧蘧然周也 不知周之夢爲胡蝶與 胡蝶之夢爲周與 周與胡蝶 則必有分矣 此之謂物化.

29) 『莊子』,「養生主」, 庖丁爲文惠君解牛 手之所觸 肩之所倚 足之所履 膝之所踦 砉然嚮然 奏刀騞然 莫不中音 合於桑林之舞 乃中經首之會 文惠君曰 譆善哉 技蓋至此乎 庖丁釋刀對曰 臣之所好者道也 進乎技矣 始臣之解牛之時 所見无非全牛者 三年之後 未嘗見全牛也. 方今之時 臣以神遇而不以目視 官知之而神欲行 依乎天理 批大郤 導大窾 因其固然 枝經肯綮之未嘗 而況大軱乎 良庖歲更刀 割也 族庖月更刀 折也 今臣之刀十九年矣 所解數千牛矣 而刀刃若新發於硎 彼節者有間 而刀刃者無厚 以無厚入有間 恢恢乎其於遊刃 必有餘地矣 是以十九年 而刀刃若新發於硎 雖然 每至於族 吾見其難爲 怵然爲戒 視爲止 行爲遲 動刀甚微 謋然已解 牛不知其死也 如士委地 提刀而立 爲之四顧 爲之躊躇滿志 善刀而藏之.

30) 같은 책,「德充符」, 死生存亡 窮達貧富 賢與不肖毀譽 飢渴寒暑 是事之變 命之行也.

31) 같은 책,「天道」, 水靜則明燭鬚眉 平中準 大匠取法焉 水靜猶明 而況精神 聖人之心靜乎 天地之鑑也 萬物之鏡也.

32) 같은 책,「刻意」, 形努而不休則弊 精用而不已則勞 勞則竭 水之性 不雜則淸 莫動則平 鬱閉而不流 亦不能淸 天德之象也 故曰 純粹而不雜 靜一而不變 淡而無爲 動而以天行 此養神之道也.

33) 같은 책,「人間世」, 顔回曰 吾无以進矣 敢問其方 仲尼曰 齋 吾將語若 有心而爲之 其易邪 易之者 暤天不宜 顔回曰 回之家貧 唯不飮酒不茹葷者數月矣 如此 則可以爲齋乎 曰時祭祀之齋 非心齋也 回曰 敢問心齋 仲尼曰 若一志 无聽之以耳而聽之以心 无聽之以心而聽之以氣 耳止於聽 心止於符 氣也者虛而待物者也 唯道集虛 虛者 心齋也 顔回曰 回之未始得使 實有回也 得使之也 未始有回也.

34) 같은 책,「齊物」, 南郭子綦隱机而坐 仰天而噓 嗒焉似喪其耦 顔成子游立侍乎前 曰 何居乎 形固可使如橋木 而心固可使如死灰乎 今之隱机者 非昔之隱机者也 子綦曰 偃不亦善乎 而問之也 今者吾喪我 汝知之乎 汝聞人籟而未聞地籟 汝聞地籟而未聞天籟夫.

35) 같은 책,「大宗師」, 顔回曰 回益矣 仲尼曰 何謂也 曰 回忘禮樂矣 曰 可矣 猶未也 他日 復見 曰 回益矣 曰 何謂也 曰 回忘仁義矣 曰 可矣 猶未也 他日 復見 曰 回益矣 曰 何謂也 曰 回坐忘矣 仲尼蹴然曰 何謂坐忘 顔回曰 墮肢體 黜聰明 離形去知 同於大通 此謂坐忘 仲尼曰 同則無好也 化則無常也 而果其賢乎 丘也請從而後也.

36) 같은 책,「天道」, 桓公讀書於堂上 輪扁斲輪於堂下 釋椎鑿而上 問桓公曰 敢問 公之所讀者何言邪 公曰 聖人之言也 曰 聖人在乎 公曰 已死矣 曰然則君之所讀者 故人之糟魄已夫 桓公曰 寡人讀書 輪人安得議乎 有說則可 无說則死 輪扁曰 臣也以臣之事觀之 斲輪 徐則苦而不入 不徐不疾 得之於手而應於心 口不能言 有數存焉於其間 臣不能以喩臣之子 臣之子亦不能受之於臣 是以行年七十而老斲輪 古之人與其不可傳也死矣 然則君之所讀者 故人之糟魄已夫.

37) 같은 책,「天下」, 不離於宗 謂之天人 不離於精 謂之神人 不離於眞 謂之至人 以天爲宗 以德爲本 以道爲門 兆於變化 謂之聖人 以仁爲恩 以義爲理 以禮爲行 以樂爲和 薰然慈仁 謂之君子.

38) 같은 책,「逍遙遊」, 至人無己 神人無功 聖人無名.

39) 같은 책,「逍遙遊」, 邈姑射之山 有神人居焉 肌膚若氷雪 綽約若處子 不食五穀 吸風飮露 乘雲氣 御飛龍 而遊乎四海之外.

40) 같은 책,「大宗師」, 天與人不相勝也 是之謂眞人.

41) 같은 책,「大宗師」, 古之眞人 不知說生 不知惡死 其出不訢 其入不距 翛然而往 翛然而來而已矣.

42) 같은 책,「德充符」, 魯哀公問於仲尼曰 衛有惡人焉 曰哀駘它 丈夫與之處者 思而不能去也 婦人見之 請於父母曰 與爲人妻 寧爲夫子妾者 十數而未止也 未嘗有聞其

唱者也常和人而矣 无君人之位以濟乎人之死 无聚祿以望人之腹 又以惡駭天下 和而不唱 知不出乎四域 且而雌雄合乎前 是必有異乎人者也 寡人召而觀之 果以惡駭天下 與寡人處 不至乎月數 而寡人有意乎其爲人也 不至乎期年 而寡人信之 國無宰 寡人傳國焉 悶然而後應 氾然而若辭 寡人醜乎 卒授之國 無幾何也 去寡人而行 寡人恤焉 若有亡也 若無與樂是國也 是何人者也 仲尼曰 丘也嘗使於楚矣 適見㹠子食於其死母者 少焉絢若皆棄之而走 不見己焉爾 不得類焉爾 所愛其母者 非愛其形也 愛使其形者也 戰而死者 其人之葬也不以翣資 刖者之屨 無爲愛之 皆無其本矣 爲天子之諸御 不爪翦 不穿耳 取妻者止於外 不得復使 形全猶足以爲爾 而況全德之人乎 今哀駘它未言而信 無功而親 使人授己國 唯恐其不受也 是必才全而德不形者也.

43) 같은 책,「德充符」, 魯有兀者王駘 從之遊者 與仲尼相若 常季問於仲尼曰 王駘兀者也 從之遊者 與夫子中分魯 立不敎 坐不議 虛而往 實而歸 固有不言之敎 無形而心成者邪 是何人也 仲尼曰 夫子聖人也 丘也直後而未往耳 丘將以爲師 而況不若丘者乎 奚假魯國 丘將引天下而與從之 常季曰 彼兀者也 而王先生 其與庸亦遠矣 若然者 其用心也獨若之何 仲尼曰 死生亦大矣 而不得與之變 雖天地覆墜 亦將不與之遺 審乎無假 而不與物遷 命物之化 而守其宗也 常季曰 何謂也 仲尼曰 自其異者視之 肝膽楚越也 自其同者視之 萬物皆一也 夫若然者 且不知耳目之所宜 而遊心乎德之和 物視其所一 而不見其所喪 視喪其足 猶遺土也 常季曰 彼爲己 以其知 得其心 以其心 得其常心 物何爲最之哉 仲尼曰 人莫鑑於流水 而鑑於止水 唯止能止衆止 受命於地 唯松柏獨也正 在冬夏靑靑 受命於天 唯舜獨也正在萬物之首 幸能正生 以正衆生 夫保始之徵 不懼之實 勇士一人 雄入於九軍 將求名而能自要者 而猶若是 而況官天地 府萬物 直寓六骸 象耳目 一知之所知 而心未嘗死者乎 彼且擇日而登假 人則從是也 彼且何肯以物爲事乎.

44) 마음이 청명하고 통철한 것을 형용한 말로, 생사일관, 물아일체가 되어 지혜가 마치 아침 햇살이 처음 비추는 것과 같다는 뜻이다.

45) 같은 책,「大宗師」, 南伯子葵問乎如偊曰 子之年長矣 而色若孺子 何也 曰 吾聞道矣 南伯子葵曰 道可得學邪 曰 惡! 惡可 子非其人也 夫卜梁倚 有聖人之才 而无聖人之道 我有聖人之道 而无聖人之才 吾欲以敎之 庶幾其果爲聖人乎 不然 以聖人之道 告聖人之才 亦易矣 吾猶告而守之 三日而後能外天下 已外天下矣 吾又守之七日而後能外物 已外物矣 吾又守之 九日而後能外生 已外生矣 而後能朝徹 朝徹而後能見獨 見獨而後能无古今 无古今而後能入於不死不生.

46) 같은 책,「知北遊」, 無思無慮始知道 無處無服始安道 無從無道始得道.

47) 같은 책,「天道」, 士成綺見老子而問曰 吾聞夫子 聖人也 吾固不辭遠道 而來願見 百舍重趼 而不敢息 今吾觀子 非聖人也 鼠壤有餘蔬 而棄妹之者 不仁也 生熟不盡於前 而積斂无崖 勞資漠然不應 士成綺明日復見 曰 昔者 吾有刺於子 今吾心正却矣 何故也 老子曰 夫巧知神聖之人 吾自以爲脫焉 昔者子呼我牛也而謂之牛 呼我

馬也而謂之馬 苟有其實 人與之名而弗受 再受其殃 吾服也恒服 吾非以服有服 士
成綺雁行避影 履行遂進而問 修身若何 老子曰 而容崖然 而目衝然 而顙頯然 而口
闞然 而狀義然 似繫馬而止也 動而持 發也機 察而審 知巧而覩於泰 凡以爲不信 邊
竟有人焉 其名爲竊.

48) 같은 책,「至樂」, 莊子妻死 惠子弔之 莊子則方箕踞 鼓盆而歌 惠子曰 與人居 長者
老 身死不哭 亦足矣 又鼓盆而歌 不亦甚乎 莊子曰 不然 是其始死也 我獨何能无槪
然 察其始 而本无生 非徒无生也 而本无形 非徒无形也 而本无氣 雜乎芒芴之間 變
而有氣 氣變而有形 形變而有生 今又變而之死 是相與爲春秋冬夏四時行也 人且偃
然寢於巨室 而我噭噭然 隨而哭之 自以爲不通乎命 故止也.

49) 같은 책,「至樂」, 雜乎芒芴之間 變而有氣 氣變而有形 形變而有生 今又變而之死
是相與爲春秋冬夏四時行也.

50) 같은 책,「天地」, 堯觀乎華 華封人曰 噫 聖人 請祝聖人 使聖人壽 堯曰 辭 使聖人富
堯曰 辭 使聖人多男子 堯曰 辭 封人曰 壽富多男子 人之所欲也 女獨不欲 何邪 堯
曰 多男子則多懼 富則多事 壽則多辱 是三者 非所以養德也 故辭 封人曰 始也我以
女爲聖人邪 今然 君子也 天生萬民 必授之職 多男子而授之職 則何懼之有 富而使
人分之 則何事之有 夫聖人鶉居而鷇食 鳥行而无彰 天下有道 則與物皆昌 天下无
道 則修德就閒 千歲厭世 去而上倦 乘彼白雲 至於帝鄕 三患莫至 身常无殃 則何辱
之有 封人去之 堯隨之 曰 請問 封人曰 退已.

51) 『周易』,「地天泰」 九三傳, 三 居泰之中 在諸陽之上 泰之盛也 物理 如循環 在下者
必升 居上者 必降 泰久而必否 故於泰之盛 與陽之將進 而爲之戒 曰无常安平而不
險陂者 謂无常泰也 无常往而不返者 謂陰當復也 平者 陂 往者 復則爲否矣 當知天
理之必然 方泰之時 不敢安逸 常艱危其思慮 正固其施爲 如是則可以无咎 无往不
復 言天地之交際也 陽降于下 必復于上 陰升于上 必復于下 屈伸往來之常理也 因
天地交際之道 明否泰不常之理 以爲戒也.

# 미주 II

1) 『韓非子』,「六反」, 且父母之於子也 産男則相賀 産女則殺之 此俱出父母之懷袵 然 男子受賀 女子殺之者 慮其後便 計之長利也 故父母之於子也 猶用計算之心以相待 也 而况無父子之澤乎.

2) 같은 책,「外儲說 左上」, 人爲嬰兒也 父母養之簡 子長而怨 子盛壯成人 其供養薄 父母怒而誚之 子父 至親也 而或譙或怨者 皆挾相爲而不周於爲己也 夫賣庸而播耕 者 主人費家而美食 調布而求易錢者 非愛庸客也 曰 如是 耕者且深 耨者熟耘也 庸 客致力而疾耘耕者 盡巧而正畦陌畦畔時者 非愛主人也 曰 如是 羹且美 錢布且易云 也 此其養功力 有父子之澤矣 而心調於用者 皆挾自爲心也 故人行事施予 以利之 爲心 則越人易和 以害之爲心 則父子離且怨.

3) 같은 책,「有度」, 國無常强 無常弱 奉法者强 則國强 奉法者弱 則國弱.

4) 『論語』,「里仁」, 子曰 富與貴 是人之所欲也 不以其道得之 不處也 貧與賤 是人之 所惡也 不以其道得之 不去也.

5) 같은 책,「述而」, 子曰 富而可求也 雖執鞭之士 吾亦爲之 如不可求 從吾所好.

6) 같은 책,「述而」, 子曰 飯疏食飲水 曲肱而枕之 樂亦在其中矣 不義而富且貴 於我如 浮雲.

7) 『韓非子』,「五蠹」, 擧先王 言仁義者盈廷 而政不免於亂.

8) 같은 책,「五蠹」, 民者固服于勢 寡能懷于義.

9) 같은 책,「五蠹」, 偃王行仁義 而亡其國.

10) 같은 책,「外儲設右下」, 君通于不仁 臣通于不忠 則可以王矣.

11) 같은 책,「外儲說右上」, 太公望東封於齊 齊東海上有居士曰狂裔 · 華士昆弟二人者

立議曰 吾不臣天子 不友諸侯 耕作而食之 掘井而飲之 吾無求於人也無上之名 無
君之祿 不事仕而事力 太公望至於營丘 使執而殺之以爲首誅 周公旦從魯聞之 發急
傳而問之曰 夫二子 賢者也 今日饗國而殺賢者 何也 太公望曰 是昆弟二人立議曰
吾不臣天子 不友諸侯 耕作而食之 掘井而飲之 吾無求於人也無上之名 無君之祿 不
事仕而事力 彼不臣天子者 是望不得而臣也 不友諸侯者 是望不得而使也 耕作而食
之 掘井而飲之 無求於人者 是望不得以賞罰勸禁也 且無上名 雖知 不爲望用 不仰
君祿 雖賢 不爲望功 不仕 則不治 不任 則不忠 且先王之所以使其臣民者 非爵祿則
刑罰也 今四者不足以使之 則望當誰爲君乎 不服兵革而顯 不親耕耨而名 又所以教
於國也 今有馬於此 如驥之狀者 天下之至良也 然而驅之不前 卻之不止 左之不左
右之不右 則臧獲雖賤 不託其足 臧獲之所願託其足於驥者 以驥之可以追利辟害也
今不爲人用 臧獲雖賤 不託其足焉 已自謂以爲世之賢士而不爲主用 行極賢而不用
於君 此非明主之所臣也 亦驥之不可左右矣 是以誅之.

12) 같은 책,「說難」, 昔者彌子瑕有寵於衛君 衛國之法 竊駕君車者罪刖 彌子瑕母病 人
聞有夜告彌子 彌子矯駕君車以出 君聞而賢之 曰 孝哉 爲母之故 忘其犯刖罪 異日
與君遊於果園 食桃而甘 不盡 以其半啗君 君曰 愛我哉 忘其口味 以啗寡人 及彌子
色衰愛弛 得罪於君 君曰 是固嘗矯駕吾車 又嘗啗我以餘桃 故彌子之行未變於初也
而以前之所以見賢而後獲罪者 愛憎之變也 故有愛於主 則智當而加親 有憎於主 則
智不當見罪而加疏 故諫說談論之士 不可不察愛憎之主而後說焉.

13) 같은 책,「外儲說左上」, 兒說 宋人 善辯者也 持 白馬非馬也 服齊稷下之辯者 乘白
馬而過關 則顧白馬之賦 故籍之虛辭 則能勝一國 考實按形 不能謾於一人.

14) 같은 책,「顯學」, 孔子墨子俱道堯舜 而取舍不同 皆自謂眞堯舜 堯舜不復生 將誰使
定儒墨之誠乎 殷周七百餘歲 虞夏二千餘歲 而不能定儒墨之眞 今乃欲審堯·舜之
道於三千歲之前 意者其不可必乎 無參驗而必之者 愚也 弗能必而據之者 誣也故明
據先王 必定堯舜者 非愚則誣也愚誣之學 雜反之行 明主弗受也.

15) 같은 책,「備內」, 遠聽而近視以審內外之失 省同異之言以知朋黨之分 偶參伍之驗
以責陳言之實 執後以應前 按法以治衆 衆端以參觀.

16) 같은 책,「問辯」, 夫言行者 以功用爲之的彀者也 夫砥礪殺矢而以妄發 其端未嘗不
中秋毫也 然而不可謂善射者 無常儀的也 設五寸之的 引十步之遠 非羿·逢蒙不能
必中者 有常也 故有常 則羿·逢蒙以五寸的爲巧 無常 則以妄發之中秋毫爲拙 今
聽言觀行 不以功用爲之的彀 言雖至察 行雖至堅 則妄發之說也 是以亂世之聽言也
以難知爲察 以博文爲辯 其觀行也 以離群爲賢 以犯上爲抗 人主者說辯察之言 尊
賢抗之行 故夫作法術之人 立取舍之行 別辭爭之論 而莫爲之正.

17) 같은 책,「觀行」, 古之人 目短於自見 故以鏡觀面 智短於自知 故以道正己鏡無見疵
之罪 道無明過之惡 目失鏡 則無以正鬚眉 身失道 則無以知迷惑.

18) 같은 책,「外儲說右上」, 夫良藥苦於口 而智者勸而飲之 知其入而已 己之病也 忠言

拂於耳 而明主聽之 知其可以致功也.

19) 같은 책,「揚摧」, 夫香美脆味 厚酒肥肉 甘口而病形 曼理皓齒 說情而損精 故去甚 去泰 身乃無害.

20) 같은 책,「說難」, 昔者鄭武公欲伐胡 故先以其女妻胡君以娛其意 因問於群臣 吾欲 用兵 誰可伐者 大夫關其思對曰 胡可伐 武公怒而戮之 曰 胡 兄弟之國也 子言伐之 何也 胡君聞之 以鄭爲親已 遂不備鄭 鄭人襲胡 取之.

21) 같은 책,「和氏」, 楚人和氏得玉璞楚山中 奉而獻之厲王 厲王使玉人相之 玉人曰 石 也 王以和爲誑 而刖其左足 及厲王薨 武王卽位 和又奉其璞而獻之武王 武王使玉 人相之 又曰 石也 王又以和爲誑 而刖其右足 武王薨 文王卽位 和乃抱其璞而哭於 楚山之下 三日三夜 泣盡而繼之以血 王聞之 使人問其故 曰 天下之刖者多矣 子奚 哭之悲也 和曰 吾非悲刖也 悲夫寶玉而題之以石 貞士而名之以誑 此吾所以悲也 王乃使玉人理其璞而得寶焉 遂命曰 和氏之璧 夫珠玉 人主之所急也 和雖獻璞而未 美 未爲王之害也 然猶兩足斬而寶乃論 論寶若此其難也 今人主之於法術也 未必和 璧之急也 而禁群臣士民之私邪 然則有道者之不僇也 特帝王之璞未獻耳 主用術 則 大臣不得擅斷 近習不敢賣重 官行法 則浮萌趨於耕農 而遊士危於戰陳 則法術者乃 群臣士民之所禍也 人主非能倍大臣之議 越民萌之誹 獨周乎道言也 則法術之士 雖 至死亡 道必不論矣.

22) 같은 책,「和氏」, 昔者吳起敎楚悼王以楚國之欲曰 大臣太重 封君太衆 若此 則上偪 主而下虐民 此貧國弱兵之道也 不如使封君之子孫 三世而收爵祿 絶滅百吏之祿秩 損不急之枝官 以奉選練之士 悼王行之期年而薨矣 吳起枝解於楚.

23) 같은 책,「和氏」, 商君敎秦孝公以連什伍 設告坐之過 燔詩書而明法令 塞私門之請 而遂公家之勞 禁遊宦之民而顯耕戰之士 孝公行之 主以尊安 國以富强 八年而薨 商君車裂於秦.

24) 같은 책,「和氏」, 楚不用吳起而削亂 秦行商君法而富强 二子之言也已當矣 然而枝 解吳起 而車裂商君者 何也 大臣苦法而細民惡治也 當今之世 大臣貪重 細民安亂 甚於秦楚之俗 而人主無悼王 孝公之聽 則法術之士 安能蒙二子之危也 而明己之法 術哉 此世所亂無霸王也.

25) 같은 책,「難三」, 法者 編著之圖籍 設之於官府 而布之於百姓者也 術者 藏之於胸 中 以偶衆端而潛御群臣者也 故法莫如顯 而術不欲見 是以明主言法 則境內卑賤莫 不聞知也 不獨滿於堂.

26) 같은 책,「難勢」, 勢者 養虎狼之心而成暴亂之事者也 比天下之大患也 勢之於治亂 本未有位也 而語專言勢之足以治天下者 則其智之所至者淺矣 夫良馬固車 使臧獲 御之則爲人笑 王良御之而日取千里 車馬非異也 或至乎千里 或爲人笑 則巧拙相去 遠矣 今以國位爲車 以勢爲馬 以號令爲轡 以刑罰爲鞭筴 使堯舜御之則天下治 桀

紂御之則天下亂 則賢不肖相去遠矣 夫欲追速致遠 不知任王良 欲進利除害 不知任賢能 此則不知類之患也 夫堯舜亦治民之王良也.

27) 같은 책,「主道」, 虛靜無事 以闇見疵 見而不見 聞而不聞 知而不知 知其言以往 勿變勿更 以參合閱焉 官有一人 勿令通言 則萬物皆盡 函掩其跡 匿其端 下不能原 去其智 絶其能 下不能意 保吾所以往而稽同之 謹執其柄而固握之 絶其望 破其意 毋使人欲之 不謹其閉 不固其門 虎乃將存 不愼其事 不掩其情 賊乃將生 弑其生 代其所 人莫不與 故謂之虎 處其主之側爲姦臣 聞其主之忒 故謂之賊 散其黨 收其餘 閉其門 奪其輔 國乃無虎 大不可量 深不可測 同合刑名 審驗法式 擅爲者誅 國乃無賊 是故人主有五壅 臣閉其主曰壅 臣制財利曰壅 臣擅行令曰壅 臣得行義曰壅 臣得樹人曰壅 臣閉其主 則主失位 臣制財利 則主失德 臣擅行令 則主失制 臣得行義 則主失名 臣得樹人 則主失黨 此人主之所以獨擅也 非人臣之所以得操也.

28) 같은 책,「二柄」, 明主之所導制其臣者 二柄而已矣 二柄者 刑德也 何謂刑德 曰 殺戮之謂刑 慶賞之謂德 爲人臣者畏誅罰而利慶賞 故人主自用其刑德 則群臣畏其威而歸其利矣 故世之姦臣則不然 所惡 則能得之其主而罪之 所愛 則能得之其主而賞之 今人主非使賞罰之威利出於己也 聽其臣而行其賞罰 則一國之人皆畏其臣而易其君 歸其臣而去其君矣 此人主失刑德之患也 夫虎之所以能服狗者 爪牙也 使虎釋其爪牙而使狗用之 則虎反服於狗矣 人主者 以刑德制臣者也 今君人者釋其刑德而使臣用之 則君反制於臣矣.

29) 같은 책,「二柄」, 故田常上請爵祿而行之群臣 下大斗斛而施於百姓 此簡公失德而田常用之也 故簡公見弑 子罕謂宋君曰 夫慶賞賜予者 民之所喜也 君自行之 殺戮刑罰者 民之所惡也 臣請當之 於是宋君失刑而子罕用之 故宋君見劫 田常徒用德而簡公弑 子罕徒用刑而宋君劫 故今世爲人臣者兼刑德而用之 則是世主之危甚於簡公·宋君 故劫殺擁蔽之主 非失刑德而使臣用之 而不危亡者 則未嘗有也 人主將欲禁姦 則審合刑名者 言與事也.

30) 같은 책,「八經」, 凡治天下 必因人情 人情者有好惡 故賞罰可用 則禁令可立 而治道具矣 君執柄以處勢 故令行禁止 柄者 殺生之制也 勢者 勝衆之資也.

31) 『史記』,「商君列傳」, 令旣具 未布 恐民之不信 已乃立三丈之木於國都市南門 募民有能徙置北門者予十金 民怪之 莫敢徙 復曰 能徙者予五十金 有一人徙之 輒予五十金 以明不欺 卒下令.

32) 같은 책,「齊太公世家」, 桓公元年春 齊君無知游於雍林 雍林人嘗有怨無知 及其往游, 雍林人襲殺無知 告齊大夫曰 無知弑襄公自立 臣謹行誅 唯大夫更立公子之當立者 唯命是聽 襄公之醉殺魯桓公 通其夫人 殺誅數不當 淫於婦人 數欺大臣 群弟恐禍及 故次弟糾奔魯 其母魯女也 管仲 召忽傅之 次弟小白奔莒 鮑叔傅之 小白母衛女也 有寵於釐公 小白自少好善大夫高傒 及雍林人殺無知 議立君 高·國先陰召小白於莒 魯聞無知死 亦發兵送公子糾 而使管仲別將兵遮莒道 射中小白帶鉤 小白

詳死 管仲使人馳報魯 魯送糾者行益遲 六日至齊 則小白已入 高傒立之 是爲桓公 桓公之中鉤 詳死以誤管仲 已而載溫車中馳行 亦有高 國內應 故得先入立 發兵距魯 秋 與魯戰于乾時 魯兵敗走 齊兵掩絶魯歸道 齊遺魯書曰 子糾兄弟 弗忍誅 請魯自殺之 召忽 管仲讎也 請得而甘心醢之 不然 將圍魯 魯人患之 遂殺子糾于笙瀆 召忽自殺 管仲請囚 桓公之立 發兵攻魯 心欲殺管仲 鮑叔牙曰 臣幸得從君 君竟以立 君之尊 臣無以增君 君將治齊 卽高與叔牙足也 君且欲霸王 非管夷吾不可 夷吾所居國國重 不可失也 於是桓公從 乃詳爲召管仲欲甘心 實欲用之 管仲知之 故請往 鮑叔牙迎受管仲 及堂阜而脫桎梏 齋祓而見桓公 桓公厚禮以爲大夫 任政 桓公旣得管仲 與鮑叔 隰朋 高傒修齊國政 連五家之兵 設輕重魚鹽之利 以贍貧窮 祿賢能 齊人皆說.

33) 『韓非子』,「難一」, 桓公解管仲之束縛而相之 管仲曰 臣有寵矣 然而臣卑 公曰 使子立高 國之上 管仲曰 臣貴矣 然而臣貧 公曰 使子有三歸之家 管仲曰 臣富矣 然而臣疏 於是立以爲仲父 霄略曰 管仲以賤爲不可以治國 故請高・國之上 以貧爲不可以治富 故請三歸 以疏爲不可以治親 故處仲父 管仲非貪 以便治也.

34) 같은 책,「外儲說右上」, 君所以治臣者有三 勢不足以化則除之 師曠之對 晏子之說 皆合勢之易也 而道行之難 是與獸逐走也 未知除患 患之可除 在子夏之說春秋也 善持勢者蚤絶其姦萌 故季孫讓仲尼以遇勢 而況錯之於君乎 是以太公望殺狂矞 而臧獲不乘驥 嗣公知之 故不駕鹿 薛公知之 故與二欒博 此皆知同異之反也 故明主之牧臣也 說在畜烏.

35) 같은 책,「外儲說右上」, 賞之譽之不勸 罰之毁之不畏 四者加焉不變則其除之 齊景公之晉 從平公飮 師曠侍坐 始坐 景公問政於師曠曰 太師將奚以敎寡人 師曠曰 君必惠民而已 中坐 酒酣 將出 又復問政於師曠 曰 太師奚以敎寡人 曰 君必惠民而已矣 景公出之舍 師曠送之 又問政於師曠 曰 君必惠民而已矣 景公歸 思 未醒 而得師曠之所謂公子尾・公子夏者 景公之二弟爭民邪 於是反國 發稟粟以賦衆貧 散府餘財以賜孤寡 倉無陳粟 府無餘財 宮婦不御者出嫁之 七十受祿米 鬻德惠施於民也 已與二弟爭民 居二年 二弟出走 公子夏逃楚 公子尾走晉.

36) 같은 책,「外儲說右上」, 景公與晏子遊於少海 登柏寢之臺而還望其國 曰 美哉 泱泱乎 堂堂乎 後世將孰有此 晏子對曰 其田成氏乎 景公曰 寡人有此國也 而曰田成氏有之 何也 晏子對曰 夫田成氏甚得齊民 其於民也 上之請爵祿行諸大臣 下之私大斗斛區釜以出貸 小斗斛區釜以收之 殺一牛 取一豆肉 餘以食士 終歲 布帛取二制焉 餘以衣士 故市木之價 不加貴於山 澤之魚鹽龜鱉蠃蚌 不加貴於海 君重斂 而田成氏厚施 齊嘗大飢 道旁餓死者不可勝數也 父子相牽而趨田成氏者 不聞不生 故周秦之民相與歌之曰 謳乎 其已乎 苞乎 其往歸田成子乎 詩曰 雖無德與女 式歌且舞 今田成氏之德而民之歌舞 民德歸之矣 故曰 其田成氏乎 公泫然出涕曰 不亦悲乎 寡人有國而田成氏有之 今爲之奈何 晏子對曰 君何患焉 若君欲奪之 則近賢而遠不肖 治其煩亂 緩其刑罰 振貧窮而恤孤寡 行恩惠而給不足 民將歸君 則雖有十田成氏 其如君何.

37) 같은 책,「外儲說右上」, 或曰 景公不知用勢 而師曠晏子不知除患 夫獵者 託車輿之
安 用六馬之足 使王良佐轡 則身不勞而易及輕獸矣 今釋車輿之利 捐六馬之足與王
良之御 而下走逐獸 則雖樓季之足無時及獸矣 託良馬固車 則臧獲有餘 國者 君之
車也 勢者 君之馬也 夫不處勢以禁誅擅愛之臣 而必德厚以與天下齊行以爭民 是皆
不乘君之車 不因馬之利 釋車而下走者也 故曰 景公不知用勢之主也 而師曠晏子不
知除患之臣也.

38) 같은 책,「外儲說右上」, 子夏曰 春秋之記臣殺君 子殺父者 以十數矣 皆非一日之積
也 有漸而以至矣 凡姦者 行久而成積 積成而力多 力多而能殺 故明主蚤絶之 今田
常之爲亂 有漸見矣 而君不誅 晏子不使其君禁侵陵之臣 而使其主行惠 故簡公受其
禍 故子夏曰 善持勢者 蚤絶姦之萌.

39) 『論語』,「憲問」22장, 陳成子弑簡公 孔子沐浴而朝 告於哀公曰 陳恆弑其君 請討之
公曰 告夫三子 孔子曰 以吾從大夫之後 不敢不告也 君曰 告夫三子 者 之三子告 不
可 孔子曰 以吾從大夫之後 不敢不告也.

40) 『韓非子』,「十過」, 八曰 過而不聽於忠臣 而獨行其意 則滅高名爲人笑之始也 昔者
齊桓公九合諸侯 一匡天下 爲五伯長 管仲佐之 管仲老 不能用事 休居於家 桓公從
而問之曰 仲父家居有病 卽不幸而不起 政安遷之 管仲曰 臣老矣 不可問也 雖然 臣
聞之 知臣莫若君 知子莫若父 君其試以心決之 君曰 鮑叔牙何如 管仲曰 不可 鮑叔
牙爲人 剛愎而上悍 剛則犯民以暴 愎則不得民心 悍則下不爲用 其心不懼 非霸者
之佐也 公曰 然則豎刁何如 管仲曰 不可 夫人之情莫不愛其身 公妒而好內 豎刁自
獖以爲治內 其身不愛 又安能愛君 公曰 然 則衛公子開方何如 管仲曰 不可 齊·衛之
間不過十日之行 開方爲事君 欲適君之故 十五年不歸見其父母 此非人情也 其父母
之不親也 又能親君乎 公曰 然則易牙何如 管仲曰 不可 夫易牙爲君主味 君之所未
嘗食唯人肉耳 易牙蒸其子首而進之 君所知也 人之情莫不愛其子 今蒸其子以爲膳
於君 其子弗愛 又安能愛君乎 公曰 然則孰可 管仲曰 隰朋可 其爲人也 堅中而廉外
少欲而多信 夫堅中 則足以爲表 廉外 則可以大任 少欲 則能臨其衆 多信 則能親鄰
國 此霸者之佐也 君其用之 君曰 諾 居一年餘 管仲死 君遂不用隰朋而與豎刁 刁豎
事三年 桓公南遊堂阜 豎刁率易牙·衛公子開方及大臣爲亂 桓公渴餒而死南門之
寢·公守之室 身死三月不收 蟲出於戶 故桓公之兵橫行天下 爲五伯長 卒見弑於其
臣 而滅高名 爲天下笑者 何也 不用管仲之過也 故曰 過而不聽於忠臣 獨行其意 則
滅其高名爲人笑之始也.

41) 같은 책,「五蠹」, 古者文王處豊鎬之間 地方百里 行仁義而懷西戎 遂王天下 徐偃王
處漢東 地方五百里 行仁義 割地而朝者 三十有六國 荊文王恐其害己也 擧兵伐徐
遂滅之 故文王行仁義而王天下 偃王行仁義而喪其國 是仁義用於古 不用於今也 故
曰 世異則事異 當舜之時 有苗不服 禹將伐之 舜曰 不可 "上德不厚而行武 非道也"
乃修教三年 執干戚舞 有苗乃服 共工之戰 鐵銛鉅者及乎敵 鎧甲不堅者 傷乎體 是
干戚用於古 不用於今也 故曰 事異則備變.

42) 같은 책,「五蠹」, 夫古今異俗 新故異備 如欲以寬緩之政 治急世之民 猶無轡策而御
　　駻馬 此不知之患也 今儒墨皆稱 先王兼愛天下 則視民如父母 何以明其然也 曰司
　　寇行刑 君爲不擧樂 聞死刑之報 君爲流涕 此所擧先王也 夫以君臣爲如父子則必治
　　推是言之 是無亂父子也 人之情性 莫先於父母 父母皆見愛而未必治也 君雖厚愛
　　奚遽不亂 今先王之愛民 不過父母之愛子 子未必不亂也 則民奚遽治哉 且夫以法
　　行刑 而君爲之流涕 此以效仁 非以爲治也 垂泣不欲刑者 仁也 然而不可不刑者 法
　　也 先王勝其法 不聽其泣 則仁之不可以爲治亦明矣 此民者 固服於勢 寡能懷於義
　　仲尼天下聖人也 修行明道 以遊海內 海內說其仁 美其義 而爲服役者七十人 蓋貴
　　仁者寡 能義者難也 故以天下之大 而爲服役者七十人 而仁義者一人 魯哀公下主也
　　南面君國 境內之民 莫敢不臣 民者 固服於勢 勢誠易以服人 故仲尼反爲臣 而哀公
　　顧爲君 仲尼非懷其義 服其勢也 故以義則仲尼不服於哀公 乘勢則哀公臣仲尼 今學
　　者之說人主也 不乘必勝之勢 而務行仁義 則仲可以王 是求人主之必及仲尼 而以世
　　之凡民 皆如列徒 此必不得之數也.

43) 『史記』,「魯周公世家」, 武王克殷二年 天下未集 武王有疾 不豫 群臣懼 太公 召公
　　乃繆卜 … 其後武王旣崩 成王少 在强葆之中 周公恐天下聞武王崩而畔 周公乃踐
　　阼代成王攝行政當國 管叔及其群弟流言於國曰 周公將不利於成王 周公乃告太公
　　望 召公奭曰 我之所以弗辟而攝行政者 恐天下畔周 無以告我先王太王 王季 文王
　　三王之憂勞天下久矣 於今而后成 武王蚤終 成王少 將以成周 我所以爲之若此 於
　　是卒相成王 而使其子伯禽代就封於魯 周公戒伯禽曰 我文王之子 武王之弟 成王之
　　叔父 我於天下亦不賤矣 然我一沐三捉髮 一飯三吐哺 起以待士 猶恐失天下之賢人
　　子之魯 愼無以國驕人 管蔡武庚等果率淮夷而反 周公乃奉成王命 興師東伐 作大誥
　　遂誅管叔 殺武庚 放蔡叔 收殷餘民 以封康叔於衛 封微子於宋 以奉殷祀 寧淮夷東
　　土 二年而畢定 諸侯咸服宗周 … 及七年後 還政成王 北面就臣位.

44) 『韓非子』,「外儲說左下」, 孔子侍坐於魯哀公 哀公賜之桃與黍 哀公曰 請用 仲尼先
　　飯黍而後啗桃 左右皆掩口而笑 哀公曰 黍者 非飯之也 以雪桃也 仲尼對曰 丘知之
　　矣 夫黍者 五穀之長也 祭先王爲上盛 菓蓏有六 而桃爲下 祭先王不得入廟 丘之聞
　　也 君子以賤雪貴 不聞以貴雪賤 今以五穀之長雪菓蓏之下 是從上雪下也 丘以爲妨
　　義 故不敢以先於宗廟之盛也.

45) 『孟子』,「告子下」6장, 孔子爲魯司寇 不用 從而祭 燔肉不至 不稅冕而行 不知者以
　　爲爲肉也 其知者以爲爲無禮 乃孔子則欲以微罪去 不欲爲苟去 君子之所爲 衆人
　　固不識也. 朱子 註, 按史記 孔子爲魯司寇 攝行相事 齊人聞而懼 於是以女樂遺魯君
　　季桓子與魯君往觀之 怠於政事 子路曰 夫子可以行矣 孔子曰 魯今且郊 如致膰于大
　　夫 則吾猶可以止 桓子卒受齊女樂 郊又不致膰俎于大夫 孔子遂行.

46) 같은 책,「告子下」6장, 孔子爲魯司寇 不用 從而祭 燔肉不至 不稅冕而行 不知者以
　　爲爲肉也 其知者以爲爲無禮也 乃孔子則欲以微罪行 不欲爲苟去 君子之所爲 衆人
　　固不識也.

47) 같은 책,「萬章下」1장, 去魯 曰 遲遲吾行也 去父母國之道也.

48) 『史記』,「孔子世家」, 桓子卒受齊女樂 三日不聽政 郊 又不致膰俎於大夫 孔子遂行 宿乎屯 而師己送 曰 夫子則非罪 孔子曰 吾歌可夫 歌曰 彼婦之口 可以出走 彼婦之謁 可以死敗 蓋優哉游哉 維以卒歲 師己反 桓子曰 孔子亦何言 師己以實告 桓子喟然歎曰 夫子罪我以群婢故也夫.

49) 『孔子家語』,「致思」, 子路治蒲 請見於孔子曰 由願受教於夫子 子曰 蒲其如何 對曰 邑多壯士 又難治也 子曰 然 吾語爾 恭而敬 可以攝勇 寬而正 可以懷強 愛而恕 可以容困 溫而斷 可以抑姦 如此而加之 則正不難矣.

50) 『韓非子』,「外儲說右上」, 季孫相魯 子路爲郈令 魯以五月起衆爲長溝 當此之時 子路以其私秩粟爲漿飯 要作溝者於五父之衢而飡之 孔子聞之 使子貢往覆其飯 擊毀其器 曰 魯君有民子奚爲乃飡之 子路怫然怒 攘肱而入 請曰 夫子疾由之爲仁義乎 所學於夫子者 仁義也 仁義者 與天下共其所有而同其利者也 今以由之秩粟而飡民 其不可何也 孔子曰 由之野也 吾以女知之 女徒未及也 女故如是之不知禮也 女之飡之 爲愛也 夫禮 天子愛天下 諸侯愛境內 大夫愛官職 士愛其家 過其所愛曰侵 今魯君有民而子擅愛之 是子侵也 不亦誣乎 言未卒 而季孫使者至 讓曰 肥也起民而使之 先生使弟子正徒役而飡之 將奪肥之民耶 孔子駕而去魯 以孔子之賢 而季孫非魯君也 以人臣之資 假人主之術 蚤禁於未形 而子路不得行其私惠 而害不得生.

51) 『孔子家語』,「子路初見」, 子路見孔子 子曰 汝何好樂 對曰 好長劍 孔子曰 吾非此之問也 徒謂以子之所能 而加之以學問 豈可及乎 路曰 學豈益哉也 孔子曰 夫人君而無諫臣則失正 士而無教友則失聽 御狂馬不釋策 操弓不反檠 木受繩則直 人受諫則聖 受學重問 孰不順哉 毀仁惡仕 必近於刑 君子不可不學 子路曰 南山有竹 不柔自直 斬而用之 達于犀革 以此言之 何學之有 孔子曰 括而羽之 鏃而礪之 其入之不亦深乎 子路再拜曰 敬而受教.

52) 같은 책,「致思」, 子路見於孔子曰 負重涉遠 不擇地而休 家貧親老 不擇祿而仕 昔者由也 事二親之時 常食藜藿之實 爲親負米百里之外 親歿之後 南遊於楚 從車百乘 積粟萬鍾 累茵而坐 列鼎而食 願欲食藜藿 爲親負米 不可復得也 枯魚銜索 幾何不蠹 二親之壽 忽若過隙 孔子曰 由也事親 可謂生事盡力 死事盡思者也.

53) 같은 책,「困誓」, 子路問於孔子曰 有人於此 夙興夜寐 耕芸樹藝 手足胼胝 以養其親 然而名不稱孝 何也 孔子曰 意者身不敬與 辭不順與 色不悅與 古之人有言曰 人與己與不汝欺 今盡力養親而無三者之闕 何謂無孝之名乎 孔子曰 由 汝志之 吾語汝 雖有國士之力 而不能自擧其身 非力之少 勢不可矣 夫內行不修 身之罪也 行修而名不彰 友之罪也 行修而名自立 故君子入則篤行 出則交賢 何謂無孝名乎.

54) 『韓非子』,「外儲說左上」, 曾子之妻之市 其子隨之而泣 其母曰 女還 顧反爲女殺彘 妻適市來 曾子欲捕彘殺之 妻止之曰 特與嬰兒戲耳 曾子曰 嬰兒非與戲也 嬰兒非有知也 待父母而學者也 聽父母之教 今子欺之 是教子欺也 母欺子 子而不信其母

非以成教也 遂烹彘也.

55) 『孔子家語』,「在厄」, 曾子弊衣而耕於魯 魯君聞之而致邑焉 曾子固辭不受 或曰 非子之求 君自致之 奚固辭也 曾子曰 吾聞受人施者常畏人 與人者常驕人 縱君有賜不我驕也 吾豈能勿畏乎 孔子聞之曰 參之言足以全其節也.

56) 『論語』,「泰伯」5장, 曾子曰 以能問於不能 以多問於寡 有若無 實若虛 犯而不校 昔者吾友嘗從事於斯矣.

57) 『論語』,「子罕」19장, 子曰 語之而不惰者 其回也與.

58) 『論語』,「雍也」9장, 子曰 賢哉 回也 一簞食 一瓢飮 在陋巷 人不堪其憂 回也 不改其樂 賢哉 回也.

59) 같은 책,「顔回」, 魯定公問於顔回曰 子亦聞東野畢之善御乎 對曰 善則善矣 雖然其馬將必佚 定公色不悅 謂左右曰 君子固有誣人也 顔回退後三日 牧來訴之曰 東野畢之馬佚 兩驂曳兩服入于廐 公聞之 越席而起 促駕召顔回 . 回至 公曰 前日寡人問吾子以東野畢之御 而子曰善則善矣 其馬將佚 不識吾子奚以知之 顔回對曰 以政知之 昔者帝舜巧於使民 造父巧於使馬 舜不窮其民力 造父不窮其馬力 是以舜無佚民 造父無佚馬 今東野畢之御也 升馬執轡 御體正矣 步驟馳騁 朝禮畢矣 歷險致遠 馬力盡矣 然而猶乃求馬不已 臣以此知之 公曰 善 誠若吾子之言也 吾子之言 其義大矣 願少進乎 顔回曰 臣聞之鳥窮則啄 獸窮則攫 人窮則詐 馬窮則佚 自古及今 未有窮其下而能無危者也 公悅 遂以告孔子 孔子對曰 夫其所以爲顔回者 此之類也 豈足多哉.

60) 같은 책,「雍也」7장, 季氏使閔子騫爲費宰 閔子騫曰 善爲我辭焉 如有復我者 則吾必在汶上矣.

61) 같은 책,「先進」5장, 子曰 孝哉閔子騫 人不間於其父母昆弟之言.

62) 『論語』,「先進」14장, 魯人爲長府 閔子騫曰 仍舊貫 如之何 何必改作 子曰 夫人不言 言必有中.

63) 『二十四孝』, 早喪母 父娶後母 生二子 衣以棉絮 妒損 衣以蘆花 一日 父命損御車 體寒失鞭 父察知其故 欲出後母 損曰 母在一子寒 母去三子單 後母聞之 卒悔改.

64) 『韓非子』,「外儲說左上」, 鄭縣人卜子使其妻爲褲 其妻問曰 今褲何如 夫曰 象吾故褲 妻子因毀新 令如故褲.

65) 같은 책,「外儲說左上」, 學者而行宛曼於先王 或者不宜今乎.

66) 같은 책,「外儲說左上」, 宋襄公與楚人戰於涿谷上 宋人旣成列矣 楚人未及濟 右司馬購强趨而諫曰 楚人衆而宋人寡 請使楚人半涉未成列而擊之 必敗 襄公曰 寡人聞君子曰 不重傷 不擒二毛 不推人於險 不迫人於阨 不鼓不成列 今楚未濟而擊之 害

義 請使楚人畢涉成陳 而後鼓士進之 右司馬曰 君不愛宋民 腹心不完 特爲義耳 公曰 不反列 且行法 右司馬反列 楚人已成列撰陳矣 公乃鼓之 宋人大敗 公傷股 三日而死 此乃慕自仁義之禍.

67) 같은 책,「五蠹」, 宋人有耕田者 田中有株 兔走觸株 折頸而死 因釋其耒而守株 冀復得兔 兔不可復得 而身爲宋國笑.

68) 같은 책,「五蠹」, 今欲以先王之政 治當世之民 皆守株之類也.

69) 같은 책,「外儲說 左上」, 鄭人有欲買履者 先自度其足而置之其坐 至之市而忘操之 已得履 乃曰 吾忘持度 反歸取之 及反 市罷 遂不得履 人曰 何不試之以足 曰 寧信度 無自信也.

70) 같은 책,「外儲說左上」, 衛人有佐弋者 鳥至 因先以其裙麾之 鳥驚而不射也.

71) 같은 책,「外儲說左上」, 鄭縣人卜子妻之市 買鼈以歸 過潁水 以爲渴也 因縱而飲之 遂亡其鼈.

72) 같은 책,「外儲說左上」, 夫少者侍長者飲 長者飲 亦自飲也 一曰 魯人有自喜者 見長年飲酒不能釂則唾之 亦效唾之 一曰 宋人有少者亦欲效善 見長者飲無餘 非斟酒飲也而欲盡之.

73) 같은 책,「外儲說左上」, 書曰 紳之束之 宋人有治者 因重帶自紳束也 人曰 是何也 對曰 書言之 固然.

74) 같은 책,「外儲說左上」, 書曰 旣雕旣琢 還歸其樸 梁人有治者 動作言學 舉事於文曰 難之 顧失其實 人曰 是何也 對曰 書言之 固然.

75) 같은 책,「外儲說 左上」, 郢人有遺燕相國書者 夜書 火不明 因謂持燭者曰 舉燭 而誤書舉燭 舉燭 非書意也 燕相國受書而說之 曰 舉燭者 尙明也 尙明也者 舉賢而任之 燕相白王 王大說 國以治 治則治矣 非書意也 今世學者多似此類.

76) 같은 책,「外儲說左上」, 齊景公遊少海 傳騎從中來謁曰 嬰疾甚 且死 恐公後之 景公遽起 傳騎又至 景公曰 趨駕煩且之乘 使騶子韓樞御之 行數百步 以騶爲不疾 奪轡代之御 可數百步 以馬爲不進 盡釋車而走 以煩且之良而騶子韓樞之巧 而以爲不如下走也.

77) 같은 책,「說林上」, 紂爲長夜之飲 懼以失日 問其左右 盡不知也 乃使人問箕子 箕子謂其徒曰 爲天下主而一國皆失日 天下其危矣 一國皆不知而我獨知之 吾其危矣 辭以醉而不知.

78) 같은 책,「說林上」, 紂爲象箸而箕子怖 以爲象箸必不盛羹於土鉶 則必犀玉之杯 玉杯象箸必不盛菽藿 則必旄象豹胎 旄象豹胎必不衣短褐而舍茅茨之下 則必錦衣九重 高臺廣室也 稱此以求 則天下不足矣 聖人見微以知萌 見端以知末 故見象箸而

怖 知天下不足也.

79) 같은 책,「喩老」, 王壽負書而行 見徐馮於周塗 馮曰 事者 爲也 爲生於時 知者無常
事 書者 言也 言生於知 知者不藏書 今子何獨負之而行 於是 王壽因焚其書而僊之
故知者不以言談教 而慧者不以藏書篋 此世之所過也 而王壽復之 是學不學也 故曰
學不學 復歸衆人之所過也 夫物有常容 因乘以導之 因隨物之容 故靜則建乎德 動
則順乎道.

80) 같은 책,「喩老」, 宋人有爲其君以象爲楮葉者 三年而成 豐殺莖柯 毫芒繁澤 亂之楮
葉之中而不可別也 此人遂以功食祿於宋邦 列子聞於 使天地三年而成一葉 則物
之有葉者寡矣 故不乘天地之資而載一人之身 不隨道理之數而學一人之智 此皆一葉
之行也 故冬耕之稼 後稷不能羨也 豐年大禾 臧獲不能惡也 以一人之力 則後稷不足
隨自然 則臧獲有餘 故曰 恃萬物之自然而不敢爲也 空竅者 神明之戶牖也 耳目竭
於聲色 精神竭於外貌 故中無主 中無主 則禍福雖如丘山 無從識之 故曰 不出於戶
可以知天下 不窺於牖 可以知天道 此言神明之不離其實也.

81) 같은 책,「內儲說下」, 燕人惑易 故浴狗矢 燕人 其妻有私通於士 其夫早自外而來
士適出 夫曰 何客也 其妻曰 無客 問左右 左右言 無有 如出一口 其妻曰 公惑易也
因浴之以狗矢 一曰 燕人李季好遠出 其妻私有通於士 季突至 士在內中 妻患之 其
室婦曰 令公子裸而解髮 直出門 吾屬佯不見也 於是公子從其計 疾走出門 季曰 是
何人也 家室皆曰 無有 季曰 吾見鬼乎 婦人曰 然 爲之奈何 曰 取五牲之矢浴之 季
曰 諾 乃浴以矢 一曰浴以蘭湯.

82) 같은 책,「內儲說下」, 齊中大夫有夷射者 御飮於王 醉甚而出 倚於郎門 門者刖跪請
曰 足下無意賜之餘隸乎 夷射叱曰 去!刑餘之人 何事乃敢乞飮長者 刖跪走退 及夷
射去 刖跪因捐水郎門霤下 類溺者之狀 明日 王出而詞之 曰 誰溺於是 刖跪對曰 臣
不見也 雖然 昨日中大夫夷射立於此 王因誅夷射而殺之.

83) 같은 책,「內儲說下」, 魏王臣二人不善濟陽君 濟陽君因僞令人矯王命而謀攻己 王
使人問濟陽君曰 誰與恨 對曰 無敢與恨 雖然 嘗與二人不善 不足以至於此 王問左
右 左右曰 固然 王因誅二人者.

84) 같은 책,「內儲說下」, 荊王所愛妾有鄭袖者 荊王新得美女 鄭袖因教之曰 王甚喜人
之掩口也 爲近王 必掩口 美女入見 近王 因掩口 王問其故 鄭袖曰 此固言惡王之臭
及王與鄭袖·美女三人坐 袖因先誡御者曰 王適有言 必亟聽從王言 美女前近王甚
數掩口 王悖然怒曰 劓之 御因揄刀而劓美人 一曰 魏王遺荊王美人 荊王甚悅之 夫
人鄭袖知王悅愛之也 亦悅愛之 甚於王 衣服玩好 擇其所欲爲之 王曰 夫人知我愛
新人也 其悅愛之甚於寡人 此孝子所以養親 忠臣之所以事君也 夫人知王之不以己
爲妒 因爲新人 王甚悅愛子 然惡子之鼻 子見王 常掩鼻 則王長幸子矣 於是新
人從 每見王 常掩鼻 王謂夫人曰 新人見寡人常掩鼻 何也 對曰 不己知也 王强問
之 對曰 頃嘗言惡聞王臭 王怒曰 劓之 夫人先誡御者曰 王適有言 必可從命 御者因

揄刀而劓美人.

85) 같은 책,「內儲說下」, 費無極 荊令尹之近者也 郄宛新事令尹 令尹甚愛之 無極因謂
令尹曰 君愛宛甚 何不一爲酒其家 令尹曰 善 因令之爲具於郄宛之家 無極敎宛曰
令尹甚傲而好兵 子必謹敬 先亟陳兵堂下及門庭 宛因爲之 令尹往而大驚 曰 此何
也 無極曰 君殆 去之!事未可知也 令尹大怒 擧兵而誅郄宛 遂殺之.

86) 같은 책,「內儲說下」, 中山有賤公子 馬甚瘦 車甚弊 左右有私不善者 乃爲之請王曰
公子甚貧 馬甚瘦 王何不益之馬食 王不許 左右因微令夜燒芻廐 王以爲賤公子也
乃誅之.

87) 같은 책,「內儲說下」, 魏有老儒而不善濟陽君 客有與老儒私怨者 因攻老儒殺之 以
德於濟陽君 曰 臣爲其不善君也 故爲君殺之 濟陽君因不察而賞 一曰 濟陽君有
少庶子者 不見知欲入愛於君者 齊使老儒掘藥於馬梨之山 濟陽少庶子欲以爲功 入
見於君曰 齊使老儒掘藥於馬梨之山 名掘藥而實間君之國 君殺之 是將以濟陽君抵
罪於齊矣 臣請刺之 君曰 可 於是明日得之城陰而刺之 濟陽還益親之.

88) 같은 책,「外儲說右上」, 薛公相齊 齊威王夫人死 有十孺子皆貴於王 薛公欲知王所
欲立 而請置一人以爲夫人 王聽之 則是說行於王 而重置夫人也 王不聽 是說不行
而輕於置夫人也 欲先知王之所欲置 以勸王置之 於是爲十玉珥而美其一而獻之 王
以賦十孺子 明日坐 視美珥之所在而勸王以爲夫人.

89) 같은 책,「喩老」, 楚莊王莅政三年 無令發 無政爲也 右司馬御座而與王隱曰 有鳥止
南方之阜 三年不翅 不飛不鳴 嘿然無聲 此爲何名 王曰 三年不翅 將以長羽翼 不飛
不鳴 將以觀民則 雖無飛 飛必冲天 雖無鳴 鳴必驚人 子釋之 不穀知之矣 處半年 乃
自聽政 所廢者十 所起者九 誅大臣五 擧處士六 而邦大治 擧兵誅齊 敗之徐州 勝晉
於河雍 合諸侯於宋 遂霸天下 莊王不爲小害善 故有大名 不蚤見示 故有大功 故曰
大器晩成 大音希聲.

90) 같은 책,「喩老」, 楚莊王欲伐越 莊子諫曰 王之伐越 何也 曰 政亂兵弱 莊子曰 臣患
智之 如目也 能見百步之外 而不能自見其睫 王之兵自敗於秦晉 喪地數百里 此兵
之弱也 莊蹻爲盜於境內 而吏不能禁 此政之亂也 王之弱亂 非越之下也 而欲伐越
此智之如目也 王乃止 故知之難 不在見人 在自見 故曰 自見之謂明.

91) 같은 책,「二柄」, 人主有二患 任賢 則臣將乘於賢以劫其君 妄擧 則事沮不勝 故人
主好賢 則群臣飾行以要君欲 則是群臣之情不效 群臣之情不效 則人主無以異其臣
矣 故越王好勇而民多輕死 楚靈王好細腰而國中多餓人 齊桓公妬而好內 故竪刁自
宮以治內 桓公好味 易牙蒸其子首而進之 燕子噲好賢 故子之明不受國 故君見惡
則群臣匿端 君見好 則群臣誣能 人主欲見 則群臣之情態得其資矣 故子之託於賢以
奪其君者也 竪刁·易牙因君之欲以侵其君者也 其卒子噲以亂死 桓公蟲流出戶而
不葬 此其故何也 人君以情借臣之患也 人臣之情非必能愛其君也 爲重利之故也.

92) 같은 책,「姦劫弑臣」, 楚莊王之弟春申君 有愛妾曰余 春申君之正妻子曰甲 余欲君
之棄其妻也 因自傷其身以視君而泣 曰 得爲君之妾 甚幸 雖然 適夫人非所以事君
也 適君非所以事夫人也 身故不肖 力不足以適二主 其勢不俱適 與其死夫人所者 不
若賜死君前 妾以賜死 若復幸於左右 願君必察之 無爲人笑 君因信妾余之詐 爲棄
正妻 余又欲殺甲 而以其子爲後 因自裂其親身衣之裏 以示君而泣 曰 余之得幸君
之日久矣 甲非弗知也 今乃欲强戲余 余與爭之 至裂余之衣 而此子之不孝 莫大於
此矣 君怒 而殺甲也 故妻以妾余之詐棄 而子以之死 從是觀之 父子愛子也 猶可以
毀而害也 君臣之相與也 非有父子之親也 而群臣之毀言 非特一妾之口也 何怪夫賢
聖之戮死哉.

93) 같은 책,「有度」, 國無常强 無常弱 奉法者强 則國强 奉法者弱 則國弱.

94) 같은 책,「外儲說右上」, 犀首 天下之善將也 梁王之臣也 秦王欲得之與治天下 犀
首曰 衍人臣也 不敢離主之國 居期年 犀首抵罪於梁王 逃而入秦 秦王甚善之 樗里
疾 秦之將也 恐犀首之代之將也 鑿穴於王之所常隱語者 俄而王果與犀首計 曰 吾
欲攻韓 奚如 犀首曰 秋可矣 王曰 吾欲以國累子 子必勿泄也 犀首反走再拜曰 受命
於是樗里疾已道穴聽之矣 見郎中皆曰 兵秋起攻韓 犀首爲將 於是日也 郎中盡知之
於是月也 境內盡知之 王召樗里疾曰 是 何匈匈也 何道出 樗里疾曰 似犀首也 王曰
吾無與犀首言也 其犀首何哉 樗里疾曰 犀首也 羈旅新抵罪 其心孤 是言自嫁於梁
王曰 然 使人召犀首 已逃諸侯矣.

95) 같은 책,「外儲說右上」, 堂谿公謂昭侯曰 今有千金之玉巵 而無當 可以盛水乎 昭侯
曰 不可 有瓦器而不漏 可以盛酒乎 昭侯曰 可 對曰 夫瓦器 至賤也 不漏 可以盛酒
雖有千金之玉巵 至貴而無當 漏 不可盛水 則人孰注漿哉 今爲人主而漏其羣臣之語
是猶無當之玉巵也 雖有聖智 莫盡其術 爲其漏也 昭侯曰 然 昭侯聞堂谿公之言 自
此之後 欲發天下之大事 未嘗不獨寢 恐夢言而使人知其謀也.

96) 같은 책,「十過」, 十過 一曰・行小忠 則大忠之賊也 奚謂小忠 昔者楚共王與晉厲公
戰於鄢陵 楚師敗 而共王傷其目 酣戰之時 司馬子反渴而求飮 竪穀陽操觴酒而進
之 子反曰 嘻 退 酒也 陽曰 非酒也 子反受而飮之 子反之爲人也 嗜酒而甘之 弗能
絶於口 而醉戰其罷 共王欲復戰 令人昭司馬子反 司馬子反辭以心疾 共王駕而自往
入其幄中 聞酒臭而還 曰 今日之戰 不穀親傷 所恃者 司馬也 而司馬又醉如此 是亡
楚國之社稷而不恤吾衆也 不穀無與復戰矣 於是還師而去 斬司馬子反以爲大戮 故
竪穀陽之進酒 不以讐子反也 其心忠愛之而適足以殺之 故曰 行小忠 則大忠之賊
也.

97) 같은 책,「十過」, 二曰 顧小利 則大利之殘也 昔者晉獻公欲假道於虞以伐虢 荀息曰
君其以垂棘之璧與屈産之乘 賂虞公 求假道焉 必假我道 君曰 垂棘之璧 吾先君之
寶也 屈産之乘 寡人之駿馬也 若受吾幣不假之道 將奈何 荀息曰 彼不假我道 必不
敢受我幣 若受我幣而假我道 則是寶猶取之內府而藏之外府也 馬猶取之內廏而著
之外廏也 君勿愛 君曰 諾 乃使荀息以垂棘之璧與屈産之乘賂虞公而求假道焉 虞公

장자의 사유세계와 한비자의 행동강령

貪利其璧與馬而欲許之 宮之奇諫曰 不可許 夫虞之有虢也 如車之有輔 輔依車 車亦
依輔 虞虢之勢正是也 若假之道 則虢朝亡而虞夕從之矣 不可 願勿許 虞公弗聽 遂
假之道 苟息伐虢之還 反處三年 興兵伐虞 又剋之 苟息牽馬操璧而報獻公 獻公說
曰 璧則猶是也 雖然 馬齒亦益長矣 故虞公之兵殆而地削者 何也 愛小利而不慮其
害 故曰 顧小利 則大利之殘也.

98) 같은 책, 「十過」, 三曰 行僻自用 無禮諸侯 則亡身之至也 奚謂行僻 昔者楚靈王爲申
之會 宋太子後至 執而囚之 狎徐君 拘齊慶封 中射士諫曰 合諸侯不可無禮 此存亡
之機也 昔者桀爲有戎之會 而有緡叛之 紂爲黎丘之蒐 而戎狄叛之 由無禮也 君其
圖之 君不聽 遂行其意 居未期年 靈王南遊 君臣從而劫之 靈王餓而死乾溪之上 故
曰 行僻自用 無禮諸侯 則亡身之至也.

99) 같은 책, 「十過」, 五曰 貪愎喜利 則滅國殺身之本也 昔者智伯瑤率趙・韓・魏而伐
范・中行 滅之 反歸 休兵數年 因令人請地於韓 韓康子欲勿與 段規諫曰 不可不與
也 夫知伯之爲人也 好利而驁愎 彼來請地而弗與 則移兵於韓必矣 君其與之 與之
彼狃 又將請地他國 他國且有不聽 不聽 則知伯必加之兵 如是 韓可以免於患而待
其事之變 康子曰 諾 因令使者致萬家之縣一於知伯 知伯說 又令人請地於魏 宣子
欲勿與 趙葭諫曰 彼請地於韓 韓與之 今請地於魏 魏弗與 則是魏內自强 而外怒知
伯也 如弗予 其措兵於魏必矣 宣子 諾 因令人致萬家之縣一於知伯 知伯又令人之
趙 請蔡皋狼之地 趙襄子弗與 知伯因陰約韓・魏將以伐趙 襄子召張孟談而告之曰
夫知伯之爲人也 陽規而陰疏 三使韓・魏而寡人不與焉 其措兵於寡人必矣 今吾安
居而可 張孟談曰 夫董閼于 簡主之才臣也 其治晉陽 而尹鐸循之 其餘教猶存 君其
定居晉陽而已矣 君曰 諾 乃召延陵生 令將軍車騎先至晉陽 君因之 君至 而行其
城郭及五官之藏 城郭不治 倉無積粟 府無儲錢 庫無甲兵 邑無守具 襄子懼 乃召張
孟談曰 寡人行城郭及五官之藏 皆不備具 吾將何以應敵 張孟談曰 臣聞聖人之治
藏於臣 不藏於府庫 務修其教不治城郭 君其出令 令民自遺三年之食 有餘粟者入之
倉 遺三年之用 有餘錢者入之府 遺有奇人者 使治城郭之繕 君夕出令 明日 倉不容
粟 府無積錢 庫不受甲兵 居五日而城郭已治 守備已具 君召張孟談而問之曰 吾城
郭已治 守備已具 錢粟已足 甲兵有餘 吾奈無箭何 張孟談曰 臣聞董子之治晉陽也
公宮之垣皆以荻蒿楛楚牆之 其高至於丈 君發而用之 於是發而試 其堅則雖菌幹
之勁弗能過也 君曰 吾箭已足矣 奈無金何 張孟談曰 臣聞董子之治晉陽也 公宮公
舍之堂 皆以鍊銅爲柱質 君發而用之 於是發而用之 有餘金矣 號令已定 守備已具
三國之兵果至 至則乘晉陽之城 遂戰 三月弗能拔 因舒軍而圍之 決晉陽之水以灌之
圍晉陽三年 城中巢居而處 懸釜而炊 財食將盡 士大夫羸病 襄子謂張孟談曰 糧食
匱 財力盡 士大夫羸病 吾恐不能守矣!欲以城下 何國之可下 張孟談曰 臣聞之 亡弗
能存 危弗能安 則無爲貴智矣 君失此計者 臣請試潛行而出 見韓・魏之君 張孟談
見韓・魏之君曰 臣聞脣亡齒寒 今知伯率二君而伐趙 趙將亡矣 趙亡 則二君爲之次
二君曰 我知其然也 雖然 知伯之爲人也 矗中而少親 我謀而覺 則其禍必至矣 爲之
奈何 張孟談曰 謀出二君之口而入臣之耳 人莫之知也 二君因與張孟談約三軍之反
與之期日 夜遣孟談入晉陽 以報二君之反 襄子迎孟談而再拜之 且恐且喜 二君以約

遺張孟談 因朝知伯而出 遇智過於轅門之外 智過怪其色 因入見知伯曰 二君貌將有
變 君曰 何如 曰 其行矜而意高 非他時之節也 君不如先之 君曰 吾與二主約謹矣 破
趙而三分其地 寡人所以親之 必不侵欺 兵之著於晉陽三年 今旦暮將拔之而嚮其利
何乃將有他心 必不然 子釋勿憂 勿出於口 明旦 二主又朝而出 復見智過於轅門 智
過入見曰 君以臣之言告二主乎 君曰 何以知之 曰 今日二主朝而出 見臣而其色動
而視屬臣 此必有變 君不如殺之 君曰 子置勿復言 智過曰 不可 必殺之 若不能殺 遂
親之 君曰 親之奈何 智過曰 魏宣子之謀臣曰趙葭 韓康子之謀臣曰段規 此皆能移
其君之計 君與其二君約 破趙國 因封二子者各萬家之縣一 如是 則二主之心可以無
變矣 知伯曰 破趙而三分其地 又封二子者各萬家之縣一 則吾所得者少 不可 智過
見其言之不聽也 出 因更其族爲輔氏 至於期日之夜 趙氏殺其守隄之吏而決其水灌
知伯軍 知伯軍救水而亂 韓・魏翼而擊之 襄子將卒犯其前 大敗知伯之軍而擒知伯
知伯身死軍破 國分爲三 爲天下笑 故曰 貪愎好利 則滅國殺身之本也.

100) 같은 책,「十過」, 六曰 耽於女樂 不顧國政 則亡國之禍也 昔者戎王使由余聘於秦 穆
公問之曰 寡人嘗聞道而未得目見之也 願聞古之明主得國失國何常以 由余對曰 臣
嘗得聞之矣 常以儉得之 以奢失之 穆公曰 寡人不辱而問道於子 子以儉對寡人何也
由余對曰 臣聞昔者堯有天下 飯於土簋 飲於土鉶 其地南至交趾 北至 幽都 東西至
日月之所出入者 莫不賓服 堯禪天下 虞舜受之 作爲食器 斬山木而財之 削鋸修其
迹 流漆墨其上 輸之於宮以爲食器 諸侯以爲益侈 國之不服者十三 舜禪天下而傳之
於禹 禹作爲祭器 墨漆其外 而朱畫其內 縵帛爲茵 蔣席頗緣 觴酌有采 而樽俎有飾
此彌侈矣 而國之不服者三十三 夏後氏沒 殷人受之 作爲大路 而建九旒食器雕琢
觴酌刻鏤 四壁堊墀 茵席雕文 此彌侈矣 而國之不服者五十三 君子皆知文章矣 而
欲服者彌少 臣故曰 儉其道也 由余出 公乃召內史廖而告之 曰 寡人聞鄰國有聖人
敵國之憂也 今由余 聖人也 寡人患之 吾將奈何 內史廖曰 臣聞戎王之居 僻陋而道
遠 未聞中國之聲 君其遺之女樂 以亂其政 而後爲由余請期 以疏其諫 彼君臣有間
而後可圖也 君曰 諾 乃使史廖以女樂二八遺戎王 因爲由余請期 戎王許諾 見其女
樂而說之 設酒張飮 日以聽樂 終歲不遷 牛馬半死 由余歸 因諫戎王 戎王弗聽 由余
遂去之秦 秦穆公迎而拜之上卿 問其兵勢與其地形 旣以得之 擧兵而伐之 兼國十二
開地千里 故曰 耽於女樂 不顧國政 亡國之禍也.

101) 같은 책,「十過」, 九曰 內不量力 外恃諸侯 則削國之患也 昔者秦之攻宜陽 韓氏急
公仲朋謂韓君曰 與國不可恃也 豈如因張儀爲和於秦哉 因賂以名都而南與伐楚 是
患解於秦而害交於楚也 公曰 善 乃警公仲之行 將西和秦 楚王聞之 懼 召陳軫而告
之曰 韓朋將西和秦 今將奈何 陳軫曰 秦得韓之都一 驅其練甲 秦・韓爲一以南鄉
楚 此秦王之所以廟祠而求也 其爲楚害必矣 王其趣發信臣 多其車 重其幣 以奉韓
曰 不穀之國雖小 卒已悉起 願大國之信意於秦 因願大國令使者入境 視楚之起
卒也 韓使人之楚 楚王因發車騎 陳之下路 謂韓使者曰 報韓君 言弊邑之兵今將入
境矣 使者還報韓君 韓君大悅 止公仲 公仲曰 不可 夫以實告我者 秦也 以名救我者
楚也 聽楚之虛言而輕誣强秦之實禍 則危國之本也 韓君弗聽 公仲怒而歸 十日不朝
宜陽益急 韓君令使者趣卒於楚 冠蓋相望而卒無至者 宜陽果拔 爲諸侯笑 故曰 內

장자의 사유세계와 한비자의 행동강령

不量力 外恃諸侯者 則國削之患也.

102) 같은 책,「十過」, 十曰 國小無禮 不用諫臣 則絶世之勢也 昔者晉公子重耳出亡 過
於曹 曹君袒裼而觀之 釐負羈與叔瞻侍於前 叔瞻謂曹君曰 臣觀晉公子 非常人也
君遇之無禮 彼若有時反國而起兵 卽恐爲曹傷 君不如殺之 曹君弗聽 釐負羈歸而不
樂 其妻問之曰 公從外來而有不樂之色 何也 負羈曰 吾聞之 有福不及 禍來連我 今
日吾君召晉公子 其遇之無禮 我與在前 吾是以不樂 其妻曰 吾觀晉公子 萬乘之主
也 其左右從者 萬乘之相也 今窮而出亡 過於曹 曹遇之無禮 此若反國 必誅無禮 則
曹其首也 子奚不先自貳焉 負羈曰 諾 乃盛黃金於壺 充之以餐 加璧其上 夜令人遺
公子 公子見使者 再拜 受其餐而辭其璧 公子自曹入楚 自楚之秦 入秦三年 秦穆公
召群臣而謀曰 昔者晉獻公與寡人交 諸侯莫弗聞獻公不幸離群臣 出入十年矣 嗣子
不善 吾恐此將令其宗廟不拔除 而社稷不血食也 如是弗定 則非與人交之道吾欲輔
重耳而入之晉 何如 群臣皆曰 善 公因起卒 革車五百乘 疇騎二千 步卒五萬 輔重耳
入之於晉 立爲晉君 重耳卽位三年 舉兵而伐曹矣 因令人告曹君曰 懸叔瞻而出之
我且殺而以爲大戮 又令人告釐負羈曰 軍旅薄城 吾知子不違也 其表子之閭 寡人將
以爲令 令軍勿敢犯 曹人聞之 率其親戚而保釐負羈之閭者七百餘家 此禮之所用也
故曹 小國也 而迫於晉·楚之間 其君之危猶累卵也 而以無禮涖之 此所以絶世也
故曰 國小無禮 不用諫臣 則絶世之勢也.

103) 같은 책,「說林上」, 管仲·隰朋從桓公伐孤竹 春往冬反 迷惑失道 管仲曰 老馬之智
可用也 乃放老馬而隨之 遂得道 行山中無水 隰朋曰 蟻冬居山之陽 夏居山之陰 蟻
壤一寸而仞有水 乃掘地 遂得水 以管仲之聖而隰朋之智 至其所不知 不難師於老馬
與蟻 今人不知以其愚心而師聖人之智 不亦過乎.

104) 같은 책,「說林上」, 魯穆公使衆公子或宦於晉 或宦於荆 犁鉏曰 假人於越而救溺子
越人雖善遊 子必不生矣 失火而取水於海 海水雖多 火必不滅矣 遠水不救近火也
今晉與荆雖强 而齊近 魯患其不救乎.

105) 같은 책,「說林下」, 伯樂教二人相踶馬 相與之簡子廐觀馬 一人舉踶馬 其一人舉踶
馬 其一人從後而循之 三撫其尻而馬不踶 此自以爲失相 其一人曰 子非失相也 此
其爲馬也 踒肩而腫膝 夫踶馬也者 舉後而任前 腫膝不可任 故後不舉 子巧於相
踶馬而拙於任腫膝 夫事有所必歸 而以有所腫膝而不任 智者之所獨知也 惠子曰 置
猿於柙中 則與豚同 故勢不便 非所以逞能也.

106) 같은 책,「外儲說左下」, 利所禁 禁所利 雖神不行 譽所罪 毀所賞 雖堯不治 夫爲門
而不使入 委利而不使進 亂之所以産也 齊侯不聽左右 魏主不聽譽者 而明察照群臣
則鉅不費金錢 屠不用璧 西門豹請復治鄴 足以知之 猶盜嬰兒之矜裘 與刖危子榮衣
子綽左右畫 去蟻驅蠅 安得無桓公之憂索官 與宣王之患騶馬也.

107) 같은 책,「外儲說左下」, 西門豹爲鄴令 淸剋潔愨 秋毫之端無私利也 而甚簡左右 左
右因相與比周而惡之 居期年 上計 君收其璽 豹自請曰 臣昔者不知所以治鄴 今臣

得矣 原請璽 復以治鄴 不當 請伏斧鑕之罪 文侯不忍而復與之 豹因重斂百姓 急事左右 期年 上計 文侯迎而拜之 豹對曰 往年臣爲君治鄴 而君奪臣璽 今臣爲左右治鄴 而君拜臣 臣不能治矣 遂納璽而去 文侯不受 曰 寡人曩不知子 今知矣 願子勉爲寡人治之 遂不受.

108) 같은 책,「外儲說左下」, 韓宣子曰 吾馬菽粟多矣 甚臞 何也 寡人患之 周市對曰 使騶盡粟以食 雖無肥 不可得也 名爲多與之 其實少 雖無臞 亦不可得也 主不審其情實 坐而患之 馬猶不肥也.

109) 같은 책,「外儲說左下」, 桓公問置吏於管仲 管仲曰 辯察於辭 淸潔於貨 習人情 夷吾不如弦商 請立以爲大理 登降肅讓 以明禮待賓 臣不如隰朋 請立以爲大行 墾草仞邑 辟地生粟 臣不如甯武 請以爲大田 三軍旣成陳 使士視死如歸 臣不如公子成父 請以爲大司馬 犯顔極諫 臣不如東郭牙 請立以爲諫臣 治齊 此五子足矣 將欲霸王 夷吾在此.

110) 같은 책,「內儲說上」, 龐敬 縣令也 遣市者行 而召公大夫而還之 立有間 無以詔之 卒遣行 市者以爲令與公大夫有言 不相信 以至無姦.

111) 같은 책,「內儲說上」, 戴驩, 宋太宰 夜使人曰 吾聞數夜有乘輼車至李史門者 謹爲我伺之 使人報曰 不見輼車 見有奉笥而與李史語者 有閒 李史受笥.

112) 같은 책,「內儲說上」, 周主亡玉簪 令吏求之 三日不能得也 周主令人求而得之 家人之屋間 周主曰 吾知吏之不事事也 求簪 三日不得之 吾令人求之 不移日而得之 於是吏皆聳懼 以爲君神明也.

113) 같은 책,「內儲說上」, 商太宰使少庶子之市 顧反而問之曰 何見於市 對曰 無見也 太宰曰 雖然 何見也 對曰 市南門之外甚衆牛車 僅可以行耳 太宰因誡使者 無敢告人吾所問於女 因召市吏而誚之曰 市門之外 何多牛屎 市吏甚怪太宰知之疾也 乃悚懼其所也.

114) 같은 책,「內儲說上」, 韓昭侯握爪 而佯亡一爪 求之甚急 左右因割其爪而效之 昭侯以此察左右之誠.

115) 같은 책,「內儲說上」, 韓昭侯使騎於縣 使者報 昭侯問曰 何見也 對曰 無所見也 昭侯曰 雖然 何見 曰 南門之外 有黃犢食苗道左者 昭侯謂使者 毋敢泄吾所問於女 乃下令曰 當苗時 禁牛馬入人田中固有令 而吏不以爲事 牛馬甚多入人田中 亟擧其數上之 不得 將重其罪 於是三鄕擧而上之 昭侯曰 未盡也 復往審之 乃得南門之外黃犢 吏以昭侯爲明察 皆悚懼其所而不敢爲非.

116) 같은 책,「內儲說上」, 周主下令索曲杖 吏求之數日不能得 周主私使人求之 不移日而得之 乃謂吏曰 吾知吏不事事也 曲杖甚易也 而吏不能得 我令人求之 不移日而得之 豈可謂忠哉 吏乃皆悚懼其所 以君爲神明.

117) 같은 책,「說林下」, 晉中行文子出亡 過於縣邑 從者曰 此嗇夫 公之故人 公奚不休舍 且待後車 文子曰 吾嘗好音 此人遺我鳴琴 吾好珮 此人遺我玉環 是振我過者也 以 求容於我者 吾恐其以我求容於人也 乃去之 果收文子後車二乘而獻之其君矣.

118) 같은 책,「內儲說上」, 陽山君相謂 聞王之疑己也 乃僞謗樛豎以知之.

119) 같은 책,「內儲說上」, 齊人有欲爲亂者 恐王知之 因詐逐所愛者 令走王知之.

120) 같은 책,「內儲說上」, 子之相燕 坐而佯言曰 走出門者何 白馬也 左右皆言不見 有 一人走追之 報曰 有 子以此知左右之不誠信.

121) 같은 책,「內儲說上」, 有相與訟者 子産離之而無使得通辭 倒其言以告而知之.

122) 같은 책,「內儲說上」, 衛嗣公使人爲客過關市 關市苛難之 因事關市 以金與關吏乃 舍之 嗣公爲關吏曰 某時有客過而所 與汝金 而汝因遣之 關市乃大恐 而以嗣公爲 明察.

123) 같은 책,「五蠹」, 是故亂國之俗 其學者 則稱先王之道以籍仁義 盛容服而飾辯說 以 疑當世之法 而貳人主之心 其言古者 爲設詐稱 借於外力 以成其私 而遺社稷之利 其帶劍者 聚徒屬 立節操 以顯其名 而犯五官之禁 其患御者 積於私門 盡貨略 而用 重人之謁 退汗馬之勞 其商工之民 修治苦窳之器 聚弗靡之財 蓄積待時 而侔農夫 之利 此五者 邦之蠹也 人主不除此五蠹之民 不養耿介之士 則海內雖有破亡之國 削滅之朝 亦勿怪矣.

124) 같은 책,「解老」, 有形之類 大必起於小 行久之物 族必起於少 故曰 天下之難事必作 於易 天下之大事必作於細 是以欲制物者於其細也 故曰 圖難於其易也 爲大於其細 也 千丈之隄 以螻蟻之穴潰 百尺之室 以突隙之烟焚 故曰 白圭之行隄也 塞其穴 丈 人之愼火也 塗其隙 是以白圭無水難 丈人無火患 此皆愼易以避難 敬細以遠大者也.

125) 같은 책,「解老」, 扁鵲見蔡桓公 立有間 扁鵲曰 君有疾在腠理 不治將恐深 桓侯曰 寡人無疾 扁鵲出 桓侯曰 醫之好治不病以爲功 居十日 扁鵲復見曰 君之病在肌膚 不治將益深 桓侯又不應 扁鵲出 桓侯又不悅 居十日 扁鵲復見曰 君之病在腸胃 不 治將益深 桓侯不應 扁鵲出 桓侯又不悅 居十日 扁鵲望桓侯而還走 桓侯故使人問 之 扁鵲曰 疾在腠理 湯熨之所及也 在肌膚 鍼石之所及也 在腸胃 火齊之所及也 在 骨髓 司命之所屬 無奈何也 今在骨髓 臣是以無請也 居五日 桓侯體痛 使人索扁鵲 已逃秦矣 桓侯遂死 故良醫之治病也 攻之於腠理 此皆爭之於小者也 夫事之禍福亦 有腠理之地 故曰聖人蚤從事焉.

126) 같은 책,「解老」, 昔晉公子重耳出亡 過鄭 鄭君不禮 叔瞻諫曰 此賢公子也 君厚待之 可以積德 鄭君不聽 叔瞻又諫曰 不厚待之 不若殺之 無令有後患 鄭公又不聽 及公 子返晉邦 擧兵伐鄭 大破之 取八城焉.

127) 같은 책,「喩老」, 晉獻公以垂棘之璧 假道於虞而伐虢 大夫宮之奇諫曰 不可 脣亡而

齒寒 虞・虢相救 非相德也 今日晉滅虢 明日虞必隨之亡 虞君不聽 受其璧而假之
道 晉已取虢 還 反滅虞 此二臣者皆爭於腠理者也 而二君不用也 然則叔瞻・宮之
奇 亦虞・鄭之扁鵲也 而二君不聽 故鄭以破 虞以亡 故曰 其安易持也 其未兆易謀
也.

128) 같은 책,「喻老」, 昔者紂爲象箸而箕子怖 以爲象箸必不加於土鉶 必將犀玉之杯 象
箸玉杯必不羹菽藿 則必旄・象・豹胎 旄・象・豹胎 必不衣短褐而食於茅屋之下
則錦衣九重 廣室高臺 吾畏其卒 故怖其始 居五年 紂爲肉圃 設炮烙 登糟邱 臨酒池
紂遂以亡 故箕子見象箸以知天下之禍 故曰 見小曰明.

129) 같은 책,「喻老」, 句踐入宦於吳 身執干戈爲吳王洗馬 故能殺夫差於姑蘇 文王見詈
於王門 顔色不變 而武王擒紂於牧野 故曰 守柔曰强 越王之霸也 不病宦 武王之王
也 不病詈 故曰 聖人之不病也 以其不病 是以無病也.

130) 같은 책,「喻老」, 宋之鄙人得璞玉而獻之子罕 子罕不受鄙人曰 此寶也 宜爲君子器
不宜爲細人用 子罕曰 爾以玉爲寶 我以不受子玉爲寶 是鄙人欲玉 而子罕不欲玉
故曰 欲不欲 而不貴難得之貨.

131) 같은 책,「說林下」, 知伯將伐仇由 而道難不通 乃鑄大鍾遺仇由之君 仇由之君大說
除道將内之 赤章曼枝曰 不可 此小之所以事大也 而今也大以來 卒必隨之 不可内
也 仇由之君不聽 遂内之 赤章曼枝因斷轂而驅 至於齊 七月而仇由亡矣.

132) 같은 책,「說林下」, 荊伐陳 吳救之 軍間三十里 雨十日 夜星 左史倚相謂子期曰 雨
十日 甲輯而兵聚 吳人必至 不如備之 乃爲陳 陳未成也而吳人至 見荊陳而反 左史
曰 吳反覆六十里 其君子必休 小人必食 我行三十里擊之 必可敗也 乃從之 遂破吳
軍.

133) 같은 책,「內儲說上」, 龐恭與太子質於邯鄲 謂魏王曰 今一人言市有虎 王信之乎 曰
不信 二人言市有虎 王信之乎 曰不信 三人言市有虎 王信之乎 王曰 寡人信之 龐恭
曰 夫市之無虎也明矣 然而三人言而成虎 今邯鄲之去魏也遠於市 議臣者過於三人
願王察之 龐恭從邯鄲反 竟不得見.

134) 같은 책,「內儲說上」, 叔孫相魯 貴而主斷 其所愛者曰豎牛 亦擅用叔孫之令 叔孫有
子曰壬 豎牛妬而欲殺之 因與壬遊於魯君所 魯君賜之玉環 壬拜受之而不敢佩 使豎
牛請之叔孫 豎牛欺之曰 吾已爲爾請之矣 使爾佩之 壬因佩之 豎牛因謂叔孫 何不
見壬於君乎 叔孫曰 孺子何足見也 豎牛曰 壬固已數見於君矣 君賜之玉環 壬已佩
之矣 叔孫召壬見之 而果佩之 叔孫怒而殺壬 壬兄曰丙 豎牛又妒而欲殺之 叔孫爲
丙鑄鐘 鐘成 丙不敢擊 使豎牛請之叔孫 豎牛不爲請 又欺之曰 吾已爲爾請之矣 使
爾擊之 丙因擊之 叔孫聞之曰 丙不請而擅擊鐘 怒而逐之 丙出走齊 居一年 豎牛爲
謝叔孫 叔孫使豎牛召之 又不召而報之曰 吾已召之矣 丙怒甚 不肯來 叔孫大怒 使
人殺之 二子已死 叔孫有病 豎牛因獨養之而去左右 不内人 叔孫不欲聞人聲 因
不食而餓死 叔孫已死 豎牛因不發喪也 徙其府庫重寶空之而奔齊 夫聽所信之言而

子父爲人僇 此不參之患也.

135) 『韓非子』,「外儲說左上」, 文公反國 至河 令籩豆捐之 席蓐捐之 手足胼胝面目黧黑者後之 咎犯聞之而夜哭 公曰 寡人出亡二十年 乃今得反國 咎犯聞之不喜而哭 意不欲寡人反國邪 犯對曰 籩豆 所以食也 而君捐之 席蓐 所以臥也 而君弃之 手足胼胝 面目黧黑 勞有功者也 而君後之 今臣與在後 中不勝其哀 故哭 且臣爲君行詐僞以反國者衆矣 臣尙自惡也 而況於君 再拜而辭 文公止之曰 諺曰 築社者 攘撅而置之 端冕而祀之 今子與我取之 而不與我治之 與我置之 而不與我祀之爲 解左驂而盟于河.

136) 같은 책,「外儲說左上」, 鄭簡公謂子産曰 國小 迫於荊·晉之間 今城郭不完 兵甲不備 不可以待不虞 子産曰 臣閉其外也已遠矣 而守其內也已固矣 雖國小 猶不危之也 君其勿憂 是以沒簡公身無患 子産相鄭 簡公謂子産曰 飮酒不樂也 俎豆不大 鍾鼓竽瑟不鳴 寡人之事不一 國家不定 百姓不治 耕戰不輯睦 亦子之罪 子有職 寡人亦有職 各守其職 子産退而爲政五年 國無盜賊 道不拾遺 桃棗之蔭於街者莫援也 錐刀遺道三日可反 三年不變 民無飢也.

137) 같은 책,「外儲說左上」, 魏昭王欲與官事 謂孟嘗君曰 寡人欲與官事 君曰 王欲與官事 則何不試習讀法 昭王讀法十餘簡而睡臥矣 王曰 寡人不能讀此法 夫不躬親其勢柄 而欲爲人臣所宜爲者也 睡不亦宜乎.

138) 같은 책,「外儲說左上」, 孔子曰 爲人君者 猶盂也 民 猶水也 盂方水方 盂圜水圜 鄒君好服長纓 左右皆服長纓 纓甚貴 鄒君患之 問左右 左右曰 君好服 百姓亦多服 是以貴 君因先自斷其纓而出 國中皆不服長纓 君不能下令爲百姓服度以禁之 乃斷纓出以示民 是先戮以莅也 叔向賦獵 功多者受多 功少者受少.

139) 같은 책,「外儲說左上」, 小信成則大信立 故明主積於信 賞罰不信則禁令不行 說在文公之攻原與箕鄭救餓也 是以吳起須故人而食 文侯會虞人而獵 故明主信 如曾子殺彘也 患在尊厲王擊警鼓與李悝謾兩和也.

140) 같은 책,「外儲說左上」, 晉文公攻原 裹十日糧 遂與大夫期十日 至原十日而原不下 擊金而退 罷兵而去 士有從原中出者 曰 原三日卽下矣 群臣左右諫曰 夫原之食竭力盡矣 君姑待之 公曰 吾與士期十日 不去 是亡吾信也 得原失信 吾不爲也 遂罷兵而去 原人聞曰 有君如彼其信也 可無歸乎 乃降公 衛人聞曰 有君如彼其信也 可無從乎 乃降公 孔子聞而記之曰 攻原得衛者 信.

141) 같은 책,「外儲說左上」, 文公問箕鄭曰 救餓奈何 對曰 信 公曰 安信 曰 信名 信名 則群臣守職 善惡不踰 百事不怠 信事 則不失天時 百姓不踰 信義 則近親勸勉而遠者歸之矣.

142) 같은 책,「外儲說左上」, 吳起出 遇故人而止之食 故人曰 諾 期返而食 吳子 待公而食 故人至暮不來 吳起至暮不食而待之 明日早 令人求故人 故人來 方與之食.

143) 같은 책,「外儲說左上」, 魏文侯與虞人期獵 明日 會天疾風 左右止文侯 不聽 曰 不可以風疾之故而失信 吾不爲也 遂自驅車往 犯風而罷虞人.

144) 같은 책,「外儲說左上」, 楚厲王有警 鼓與百姓爲戒 飮酒醉 過而擊 民大驚 使人止之 曰 吾醉而與左右戲 而擊之也 民皆罷 居數月 有警 擊鼓而民不赴 乃更令明號而民信之.

145) 같은 책,「外儲說左上」, 李悝警其兩和 曰 謹警敵人 旦暮且至擊汝 如是者再三而敵不至 兩和懈怠 不信李悝 居數月 秦人來襲之 至幾奪其軍 此不信患也 一曰 李悝與秦人戰 謂左和曰 速上!右和已上矣 又馳而至右和曰 左和已上矣 左右和曰 上矣 於是皆爭上 其明年 與秦人戰 秦人襲之 至幾奪其軍 此不信之患.

146) 같은 책,「亡徵」, 木之折也必通蠧 牆之壞也必通隙 然木雖蠧 無疾風不折 牆雖隙 無大雨不壞.

147)『史記』,「李斯列傳」, 刑者相半於道 而死人日成積於市

148) 같은 책,「秦始皇本紀」, 作宮阿房 故天下謂之阿房宮 隱宮徒刑者七十餘萬人 乃分作阿房宮 或作麗山 發北山石槨 乃寫蜀 · 荊地材皆至 關中計宮三百 關外四百餘 於是立石東海上胸界中 以爲秦東門.